近現代僑批僑匯與僑鄉經濟社會研究叢書

丛书编委会

顾　问：李明欢　袁　丁

主　编：张小欣

编　委：张小欣　王　华　黄圣英　陈丽园　秦云周

谨以此书献给各位师长和我的家人

本书为

国家社科基金一般项目

"抗战时期华南金融行局的海外侨汇经营研究"

（编号：22BZS128）

阶段性成果

教育部人文社会科学重点研究基地
Key Research Institute of Humanities and Social Sciences at Universities
暨南大学华侨华人研究院
Academy of Overseas Chinese Studies in Jinan University

国家出版基金项目
NATIONAL PUBLICATION FOUNDATION

近现代侨批、侨汇与侨乡经济社会研究丛书 第一批

跨国金融与侨乡变迁

民国时期华南地区水客史料汇编

秦云周 编著

主编 张小欣

暨南大学出版社
JINAN UNIVERSITY PRESS

中国·广州

图书在版编目（CIP）数据

跨国金融与侨乡变迁 ：民国时期华南地区水客史料
汇编 / 秦云周编著. -- 广州 ：暨南大学出版社，2024.
6. --（近现代侨批、侨汇与侨乡经济社会研究丛书 /
张小欣主编）. -- ISBN 978-7-5668-3970-1

Ⅰ. F632.9

中国国家版本馆 CIP 数据核字第 2024L5E443 号

跨国金融与侨乡变迁：民国时期华南地区水客史料汇编

KUAGUO JINRONG YU QIAOXIANG BIANQIAN：MINGUO SHIQI HUANAN DIQU
SHUIKE SHILIAO HUIBIAN

编著者：秦云周

出 版 人：阳　翼
策划编辑：冯　琳
责任编辑：冯　琳　蔡复萌　詹建林
责任校对：孙劭贤　林　琼
责任印制：周一丹　郑玉婷

出版发行：暨南大学出版社（511434）
电　　话：总编室（8620）31105261
　　　　　营销部（8620）37331682　37331689
传　　真：（8620）31105289（办公室）　37331684（营销部）
网　　址：http：//www.jnupress.com
排　　版：广州市新晨文化发展有限公司
印　　刷：深圳市新联美术印刷有限公司
开　　本：787mm×1092mm　1/16
印　　张：22
字　　数：450 千
版　　次：2024 年 6 月第 1 版
印　　次：2024 年 6 月第 1 次
定　　价：99.00 元

（暨大版图书如有印装质量问题，请与出版社总编室联系调换）

我国是海外移民大国，海外侨胞数量众多是基本国情之一。从历史发展进程来看，海外侨胞早期主要分布于南洋和北美地区，第二次世界大战以后，特别是冷战结束以来，随着全球化、区域一体化进程的加速以及中国对外关系的不断发展，因务工、务农、务商以及求学、婚姻、继承等迁居海外的中国人口数量迅速增长，海外侨胞现已广泛分布于五大洲，其中"一带一路"相关国家和地区的侨胞人口数量最多。

长期以来，广大海外侨胞一方面为住在国的繁荣发展做出了突出贡献，另一方面始终与祖（籍）国、家乡、家中亲眷保持着难以割舍的语言文化根脉、质朴深厚的原乡本土情谊、血浓于水的地缘亲缘感情，且愿意将海外劳动所得回馈乡里和亲人。因此，近代以来粤闽地区广大侨眷家庭长期收到海外亲人寄回的附有款项的家书——侨批（也称银信、番批、批信等），以及他们汇回国内用于赡养家眷、捐资公益等用途的款项——侨汇，由此成为东南沿海侨乡大省特有的经济和文化现象。

侨批与侨汇既有联系，也有区别。侨批所附带的款项在本质上就是侨汇，而海外家书的内容既述侨情又表思念和慰问。在形式上，侨批一般通过水客或侨批局寄递，有海外来批也有国内亲人回批（回批主要是国内亲人对收款信息的确认等），一来一回构成侨批寄递的完整流程。侨汇除了侨批这一形式外，还有水客带递和寄递、侨批局带递和寄递、邮政汇款、银行汇款、以物代汇等多种形式，由此也推动了水客、侨批局、邮政、银行等大量相关个体和机构的汇兑业务繁荣，近代以来港澳金融业的发展就与此有着重大关系。无论是侨批还是侨汇，本质都属于非贸易外汇，从跨国金融的角度来看，不仅是国家用于平衡本国国际收支的重要外汇资源，也是侨乡经济社会面貌发生改变的重要外部因素，特别是在推动侨眷家庭日常消费结构升级、子女受教育水平提升、住房条件改善、侨乡基础设施完善、产业结构优化和投资增长、重教兴学和以学兴邦观念盛行、公益事业蓬勃发展，以及中外思想文化理念相互交流、中外经济联系和经营网络日益频密、中外建筑风格多元融合等方面，都发挥了重要作用。

暨南大学素有"华侨最高学府"之称，其前身是创办于1906年的暨南学堂。学校自创办之初就坚持"宏教泽而系侨情"，从早期成立的南洋文化教育事业部到后来的暨南大学华侨华人研究院，均是开展华侨华人研究的专门机构。暨南大学华侨华人研究院作为教育部人文社会科学重点研究基地，长期以来不仅形成了一支老中青相结合的研究队伍，还广泛联系校内外专家学者，共同致力于华侨华人研究事业发展，特别是在华侨华人与区域国别研究、华侨华人历史研究、华侨华人经济研究、华侨华人文化研究等方面推出了众多具有学术影响力的研究成果。暨南大学出版社长期聚焦华侨华人研究成果的出版，推出"世界华侨华人研究文库"，已连续出版十多年。"近现代侨批、侨汇与侨乡经济社会研究丛书"是暨南大学华侨华人研究出版成果的一部分，拟将与主题相关的业内学者研究成果有所汇集，研究选题有所开拓，研究资料有所创新，推动相关研究不断深入。本丛书第一批有幸通过暨南大学出版社申报并成功入选2024年度国家出版基金资助项目，在此特别感谢国家出版基金和暨南大学出版社的大力支持，同时感谢各位研究者及编辑团队的辛苦付出。

丛书主编

2024 年 6 月于暨南大学

跨国金融与侨乡变迁：民国时期华南地区水客史料汇编

研究近代中国，华侨汇款（侨汇）是金融研究范畴无法绕过的一环。侨汇是侨民汇款的简称，通常指海外侨民汇回祖（籍）国的各种款项。在中国，近代侨汇指海外华侨通过各类公私机构和个人汇回或携回中国的款项。按其用途，侨汇在狭义上指海外华侨用于赡养中国国内眷属的汇款；广义上还包括捐献、投资等形式的款项或实物。近代时期，随着西方各国对中国经济侵略的加深，中国对外贸易入超严重，中国的国际收支不断恶化，长期处于严重不平衡的逆差状况。除了不断向西方列强借债之外，华侨汇款逐渐成为中国平衡国际收支的重要因素，是近代中国主要的非贸易外汇来源。1840年鸦片战争后，华侨带来的巨额侨汇，给中国带来稳定增长的外汇收入。在一些特殊时期如抗战前期，侨汇收入甚至大大超过对外贸易等形成的逆差，使中国短时期内成为国际收支的顺差国家，对中国经济和政治的影响巨大。

历史上，侨汇的产生与中国人移民海外的过程紧密相连。但侨汇具体产生于什么年代，目前国内外学术界并无定论。从文献上看，最早的记录来自明朝嘉靖年间福建石狮的《蔡氏族谱》中关于菲律宾华侨汇款回家的记载。早期中国人移居海外主要是出于求取佛法、经商贸易、自然灾害、政治迫害、改朝换代等原因，而这些因素在近代以前显然是偶发的或非经常性的。在这种背景下，早期的海外华侨寄回中国国内的款项也主要是零星的、偶发的个人行为，其数量和规模都极为有限，不可能具有近代侨汇那样重要的经济影响和社会影响。

明朝中期以降，广东和福建两省的人口压力比较大，加上西方殖民者东来，在东南亚需要招募大量廉价劳动力开发其殖民地。在上述推力和拉力的作用下，尽管明清时期政府厉行海禁，但大批中国沿海居民特别是广东和福建两地人民还是不避风险，出洋谋生。他们远涉重洋到异国他乡经商务工，大多从事艰苦的劳作，如矿工、种植园工人、工厂工人、小商贩、服务业从业者、小手工业者等等。近代华侨在海外克勤克俭、节衣缩食，稍有积蓄即寄回中国以赡养留在粤闽侨乡的眷属，这些出洋华工及其汇款具有比较明确的谋生目的和经济意义，同时也给粤闽沿海侨乡带来显著的社会变迁。

鸦片战争前，中国人的跨国移民主要是从东南沿海特别是广东、福建两省出发，前往东南亚各地。因此，侨汇汇出地主要集中在东南亚，而汇入地则主要是广东和福建两省。鸦片战争后，随着黑奴贸易的终结，西方各国主导的以贩卖华人为主的苦力贸易在全世界迅速蔓延，东南沿海的中国人逐渐走向全世界，特别是南北美洲、非洲和大洋洲，美洲侨汇的地位迅速上升，逐渐占到近代中国侨汇总额的三分之一到半数。

一般来说，历史上华侨汇款的方式经历了由海外华商带送、水客递送、侨批局（批信局）带递，再到新式机构如银行、邮局等经营的过程，这些不同的经营主体在不同的历史时期发挥着各自不同的作用。清中叶以前，侨汇款项主要由华侨自身携带返乡或委托归国亲友转交。鸦片战争后，中国沿海跨国移民人数猛增，汇款回国的人随之迅速增加。久而久之，就出现了经常随海船川行中国与东南亚、专门为华侨和侨眷捎银带信的专业人员，俗称"水客"。

由于特殊的历史背景，近代侨汇主要依靠民间机构（侨批局、金山庄、银号、商号）和个人（水客）从海外辗转运回中国，尤其是在接收侨汇的终端——粤闽侨乡侨眷主要依靠民间信用和民间金融来完成。在近代侨汇主要汇入地的广东和福建，水客和侨批局发挥着无可替代的作用，尤其是广东的潮汕地区、梅州地区，海南和福建闽南地区，两者运营着几乎全部的近代侨汇。更有甚者，在广东和福建两省，水客直到20世纪70年代末才正式退出历史舞台。

研究近代侨汇的运营和影响，不仅可以帮助人们深入了解近代金融的跨国发展和时代变迁，也可以帮助人们深入了解近代华侨的移民历程及其与中国侨乡的联系，帮助人们更深入了解近代中外关系史和国际关系史，以及近代中国社会特别是粤闽侨乡社会的发展与变迁。

秦云周博士在中山大学历史系攻博期间的研究方向即近代中国侨汇。他不仅出色地完成了自己的博士论文，还陆续发表了多篇相关研究论文，推进了学术界对近代侨汇的认识。历年来，国内外研究侨汇所用的史料主要包括政府档案、民间文书（侨批封、笔记等）、各类报刊等。本书即搜集了民国时期的水客相关史料，包括民国政府的官方档案、当时中国和东南亚国家的中文报刊资料，以及民国时期相关的研究著作，为学术界的侨汇研究提供方便。

　　有关水客的研究是近代中国侨汇研究的一部分。深入研究水客在海内外的行踪和运营方式，除了深化上文所说的研究领域外，还可以深化对近代世界与近代中国整体变迁的研究。而除了目前学术界业已完成的研究以外，我们还期待在水客的组织、收入、管理、国内和海外运营方式等方面的研究深化。特别是学术界需要进一步加强量化研究，将特定时期、特定地点、特定方向的侨汇与水客研究奠基在扎实的定量数字基础上，而不仅仅是定性的叙事层面上，由此得出更具有学术性和普遍性的研究成果。

　　是为序。

袁　丁

2024 年 3 月

　　袁丁，中山大学历史系教授、博士生导师。曾任中山大学国际问题研究院常务副院长、中山大学南海战略研究院常务副院长、中山大学东南亚研究所所长、中山大学学术委员会人文社科分委会委员。长期致力于东南亚史、华侨华人史研究。已出版《跨国移民与近代广东侨乡》《民国政府对侨汇的管制》《近代侨政研究》等多部专著。

引 言

　　侨汇作为近代以来我国重大外汇资源，是支持国家经济发展和侨乡民生建设的重要力量，是平衡国际收支的重要金融工具，是沟通祖（籍）国与海外侨居地的重要联系纽带。潮梅地区[①]是我国重要侨乡和南洋侨汇的主要流入地之一，每年华侨汇款，"汇往潮梅一带者，多集中汕头，约占百分之十五至二十（全国侨汇总额，笔者注）"[②]。全面抗战爆发以后，该地汇路沟通与否，不仅直接关系数百万侨眷生计，而且还关系华南抗战的走向，"该项汇款通路之畅通与否乃华南居民之重大社会问题，同时该项汇款之外币落入何方亦为关键所在，因其与日军占领区对外物资之购买力以及国民政府抗战能力之消长具有密切关系"[③]。

　　鉴于潮梅汇路的重要战略地位及水客等侨批业[④]在疏导、沟通这一汇路中的独特作用，"迄今仍能维持其为客属侨汇主要机构之地位"[⑤]。因此，全面抗战爆发以后，如何对之进行争取和团结，利用这一群体在海外侨居地和国内侨乡构建的

---

　　①民国时期的潮梅地区是潮属地区（汕头、潮安、潮阳、揭阳、普宁、澄海、丰顺、南澳、大埔、饶平、惠来）和嘉应五属（梅县、兴宁、平远、蕉岭、五华）的合称，其范围大致相当于如今的汕头市、潮州市、揭阳市及梅州市所辖地区。参见谢雪影：《潮梅现象》，汕头：时事通讯社，1935年，第1-5页。

　　②童蒙正：《中国战时外汇管理》，重庆：财政评论社，1943年，第303页。

　　③杨建成主编：《三十年代南洋华侨侨汇投资调查报告书》，台北：中华学术院南洋研究所，1983年，第62页。

　　④本研究所言侨批业是指凡专营或兼营揽收或解付华侨汇款业务并收寄华侨侨眷信件的私营企业或个人，主要包括水客和侨批局；这里所说的水客，是指奔走于闽粤侨乡与海外侨居地之间，专门为侨胞及其眷属带款、带信、带物，沟通海内外关系的行商，1953年5月，中华人民共和国政务院下文一律用侨批员称呼。关于其经营的历史，早在18世纪末巴达维亚就有不少关于水客侵吞银信的记载，而在潮梅地区，直到道光年间才有相关记载。参见：《侨汇专有名词解释》，1953年，广东省档案馆藏广东省华侨事务委员会档案，全宗号：247，目录号：1，案卷号：79；［荷］包乐史、吴凤斌：《18世纪末吧达维亚唐人社会》，厦门：厦门大学出版社，2002年，第125-134页；蕉岭县地方志编纂委员会编：《蕉岭县志》，广州：广东人民出版社，1992年，第369页；大埔县地方志编纂委员会编：《大埔县志》，广州：广东人民出版社，1992年，第586页。

　　⑤中央银行经济研究处编：《最近广东省之金融概况》，1941年，第15页。

跨国经营网络和长期积累的社会信用，疏导、沟通潮梅汇路以增加侨汇并争取侨心，就成为国民政府和广东地方当局为舒缓侨困并争取海外抗战资源而必须解决的重大金融和社会问题。对该问题的深入探讨，不仅有助于重新认识战时海外侨款流入国内侨乡的途径和方式，挖掘并诠释水客的跨国经营与侨乡社会变迁的深层次联系，而且还可以通过民间视角、地方视角来审视国民政府侨汇管理政策及华南抗战的最终走向。

由于一手史料的匮乏，学界对此研究较为薄弱。鉴于侨汇的重要战略地位，随着抗战局势的紧张，中、日双方加强了对侨汇的研究。在前人研究的基础上，吴承禧在 1935 年发表的《汕头的华侨汇款》① 一文中分析了汕头在潮梅汇路中的中转和枢纽地位，并对该地的侨汇总额及其海外来源进行了更为精确的统计和说明。翌年，社会学家陈达在《南洋华侨与闽粤社会》② 中，运用社会学的方法对闽粤侨乡及侨汇用途做了深入细致的调查和分析。这对于理解侨汇在潮梅侨乡经济发展和社会变迁中所扮演的角色和地位有重大参考价值。全面抗战爆发后不久，为解决外汇短缺问题，在广泛调研的基础上，姚曾荫先生在《广东省的华侨汇款》一书中论述了水客侨汇经营的特点及其在客属地区侨汇经营格局中的主导地位，在此基础上，姚氏明确主张国家行局应对之进行联络以疏导、沟通汇路。③ 1940 年出版的《梅县要览》则较为全面地披露了该县 449 名出洋水客的姓名、籍贯、揽汇区域、通讯地址。④ 这一史料文献价值较高，为深入理解水客的跨国经营提供了难得的参考。为有效集中侨汇资源，官方行局在内部出版物中，对广东省银行与水客的合作经营亦有一定的披露。⑤ 由于史料及时间的限制，以上研究主要关注的是太平洋战争爆发之前水客的跨国经营。太平洋战争爆发以后，为配合侵略扩张政策，日本于 1943 年完成了《三十年代南洋华侨侨汇投资调查报告书》，该著对水客的跨国经营亦有一定的披露。⑥ 同年，粤东著名教育家梁伯聪在《梅县风土二百咏》中生动论述了水客在沟通侨款、信息等方面的重要作用。⑦ 1949 年，饶宗颐在编撰《潮州志》时注意到了水客在太平洋战争爆

① 吴承禧：《汕头的华侨汇款》，《华侨半月刊》1935 年第 99、100 期合刊。
② 陈达：《南洋华侨与闽粤社会》，上海：商务印书馆，1936 年。
③ 姚曾荫：《广东省的华侨汇款》，重庆：商务印书馆，1943 年，第 17 – 47 页。
④ 谢复生编：《梅县要览》，梅县：新中华书局，1940 年，第 87 – 121 页。
⑤ 这方面的成果主要有：中央银行经济研究处编：《最近广东省之金融概况》，1941 年，第 13 – 15 页；广东省政府秘书处编译室编：《广东金融》，1941 年，第 19 – 22 页；广东省银行编：《广东省银行史略》，1946 年，第 15 – 18 页。
⑥ 杨建成主编：《三十年代南洋华侨侨汇投资调查报告书》，台北：中华学术院南洋研究所，1983 年，第 57、96 – 98 页。
⑦ 梁伯聪：《梅县风土二百咏》，香港：圣若望英文书院出版部，1969 年。

发后沟通东南亚侨汇中的独特贡献，"乃改以水客方式由暹罗暗带黄金、现钞间关至河内、海防或至东兴、昆明，再汇为国币以入，潮州道路修阻，每须经年累月始能抵达，其新加坡侨胞转驳暹罗而至者需时尤久"①。遗憾的是，这一观点并未引起学界足够的重视。陈植芳作为太平洋战争爆发以后沟通东南亚侨汇的亲历者和重要参与者，断然否定了饶宗颐的观点，坚持认为东兴汇路是太平洋战争爆发以后沟通东南亚侨汇的唯一途径，其成功运作应归功于以其为代表的潮帮侨批局。②

　　改革开放以后，随着研究条件的改善和史料搜集的便利，梅州本土学者以及和该地颇有渊源的外地学者推进了这一领域的研究。广西民族大学郑一省教授（祖籍梅县）从移民网络和金融网络的角度，阐释了水客与闽粤侨乡的深层次联系。③ 嘉应学院客家研究院长期致力于梅州侨乡研究，深圳大学周建新教授在此任教期间，根据实地调研和典型个案，分析了客家海外移民所形成的华侨与水客之于原乡社会的互动关系。④ 该院肖文评教授聚焦于大埔百侯地区的水客，依托民间文献，剖析了水客的经营特色以及在沟通海内外联系、推动近代侨乡社会发展中的重要作用。⑤ 夏水平博士、房学嘉教授论述了抗战时期梅属地区公私侨汇经营机构、水客的输汇情况。⑥ 长期耕耘于梅州侨务工作领域的邓锐，在其专著中披露了不少关于水客的口述史料。⑦ 中山大学是华侨华人史研究的重镇，在学术研究中注重挖掘一手史料和实地调研。立足于广东省档案馆史料价值珍贵、从未有学者利用过的侨汇原始文献和在潮汕、兴梅、四邑地区侨乡的实地考察，林家劲等人在《近代广东侨汇研究》一书中指出了香港作为近代侨汇中转地的作用以及侨批局、水客等私营侨批业在广东各地侨乡侨汇经营中的地位和作用。⑧ 然而，其主张在兴梅地区的侨汇经营格局中水客次于侨批局的观点则有失公允。充分挖掘新公布、新发现的一手史料，袁丁教授及其研究团队较为全面地论述了

　　① 饶宗颐总纂：《潮州志·实业志·七》，汕头：潮州修志馆，1949年，第39页。

　　② 陈植芳：《潮汕侨眷的生命线——记抗战后期开辟的东兴汇路》，《汕头文史》1991年第10辑，第140-153页。

　　③ 郑一省：《水客与近代中国侨乡的金融网络及移民网络——以闽粤侨乡为例》，《东南亚研究》2006年第5期。

　　④ 周建新：《侨汇与客家社会变迁——以梅县南口镇为考察对象》，谭伟伦主编：《粤东三州的地方社会之宗族、民间信仰与民俗》（下册），香港：国际客家学会、法国远东学院、海外华人资料研究中心，2002年，第404-453页。

　　⑤ 肖文评：《粤东客家山村的水客、侨批与侨乡社会——以民国时期大埔县百侯村为个案》，《汕头大学学报》（人文社会科学版）2008年第4期。

　　⑥ 夏水平、房学嘉：《梅州客属地区的水客与侨批业述略》，《嘉应学院学报》2005年第4期。

　　⑦ 邓锐：《梅州侨批》，北京：中国华侨出版社，2013年。

　　⑧ 林家劲、罗汝材、陈树森等：《近代广东侨汇研究》，广州：中山大学出版社，1999年，第11-21页。

水客在疏导、沟通潮梅侨汇中的重要贡献。① 段颖教授基于梅州南口侨乡的田野调查，论述了水客在推动和塑造跨国网络与侨乡社会中的重要作用。② 素有"华侨最高学府"之称的暨南大学，极为重视华侨华人研究和东南亚研究。该校张小欣教授尤其重视一手侨汇史料的搜集和挖掘，其在《延续与变革：1949—1956年广东侨批业管理政策研究》③ 一书中关于私营侨批业在侨汇经营中的特殊性和独特优势的论述对本文开展相关研究提供了重要参考。吴宏岐教授等人则充分挖掘了民国时期嘉属地区侨报中的水客广告史料，揭示了这一群体的侨款寄送渠道和跨国经营网络。④ 长期任职于中国建设银行的蒙启宙则利用广东省图书馆馆藏水客文献，从金融学的角度论述了水客的发展变迁、经营惯例及生存方式。⑤

近年来，随着国内研究水平的提升和国际学术交流的加强，越来越多的国外学者开始进入这一研究领域。新加坡国立大学的李小燕结合在梅州侨乡的工作和生活经历，在其博士学位论文中论及了抗战时期广东省银行和水客的合作经营。⑥ 英国卡迪夫大学历史系班国瑞和新加坡南洋理工大学刘宏教授联袂撰写的英文著作 Dear China：Emigrant Letters and Remittances，1820 – 1980⑦，则论述了战时水客在客家地区侨汇经营的地位和角色。遗憾的是，由于史料所限，海外学者对战时水客在沟通海外侨汇中的地位和作用的探讨主要集中在太平洋战争爆发之前。

在方法论上对本文有所启发的当推日本学者滨下武志的《近代中国的国际契机——朝贡贸易体系与近代亚洲经济圈》⑧ 一书，他主张正是历史上曾有过的朝贡贸易、帆船贸易使得中国与东亚、东南亚国家间形成了一个广泛存在并持续发挥作用的金融和贸易网络，侨汇在流动中因为上述网络的存在而具有了多重功能。这一论述直接启发了本文对抗战时期水客跨国经营的探讨。

---

① 这方面的研究成果有：袁丁、陈丽园、钟运荣：《民国政府对侨汇的管制》，广州：广东人民出版社，2014 年；袁丁、秦云周：《抗战期间广东省银行沟通潮梅侨路之研究》，《华侨华人历史研究》2020 年第 2 期；秦云周：《华南抗战时期广东省银行与私营侨批业经营关系研究》，《东南亚研究》2021 年第 5 期。

② 段颖：《作为方法的侨乡——区域生态、跨国流动与地方感知》，《华侨华人历史研究》2017 年第 1 期。

③ 张小欣：《延续与变革：1949—1956 年广东侨批业管理政策研究》，广州：暨南大学出版社，2017 年。

④ 吴宏岐、张超凡：《从广告史料看民国时期梅州籍水客的侨款寄送和侨批网络》，《暨南史学》（第 27 辑），2023 年，第 235 – 253 页。

⑤ 蒙启宙：《侨批银信的跨洋金融研究》，广州：暨南大学出版社，2023 年，第 77 – 107 页。

⑥ 李小燕：《中国官方行局经营侨汇业务之研究（1937—1949）》，新加坡国立大学博士学位论文，2010 年，第 81 – 82 页。

⑦ Gregor Benton, Hong Liu, Dear China：Emigrant Letters and Remittances，1820 – 1980，Oakland, California：University of California Press，2018，pp. 84 – 85.

⑧ ［日］滨下武志著，朱荫贵、欧阳菲译：《近代中国的国际契机——朝贡贸易体系与近代亚洲经济圈》，北京：中国社会科学出版社，1999 年。

还应注意的是，这一时期相关的侨批民间文献史料得到大规模发掘、整理和出版。潮汕历史文化研究中心从 2007 年开始至今出版的《潮汕侨批集成》，收录了大量潮汕地区不同历史时期的侨批影印件，具有较高的文献价值和历史价值。难能可贵的是，2011 年出版的《梅州侨批业档案选编》① 一书披露了水客熊耿基的相关证件和侨眷接受侨批的凭证等一套比较完整的资料。其后，广东省档案局编印了《梅州侨批　世界记忆——魏金华收藏侨批档案汇编》②，收录了一些梅州地区的水客资料。而在梅州各地侨乡出版的地方志书中也散布有关于水客的内容。

对此，本文在吸收和借鉴前人研究成果的基础上，以一手侨汇档案为基础，重点考察战时潮梅地区水客跨国经营的发展演变及其与潮梅侨乡社会变迁、华南抗战走向的深层次联系。

一、 抗战时期国民政府对闽粤两省银行及私营侨批业的倚重和利用

南京国民政府建立后，面对积弱积贫的局面，着力推行中央集权和金融垄断政策。侨汇作为一种重要的外汇资源就成为其力图控制并加以集中的对象。全面抗战爆发后，作为海外侨款主要流入地的广东在我国侨汇的经营格局中具有至关重要的地位。据新中国之初的统计，"广东省侨汇占全国百分之六十以上，居全国及华南区外汇收入的第一位。广东省籍国外华侨人口七百万，其中约有半数与其国内家属在经济上有着不同程度的联系。他们大部分是主要劳动力在国外，眷属及父母在国内，人口估计约六百万，其中主要与次要依靠侨汇为生者在三百万人以上。抗战前广东每年侨汇总平均数六千七百万美元，占广东省平均农产量总收入百分之二五点一一，最高达三六点六八"③。因此，积极疏导、沟通粤省汇路，最大限度将其导入官方渠道就成为国民政府集中侨汇政策的关键。

然而抗战之前，广东地方当局与国民政府之间关系不甚密切，国家行局未能有效渗透进入广东。中央银行直到 1936 年底才在广东设立第一家分支机构——中央银行广州分行，中国银行只在广州、汕头、江门、海南等地设有为数不多的分支机构，交通银行仅在广州、汕头设有分支行处，中国农民银行广州分行于

---

① 潮汕历史文化研究中心、侨批档案馆编：《梅州侨批业档案选编》，香港：天马出版有限公司，2011 年。

② 广东省档案局（馆）编：《梅州侨批　世界记忆——魏金华收藏侨批档案汇编》，2014 年。

③ 《广东侨汇情况及其存在问题报告（草案）》，1953 年 1 月 26 日，广东省档案馆藏广东省华侨事务委员会档案，全宗号：247，目录号：1，案卷号：40。

1936 年 11 月才在广州设立，邮政储金汇业局当时尚未在广东设立分支。[①] 1936 年陈济棠反蒋失败以后，广东"还政中央"。为防范粤省地方势力再次坐大，国民政府采取了一系列措施来强化对该省财政金融的控制，计有：①蒋介石亲信宋子良出任广东财政厅厅长，由此掌握了粤省的财政大权；②由财政部代表、中国银行董事长宋子文出面，将粤省政府所属的广东省银行[②]的发钞权收归中央，以此确立法币在广东的法定货币地位；③对由粤省地方实力派所主导的广东省银行第二届董事会进行"大换血"，并选派财政部部长孔祥熙亲信顾翊群出任该行行长，中央势力由此全面掌控了粤省行的决策和管理大权。通过上述举措，国民政府力图将粤省行改造成国家银行控制下的广东地方金融枢纽。[③]

侨汇与广东关系至为密切，它不仅是该省地域经济的重要支柱，"实为本省经济盛衰之枢纽"[④]，而且是有效沟通海外华侨社会和国内侨乡社会的重要纽带，是侨眷的主要生活来源。在广东"还政中央"后，广东省银行作为粤省金融的枢纽，承担着发展地方经济、活泼地方金融的重要使命。在发钞权收归中央以后，为适应新的形势，该行在 1937 年 2 月举办的第一次全体行务会议上，将侨汇业务作为商业化运营的突破口和未来发展的重点。[⑤] 随着战局的紧张，"吸收侨汇已成为粤省当局施政计划之重要部分，其执行机关则为广东省银行，广东省银行年来皆以吸收侨汇为主要业务"。[⑥] 而包括水客、侨批局在内的私营侨批业长期根植于海外各侨居地和国内侨乡，在激烈的市场竞争中形成了遍布海内外的跨国经营网络和独具特色的经营模式，所掌握的侨汇资源极其丰富。据统计，1937 年潮梅地区侨汇共计 6 200 万元法币，其中私营侨批业占 5 700 万元，包括

① 欧阳卫民：《岭南金融史》，北京：中国金融出版社，2015 年，第 352 - 388 页。

② 广东省银行，简称粤省行或省行，其前身可追溯到 20 世纪 20 年代孙中山亲手在广州创办的中央银行，该行于 1924 年 8 月 15 日正式成立，自该日起就享有发行纸币、代理国库及代募公债等特权；1927 年南京国民政府成立后，别设中央银行于上海，位于广州的中央银行遂于 1929 年 3 月 1 日奉令改称广东中央银行，只是由于对前中央银行发行之纸币负有兑现之责，故仍加上"中央"二字；由于其资产由省库拨付，纯属省立银行，为循名责实、划清界限起见，1932 年 1 月 1 日再次奉令改组为广东省银行。在粤省地方势力的大力扶植下，历经十多年的苦心经营，广东省银行一跃而成为华南最大的地方性金融机构和粤省的金融枢纽。截至 1937 年底，该行在粤省各地及香港地区设立了 2 个分行，5 个支行，24 个办事处。参见：广东省银行编：《广东省银行史略》，1946 年，第 1 - 15 页；广东省银行编：《广东省银行二十六年份营业报告》，1938 年，第 49 页。

③ 广东省银行编：《广东省银行史略》，1946 年，第 8 页；《广东省银行沿革概略、现在状况、将来计划》，1941 年 10 月，广东省档案馆藏广东省银行档案，全宗号：41，目录号：3，案卷号：4240 之二。

④ 广东省银行编：《广东省银行二十五年份营业报告》，1937 年，第 6 页。

⑤ 叶少宝：《局势发展与民国地方官办银行经营模式的转变——以抗战前广东省银行为例》，暨南大学硕士学位论文，2005 年，第 52 - 53 页。

⑥ 云照坤：《战时广东侨汇》，《广东政治》1941 年第 1 卷第 1 期，第 79 页。

中国银行在内的官方行局只有区区 500 万元。① 由于私营侨批业长期主导着这一地区的侨汇经营，并将其经收的侨汇大都用于外汇投机，结果不仅造成了国家利权的大量外溢，而且直接妨碍着国民政府金融垄断和中央集权政策的推行。伴随着实力的增强和国家邮权的扩张，南京国民政府多次尝试对其予以限制和取缔，后因控制力有限及国内外的大力反对而作罢。

鉴于粤省侨汇的重要战略地位，因此，疏导、沟通该省侨汇，最大限度将之导入官方渠道就成为国民党中央政府集中侨汇的关键环节。全面抗战爆发后，由于粤省行事实上是该省领导对日经济作战的执行机关，水客、侨批局等私营侨批业又主导着潮梅及琼崖等地的侨汇经营，国家行局在粤省分支机构不多且实力有限。为此，要集中侨汇，就必须在尊重粤省地方利益的基础上，争取和团结私营性质的侨批业，"抗战发生以后，为便利侨胞汇款厚集准备起见，即由财政部责成中央、中国两行，在海外广设分支行处，并联络闽粤两省银行邮政汇业局及闽粤侨批业组织接受侨汇金融网"②。为解决国家行局在粤省分支机构过少的问题，中央政府转而支持广东省银行在省内各地和省外重要区域增设分支机构，以充实和完善国家金融网。显然，国民政府旨在通过将闽粤两省银行及侨批业纳入国家侨汇金融网，利用其在闽粤侨乡和海外侨居地社会的经营网络和社会信用，使之成为国家行局的"助手"和"补充力量"，以便更好地维护国家行局在吸收侨汇中的领导和主干地位。而为解决国家行局在粤省分支机构过少所导致的解付能力不足的难题，中央政府转而支持广东省银行在省内各地侨乡普设分支机构。同时为强化集中侨汇的成效，国民党中央政府放弃了原有对各省地方银行海外扩张自由放任的政策，转而支持和维护中国银行、交通银行等国家行局在海外揽收侨汇的领导和主干地位，以便最大限度地集中侨汇资源。为此，1939 年 1 月 28 日，财政部公布了《吸收侨汇合作原则》和《银行在国外设立分行吸收侨汇统一办法》。通过这两项法令，国民政府强化了中央银行在集中侨汇中的权威地位和国家行局在办理侨汇中的主导地位，"即无异暗示中国银行应在海外广设分支行处，其他各行不得与之竞争，可收侨汇集中中行之效"。由此彻底关闭了粤省行向海外扩张行处的大门。

由此可见，抗战时期国民党中央政府对广东省银行和私营侨批业采取管理和团结而旨在利用的两手政策。即一方面力图将闽粤两省银行及私营侨批业纳入国家金融网，通过利用其在海外侨居地的经营网络扩大汇路以增加侨汇，另一方面

---

① 姚曾荫：《广东省的华侨汇款》，重庆：商务印书馆，1943 年，第 39 页。
② 《财政部拟具第二期战时行政计划实施具体方案》（1939 年 3 月），中国第二历史档案馆编：《中华民国史档案资料汇编》第五辑第三编"财政经济（一）"，南京：江苏古籍出版社，1997 年，第 50 页。

依托其在国内侨乡的解付网络以提升自身的解付效率。由于战时国民政府所推行的侨汇管理政策旨在增加侨汇，这一政策的确立，体现的是经营侨汇的思路，因而无论是粤省政府所属的广东省银行，还是私营侨批业，均是国家行局争取和团结的对象，这一"身份"的转变为双方走向合作经营提供了法理依据。

二、 抗战前期潮梅地区水客跨国经营的调整与适应

私营侨批业基于血缘、地缘、业缘基础上建立起来的民间信任机制，使其在侨汇经营中具有官方行局无可比拟的优势。[①] 在长期的经营实践中，它形成了遍布东南亚、闽粤侨乡的跨国经营网络和独具特色的经营模式：①在侨汇揽收环节，它不仅能够有效扩展吸收侨汇的覆盖面，而且能够深入侨居地基层社会，"缘水客前往南洋各属，无论任何山僻小地，均必亲自前往，凡我侨胞皆向领汇，款无巨细，均行收集"[②]。②在侨汇解付环节，由于其熟稔海内外的情况，因而能够做到服务上门、准确投递，"原因实由于一，多系熟悉同乡，易与家人见面，对家中情形较易询问"[③]。作为一种私营性质的企业或个人，侨批业开展侨汇经营活动旨在实现利益的最大化。在官方邮政和银行介入侨汇业务后，为节约运营成本和化解经营风险，其有意将侨批的承转环节交由邮局承担，侨款方面则依托新式银行来进行。一般说来，在平常时期，私营侨批业的跨国经营网络更具效率和规模。然而，这一网络也具有松散性和脆弱性，在特定的情况下，它必须寻求与国家的合作。[④]

随着抗战局势的紧张，为有效化解经营风险，水客开始有意寻求官方的支持和帮助。全面抗战爆发后不久，因战事影响，不少梅属水客屯集吧城，踟蹰不前，"约计此秋帮回梅县信款至少亦有百数十万，今一旦受阻停汇，影响梅县民生及市场金融实非浅鲜"。为此，爪哇万隆华侨公会致函广东省政府、汕头市政府、梅县县政府，不仅要求官方行局为其提供转驳侨款服务，而且还要求潮梅地

---

① 张小欣：《延续与变革：1949—1956 年广东侨批业管理政策研究》，广州：暨南大学出版社，2017年，第 164 页。

② 《函报办理侨汇情形并陈联络水客办法是否有当请核示由》，1939 年 11 月 30 日，广东省档案馆藏广东省银行档案，全宗号：41，目录号：3，案卷号：2215。

③ 《大埔旅外侨胞经济情形及其家属生活概况》，广东省银行经济研究室编：《广东省银行季刊》1941 年第 1 卷第 3 期，第 509 页。

④ 焦建华：《近代侨批跨国网络与国家关系研究》，《厦门大学学报》（哲学社会科学版）2015 年第5 期。

方政府为水客返国指示途径并派兵护送。① 相比国家层面的政府机构，华南侨乡的各级政府更为熟悉侨情和社情民意，而海外侨款能否安全、快速解付到侨眷手里，还直接关系到当地的经济发展和社会稳定。为此，广东省政府对吧城②水客的诉求高度重视，并一一予以落实。③ 1939 年 6 月汕头的沦陷，则直接促成了水客、侨批局和官方行局走向合作经营。汕头的沦陷，给当地的侨批业造成了致命打击。据统计，仅汕头市侨批局的数量就由 1938 年的 85 家锐减到 1941 年的 38 家，且多数经营困难。④ 受此影响，官方行局及外商银行大都迁往内地，即便中国银行在调拨支付侨款所需的法币头寸也面临种种困难，"接敝处及所属巴、泗、槟三处所收汇款，多以闽之泉州，粤之梅县为总汇，而泉、梅两地，自厦汕沦陷后，海岸被锁，交通隔绝，运券异常困难，应解敝属汇款时，因库存不裕，致久稽交付，影响侨汇至巨"。⑤ 由于侨批业向赖香港、汕头进行资金周转，汕头沦陷后，"批局资金，调拨困难，曾一度停止收汇"。⑥ 更棘手的是，私营侨批业作为一种民间力量，难以独自解决社会治安急剧恶化而导致的汇路安全保障问题。当地报纸不时有水客被盗抢的新闻报道。⑦ 此外，因出洋路线被迫重新调整，私营侨批业的经营成本急剧上升，"出国线由梅（县）经鹰潭、金华、宁波之沪约七天。旅费每人约四百元"。⑧ 由于日军切断了侨汇通过香港中转进入潮梅地区的国际通道，大批侨款被迫滞留香港。

由于暹罗、新马地区是潮梅侨汇的主要来源地，汕头沦陷后，两地侨团、侨领反应最为强烈。在沟通潮梅汇路的过程中，暹罗银信局公所率先做出反应。1939 年 6 月 24 日，该公所紧急致电广东省政府主席李汉魂及国民政府财政部驻港专员，竭力寻求侨批投递，几经尝试，无果而终，无奈宣布自 6 月 30 日起暂缓配往香港侨批。⑨ 在此情势下，数百万侨眷顿时生计无着，嗷嗷待哺。对此，槟榔屿潮州会馆总理林连登、副总理林任可大声疾呼，"苟不设法救济，前途宁

① 《爪哇万隆华侨公会呈文稿》，1937 年 10 月 19 日，广东省档案馆藏广东省财政厅档案，全宗号：4，目录号：1，案卷号：219。

② 吧城，又作巴城，指巴达维亚。

③ 《广东省财政厅呈文稿》，1937 年 11 月 6 日，广东省档案馆藏广东省财政厅档案，全宗号：4，目录号：1，案卷号：219。

④ 王炜中等编著：《潮汕侨批论稿》，香港：天马出版有限公司，2013 年，第 28 - 31 页。

⑤ 《星行致总处业字第 58 号函》，1939 年 12 月 22 日，《中国银行厦门市分行行史资料汇编》编委会编：《中国银行厦门市分行行史资料汇编（1915—1949 年）》（上），厦门：厦门大学出版社，1999 年，第 377 页。

⑥ 中央银行经济研究处编：《最近广东省之金融概况》1941 年，第 15 页。

⑦ 《汇票被盗启事》，《中山日报》（梅县版），1940 年 2 月 5 日第 2 版；《汇票被盗启事》，《中山日报》（梅县版），1940 年 7 月 23 日第 2 版。

⑧ 《出国路线》，《中山日报》（梅县版），1941 年 3 月 19 日第 2 版。

⑨ ［泰］洪林、黎道纲编：《泰国侨批业资料荟萃》，香港：天马出版有限公司，2011 年，第 73 页。

堪设想"①。

鉴于私营侨批业无力解决上述难题，海内外各方于是纷纷要求官方介入。继暹罗银信局公所之后，旅港潮梅商帮也纷纷要求广东省银行设法救济。② 8 月 15 日，代表潮梅侨批局利益的汕头市商会主席陈焕章致电李汉魂，"恳商国家银行着南洋各埠分行与批局妥定汇兑分发办法，救民倒悬，至各县分发批款尽可由各批局办事处由县负护送责"。③ 新加坡潮帮各汇兑商则提议妥速在揭、饶两地增设行处，其中饶处拟设黄冈，揭处拟设棉湖墟，10 月 30 日，广东省银行新加坡分行将之上报总行。④ 可见，在潮梅汇路沟通的过程中，侨批业借助跨国网络和机制化运作，积极谋求侨批网络的正常运作，其着眼点则为借助广东地方政府和官方行局的力量以更好维护其商业利益。

在此过程中，东南亚侨团、侨领纷纷开展救乡工作，其中以泰国中华总商会主席蚁光炎影响最大、成绩最著。他祖籍广东澄海，具有强烈的爱国情感和桑梓情结。面对家乡的沦陷，他多方奔走，努力寻求解决之道，并于 7 月 20 日、21 日连续两日致函国民政府侨委会委员长陈树人，积极寻求其支持。他在 7 月 20 日的函中不仅系统阐明了侨汇对侨乡、侨眷及国家的重要性，而且提出了沟通潮梅汇路的具体举措，"光炎之意，拟请政府在香港设一侨汇机关，或指定银行办法，一方与南洋各地华侨银信局联络，将所有侨批悉在香港集中，然后由香港转道淡水惠阳送入内地，或由航空输桂林转韶关，再输入内地，并以兴宁或梅县为侨批内地集中处，然后由驻防军护送至各县各乡，以策安全。总之，一方宜尽量采用现有民信局深入民众之办法，一方宜统筹统办，以求经济快捷与安全。侨眷生活与外汇吸收，实深利赖"。后根据暹罗中华总商会的建议，7 月 21 日，他再次致函陈树人，"现在救急办法须由广东省银行迅为广设县办事处接发侨批"，并恳请陈树人转呈行政院电饬粤省行照办。⑤ 蚁光炎在致函陈树人的同日还致电李汉魂，"恳饬省银行于东江各县迅设办事处接发侨批"⑥。由此可见，蚁光炎起

① 《李汉魂致顾翊群函》，1939 年 9 月 6 日，广东省档案馆藏广东省银行档案，全宗号：41，目录号：3，案卷号：2221。

② 《本行积极办理侨汇情形案》，1939 年 7 月 27 日，广东省档案馆藏广东省银行档案，全宗号：41，目录号：3，案卷号：33。

③ 《陈焕章致李汉魂电》，1939 年 8 月 15 日，广东省档案馆藏广东省财政厅档案，全宗号：4，目录号：2，案卷号：10。

④ 《港讯处致粤省行总行函》，1939 年 10 月 30 日，广东省档案馆藏广东省银行档案，全宗号：41，目录号：3，案卷号：2221。

⑤ 《侨务委员会公函 荒渝己字第一九二九号》，1939 年 7 月 21 日，广东省档案馆藏广东省财政厅档案，全宗号：4，目录号：2，案卷号：10。

⑥ 《蚁光炎致李汉魂电》，1939 年 7 月 21 日，广东省档案馆藏广东省财政厅档案，全宗号：4，目录号：2，案卷号：10。

初虽主张由官方主导沟通潮梅汇路，但对于具体由谁来主导尚未形成明确的思路，其后基于暹罗中华总商会的建议，才明确形成由广东地方政府保障批路安全，由粤省行在潮梅国统区各地侨乡普设行处以打通汇路的构想。这一主张颇具战略性和可行性，因而得到了陈树人、新马地区侨团、侨领以及有识之士的积极响应。8 月 4 日，新加坡潮州八邑会馆致电李汉魂，请求粤省行于揭阳县迅设分行，至于具体地点，为兼顾安全性和辐射范围，建议以河婆和凤凰为首选，"查揭阳之河婆地方，尚属安全，应设办事处以接济普宁、惠来、潮阳、南山、揭阳及丰顺、陆丰、五华等县局。另在饶平之凤凰乡附近设一小规模之办事处以接济澄海、潮安、饶平等县"①。8 月 17 日，新加坡马来西亚潮州公会联合会主席戴澍霖致电李汉魂，"请即饬广东省银行于潮属各县迅设分行或办事处，并饬军警沿途保护批众以利侨汇"②。汕头沦陷后，槟榔屿潮州会馆不仅组织了马来亚潮侨救乡总会暨槟城分会积极募款以资救济，而且还呼吁槟榔屿各大银行及侨批局迅速设法通汇。9 月 2 日，该会馆总理林连登、副总理林任可亲自致函李汉魂主席，"恳迅妥筹办法，沟通侨批汇款以苏民困"③。在华南军政当局和以广东省银行为代表的官方行局的大力支持下，经竭力筹措，潮梅汇路终于在 11 月上旬得以重新沟通。④

作为华南最大的地方性金融机构和粤省的金融枢纽，广东省银行有更为便捷的地缘优势与更强烈的经济动机和水客等侨批业构建起更为紧密的合作关系。从法理上说，广东省银行既是国家侨汇金融网的重要组成部分，又是粤省推行国家金融侨汇政策的主导力量，这样的双重身份使其得以构建起集省内汇兑、省际汇兑、海外汇兑三位一体的汇兑网络，尤其是该行因省内分支机构众多而形成了较强的解付能力，"而全省金融网复布置完成，任何县份，均可解付汇款，且汇驳力求迅速，手续力求简单，故汇托侨胞咸称便利，侨汇数字，日见激增"⑤。从历史上看，广东省银行脱胎于 1924 年 8 月孙中山亲手创办的中央银行，其后历经中央银行、广东中央银行、广东省银行时期，三者一脉相承。顶着"国父手创"的金字招牌和中央银行的高贵出身，经过十多年的苦心经营，到抗日战争爆

① 《新加坡潮州八邑会馆致李汉魂电》，1939 年 8 月 4 日，广东省档案馆藏广东省财政厅档案，全宗号：4，目录号：2，案卷号：10。
② 《戴澍霖致李汉魂电》，1939 年 8 月 17 日，广东省档案馆藏广东省财政厅档案，全宗号：4，目录号：2，案卷号：10。
③ 《林连登、林任可致李汉魂电》，1939 年 9 月 2 日，广东省档案馆藏广东省银行档案，全宗号：41，目录号：3，案卷号：2221。
④ 袁丁、秦云周：《抗战期间广东省银行沟通潮梅汇路之研究》，《华侨华人历史研究》2020 年第 2 期，第 68 页。
⑤ 广东省银行编：《广东省银行民国二十八年份营业报告》，1940 年，第 19 页。

发前夕，该行在东南亚侨居地社会和广东各地侨乡社会拥有良好的社会信誉。广东省银行上下又以粤籍为主，熟悉乡情和侨情，相对国家行局来说，在拓展侨汇业务时，更易获得粤籍侨胞的认同和支持。从职能上看，粤省行除兼代国库外，还代理省库和县库，长期扮演着广东地方政府"钱袋子"的角色，所发行的省券在华南侨乡有较长的历史和良好的信用。① 因此，粤省行在广东各地侨乡开展业务时更易获得基层政权的支持和配合。全面抗战开始以后，作为国家金融网的重要组成部分，扩大汇路以增加侨汇是粤省行的重大职责，"值兹抗战时期，资金之挹注，尤深利赖，本行为全省主要之金融机关，对于侨汇，自应积极设法吸收，以期于国计民生，得有充分之贡献"②。巨额的侨汇及其产生的汇兑收益，不仅是粤省行重要的收入来源和开展存款、放款等业务的重要依托，而且是充实广东地方经济和社会发展资金的主要渠道，"本行鉴于活泼本省金融及增厚抗建资源，实有赖于侨汇。并鉴于发展本行业务亦端赖侨汇为基础"③。由此可见，广东省银行对于拓展侨汇业务及支撑广东地方经济和华南抗战，有着深切的体认。然而，不同于中国银行、交通银行等国家行局，粤省政府所属的广东省银行在拓展侨汇经营时面临各种掣肘：①从侨汇来源来看，受制于国民政府严禁粤省行海外增设行处的政策，1939 年 1 月以后该行向南洋各地增设行处屡屡受挫，"因财政部对各省地方银行在国外设立行处限制甚严，以致未能实现"④。英属新马地区和荷属印尼地区粤籍侨胞众多，经济实力较强，侨汇资源丰富。为拓展侨汇经营，中国银行早在 1938 年 11 月就在巴达维亚设立了经理处，不久又相继在泗水、槟榔屿、棉兰、吉隆坡、怡保等地增设了分支机构。⑤ ②从侨汇的解付环节来看，尽管广东省银行已在潮梅国统区各县城和较为发达的市镇建立了分支机构，然而，对于广大侨眷集中的偏远地带，其经营网络依然无法有效覆盖。此外，汕头沦陷后，大批潮汕侨眷避居内地。据不完全统计，避居梅县者不下数万人，另大约有几十万侨眷迁移至丰顺等地。⑥ 广东省银行要在极短的时间核实、掌握这部分侨眷的情况，可谓挑战不小。③从南洋各侨居地来看，随着抗战局势

① 黄卓豪：《战时广东金融问题》，曲江：广东省银行经济研究室，1942 年，第 7 页。

② 《广东省银行第二届董事会第二十二次会议报告事项之一：本行积极办理侨汇情形案》，1939 年 7 月 27 日，广东省档案馆藏广东省银行档案，全宗号：41，目录号：3，案卷号：33。

③ 广东省银行编：《广东省银行二十九年度营业报告书》，1941 年，第 16 页。

④ 《关于建厅黄厅长吸收侨汇意见各项办理情形并请将非常时期银钱业经营规则第五条修正以安金融由》，1941 年 8 月 13 日，广东省档案馆藏广东省银行档案，全宗号：41，目录号：3，案卷号：2215。

⑤ 中国银行行史编纂委员会编著：《中国银行行史（1912—1949）》，北京：中国金融出版社，1995 年，第 880 – 882 页。

⑥ 黄文英：《抗战八年来的梅县社会回顾》，[出版地不详]：中国复兴文化社，1948 年，第 81 页；李作桑：《抗战四年来广东之侨汇对策》，《新建设》1941 年第 6、7 期合刊，第 48 页。

的紧张，英、法、荷等国强化了在南洋属地的外汇管制，给官方行局吸收侨汇造成了不少压力，"本行贡、防两支行，自上年成立后，当地外汇即实施严格管理。本年越局益趋严重，海防支行迫于撤贡，吸收侨汇自始无法进行。至缅之仰，地当交通孔道，虽经在十月间开立支行，惟侨汇一项，以当地汇兑早经统制，亦无法吸收"①。在潮梅侨胞高度集中的泰国，该国政府虽未限制侨汇，"惟以环境关系，本国银行如在该地设立行处，尚有困难"②。

在此情势下，对广东省银行来说，选择与水客开展合作经营，则可以有效破解上述难题。在寻求与水客进行合作经营的过程中，该行最初的做法是借助其完善的解付网络，重在提升自身的解付效率。汕头甫一陷落，广东省银行总行"电饬梅县支行仿照汕市批局办法举办水客登记，如能提具保证，可交与款项送落乡间"③。此后，该行松口办事处积极学习借鉴水客落乡送款方面的经验。具体做法是首先分函各乡墟市殷实商号商定代理交款手续，以利推行其办法；其次先电话通知各区乡镇长、保甲长转知侨胞家属，如有侨胞汇款，当即直接落乡送到。④

在与水客的频繁互动中，粤省行松口办事处主任萧聘廷基于其在扩大汇路中的重要作用，"惟为普遍吸收迅集巨额汇款起见非假手水客不为功"，率先提出了对之进行联络的思路，为此还拟定了具体办法。⑤ 据此，1939 年 12 月 17 日，粤省行总行致电星行（笔者注：新加坡分行）："（一）应与各地水客紧密周旋，汇款时务予快捷便利，并妥为招待。（二）将本行在国内通汇地点，在南洋各属详为登报，以广招徕。"⑥ 为便于水客在潮梅各地侨乡解付侨汇，总行随后通函东江地区各分支行处，要求"嗣后凡支付侨汇，应尽量以新券支付，并酌搭辅币，以便分派零星侨批。并应一律仿照侨胞家属登记办法，举办水客登记，并取具印鉴或采用水客联保办法，取具保书存验，凡已登记之水客，将来支取汇款可凭印鉴或保书即予付款，借省取款时各种手续。对于各水客并应妥为接待，以资

① 《交通银行 1940 年度营业报告》，1941 年，中国第二历史档案馆编：《中华民国史档案资料汇编》第五辑第二编"财政经济（三）"，南京：江苏古籍出版社，1997 年，第 531 页。

② 童蒙正：《中国战时外汇管理》，重庆：财政评论社，1944 年，第 341 页。

③ 《广东省银行第二届董事会第二十二次会议报告事项之一：本行积极办理侨汇情形案》，1939 年 7 月 27 日，广东省档案馆藏广东省银行档案，全宗号：41，目录号：3，案卷号：33。

④ 《将办理侨汇情形报请察核由》，1939 年 8 月 25 日，广东省档案馆藏广东省银行档案，全宗号：41，目录号：3，案卷号：2221。

⑤ 《函报办理侨汇情形并陈联络水客办法是否有当请核示由》，1939 年 11 月 30 日，广东省档案馆藏广东省银行档案，全宗号：41，目录号：3，案卷号：2215。

⑥ 《粤省行总行致星行快邮代电》，1939 年 12 月 17 日，广东省档案馆藏广东省银行档案，全宗号：41，目录号：3，案卷号：2215。

吸引"①。在联络水客方面，海内外各分支机构结合实际，灵活开展。对于水客及驻扎地之店东，新加坡分行派专人进行联络，"汇款时力求快捷、便利，招呼极为周到"。同时还邀请水客到行登记，凡经登记的水客，享有汇价特别从廉、手续格外从简等优待。② 根据顾翊群行长的指示，为便于联络水客，松口办事处制定了"各地往洋水客调查表"，内容包括水客赴洋时期、投止地点、年中带款约数。③ 丙村办事处则通过情感交流、提供优待等手段联络水客。1940 年 2 月 2日，趁年关之际，该处设宴招待区属各水客，"到会数十人，通过联系情谊，沟通汇路，发展业务"④。凡经登记的水客，在侨汇经营的各个环节均享有广东省银行及其通汇行华侨银行给予的各种优惠。⑤ 粤省行作为地方金融机构，一定程度上得以"游离"于国民政府的外汇统制政策，因而能够按照比法定汇率灵活的汇率受理汇款，这种情况直到 1941 年实施冻结令才予以改变。⑥ 这一点对于经营侨汇业务的水客来说，极具诱惑力。松口办事处则采取多种方式拉拢水客，"凡有本处及大埔各属过松往洋水客，或设宴招待，或妥为指示途径，代雇车辆，着存印鉴，付款则付新币，搭发辅币，以便流通"⑦。

为联络水客，广东省银行还对原有的组织架构进行重组和调整，要求所有各侨汇区行处附设华侨服务机构，其中分行设课，支行设组，办事处设系，该机构重要职责之一即为联络侨批业、办理水客登记。⑧ 由于该行旨在增加侨汇，因此对与之合作的水客，能够进行适度的让利。1940 年 10 月 13 日，在广东省第五区督察专员于兴宁召开的侨批业谈话会上，广东省银行营业部经理容华绥前往出席，会上"容经理申述政府爱护侨胞及本行服务侨胞之诚意，并将前订利便侨汇

① 《粤省行总行致东江各行处函》，1939 年 12 月 17 日，广东省档案馆藏广东省银行档案，全宗号：41，目录号：3，案卷号：2215。

② 《电复对于吸收侨汇及联络水客向极注意由》，1939 年 12 月 30 日，广东省档案馆藏广东省银行档案，全宗号：41，目录号：3，案卷号：2215。

③ 《函呈各地往洋水客调查表一册请察核由》，1940 年 3 月 1 日，广东省档案馆藏广东省银行档案，全宗号：41，目录号：3，案卷号：2215。

④ 广东梅州金融志编纂办公室编：《梅州金融志（1853—1985）》，广州：中山大学出版社，1990年，第 132 页。

⑤ 广东省档案局（馆）编：《梅州侨批 世界记忆——魏金华收藏侨批档案汇编》，2014 年，第 34页。

⑥ 姚玉民、崔丕、李文译：《日本对南洋华侨调查资料选编（1925—1945）》第三辑，广州：广东高等教育出版社，2011 年，第 220 页。

⑦ 《松口办事处工作报告》，1940 年，广东省银行第二次全体行务会议秘书处：《广东省银行第二次全体行务会议特辑》，1941 年。

⑧ 《广东省银行第二届董事会第三十九次会议讨论事项之九：订定本行各分支行处华侨服务部门办事通则案》，1941 年 10 月 15 日，广东省档案馆藏广东省银行档案，全宗号：41，目录号：3，案卷号：51。

办法八项逐项解释";针对各侨批代表要求减低汇费及不限汇额等意见,尽量采纳,"特勉徇各批局之请,从新核定兴嘉两行对东江各地汇率,分饬各该行处遵办,并饬随时体察市情在百分之一限度内酌量增减报核";会议期间,10月14日该行还乘机召集驻兴宁代表开谈话会,宣传政策,解释立场;通过这两次会议,广东省银行释放的善意得到了热烈回应。[①]

表1 1941年梅县出洋水客人数及分布区域

所在地区	人数	占比	所在地区	人数	占比
荷属爪哇	242	53.5%	马来亚（星加坡各埠）	99	21.9%
荷属苏门答腊（日里）	35	7.7%	荷属坤甸	18	4.0%
帝汶历唎	12	2.7%	孟家锡	10	2.2%
加里吉打	10	2.2%	文岛	9	2.0%
毛里西亚	8	1.8%	勿里洞	4	0.9%
安南	4	0.9%	布旺	1	0.2%

资料来源:谢复生编:《梅县要览》,梅县:新中华书局,1941年,第87-121页。

从表1可知,仅梅县一地1941年出洋水客就多达452人,揽收侨汇范围广泛分布于荷属爪哇、英属马来亚甚至非洲等地。通过与水客合作,粤省行侨汇揽收范围进一步扩展到马来亚、印度尼西亚、毛里求斯等地。同时,通过水客,粤省行得以成功打通了侨汇解付的"最后一公里",建立起遍布潮梅侨乡、深入侨眷的侨汇解付网络。由于承汇环节及头寸的调运主要是由广东省银行来完成,对于与之合作的水客来说,有粤省行的政府为其背书,不仅有效缓解了资金融通的压力,进一步扩大并巩固了社会信用,而且有效化解了战时的经营风险。

显然,互利互惠是潮梅地区水客和广东省银行走向合作经营的深层次原因。在沟通潮梅汇路的过程中双方各自发挥比较优势,互通有无,在合作的大局中实现共赢。

三、 太平洋战争爆发以后潮梅地区水客继续沟通东南亚侨汇

太平洋战争爆发以后,随着香港中转地位的消失,越来越多的侨批业亟须开

---

① 《广东省银行第二届董事会第三十三次会议报告事项之七:派业务部经理容华绶赴东江洽商便利侨汇侨批办法案呈》,1940年11月30日,广东省档案馆藏广东省银行档案,全宗号:41,目录号:3,案卷号:45。

辟新的汇路。虽然我国沿海地区被日军封锁，但东兴作为为数不多的国际通道之一，依然与外部世界保持着密切的沟通，商贸、金融、黄金贸易十分活跃。当时泰国和法属印支联邦因选择倒向日本而得以暂时保全，这使得当地的侨胞仍有可能汇款，关键是寻求安全可靠的汇款渠道。太平洋战争爆发以后，越南侨胞沿用以往的做法，利用官方行局的经营网络及信息渠道进行汇款，"南洋各埠，虽先后相继陷落，但毗连昆明及东兴两地之越侨，仍源源汇款归国，本行为适应环境计，分饬昆明及东兴办事处尽量接汇，并予侨胞种种便利"①。据昆明中国银行统计，该行 1942 年承汇闽粤两地侨汇高达法币 2 000 万元。② 显然，除了东兴，中国银行、广东省银行驻昆明的分支机构也是转驳东南亚侨汇的重要机构。为拓展侨务业务，引导侨资内移，广东省银行东兴办事处还积极联络海外侨领，"幸各方侨领均能深明大义，知外力不足，将祖国方可托，乃纷纷劝勉侨胞汇款返国，是以本处侨汇业务自三十年起，即渐有进展，迨至三十一年度则突飞猛进"③。邮政机构作为我国重要的官方行局，凭借分支机构众多、汇兑网络健全的优势，在沟通越南侨汇的过程中发挥着独特的作用，"海峡殖民地及荷属东印度之侨汇路线虽已阻断，但侨居越南之我国侨胞，多有至东兴邮局，将侨款汇返本区潮梅各地及闽区各处"④。显然，太平洋战争的爆发，并没导致越南侨汇中断，当地侨胞依然可以依托官方行局驻东兴及昆明等地的分支机构将侨批汇寄家乡。

东兴优越的地理位置及官方行局办理侨汇的良好信誉，预示着通过官方行局所主导的东兴汇路进行汇款、寄递侨批的规模有扩大之势。1942 年春，陈植芳证实这一汇路的可行性后，更多的潮帮侨批业紧随其后，"接着便是安南宅郡（堤岸）为顺批馆经理张为长带澄记批馆经理畲武、玉合经理张良春经陈植芳转汇揭阳魏启峰收之大额侨汇也安全抵榕，更是在安南的潮阳帮不少批局也雀跃通过东兴汇路改由魏启峰收转潮阳县各地批局（潮阳县为沦陷区），至下半年原与汕头万丰发联号挂钩的暹罗批局也蜂拥而至，均通过东兴寄魏启峰收转"⑤。作为太平洋战争爆发后沟通南洋与闽粤地区的主要通道，东兴汇路由于大批私营侨批业的加入而进入新的发展阶段。

---

① 广东省银行编：《广东省银行史略》，1946 年，第 16－17 页。

② 云南地方志编纂委员会：《云南省志·卷十三·金融志》，昆明：云南人民出版社，1994 年，第 144 页。

③ 《东兴办事处工作报告》，1943 年 5 月，广东省银行秘书处编：《广东省银行第三次全体行务会议分区会议特辑》，曲江：广东省银行秘书处，1943 年，第 355 页。

④ 《中华民国三十一年度广东邮区后方邮政事务年报》，1943 年 4 月 9 日，广东省档案馆藏广东省邮政管理局档案，全宗号：29，目录号：1，案卷号：214。

⑤ 江宁：《百年魏启峰，六代侨批缘》，《侨批文化》2005 年第 4 期。

依托私营侨批业的跨国网络，越南、老挝、柬埔寨及泰国等地的侨批通过东兴汇路纷至沓来。海外侨批自这一汇路流入的基本流程是，"至泰国、安南等地侨胞寄来之批信，系由各该处批信局收寄，汇款系用密码或秘密方法通知其在东兴或鼓浪屿分设之批信局转知收款人并各地批信局，款项方面则由各该处批信局私运当地货物到东兴售卖，将款转汇各处，或以当地钱币带至东兴兑换法币，由行局分汇各地批信局或收银人收领"①。

东兴地处我国大陆海岸线的西南端，与越南水陆相交，虽是边陲小镇，地理位置却十分优越，是我国南方与东南亚各国的交通要冲。抗战时期东兴之所以成为沟通东南亚侨汇的重要战略通道之一，主要是因为其地缘优势及国民政府所辖行局所构建的相对完善的侨汇经营网络。早在清末，中国政府就在此设立了电报及邮政机构。1888 年，两广总督张之洞奏请添设广东钦州至东兴电线。当年 7 月，两地电线架通，供清廷传递军情、政令专用。同年，越南芒街（法属）与东兴接通有线电报，开辟了祖国南大门与邻国的通信要道，大大便利了南洋侨胞与国内的联系。② 其后，清政府于 1907 年 1 月 5 日在东兴增设了邮政分支机构，在此后的数十年间，东兴邮政局国际邮件互换邮局的地位虽没有正式规定，但该局一直与法属越南芒街邮政局互换国际邮件，直到 1943 年 3 月重庆邮政总局才蓦然发觉此事。③ 太平洋战争爆发之前，东兴邮政局还可以通过越南芒街和海防中转与香港互换邮件，平均耗时 7 天；相比之下，东兴邮政局与芒街邮政局互换国际邮件平均耗时只需要 1 小时。④ 全面抗战爆发后，为健全和完善国家金融网，财政部大力支持广东省银行在省内各地普设分支机构。东兴当时隶属广东省防城县，为展拓业务，利便金库收解起见，广东省银行乃于 1939 年 6 月委派陆建勋前往该地筹设办事处。⑤ 经过数月筹备，东兴办事处于 10 月 6 日正式对外营业。⑥ 在战时环境下，私营侨批业和越南侨胞可以依托国民政府所辖行局相对完善的汇兑网络和解付体系，通过东兴中转将东南亚侨批安全解付到家乡。以往主张东兴汇路源于 1942 年春，将其归功于私营侨批业的说法并不科学。陈植芳先

---

① 福建省档案馆编：《福建华侨档案史料》（上册），北京：档案出版社，1990 年，第 336 页。

② 防城县志编纂委员会编：《防城县志》，南宁：广西民族出版社，1993 年，第 304 页。

③ 《为关于海康局与广州湾及东兴局与芒街法国邮政互换函件总包事项电复察核由》，1943 年 3 月 3 日，广东省档案馆藏广东省邮政管理局档案，全宗号：29，目录号：1，案卷号：215。

④ 《内地互换局与外国直封函件等之互换局名表》，1939 年 5 月 23 日，广东省档案馆藏广东省邮政管理局档案，全宗号：29，目录号：1，案卷号：507。

⑤ 《报告事项：恢复英、清两办事处并推设东兴办事处》，1939 年 6 月 28 日，广东省档案馆藏广东省银行档案，全宗号：41，目录号：3，案卷号：32。

⑥ 《广东省银行分支行处分布报告表》，1945 年 12 月，广东省档案馆藏广东省银行档案，全宗号：41，目录号：3，案卷号：4222。

生的主张之所以长期影响学界，一是囿于一手史料的匮乏，二是部分学者受其回忆文章影响，认为广东省银行和国家邮政机构在东兴的分支机构是 1942 年春陈氏成功探索东兴汇路的产物①，而事实并非如此。

太平洋战争爆发后，鉴于德意日的敌方性质，重庆邮政总局乃要求："查自我国政府与德、意、日等国正式宣战后，关于寄往该参战国之邮件应停止收寄，而收到由该参战国或其占领区寄来而贴有该参战国邮票之信件，应就近送交邮件检查处置。"② 德军攻占法国巴黎后，成立了维希傀儡政权，该政权在对华政策上倒向汪伪，重庆国民政府乃于 1943 年 8 月 1 日宣布与之断交。邮政总局随即于 8 月 5 日通知后方各地邮局，停止收寄法国及法属各地的挂号邮件，中国与法国及法属各地邮局互换邮件业务亦暂告停止。然而，由于邮政总局通令语焉不详致使东兴邮政局发生误解，该局依然与法属芒街邮政局互换邮件总包。对此，重庆邮政总局于 1944 年 4 月 6 日致电广东省邮政管理局曲江办事处，要求该处责令东兴邮政局停止与法属邮局直接通邮。③ 显然，维希政权的敌方性质和傀儡性，是国民政府决定与之停邮的主要原因。时隔不久，重庆总局又改变了主意，8 月 21 日总局再次要求广东邮政管理局曲江办事处"饬知东兴局可与越南芒街局恢复互换邮件总包"。然而，由于邮路梗阻，东兴邮政局直到 11 月 1 日才收到该令。为此，该局乃于当日随即与法属芒街邮政局重新恢复了互换邮件总包业务。④ 也就是说，抗战期间，东兴邮政局与芒街邮政局互换邮件总包中断的时间非常短暂。在此过程中，双方互换的邮件，既有普通的邮政信件，也有南洋各地通过芒街邮政局转发的侨批邮件。在维护邮路安全上，国统区邮政机构可谓不遗余力。1942 年澄海县城发生霍乱后，原有的自潮梅游击区通往沦陷区的邮路被迫调整，为此，广东邮政管理局曲江办事处"当经电令辖下潮梅段内后方局所将寄发汕头及广州本转邮件，统发峡山至潮阳线转递，以免延阻"⑤。位于国统区的邮政机构还想方设法提升邮运效率，并增加运量。到 1940 年 11 月，东兴邮政

---

① 持该观点的学者及其著作参见：邹金盛：《二战时期的汕头侨批邮路》，王炜中主编：《首届侨批文化研讨会论文集》，汕头：潮汕历史文化研究中心，2004 年，第 113 页；陈胜生：《我的父亲陈植芳与东兴汇路》，《文史春秋》2019 年第 9 期。

② 《为关于出于各处寄交敌国侨民邮件事项电恳察核示遵由》，1942 年 5 月 29 日，广东省档案馆藏广东省邮政管理局档案，全宗号：29，目录号：2，案卷号：215。

③ 《广东邮政管理局曲江办事处致重庆邮政总局代电》，1944 年 5 月 2 日，广东省档案馆藏广东省邮政管理局档案，全宗号：29，目录号：2，案卷号：215。

④ 《为关于东兴局与越南芒街邮局恢复互换邮件总包日期呈报鉴核备案由》，1945 年 7 月 4 日，广东省档案馆藏广东省邮政管理局档案，全宗号：29，目录号：2，案卷号：215。

⑤ 《为关于职区后方各地直达沦陷区及游击区邮路变动情形电呈察核备案由》，1942 年 10 月 3 日，广东省档案馆藏广东省邮政管理局档案，全宗号：29，目录号：2，案卷号：215。

局与芒街邮政局互换国际邮件平均耗时由原来的 1 小时缩短到 0.5 小时。[①]"至粤北与东江潮梅等地邮运，自去年交商运带运邮件后，邮递迅速，运量增加。"太平洋战争爆发以后，粤省国统区的邮政机构还积极协助商人抢运战略物资，"其在东兴抢购物资者，多交邮局运寄西南各省。该局收寄包件，因而日渐发达。各局汇兑业务，亦不断向上发展"[②]。可见，广东邮政管理局曲江办事处的积极作为是越、老、柬及泰等地侨批得以大规模寄递的原因。该处及所属分支机构也借此获取了不菲的收益，业务得以继续拓展。

通过考察太平洋战争爆发后侨批从东兴运往汕头的两条秘密小道[③]，可以发现揭阳已然成为侨款流向潮梅地区的中转地。粤省行与潮汕侨批业翘楚魏启峰批局[④]在 1939 年就已建立了良好的合作关系。汕头沦陷后不久，该行在当年 12 月成立了揭阳办事处，其后又在河婆增设了办事处，1941 年 6 月中国银行、中国农民银行也在该地成立了分支机构。[⑤] 也就是说，太平洋战争爆发前，官方行局在揭阳地区的分支机构承担了相当部分解付至潮汕沦陷区的头寸供给任务。而要拓展潮梅地区的侨汇经营，粤省行不仅需要利用魏启峰批局在潮汕地区的解付网络和社会信用，而且需要借助该批局在南洋各地的经营网络扩大汇路。民营性质的魏启峰批局要在战时维持侨汇运营，也需要借助该行的官方背景和汇兑网络。为此，双方建立了紧密的协作关系：该批局以大量存款支持揭处业务，并为其代交偏远地带侨批，揭处则为之提供转汇、头寸接济及武装护送批款等服务。[⑥] 为支持粤省行兴宁行处拓展业务，魏启峰批局还将自家在当地的物业长期租给该行作为办公场所。[⑦] 1941 年 10 月，为便捷侨款解付，揭处主任何啸麟还与魏启峰批局经理魏茂硕正式签署了交兑汇款合约，该批局代理付款范围以"揭阳全属及邻

---

① 《内地互换局与外国直封函件等之互换局名表》，1940 年 11 月 18 日，广东省档案馆藏广东省邮政管理局档案，全宗号：29，目录号：2，案卷号：507。

② 《中华民国三十二年度广东邮区后方邮政事务年报》，1944 年，广东省档案馆藏广东省邮政管理局档案，全宗号：29，目录号：1，案卷号：214 之三。

③ 侨批为避开日军从东兴运往汕头必须走的秘密小道，一条是"东兴—广西钦州—合浦—遂溪—湛江—高州—信宜—云浮—四会—清远—从化—河源—紫金—揭阳—汕头"，另一条是"东兴—广西钦州—南宁—韶关—兴宁—揭阳—汕头"。参见邹金盛：《潮帮侨批局》，福州：艺苑出版社，2001 年，第 68 页。

④ 魏启峰批局创办于 1879 年，初期只代理揭阳、普宁、丰顺等地的侨批解付和回批业务。其后，通过海内外"专营、联营、代理和委托代理"等多种方式，将业务进一步拓展至新加坡、暹罗、印度尼西亚、柬埔寨、越南等地（仅暹罗和印度尼西亚就有 23 家代理商号），在 20 世纪 30 年代形成了南洋揽收、香港中转、汕头解付全面发展的新局面。参见欧广卫、庄梓睿：《东兴汇路与潮汕魏启峰批局》，《文史春秋》2019 年第 9 期。

⑤ 广东经济年鉴编纂委员会：《广东经济年鉴续编》，曲江：广东省银行经济研究室，1942 年，第 F62 页。

⑥ 欧广卫、庄梓睿：《东兴汇路与潮汕魏启峰批局》，《文史春秋》2019 年第 9 期。

⑦ 此处内容来源于 2020 年 6 月 29 日下午笔者与魏启峰批局后人魏璧光的电话访谈。

近乡村为限"，手续费以每百元五角计算，代理付款采取先行垫付的方式。① 粤省行和魏启峰批局之间良好的合作使得太平洋战争爆发后自东兴汇路汇入粤东的侨款可以有效地解付，"1942 年春以后，由魏启峰批局接转的批款，几乎占东兴汇路汇入揭阳批款总额的 70%"②。

太平洋战争爆发后，官方行局在南洋各地的分支机构被迫关闭或转入地下，在其未能揽汇的法属印支联邦和泰国等地，私营侨批业充分依托机制灵活、隐蔽性强的优势，通过跨国网络收集侨批。然后集中运至越南海防或河内的中转站。接着，私营侨批业将信款经越南芒街秘密过境运到东兴的代理处。在侨批的国内流通环节，私营侨批业依托国家邮政在邮运上的安全快捷寄递侨批，侨款转驳则大都由粤省行经办，"以前向系交由广东省银行承汇，汇达地点最多为广东的潮阳、东陇，次为兴宁、梅县、揭阳、饶平、黄冈、普宁等地，福建则晋江、永春、同安、马巷等地。广东省银行收费甚高，粤东各地，每千元收费五十元；闽南各地，每千元高达一百贰十余元"③。可见，私营侨批业的作用主要体现在"两头"，即东南亚侨批的揽收和分发环节。官方行局的作用主要在"中间"环节，即承汇环节和侨批寄递。大批侨汇的涌入，推动了广东省银行各项业务的拓展和营利的提升。据统计，到 1942 年底，粤省行东兴办事处直接吸收侨汇就高达法币 3 900 余万元。④

东兴汇路是太平洋战争爆发以后沟通东南亚侨汇的主要通道之一。与此同时，还存在着多条由潮梅地区水客开辟的秘密新汇路。由于战事影响，水客的侨汇业务一度陷于停顿，其后为维护自身利益及侨眷生计，冒险前往东南亚揽收侨汇。他们一方面利用东兴汇路转驳泰国等地侨汇，另一方面积极开辟其他汇路，从而为东南亚侨汇继续流入国内做出了新的贡献。

---

① 《魏启峰批局代理揭阳广东省银行交兑汇款合约》，1941 年 10 月 1 日，广东省档案馆藏征集档案。
② 王炜中：《潮汕侨批》，广州：广东人民出版社，2007 年，第 38 - 39 页。
③ 《邮政储金汇业局台山分局东兴办事处呈文》，1943 年 12 月 12 日，广东省档案馆藏广东省邮政管理局档案，全宗号：29，目录号：2，案卷号：700。
④ 云照坤：《一年来之广东金融》，《广东省银行季刊》1943 年第 3 卷第 1 期。

表 2　太平洋战争爆发后东兴汇路及水客开辟的其他汇路一览

姓名	收汇地区	收汇金额（法币）	抵梅日期	返国路线	备注
李宝生、罗启智、潘永忠等	越南	各带本县旅越侨胞信款数万元	1942 年春	由海防至广州湾（湛江）冒险归国	途经廉江时，当地缉私机关竟用种种毒辣手段，罗织陷害，致遭拘押。经多方营救，于 1943 年 3 月 4 日被释放
侯世杰	泰国	数万元	1942 年 4 月		为太平洋战争爆发后该县第一个冒险赴泰国的水客
杨均南、黄余三、谢杞元	泰国	107 900 元	1942 年夏历四月初四自泰国返梅城		杨均南五月初一行抵韶关，不久病逝。黄余三、谢杞元顺利返梅
廖吐华	荷属东印度		1943 年 6 月 22 日	1943 年 3 月 17 日，由日里棉兰动程，乘小电轮，航行 16 小时，抵槟榔屿，再由槟搭木船抵暹属合艾，取道曼谷，经越南、东兴返国	太平洋战事爆发后由荷属返国第一人。另梅县尚留苏岛水客徐广宴、谢石盛、谢惠初等十余人，亦均平安，将次第返国
十余人	泰国	约 1 000 余万元			尚有大帮水客约 40 余人，仍在旅途，闻共带有侨汇约 1 亿元
熊均灵	泰国	50 万元			1944 年 7 月 4 日由东兴汇回梅县邮政储金汇业局

姓名	收汇地区	收汇金额（法币）	抵梅日期	返国路线	备注
张嘉梅、侯明经、林振华等	泰国	700 余万元	1944 年 10 月		通过钦县广东省银行电汇；除张嘉梅等领到 60 余万元外，其余 600 余万元尚未领到
黄通元	泰国	黄金 30 余两	1945 年 2 月		因东兴、茂名等处广东省银行拒收侨汇，只得亲自携带黄金返国，在阳江合山乡地方被劫，损失殆尽
梁睦兴、曾晨光等 18 人	泰国		1945 年 3 月 30 日	因战事交通关系，前后费时五月有余，滞留西江、南路各地，沿途历尽几多艰险，最后始经广州、惠阳等沦陷区返梅，每人旅费达 20 万元以上	又闻尚有水客廿余人，现仍停滞于南路各地
曾昭献、曾桃发等 10 余人	泰国		1945 年 4 月初	曾桃发报告沿途经过	
谢逸民、林永兴等 4 人	泰国	数百万元	1945 年 6 月初		1945 年 3 月由广西百色中国银行汇回，由梅县中国银行交兑，到 6 月初仍未交付

（续上表）

姓名	收汇地区	收汇金额（法币）	抵梅日期	返国路线	备注
谢逸民、钟子庭等4人	泰国	百余万元	1945年6月初	1944年9月底由泰国起程，经越南返国，几经艰险，历时数月，1945年6月2日始由沦陷区辗转抵五华县境	至离安流五里许之黄泥峡地方，遭匪徒拦路洗劫，损失颇多
黄维三、梁环章等	泰国	近700万元	1945年6月11日		由防城港转驳侨汇600余万元，另外在返梅途中被匪徒洗劫60余万元

资料来源：《埔旅越水客李宝生等被押经年省释返里，遭廉江缉私机关罗织陷害》，《汕报》（梅县版），1943年5月15日第3版；《梅水客侯世杰由暹返梅带回侨批数万元，华侨互助社日内召开会议，研究今后华侨出国之路线》，《汕报》（梅县版），1942年4月14日第2版；《东厢乡蓝塘下杨均南大嫂招领暹侨寄款启事》，《汕报》（梅县版），1942年8月16日第2版；《荷属水客廖吐华经安南返抵梅，太平洋战事爆发后由荷属返国第一人》，《中山日报》（梅县版），1943年6月22日第3版；《水客十余人由泰国回梅，携有侨汇约千余万》，《中山日报》（梅县版），1945年2月10日第3版；《调解启事》，《汕报》（梅县版），1945年2月10日第2版；《梅县华侨互助社请李主席饬省行沟通侨汇，并电南路各县省行，嗣后勿再拒收侨汇》，《中山日报》（梅县版），1945年2月18日第2版；《水客华侨一批平安抵梅》，《汕报》（梅县版），1945年4月5日第3版；《泰国华侨归途遭匪洗劫，华侨互助社电请缉匪》，《汕报》（梅县版），1945年6月6日第3版；《由泰归国水客昨日抵梅，计历时九阅月》，《汕报》（梅县版），1945年6月12日第3版。

由此可见，除已有的东兴汇路外，太平洋战争爆发后，水客等私营侨批业也秘密开辟了多条汇路，它们共同构成了东南亚侨汇入华新路。值得一提的是，私营侨批业所开辟的新汇路，收汇的范围不仅囊括了与日军关系密切的泰国及越南等地，还进一步扩展至新马、印度尼西亚等沦陷区。东南亚侨汇入华新路在战时得以开辟及成功运作，得益于官方行局和私营侨批业的精诚合作。陈植芳先生作为这一汇路的亲历者，对此予以高度评价，"当时之侨汇，是由广东省银行东兴办事处汇到揭阳、潮阳善闻乡等国统区，交由各有关批局收发，当时之批信也多由东兴邮局或经由镇南关内凭祥邮局分别转到揭阳或潮阳交各有关批局收发。所有回批也通过揭阳邮局按原路寄至东兴邮局交各有关批局转入越南、暹罗等原寄局办理"①。

四、 战时潮梅地区水客跨国经营的成效及制约

全面抗战爆发以后，作为潮梅侨乡社会与海外侨居地社会沟通的桥梁，水客的跨国经营一度陷入困境，后在华南军政当局及以广东省银行为代表的官方行局的大力支持下，顺利渡过难关。这对于维系数百万侨眷生计、支持战时粤省财政、平衡国际收支乃至赢取华南抗战的胜利意义重大。

其一，由于水客的跨国经营网络在战时一直维持运营，这使得国内侨乡社会与海外侨居地社会的联系才不致中断，数百万侨眷的生计得以维持，"但潮人仰赖批款为生者几占全人口十之四五"②，"梅县社会的经济百分之八十靠侨汇挹注"③。巨量的侨汇、侨资流入潮梅地区，有力地推动了华南侨乡经济的发展和社会进步。现以战时与水客开展合作经营的广东省银行为例，予以说明。

表3　1937—1941年广东省银行吸收潮梅侨汇数额

年份	广东省银行吸收潮梅侨汇数额（法币）	折合美元
1937	3 763 107	1 119 539
1938	23 961 000	7 128 492
1939	25 989 078	7 731 853
1940	55 801 742	16 601 238
1941	29 414 635	1 562 652
总计	138 929 562	34 143 774

资料来源：1937—1940年广东省银行吸收潮梅侨汇数额系根据"广东省银行四年来华侨汇入款分区统计表"，广东省档案馆藏广东省银行档案，全宗号：41，目录号：3，案卷号：4240之二，第238页；1941年广东省银行吸收潮梅侨汇数额系根据广东经济年鉴编纂委员会编：《广东经济年鉴续编》（三十年度），曲江：广东省银行经济研究室，1942年，第F47页。

注：1937—1940年法币折合美元数字系按照每美元折合法币3.3613元计算，1941年法币折合美元数字系按照每美元折合法币20元计算。

---

① 陈植芳：《漫谈潮汕民间侨汇业》，《汕头文史》1991年第13辑，第31－32页。
② 饶宗颐总纂：《潮州志·实业志·六》，汕头：潮州修志馆，1949年，第75页。
③ 黄文英编：《抗战八年来的梅县社会回顾》，[出版地不详]：中国复兴文化社，1948年，第83页。

　　从表 3 中可以看出，截至太平洋战争爆发，粤省行五年累计吸收侨汇高达近 1.39 亿元法币，折合 3 414 多万美元。这一成绩的取得，水客等私营侨批业功不可没。太平洋战争爆发后，官方行局在香港、东南亚等地的分支机构被迫关闭，水客、私营侨批局利用经营机制灵活、隐蔽性强等特点和优势，继续沟通东南亚等地侨汇，"两年来由暹罗水客带回信款，不下数万万元之多"①。据邮政储金汇业局台山分局东兴办事处报告，东兴汇路开通以后，经此输入的侨汇大量增加，自 1942 年至 1943 年就"日有增加，每月约有五六千万元，或至八九千万元之巨"；官方行局在闽粤等地的普遍存在及较为完善的汇兑网络，大大便利了东南亚等地侨资大规模内移，邮政储金汇业局在东兴开业仅半月，吸收储金储券就高达三千万元。② 部分东南亚侨胞还选择通过广东省银行东兴办事处汇入国统区梅县中国银行的存款账户。③ 战时海外侨款源源不断地流向潮梅地区，从而为该地的经济发展和社会进步注入了活力。全面抗战爆发以后，梅县的文教事业依托海外的资金支持在困境中得到了新的发展。据统计，1935 年全县小学 543 所，中学 15 所。到了 1948 年小学增至 744 所，学生 5.39 万人；中学增至 34 所，学生 1.2 万人。难能可贵的是，梅县在战时不仅开办有较为完善的基础教育体系，而且还发展了高等教育体系。根据 1945 年国民政府教育部的普查，梅县的教育普及情况仅次于江苏省武进县而居全国第二位。同年广东教育厅考察全省教育成绩，梅县位居第一。④ 由于梅县地处内地，未曾沦陷，华侨得以继续投资。据统计，抗战时期华侨投资梅县的有 181 户，金额为 170 万元。⑤

　　其二，在疏导、沟通潮梅汇路的过程中，水客和官方行局优势互补，互利共赢。由于双方的合作逐渐为后者所主导，从而为海外侨款大规模流向国民政府提供了可靠保障。这一局面的形成，对于厚实国家外汇储备、支持战时财政，贡献颇大。由于侨汇业务的发达，广东省银行实力急剧膨胀。据统计，该行 1943 年的利润高达 2 000 多万元。⑥ 官方行局在潮梅国统区的普遍设立及发展壮大，不仅重塑了这一地区的经济面貌，而且极大地优化了当地的金融生态，推动着侨乡金融的近代化转型。据统计，1940 年潮梅地区粤省行的分支机构共计 26 个，占总行分支机构总数的近三成，这些机构当年吸收存款 2 843 多万法币，办理汇款

---

① 《梅县收到侨汇数万万元》，《中山日报》（梅县版），1945 年 12 月 17 日第 3 版。

② 《邮政储金汇业局台山分局东兴办事处呈文》，1943 年 12 月 12 日，广东省档案馆藏广东省邮政管理局档案，全宗号：29，目录号：2，案卷号：700。

③ 《广东省银行汇款回条》，1944 年 7 月 4 日，广东省档案馆藏征集侨汇档案。

④ 梅县地方志编纂委员会编：《梅县志》，广州：广东人民出版社，1994 年，第 850 页。

⑤ 《梅县华侨投资工业调查报告》，1959 年 4 月，林金枝、庄为玑：《近代华侨投资国内企业史资料选辑》（广东卷），福州：福建人民出版社，1989 年，第 110－111 页。

⑥ 《省行业务发展拨五百万元》，《中山日报》（梅县版），1944 年 1 月 24 日第 2 版。

高达 9 100 多万法币,[①] 从而为潮梅侨乡经济发展和社会稳定提供了有力支撑。广大侨眷居住的偏远地带更是因官方行局的设立而首次拥有了银行这些新式的金融机构。[②] 与此同时，钱庄、银号等传统金融机构不仅没有走向衰落，反而有一定的发展。随着"四行二局"、闽粤桂赣等省地方银行的进驻及梅县本土银行的出现，梅县逐渐取代汕头成了新的区域性金融中心。通过联络水客，官方行局的各项业务得以拓展。广东省银行丙村办事处通过进行水客登记，并给予各种利便，"各水客对本处印象尤深，其赴南洋时，竭力向侨胞宣传，每次返国代侨胞带款来处存储，日见众多"。[③] 至于松口办事处，"迩由南洋回国者，多言对本行种种便利，印象甚佳，直接汇存本行款项者日众，可见侨胞对本行已有相当认识"。[④]

表 4　抗战时期梅县金融机构一览

所在地点	分支行处	设立时间
梅县县城	中央银行南雄分行梅县办事处	1945 年 2 月
	中国银行梅县支行	1940 年 12 月
	交通银行办事处	1941 年 8 月
	中国农民银行梅县支行	1941 年 5 月
	邮政储金汇业局梅县分局	1943 年 7 月
	中央信托局梅县分局	抗战末期
	广东省银行梅县分行[⑤]	1937 年 4 月
	湖南省银行临时营业处	1945 年 2 月
	福建省银行梅县支行	1941 年 2 月
	江西省裕民银行梅县收汇处	1942 年 6 月
	广西省银行梅县办事处	1942 年 6 月
	梅县县立银行	1944 年 2 月

① 《稽核处工作报告》，1941 年，广东省银行第二次全体行务会议秘书处编：《广东省银行第二次全体行务会议特辑》，1942 年。

② 广东省汕头市地方志编纂委员会编：《汕头市志》第三册，北京：新华出版社，1999 年，第 909 页。

③ 《丙村办事处工作报告》，1940 年，广东省银行第二次全体行务会议秘书处编：《广东省银行第二次全体行务会议特辑》，1941 年。

④ 《松口办事处工作报告》，1940 年，广东省银行第二次全体行务会议秘书处编：《广东省银行第二次全体行务会议特辑》，1941 年。

⑤ 广东省银行于 1937 年 4 月在梅县设立办事处，该办事处是该地第一家官方金融机构。1939 年 6 月汕头陷落后，该办事处迅即升格为支行，其后随着业务的扩张，支行再次升格为分行。参见：《省银行编纂经济年鉴》，《中山日报》（梅县版），1941 年 8 月 1 日第 2 版。

（续上表）

所在地点	分支行处	设立时间
松口	中国银行办事处	1940 年 12 月
	中国农民银行办事处	1941 年 1 月
	广东省银行办事处	1939 年 7 月
畲坑	广东省银行办事处	1941 年 4 月
松源	广东省银行办事处	1941 年 7 月
南口	广东省银行办事处	1941 年 7 月
丙村	广东省银行办事处	1939 年 9 月
白宫	广东省银行办事处	1941 年 10 月

资料来源：梅县市金融志编写组编：《梅县市金融志（1853—1985）》，1988 年，第 31 页；广东经济年鉴纂委员会编：《广东经济年鉴续编》（三十年度），曲江：广东省银行经济研究室，1942 年，第 F60 页。

其三，水客跨国经营网络在战时的成功运作，不仅大大便利了海外侨居地社会和潮梅侨乡社会之间的人员、物资、信息交流，而且为祖国赢取华南抗战胜利提供了重要外部支持。由于潮梅水客的存在，一方面，国内侨乡社会可以较好地了解外部的信息；另一方面，海外各侨居地社会可以获悉国内抗战的情况和家乡情形。据报道，为支持祖国抗战，旅泰国华侨钟镜泉特遣其子钟志坚随水客钟子廷返国投军。[1] 通过水客宣传、动员，海外侨居地社会为梅县的公益事业提供了不少资金支持。据不完全统计，1939 年至 1941 年梅县振济会向海外募捐，侨胞及水客等共捐资八万多元，大米 2 400 多包，枪支弹药一批。[2] 国内抗战决心与努力的消息，也有赖于水客将其传递到海外各侨居地社会。从华南对日金融作战的效果来看，国民政府通过将闽粤两省银行和水客等侨批业纳入国家金融网，在华南经济战的主战场构筑了一条防止日伪攘夺侨汇的坚固防线，这为扭转日伪在该地的货币攻势乃至华南抗战的最后胜利，提供了强有力的物质保障。反观日方，1940 年经由汕头的华侨汇款月均高达 1 000 万元国币，而到了 1941 年，日方吸收的侨汇急剧减少，进入 7 月，其处理的华侨汇款几近绝迹，日方将其主要原因归结为"重庆政府彻底地实行了引诱吸纳华侨资金的工作"。[3]

---

[1] 《华侨钟镜泉遣子从军　由暹回梅入营》，《中山日报》（梅县版），1940 年 6 月 15 日第 2 版。

[2] 欧阳英辑：《梅县海外侨胞抗日救国运动琐记》，中国人民政治协商会议广东省梅县委员会编：《抗战时期的梅县——纪念抗日战争胜利五十周年专辑》，1995 年，第 208 页。

[3] 姚玉民、崔丕、李文译：《日本对南洋华侨调查资料选编（1925—1945）》第三辑，广州：广东高等教育出版社，2011 年，第 165 页。

然而，由于战时环境所限和英、法、荷等国在南洋属地实施的外汇管制，加上支付侨款所需的法币头寸一直供应不足。更为严重的是，水客的人身安全自始至终没有得到切实保障。不仅如此，部分公务人员还趁机对其进行苛扰。[①] 这些问题的存在，一直制约着水客跨国经营的能力和成效，并对国民政府集中侨汇造成了一定的消极影响。

结　论

由于粤省地方政府和官方行局的大力支持，潮梅地区水客的跨国网络才能在战时一直维持运营，这也使得国内侨乡能够与外部世界保持着沟通和联系。巨额的侨汇、侨资涌入以梅县为中心的国统区，推动着该地金融业的近代化转型和各项事业的发展进步，"梅县社会的经济百分之八十靠侨汇挹注"[②]，巨量的侨汇、侨资流入以梅县县城为中心的各地侨乡，有力地推动了侨乡社会经济的发展和社会进步。借助水客的跨国网络和良好社会信誉，官方行局的各项业务得以顺利开展。为拓展业务，官方行局在潮梅地区普设分支机构，从而有力地优化了当地的经济面貌和金融生态。

抗战时期潮梅地区的水客由最初的自主经营到选择和官方行局合作走向联营。由于双方的合作是建立在互利互惠基础上的，因而合作的成效扎实而显著。借助官方行局的政府背景和地缘优势，该地的水客才能在变幻莫测的战时状态下顺利渡过难关。而通过和水客合作，官方行局的侨汇经营网络不仅得以扩展和深化，而且还借此发展壮大并逐渐主导了这一地区的侨汇经营。这一格局的形成，为挽回国家利权，增厚国家外汇储备，乃至大规模购置武器装备并在正面战场阻击日军奠定了宝贵的资金基础。从中日经济对垒的格局看，潮梅地区的水客和官方行局合作，为国民政府在华南地区构筑防范日伪货币攻势的坚固防线，充实和完善国家金融网，进而赢取华南抗战胜利创造了有利条件。为此，日方也不得不承认"太平洋战争爆发前日方在华侨汇款方面获得之外币极少，而法币却因获得间接滋润支持而对国民政府之抗战经济产生正面维护作用"[③]。由此说明，战时国民政府所确立的集中侨汇的管理政策是有效的，其中所蕴含的经营侨汇的思想

---

① 《兴宁水口盐卡骚扰归侨》，《汕报》（梅县版），1941 年 3 月 24 日第 2 版；《归国华侨国币竟被没收 互助社请层宪查究》，《汕报》（梅县版），1941 年 4 月 26 日第 2 版；《埔旅越水客李宝生等被押经年 省释返里，遭廉江缉私机关罗织陷害》，《汕报》（梅县版），1943 年 5 月 15 日第 3 版。

② 黄文英编：《抗战八年来的梅县社会回顾》，［出版地不详］：中国复兴文化社，1948 年，第 83 页。

③ 杨建成主编：《三十年代南洋华侨侨汇投资调查报告书》，台北：中华学术院南洋研究所，1983 年，第 69 页。

值得肯定。然而，在合作共赢的大局下，双方的收益并不均衡，官方行局在潮梅地区侨汇经营主导权的确立是以水客等侨批业让渡部分经营自主权和商业收益为代价的。抗战胜利后，随着外部威胁的消失，水客、侨批局等私营侨批业必然要摆脱官方行局的控制而走向自主经营。失却了侨批业在侨汇经营过程中首尾两段的支持，致使官方行局在战后重建和完善侨汇经营网络时，首尾不能兼顾，这也是其侨汇经营走向失败的重要原因之一，其中的教训值得深思。

一、为保持中华民国时期文献原貌，本书中档案资料所使用的民国纪年一律照录，未加改动。

二、使用中华人民共和国成立前的专业术语时，均按照当时规定或习惯用法。

三、由于本书中档案资料出处较多，为便于识别，将标识方式列于下：

凡出自广东省档案馆、梅州市梅县区档案馆的民国时期档案，一律记为"数字 1 – 数字 2 – 数字 3 + 页码数"格式。其中"数字 1"代表全宗号，"数字 2"代表目录号，"数字 3"代表案卷号。

四、书中涉及机构名称，首次出现时使用全称，其后出现时一般使用简称。

五、书中涉及人物，原件中使用字号者，照原文录，未作改动。所担任职务，亦沿其旧。

六、书中涉及的货币单位，依时间先后顺序为法币、金圆券、银圆券，未作改动和换算。

七、原文中用干支等汉字标序的，均保持原貌，未作改动。

八、如不加特殊说明，原文中的括注、注释均为编者所加。

九、原文中脱字、无法辨识的情况，用"□"符号表示，一个"□"表示一个字。

十、原文中错漏无法更正或不知是否有误的地方，均原文照录，部分附注说明。

目录

一 广东省政府机构馆藏水客史料

（一）广东省档案馆藏水客史料

1.《广东省政府关于核准该厅呈报的爪哇万隆华侨请求疏通潮梅汇兑报（保）障水客安全回国办法三项的训令》，1937年10月19日，档号：4-1-219，第212-217页。

据爪哇万隆华侨公会函呈为议决疏通潮梅汇兑报（保）障水客安全回国办法三项请求准予分别施行，令仰遵照核办具复。

广东省政府训令　财字第14458号

中华民国二十六年十月十九日

令财政厅

案据爪哇万隆华侨公会第四届执行委员会委员长彭楚瞻函称："窃梅属僻处山陬，地瘠民贫，属地居民往往远涉重洋，借谋升斗挹彼注兹，以维生计，而对于汇款常托水客携带及汇兑庄批派，统计每年梅县侨民四乡之款不下有千余万元，梅县民生及市场金融借以维持者咸赖于斯。近因中日战争激烈之日，敌舰亟谋封锁沿海口岸，风声鹤唳，断绝交通。据查正待赶秋帮回梅属之水客有百数十名屯集吧城，除受战事影响心怀观望，延宕不回，即一般汇兑银庄，亦多暂停汇驳，约计此秋帮回梅县信款至少亦有百数十万，今一旦受阻停汇，影响梅县民生及市场金融实非浅鲜。矧值兹全面抗战时期，人民经济之盈零影响政府后方力量关系尤巨，非迅速设法疏通潮梅汇兑及报（保）障水客安全回国，实不足以安民生而利抗战，当维属会第五次执会决议电呈广东省政府、汕头市政府、梅县县政府：（一）请电令吧城总领事通告各水客迅速回梅；（二）请政府指定殷实银行集中汇兑以利便华侨汇款（可指定广东省银行香港、汕头、梅县分行及通告吧城泗水华侨银行接受零星汇兑）；（三）请指示水客及华侨回国途径及派兵护送以策安全，一致通过在案。谨此电呈钧府察核，伏乞俯速乾断准予分别施行以安民生而维金融，梅民幸甚，党国幸甚"等情。据此，除关于指示回国途径及派兵护送一项，应函请广东绥靖主任公署查照办理外，关于电令驻吧总领事通告各水客迅速回梅及指定殷实银行集中汇兑两项，应交该厅核办具报，除分函暨指示外，合行令仰遵照。

此令

广东省政府主席吴铁城

2.《呈复关于拟议爪哇万隆华侨请求疏通潮梅汇兑报（保）障水客安全回国办法三项情形请察核由》，1937 年 11 月 6 日，档号：4 - 1 - 219，第 208 - 211 页。

致广东省政府呈

案奉钧府廿六年十月十九财字第一四四五八号训令："关于爪哇万隆华侨公会请求三事：（一）请电令驻吧城总领事通告各水客迅速回梅；（二）请政府指定殷实银行集中汇兑以利便华侨汇款；（三）请指示水客及华侨回国途径及派兵护送一案。饬将（一）（二）两项核办具报"等因。奉此，查（一）项关于电令驻吧总领事通告各水客迅速回梅一节，核与（三）项有连带关系，以可由广东绥靖主任公署指示回国途径时一并电知驻吧总领事查照通告。至集中汇兑一节，现查中、中、交三行及省银行均在汕头设立分行，而梅县亦有省银行办事处之设，均属信用昭著，该埠华侨汇款似可饬由上列各行汇解。奉令前因，理合备文呈复钧府察核。

谨呈

广东省政府

广东省财政厅

中华民国廿六年十一月六日

3.《广东省银行第二届董事会第二十二次会议报告事项之一：本行积极办理侨汇情形案》，1939 年 7 月 18 日，档号：41 - 3 - 33，第 6 - 7 页。

查本省旅外侨胞每年汇入款项为数甚巨，不特可以充实地方金融，平衡国际收支。值兹抗战时期，资金之挹注，尤深利赖。本行为全省主要之金融机关，对于侨汇自应积极设法吸收，以期于国计民生得有充分之贡献。前为吸收侨汇起见，当经设立星架坡①分行，并在伦敦美兰银行、纽约运通银行、三藩市广东银行开户往来。又拟在南洋一带，广约代理以组成侨汇之沟通网，近因潮汕被敌侵占，潮汕汇路阻塞，侨胞汇款接济家属多感不便，复据本行港分行电称潮汕华侨每年由南洋汇回款项，估计约有七千万元。自潮汕沦陷，侨汇发生困难，旅港潮梅商帮纷请本行设法救济等语。本行对此自属责无旁贷，为重新沟通汇路，特拟定以梅县支行为潮汕侨汇总枢，并在松口、丙村、老隆、蕉岭、丰顺等地推设办事处，电饬梅县支行仿照汕市批局办法举办水客登记，如能提具保证，可交与款项送落乡间，一面举办侨胞家属登记及侨胞家属小额借款，务期尽量予侨胞之利

---

① 星架坡，即今新加坡，旧称淡马锡、星洲、星岛，文献中亦作新嘉坡、星加坡等，别称为狮城。

便，及竭诚为侨胞服务，经电复港行将上情向旅港侨商详细宣布，切实接洽，使侨胞与本行发生密切之情感，以达侨汇集中本行之期望。谨将本行积极办理侨汇情形提出报告，伏希公鉴。

计附侨胞家属登记办法及登记申请书、侨胞家属信用小额借款简章各一份。

4.《函报办理侨汇情形并陈联络水客办法是否有当请核示由》，1939 年 11 月 30 日，档号：41 - 3 - 2215，第 12 - 16 页。

敬启者：

职处自奉饬办理侨汇以来，所有侨胞家属登记及胞侨家属小放款暨托各墟市商号直接付款等，均经次第遵办在案。查吸收侨汇、联络侨胞固为根本办法，惟为普遍吸收迅集巨额汇款起见，非假手水客不为功。缘水客前往南洋各属，无论任何山僻小地，均必亲自前往。凡我侨胞皆向领，汇款无巨细均行收集，然后汇向银行、汇回祖国，故为扩大吸收侨汇以裕国家金融计，似应注重联络水客，以期速收宏效，谨将联络办法分述如下：

（一）接汇行应与各地水客紧密周旋以资联络，汇款时予以最快捷便利方法办理；

（二）在南洋各属将本行在国内通汇地点详为登报以广招徕；

（三）付款行应以最迅速便利方法付款；

（四）付款以新法币付交以免水客复算之烦；

（五）付款时须搭发辅币，以便水客分派零星侨批之用；

（六）水客复出时各行处应妥为接洽，必要时得设筵招待并指示途径、代雇舟车或在梅、松两处组织廉价专车，在老隆以廉价电船护送。一面着存印鉴以便付款，倘于领款时手续略有欠缺，觅保为难，可取具水客护照或居留证核对相片、人名相符或加由水客联保，即予照付。

再查潮梅各县往英属侨胞固多，往荷兰、暹罗各属者亦不少，在巴城汇回侨款为数殊巨，本行似宜在巴城设立分行或联络银行接汇，以广侨汇。

所有职处办理侨汇情形及管见所及陈明如右，是否有当，仍恳核夺示遵为荷。

此上

总行

广东省银行松口办事处启

主任萧聘廷

5. 《函陈便利侨汇办法是否有当请鉴核办理示遵由》，1939 年 12 月 12 日，档号：41 - 3 - 2215，第 1 - 4 页。

敬启者：

窃查水客汇款系将汇票亲自携带回国，而职行报单则由邮局寄递。值兹交通困难、邮程阻滞，往往水客抵国多日而报单尚未寄到，华侨家属不明此种情形，自不免对水客发生误会。故一般水客为加强其信用起见，皆以汇款时以见票即兑为条件，要求备函付款行处请其见票即付，即其他顾客亲自携带汇票返国者亦每有同样之要求。职行抱服务精神求顾客之满意，自当允其所请致函付款行处请其通融办理，见票即付。惟每一顾客汇款一次须备函一封，既嫌繁琐，且恐付款行处或因未奉钧令，办理困难。拟请钧行通令各分支行处，凡遇持有职行所签发之汇票者一律见票即付，不必等待报单，以适合侨胞之需要而谋营业之发达。又各分支行处对于职行汇票之收款人收条往往须经过若干时日，积至若干张数，始行寄递，推其用意，似为节省邮费。惟职行常因此而受顾客汇款过于迟缓之责难，拟请钧行一并通令各分支行处，对于职行汇款之收款人收条无论多少，均于付款后即日寄递，以求迅速。如觉邮费过多，可划由职行负担。是否有当？理合备文呈请鉴核示遵由。

　　谨呈
总行

广东省银行新嘉坡分行启
姚伯龙

6. 《总行致星行电》，1939 年 12 月 17 日，档号：41 - 3 - 2215，第 6 - 7 页。

9443　香港航邮转星行

兹为扩大吸收侨汇及联络水客起见：（一）应与各地水客紧密周旋以资联络，汇款时务予快捷便利，并妥为招待；（二）将本行在国内通汇地点在南洋详为登报以广招徕；（三）先仿照侨胞家属登记办法举办水客登记，发给登记证并取具相片印鉴分寄约定交易之行处，备将来归国时缴验登记证并凭印鉴支取汇款，或订明由同帮水客联保，仍备印鉴及联保书通知各该付款行处，以便验明付款，借省取款时各种手续，以上希分别办理。

总业筱

7. 《业务部拟具意见》，1939 年 12 月 18 日，档号：41 - 3 - 2215，第 9 页。

现据松处函报："兹为扩大吸收侨汇及联络水客起见，拟：（一）接汇行应与各地水客紧密周旋以资联络，汇款时予以最快捷便利方法办理；（二）在南洋各属将本行在国内通汇地点详为登报以广招徕；（三）付款行应以最迅速便利方法付款；（四）付款以新法币付交以免水客复算之烦；（五）付款时须搭发辅币，以便水客分派零星侨批之用；（六）水客复出时各行处应妥为接洽，必要时得设筵招待并指示途径、代雇舟车或在梅、松两处组织廉价专车，在老隆以廉价电船护送。一面着存印鉴以便付款，倘于领款时手续略有欠缺，觅保为难，可取具水客护照或居留证核对相片、人名相符或由水客联保，即予照付"等情。查所拟尚属可行，兹特将原拟各项分别核饬，办理如下：（一）（二）两项应由星行办理；（三）项该行处应遵照迭电，改善付款方法，切实办理；（四）（五）两项该行处嗣后凡支付侨汇应尽量以新券交付，并酌搭辅币，以便分派零星侨批；（六）项该行处应一律仿照侨胞家属登记办法举办水客登记，并取具印鉴或采用水客联保办法取具保书存验。凡已登记之水客将来支取汇款，可凭印鉴或保书即予付款，借省取款时各种手续，对于各水客并应妥为接待，以资吸引。至组织廉价专车一节，应俟该行处办理水客登记后，体察情形再行举办，除函复暨分函外，用特函达查照，分别办理，仍将办理情形报核。

此致

行/处

启

中华民国廿八年十二月十八日　业发字三〇三号

8. 《关于松处函陈联络水客事分别核饬办理由》，1939 年 12 月 19 日，档号：41 - 3 - 2215，第 5 - 6 页。

现接该处十一月三十日松字第一九四号函据报侨汇办理情形并将联络水客办法陈请核示等情，阅悉。查所拟联络办法各点尚属可行，应予照办。兹已由行通函各行处分别办理，并饬先行仿照侨胞家属登记办法举办水客登记。至组织廉价专车一节，应俟各行处办理水客登记竣，体察情形，再行举办，特复查照办理具报。

此致

松处

行启

9. 《电复对于吸收侨汇及联络水客向极注意各点由》，1939 年 12 月 30 日，档号：41 - 3 - 2215，第 17 - 19 页。

快邮代电：

总业筱电敬悉：

职行对于吸收侨汇及联络水客向极注意：（一）水客及其驻扎地之店东早经派有职员负专责联络，汇款时力求快捷便利，招呼极为周到。（二）本行在国内通汇地点早经在本坡五家中文报纸定有长期地位，每日登载，即每次在杂志及其他刊物登广告时，亦必将通汇地点登入。（三）水客登记亦经在进行之中，凡到本坡之水客均请其来行登记，发给登记证，证内书明：请各行处予以优待，汇价特别从廉，手续格外从简；所有职行签发之汇票，一律通融办理，准予核对该登记证姓名相片，见票即兑等语，以期水客对本行发生好感。

谨复

星行

中华民国廿八年十二月卅日　总字第九八号

10. 《函呈各地往洋水客调查表一册请察核由》，1940 年 3 月 1 日，档号：41 - 3 - 2215，第 22 - 24 页。

敬启者：

兹奉行座面谕："本行吸收侨汇，为经济战之方略，侨胞汇款回国，常由往洋水客携带而归，是则水客与侨汇，关系至重。故集中侨汇自应联络水客，而水客赴洋时期、投至地点、年中款约数，亟应调查，以资联络"等因。当经切实访查，兹将所得情形列表呈报，敬祈。

此上

总行

附呈各地往洋水客调查表乙册

广东省银行松口办事处启

主任萧聘廷

11. **《函复所缴水客调查表业已收存备案由》**，1941 年 3 月 23 日，档号：41 - 3 - 2215，第 20 - 21 页。

现接该处总字第九号函，并附缴水客调查表乙册，均已收悉，准予备案，特复。查照，附件存。

此致

松处

行启

12. **《广东省银行汕头分行业务检讨会议提案表》**，1946 年 7 月 7 日，档号：41 - 3 - 450，第 30 页。

广东省银行汕头分行业务检讨会议提案表			三十五年七月七日
			第一次会议
号次	种类	提案人（签章）	送审日期
3 号	设施	蔡汉芳	月　日
案目	举办水客登记借资联络便利汇款吸收侨储而谋业务之进展案		
理由	潮梅为侨汇区，潮以星加坡、暹罗、安南为众，梅以荷属吧城、泗水、亚齐为多，年中侨汇何止万万①，旅外华侨每逢端午、中秋、冬至、过年四节，多托水客汇带侨款回国，除供应侨眷家用外，余均拨存银行作为定期存款、分期存款、存本付息等项，欲存入何家银行皆由水客代为贮存，际兹同业竞争，力谋吸收侨汇与侨储实为当前急务		
办法	由汕行举办水客登记，发给登记证，力事联络，介绍至国外行处，汇款予以种种便利，使获得良好印象，并托其向海外华侨扩大宣传。本行为总理手创，历史悠长，资本雄厚，信用卓著，便利华侨，奖励汇储，给以各种汇储章程及印签纸，带出国外，广为吸收侨储以增厚本行资金运用作各种有利经营，裨业务进展与日俱增，当否请公决		
主管审查	提会		

---

① 原文如此，疑为"万万"。

13. 《广东省财政厅关于茂名县政府取缔水客黄镜泉一案的代电》，1948年5月15日，档号：4–5–35，第51–52页。

据南海县政府代电："以本县水客黄镜泉一名，因无详细地址无从执行取缔，请核示"等电。请核办示遵由。

中华民国卅七年五月

代电　善三金字第　　号

财政部钧鉴：

查前奉财钱戊第五〇四八六号代电："饬以据查报广州余仁生银号外埠代理收解店号，计有中孚第十八家应予勒令停业，并电各该店号各负责人罚缓五百万元报核一节。"遵经转饬各该县政府遵办具报在案。兹据南海县政府本年五月八日财一字第三二六号代电复称："以查本案表列本县水客黄镜泉未奉获下详细地址，无从执行，如何之处，理合电请核示"等情。据此理合电请钧部察核示遵。

广东省财政厅长胡善恒

辰删

善三金印

14. 《前据代电以本县水客黄镜泉一名因无详细地址无从执行取缔一案电复知照由》，1948年6月21日，档号：4–5–35，第48–49页。

代电　善三金字第429号

南海县政府览：

查前据该县政府本年五月八日财一字第三二六号代电："以广州余仁生银号外埠交款店号，其中有本县黄镜泉一名，因无详细地址，无从执行取缔，请核示一节。"业经本厅电奉财政部本年六月二日财钱戊第五五四五九号代电核复："以查南海水客黄镜泉非法经营银行业务一案，应准予置议"等因。合行电，仰知照。

厅长胡善恒

巳马

善三金印

（二）梅州市梅县区档案馆藏水客史料

1.《本县各汇兑商店及水客欠兑侨汇数目姓名登记表》，1942 年，档号：1 – 6 – 154，第 66 – 81 页。

表一　本县各汇兑商店及水客欠兑侨汇数目姓名登记表

汇兑店及水客名称	住址	汇款人姓名	由何埠交汇	交汇日期	收款人姓名	住址	欠兑款额	备考
陈富源	中山街	杨开堂	吧城	十一．九	杨贵祥	会计室	四五〇	
陈富源	中山街	给湘	吧城	十一．旬	梁义兴	三角地恒裕号	九〇〇	
陈富源	中山街	黄权	坤甸	十二．一	黄韶美	宝光照相	二,〇〇〇	
陈富源	中山街	杨义祥	吧城	十一．廿一	杨景秀	中山杨元新	九〇〇	
陈富源	中山街	梁提元	吧城	十一．六	梁绍锦	梁恒兴	二〇〇	
陈富源	中山街	杨任堂	吧城	十一．十七	杨嘉善	元城路二十八号	三〇〇	
陈富源	中山街	杨厚堂	吧城	十一．十七	杨炳伯姆	北门五代堂	四〇〇	
陈富源	中山街	李石乔	吧城	十二．五	李黄氏	梅松新	三五〇	
陈富源	中山街	邹运章	吧城	十一．十六	邹昆元	邹裕春	三〇〇	
陈富源	中山街	张乙欧	吧城	十一．廿八	张增叔婆	下市建桥张	二〇〇	
陈富源	中山街	黄仲君	吧城	十．旬	黄源伯姆	下市杨桃敦（墩）	五〇〇	
陈富源	中山街	林振华	吧城	十二．十七	林锡华	吴亮臣增记	九〇〇	
陈富源	中山街	张廷棉	吧城	十一．旬	张善伯姆	东街乡大庙发	一〇〇	
陈富源	中山街	黄碧玉	吧城	十一．十一	黄海昌伯姆	教场背杨子树下	四五〇	

（续上表）

汇兑店及水客名称	住址	汇款人姓名	由何埠交汇	交汇日期	收款人姓名	住址	欠兑款额	备考
陈富源	中山街	杨宏堂	吧城	十一．十八	杨李氏	西门杨祥隆	五五〇 四五〇	
陈富源	中山街	张利泉	吧城	十一．九	张挺伯姆	林庆元	三〇〇	
陈富源	中山街	杨耀华	吧城	十一．四	杨义大嫂	天兴号	九〇〇	
陈富源	中山街	梁铎燊	吧城	十．廿七	梁少屏	生利号	四〇〇	
陈富源	中山街	梁铎华	吧城	十一．七	梁少屏	生利号	四五〇	
陈富源	中山街	梁汗华	吧城	十一．七	梁少屏	生利号	四五〇	
陈富源	中山街	梁福华	吧城	十一．七	梁少屏	生利号	四五〇	
陈富源	中山街	梁金华	吧城	十一．七	梁少屏	生利号	四五〇	
陈富源	中山街	温群英	吧城	十一．七	梁少屏	生利号	四五〇	
陈富源	中山街	叶寿宏	吧城	十．五	叶仪九	叶启和	二五〇	
		梁绮乡	吧城	卅．十一．廿	梁赛湘	顺发粉店	九〇〇	
		郭宝寿	坤甸	卅．十．廿六	郭仁杰	保愈堂	一〇，〇〇〇	

表二　本县各汇兑商店及水客欠兑侨汇数目姓名登记表

汇兑店及水客名称	住址	汇款人姓名	由何埠交汇	交汇日期	收款人姓名	住址	欠兑款额	备考
陈富源	中山街	陈剑兴	吧城	十．卅	温振鸿	松源利通号	四五〇	
		梁鸿均	吧城	卅一．一．廿五	梁子荣	西阳人和堂	九〇〇	
		曾鸣章	义溪	十一．五	家母氏		二〇〇	
		钟达珊	仰光	卅一．一．十五	钟现长		一〇〇	
		邹金晓	吧城	十二．十	邹联兴	黄寨学校	二〇〇	

（续上表）

汇兑店及水客名称	住址	汇款人姓名	由何埠交汇	交汇日期	收款人姓名	住址	欠兑款额	备考
		张齐观	吧城	十二．十九	张齐观母亲	下市八角井二十七号	三，一〇〇	
		池增兰	吧城	卅一．一．十五	池陈氏	古宝计	三，一五〇	
		曾云华	印度	十一．二	曾钟氏	吴仁发	六〇〇	
		黎玉瑞	吧城	十一．十一	黎番氏	黎德聚	一，八〇〇	
		古昆林	吧城	十一．二	古亚斯伯姆	悦来叶增泰	一五〇	
		黄钧祥	荷属	十．廿五	朱享荣	广春堂	四五〇	
		张有威	日里	九．卅	张发荣	张家围	七〇〇	
		胡海华	吧城	十一．卅	胡铎秀	新庙圩长寿茶房	五〇〇	
		杨清文	荷属	十一．十六	杨怀浩	出纳	四五〇	
		钟振岳	吧城	八．七	陈省吾伯姆	八户祠	一三〇	
温泉华		谢深发	泗水	八．十六	谢孙氏		三〇〇	
信兴银庄	西庙前	吴天洪	毛哩士	十二．五	吴就光		毛银五十元（即一百盾）	
		钟宝华	毛哩士	十一．十一	钟文慨		毛银一百七十七盾半	
		吴仁辉	英属	卅．十．旬	吴光辉		一，〇〇〇	
钟庆三		邝铃声	英属	卅一．三．廿三		丙村曹福隆	五，〇四〇	
		吴启尧	英属	卅．十．旬	吴光辉	丙村金荣泰	五，五七〇	
富良公司	下市	刘寿均	吧城	十．十九	刘秀彬转交刘立伯		三〇〇	

（续上表）

汇兑店及水客名称	住址	汇款人姓名	由何埠交汇	交汇日期	收款人姓名	住址	欠兑款额	备考
钟广三		梁焕乔	英属	卅一·一	梁光粦	丙村恒孚泰	三七五	
		章益梅	印度	卅一·十一·十七	章导		二〇·〇〇	

表三 本县各汇兑商店及水客欠兑侨汇数目姓名登记表

汇兑店及水客名称	住址	汇款人姓名	由何埠交汇	交汇日期	收款人姓名	住址	欠兑款额	备考
章钦泉中山	桃畬人张联兴	饶必华	日吕①	十二·廿二	饶榛初	同春堂	二〇〇	
		温公爱	荷属	十一·廿一	温公旋	丙村永美昌	一,〇〇〇	
		温公乘	荷属	十二·九	温城昌	丙村永美昌	五〇	
		温达礼	荷属	十一·廿八	温彩祥	丙村永美昌	五〇〇	
		温南生	荷属	十·十七	温达国	丙村永美昌	一〇〇	
		杨余生	吧城	十·廿七	杨泰祥	葵岌和安信柜	一五〇	
		章彬元	荷属	十一·廿四	章成祥		三〇〇	
		温九耀	荷属	八·廿三	温九聪	温洪吓	五〇〇	
		李玉珍	荷属	十一·十一	吴义妹	广泰隆	二一·〇〇	
		赖桓昌	荷属	十·廿一	赖黄氏		六〇〇	
		刘海珊	日哩	九·四	刘日升		一,五〇〇	
		章达文	日哩	十一·九	章达松	东山中学	一,五〇〇	

---

① 即日里，文献中又作日吕、日哩等。

（续上表）

汇兑店及水客名称	住址	汇款人姓名	由何埠交汇	交汇日期	收款人姓名	住址	欠兑款额	备考
成昌庄	长条街	朱培矿	荷属	十一．十三	朱享荣	广春堂	一〇，〇〇〇	
		曾繁林	英属	十一．六	曾文城	曾鸿记	七，〇〇〇	
		邹泉祥	暹罗	十．卅一	邹思春	长沙朱子坑	六，一三七，九七	
		刘海泉	暹罗	十一．旬	刘新领	大宅堂	一，〇〇〇	
张协丰	米市街	李海祥	吧城	十一．十五	李杭能	下市盘龙桥	一，五〇〇	
		黄考元	吧城	十．旬	黄云生	同安堂	三〇〇	
		钟圳文、李亚桃	吧城	十一．十一	钟邵彬、任开	白宫裕强号	四五〇 / 四五〇	
		梁煌元	吧城	十一．廿九	梁卓群	长沙黄洞乡	一，二〇〇	
章钦泉		杨剑青	亚齐	十一．三	杨纪曾		五〇〇	
		邝剑青		十．廿六	邝宏秀		五〇〇	

表四　本县各汇兑商店及水客欠兑侨汇数目姓名登记表

汇兑店及水客名称	住址	汇款人姓名	由何埠交汇	交汇日期	收款人姓名	住址	欠兑款额	备考
源源公司	猪条街	谢喜元	泗水	十一．十五	谢义龄	东庙乡公所	一，〇〇〇	
源源公司		黎廷富	泗水	十一．廿二	黎仲屏	杨仁合	三〇〇	
源源公司		潘柏胜	吧城	十二．一	潘银祥	十甲尾林悦兴	二〇〇	
源源公司		丘云超	泗水	十．廿七	丘清风	丙村丘源通	二，〇〇〇	
源源公司		丘森泉	泗水	十．廿七	丘源通	丙村丘源通	三，〇〇〇	
		古继贤	泗水	十二．五	古张氏	义隆昌	二，五〇〇	

（续上表）

汇兑店及水客名称	住址	汇款人姓名	由何埠交汇	交汇日期	收款人姓名	住址	欠兑款额	备考
		田广联	荷属	卅一．一．九	田泳裳伯姆	利兴机件公司	五〇〇	
中国银行	凌风东	给湘	吧城	卅一．六	梁义兴	三角地恒裕号	四五〇	
		严胜华	日吕	十二．十七	潘东妹	加应旅店	一，〇〇〇	
		黄康富	荷属	十一．十七	黄梅光	下市	二，〇〇〇	
		黄应基	荷属	卅一．一．一	黄梁氏	黄添记	一，〇〇〇	
		严淡华	日吕	十．十七	潘东妹	加应旅店	四四五	
		曾春云	英属	六．九	曾邝顺妹	吴仁发	三〇〇	
		张松发	荷属	卅一．一．十二	张贤郎	西街张昌记	四〇〇	
		刘秋荣	荷属	十二．一	刘泉芳	琪安堂	一〇〇	
		李才华	爪哇	卅一．二．四	李登英伯姆	仁济堂	四〇〇	
		许元然	荷属	卅一．一．十三	发伯姆	梅宫商店	四五〇	
		曹湘贡	吧城	卅一．一．十六	曹肇喜伯姆	曹联兴	六〇〇	
		张其炳	吧城	卅一．二．十八	张永麟	邝增记	四五〇	
		李庆金	吧城	卅一．二．十五	李黎氏	齐当通记号	四五〇	
		张庆秀	吧城	十一．十五	张木秀	邓增新宝号	四〇〇	

表五　本县各汇兑商店及水客欠兑侨汇数目姓名登记表

汇兑店及水客名称	住址	汇款人姓名	由何埠交汇	交汇日期	收款人姓名	住址	欠兑款额	备考
中国银行	凌风东	罗明章	荷属	卅一．二．十五	罗柏筠	侯和昌	四五〇	
		罗谕我	荷属	卅一．二．一	罗柏筠	同（上）	二〇〇	
		杨庆瑞	荷属	卅一．一．廿四	杨丽华	西门敦裕草庐	四五〇	
		兰仿然	毛哩士①	七．廿二	萧缉初伯姆	白三家塾	廿磅	
		刘杏春	荷属	卅一．一．廿三	刘立伯姆	三角市保和堂	四二〇	
		刘足生	荷属	十二．廿三	刘立伯姆	同（上）	四七〇	
		张剑秋	吧城	卅一．二．一	张宣伯姆	张嘉源	三〇〇	
		余叔衡	毛哩士	九．八一	余景澄	林同德	三,六〇〇	
		丘云深	荷属	卅一．一．廿	丘林氏	西阳永源隆	五五〇	
		丘开洪	荷属	卅一．一．十九	丘盛华	同（上）	四〇〇	
		黄胜祥	新加坡	十一．廿八	黄集元	南口和吕	五〇〇	
		钟怀兴	荷属	八．廿三	钟永祥	饶九兴	五〇〇	
		罗叠康	毛哩寺	十．廿五	华丰炭厂		毛银五十盾	
		黄俊汀	吧城	卅一．二．一	黄迪光	荣丰兴号	四五〇	
联大	松口	巫汗文	葡属	十一．六	巫秉文		二〇,〇〇〇	
李昌源	松口	汗宗	泗水	十一．十四	玉泉		一五,〇〇〇	
		古崧弼	荷属	十一．十一	古拔南		四〇〇	
		杨一新	荷属	十一．五	杨简青		一〇,〇〇〇	与同丰号共
		林一珍	巨港	卅．十．初四	林吉轩伯姆		四〇〇	

---

① 毛哩士，今毛里求斯，文献中亦作毛哩寺、毛哩时、毛里寺、毛里峙、吒里峙、吒里寺等。

表六　本县各汇兑商店及水客欠兑侨汇数目姓名登记表

汇兑店及水客名称	住址	汇款人姓名	由何埠交汇	交汇日期	收款人姓名	住址	欠兑款额	备考
刘益泰俊记	西门内	杨锡元	毛哩士	七．廿四	杨堠元嫂	熊顺昌	七五〇	
		叶向荣	同（上）	同（上）	叶公	同（上）	三〇〇	
		张增元	同（上）	同（上）	世姑	同（上）	一五〇	
		刘炳荣	荷属	十一．廿六	刘云昌	新中华	二，五〇〇	
		陈文涛	毛哩士	卅．五．廿二	陈华伯姆		毛银六十盾五〇〇	
		钟大成	毛哩时	七．廿五	钟尉文		毛银二十盾一四〇	
		邹黎元	同（上）	七．廿四	邹黄氏	林悦兴	二〇〇	
天愈堂老店	凌凤东	香港东源号	香港	十一．廿八	曹匡华	松口饶公祠	五，〇〇〇	
熊则芳	土坑里人	严淡华	日吕	十二月．廿二	潘东妹	加应旅馆	四五〇	
李清华	丙村	严洪华	日吕	十一．十五	潘东妹	加应旅馆	二〇〇	
顺昌泰代理南生公司	中山路	熊荣昌	新加坡	十二．十八	熊舞舞	德兴大	五，〇〇〇	
邹金华	恒泰源	邹光华	巴城	十一．十	熊伟舞	李罗德	六〇〇	
	徐思益		巴城	九．廿九	邹刘氏	邹兴昌	三〇〇	
		邹森华	巴城	十一．廿六	同（上）	同（上）	三〇〇	
		邹登秀	巴城	十．七	邹启昌		一〇〇	
		邹金传	巴城	卅三．廿十．八	邹瑞君、邹余氏		二，二〇〇	
		李海填	巴城	八．十七	李海兰		二〇〇	
		邹孟口	巴城	卅一．二．廿	邹芒汀		一三〇	

表七　本县各汇兑商店及水客欠兑侨汇数目姓名登记表

汇兑店及水客名称	住址	汇款人姓名	由何埠交汇	交汇日期	收款人姓名	住址	欠兑款额	备考
元盛强	中山路	子平	香港	十一．十一	华南印务	元城路	五，〇〇〇	
元盛强	中山路	陈立芳	吧城	十二．旬	陈本芳	中山能丰号	三，〇〇〇	
元盛强	中山路	丘志谋	北叻	十一．十八	丘鸿登	短街口陈宝泉	四五〇	
元盛强	中山路	张良华	南斐州	十一．十	张余伯姆	张应新	八〇〇	
元盛强	中山路	叶水生	吧城	廿一．三	彭泉英	同安堂	四，〇五〇	
元盛强	中山路	吴坤佐	吧城	九．十五	吴晋初	广泰祥	四〇〇	
元盛强	中山路	侯梅华	吧城	九．廿八	侯谢氏	广梅药房	六五〇	
		池任男	吧城	卅一．一．九	池占元		八，〇〇〇	
		叶耀煊	吧城	十二．廿	叶筱蓉	雁洋合发大	二，〇〇〇	
		张廉生	荷属	十一．十	张烘云		七五〇	
裕隆昌	大康路	张增齐	吧城	九．旬	张晋伯姆	张家园春宅堂	四〇〇	
裕隆昌		池增荣	宛隆	十．廿六	池坤发	黄环记	五〇〇	
裕隆昌		黄和甫	吧城		黄思廉	黄海元	一，〇〇〇	
裕隆昌		黄和甫	吧城		黄思廉	黄海元	一〇〇	
裕隆昌		陈应元	吧城	十一．十九	陈德珍	上市山川亭	四〇〇	
裕隆昌		黄应干	荷属	十一．十八	黄麦芳	黄添记	三〇〇	
裕隆昌		蔡六妹	荷属	二．十八	池壬伯姆	中华药房	八〇〇	
裕隆昌		林义能	吧城	十二．八	林应元	吴亮臣增记	二〇〇	
裕隆昌		李浩祥	荷属	十．旬	李春长伯姆	梅宫商店	一，三五〇	
裕隆昌		吴焕荣	荷属	十二．旬	吴金喜	白水寨	一〇〇	
裕隆昌		丘敦伟	荷属	卅一．二．一	丘海如	丘怡昌	一〇〇	

（续上表）

汇兑店及水客名称	住址	汇款人姓名	由何埠交汇	交汇日期	收款人姓名	住址	欠兑款额	备考
		吴坤尚	荷属	卅.八	吴善度大嫂	广泰隆	一〇〇	
		叶接华	荷属	卅.九	叶荣屏		四〇〇	
		叶我	荷属	卅.九	叶桐伯姆		四〇〇	
		刘焜光	同（上）	十二.十一	林焜光	陈怡昌	四〇〇	
		池任男	吧城	卅一.一.九	池占元		五,〇〇〇	
		钟应澄	吧城	十.十五	钟饶氏	保大和昌	一,〇〇〇	

表八　本县各汇兑商店及水客欠兑侨汇数目姓名登记表

汇兑店及水客名称	住址	汇款人姓名	由何埠交汇	交汇日期	收款人姓名	住址	欠兑款额	备考
裕隆昌	大康路	周涛清	吧城	十一.六	黄纶之	梅城晓中心学校	四五〇	
		叶志宏	义隆	卅.九	罗浪环	张嘉源	一〇〇	
		钟池氏	吧城	十一.十八	钟荣德大嫂		一,二〇〇	
		谢心铭	巨港	十一.廿	蔡书田		四〇〇	
元盛强	中山路	熊德烺	吧城	卅一.十一.十四	钟杞生伯姆		一五〇	
		刘萱华	泰国	十一.十	刘志铭	联昌公司	一,〇〇〇	
		古胜荣	爪哇	十一.三	梁少杰	吉安堂	二,五〇〇	
		梁巧文	吧城	卅一.一.卅	梁玉如	同（上）	五〇〇	
		潘华寿	吧城	十一.九	潘周氏	南通号	一,五〇〇	
		钟国章	毛哩寺	十二.四	钟赐华	光济堂	英金四磅（镑）	
张永源	下市	熊学杞	吧城	卅一.一.十六	熊学初		一,一〇〇	
丘荣远	松口	李超良	吧城	十一.二	古静妹		一,〇〇〇	

表九 本县各汇兑商店及水客欠兑侨汇数目姓名登记表

汇兑店及水客名称	住址	汇款人姓名	由何埠交汇	交汇日期	收款人姓名	住址	欠兑款额	备考
徐明发	猪条街①	熊登昌	暹罗	卅．十二	熊麟伯姆	熊裕源	二〇〇	
广由兴	中山路	朱培镰	荷属	十一．十五	朱京荣	广春堂	一〇,〇〇〇	
		余焕文	吧城	十．廿二	余建章	西门路古祠律所	一〇〇	
		陈清才	英属	十一．廿	陈森海		一〇,〇〇〇	
		张基龄	荷属	十一．旬	张君泉	祥发号	五〇〇	
曾瑷兴	中华路	张千皋	槟港②	十一．廿四	张冯氏	石扇	二〇〇	
		张鸿喜	同（上）	同（上）	张何氏	同（上）	五〇〇	
		郭才思	同（上）	廿九．十一．十六	郭增昌		七〇〇	
		李玉堂（桃）	荷属	十一．十九	黄君芳		四五〇	
		杨义	吧城	十一．五	杨国强大嫂		一五〇	
		张璜昌	吧城	十一．八	张肋生伯姆		五〇〇	
张海如	虹桥头	黄逸云	吧城	九．旬	黄源伯姆	下市杨桃敦（墩）	五〇〇	
		钟瑷胜	吧城	十一．一	钟新良	公兴茶庄	一,〇〇〇	
		钟煊盛	吧城	十一．廿	钟荣良	同（上）	一三〇	
永丰庄	中华路	罗舜章	北叻	十二．廿一	罗余建	侯和昌	二〇〇	
荣安号		熊仲涛	暹京	十一．廿七	张志兰	张广基	一,〇〇〇	
荣安号		邹淦舜	暹京	卅一．一．卅	邹瑞初伯姆	联盛号	一,〇〇〇	
荣安号	凌风西	李吉甫	吧城	十一．廿二	李辛野	黄海元	六〇〇	
		黄淦泉	同（上）	十二．十四	黄顾群	下市恩元第	四〇〇	
		曾谦甫	荷属	十一．十九	曾翠蕉	林同德	七〇〇	

---

① 猪条街，今珠条街。

② 槟港，锡矿产区，位于邦加岛。

（续上表）

汇兑店及水客名称	住址	汇款人姓名	由何埠交汇	交汇日期	收款人姓名	住址	欠兑款额	备考
义源内广德兴	中山路	曾水生	怡保	十一．十八	曾为谋	广华庄	三〇〇	
		余叠章	吧城	十一．十五	余永光	五里亭大夫第	每月二百元	
荣安号蒙裕金店		黄宏昌	吧城	十一．廿	饶喜松	黄源记	荷银五十盾	
曾琼兴		林淦青	巨港	卅．十．一七	李喜妹		七〇	

表十　本县各汇兑商店及水客欠兑侨汇数目姓名登记表

汇兑店及水客名称	住址	汇款人姓名	由何埠交汇	交汇日期	收款人姓名	住址	欠兑款额	备考
丰昌庄	丙村	张提如	吧城	卅一．二．一	张谦和	下市	五，〇〇〇	
		同（上）	同（上）	一．十一	同（上）	同（上）	六〇，〇〇〇	
邹天彩	中山街	刘均恩	英属	十一．廿七	刘荣茂	刘余廷	八〇〇	
李新华	中山街	严淡华	英属	十．十七	潘东妹	梅东利	二〇〇	
熊钦舞	中山街	严淡华	英属	十．十七	潘东妹	梅东利	二〇〇	
盛记银庄	中山街	李芳祥	吧城	十一．十五	李芳祥嫂	李祥丰	三〇〇	
		李元隆	南美州（洲）	十一．十一	李福守	白宫李安记	四〇〇	
		黄耀贤	仰光	十一．廿五	黄庆贤	悦来广兴堂	二，三五〇	
		黄秀贤	同（上）	十二．十三	吴树良	新生公司	三，〇〇〇	
		余宏钦	荷属	九．十七	童公勉	松口瑞安堂	二，〇〇〇	
		蔡德烘	仰光	十．八	蔡珍生		一，五二五	
		叶梓友	吧城	卅一．二．十八	叶烈辉		九〇〇	

汇兑店及水客名称	住址	汇款人姓名	由何埠交汇	交汇日期	收款人姓名	住址	欠兑款额	备考
钟典清	丙镇集大号	朱炜元	英属	卅一.四.廿三	朱梓教	中华路华强公司	一,五六〇	
		朱燊奎	同（上）	四.七	朱连奎	同（上）	一,五六〇	
		邝世演	同（上）	卅一.六.九	邝源妹	邝秘书转	一五,〇〇〇	

表十一　本县各汇兑商店及水客欠兑侨汇数目姓名登记表

汇兑店及水客名称	住址	汇款人姓名	由何埠交汇	交汇日期	收款人姓名	住址	欠兑款额	备考
南通行庄	南口	潘天禄	吧城	十一.旬	潘紫英	葵岭和安堂	一,〇〇〇	
诚兴行	凌风东	潘桃兴	荷属	十一.十八	潘福昌	南通	七〇〇	
		黄仕飞	仰光	十一.廿一	黄仕鼎		一,〇〇〇	领回
黄大来	西阳	英文	南斐州	十一.旬	李瑞大嫂	永茂昌	三二〇	
		同（上）	同（上）	卅一.二.五	李秉瑞大嫂	同（上）	三二〇	
		黄寿昌	亚齐	十二.一	黄康昌	铁炉桥信箱	四〇	
		罗济生	亚齐		罗增福		一〇〇	
黄爱群	松口桥背	林昆亭	荷属	十二.旬	林仟秋	丙村	二,〇〇〇	来二十五元
		李柳汀	亚齐		李开华伯姆	发强药房	一〇〇	无证件
		张肖威			杨初敏		三〇〇	
		黄德应	荷属	十一.十五	黄炳荣	义茂	一〇.〇〇	
黄廷耀	松口	张乙欧	吧城	十一.廿八	张堂叔婆	下市建桥张	二〇〇	
广德兴	中山路	黄树生	英属	十一.十一	黄春园	金坑锅厂	八〇〇	
广德兴	中山路	陈光寿	吧城	十二.二	陈龙华	三角地	五〇〇	
		陈昭任	吧城	十.廿四	张开舞伯姆	芹菜洋	二〇〇	

表十二　本县各汇兑商店及水客欠兑侨汇数目姓名登记表

汇兑店及水客名称	住址	汇款人姓名	由何埠交汇	交汇日期	收款人姓名	住址	欠兑款额	备考
共生公司	凌风西	潘通启	荷属	卅.八.旬	潘李氏	南口永发	六一三四点九七	
		张志如	荷属	十一.十七	张有炼		八十元港币	
		黄潮藩	仰光	十二.十二	黄潮藩大嫂	城隍庙义蓬云	一五〇	
李三义	松口	姚鑫靖	英属	十二.五	姚其珍	吴亮臣增记	一〇〇	
朱育泉	松口	萧贞华	英属	十一.十一	萧育民	吴亮臣增记	二五〇	
		林福生	同（上）	十一.十二	林仲旗	同（上）	三〇〇	
萧潘荣		章荣昌	荷属	九月十八	章钦善		五,〇〇〇	
李志成	大和堂	张廷棉	吧城	十二.旬	张善伯姆	东街乡大高庆	一〇〇	
林同德	中山街	古燕兴	英属	十一.旬	古燕兴大嫂	林同德	一,〇〇〇	
万纶号	中华路	古应华	英属	十一.旬	李娥伯姆	林同德	五〇〇	
张振兴	凌风西	朱毅明	毛哩寺	五.二六.廿	朱毓声		二,〇〇〇	

表十三　本县各汇兑商店及水客欠兑侨汇数目姓名登记表

汇兑店及水客名称	住址	汇款人姓名	由何埠交汇	交汇日期	收款人姓名	住址	欠兑款额	备考
张景光	张家围	黄梅生	英属	十一.十一	黄春园	金坑锅厂	八〇〇	
曾镜岳	芹菜洋	黄炳文	英属	十.十七	黄白氏		七〇〇	
蓝元裕	凌风西	陈松任	泗水	十.廿四	陈开华伯姆	芹菜洋	二〇〇	
		孙兰薰	暹京	卅.十.旬	孙锡其	大兴堂	三〇〇	
		郑仟芳	吉隆坡	十二.五	郑德安	新唐圩裕兴号	五〇〇	其据领回

汇兑店及水客名称	住址	汇款人姓名	由何埠交汇	交汇日期	收款人姓名	住址	欠兑款额	备考
曹藩荣	凌风东	冯焕杰	吧城	九．廿三	冯兆义	广岁堂	一，〇〇〇	
温捷泰	丙村							
邝文秀		邝山松	星加坡	十．五	邝霖华		一，〇〇〇	来七百元
广隆号	松口	张辉祥	荷属	六．十一	张理明	桃源信柜	五八七	
		张文风、张文能	同（上）	十一．廿七	张日新	同（上）	一，〇〇〇	
天华号	松口	李润林	吧城	卅一．一．九	李森祥	胜和厂	三〇.〇〇	

表十四　本县各汇兑商店及水客欠兑侨汇数目姓名登记表

汇兑店及水客名称	住址	汇款人姓名	由何埠交汇	交汇日期	收款人姓名	住址	欠兑款额	备考
温捷泰	丙村	温穆达	爪哇	十一．一七	温增恭		一，五〇〇	
萧鸿盛	石扇	张/章步芳	荷属吧城	十．廿一	伍炳然	文化路萃华轩堂记	二〇〇	
江万利	丙村	李顾如		九．十八	李启森		九〇〇	
古启愚	悦来	古进发嫂	英属	三．廿	古进发嫂		二千二百五十盾	缅币
邮政局	西步岗	谢秋德	荷属美隆	十二．六	谢裕氏	中山路兆安行	一千元	
丰昌	松口	梁标贤	泗水	十一．廿八	梁温氏	松口泰生茶庄	五〇〇	
		廖明谦	吧城	十二．廿二	廖传氏	嘉兴栈转到车	一，〇〇〇	
黄德兴	中山街义源内	张文集	荷属	卅．八．十八	张同兴		四〇〇	

（续上表）

汇兑店及水客名称	住址	汇款人姓名	由何埠交汇	交汇日期	收款人姓名	住址	欠兑款额	备考
刘均和	松口	杨英华	吧城	十二．廿二	杨吉庚		四五四	
黄兴源	茶子山下黄屋	张增昌	吧城	卅一．四．一	张粘生	张昌记	一，一〇〇	
宋道明	凌风东庄	杨又新	香港	十一．十六	古菊兴	纤区	二〇〇	回

表十五　本县各汇兑商店及水客欠兑侨汇数目姓名登记表

汇兑店及水客名称	住址	汇款人姓名	由何埠交汇	交汇日期	收款人姓名	住址	欠兑款额	备考
天源公司	猪条街	黄端元	泗水	十一．十五	黄伯环	黄和昌	五〇〇	
周益庄		林伟明	吧城	十一．廿	林文安		三〇，〇〇〇	领回
祯记号	中华路	黄添	泰京	十．旬	陈佛大嫂	群益号	一，〇〇〇	
昌源号转和隆	松口	李笑竹	泗水	十二．十五	李欢善嫂	和隆	九〇〇	
丰昌泰	中山街	余俊文	吧城	十．二	余炯章	曾庆合	三五〇	
潮利兴		巫怀智	泰属	十一．十五	巫田钦		五，〇〇〇	
保和堂	三角地	刘发庆	吧城	卅一．一．二	刘增燊	盛记	八〇〇	
广东商行		李盛祥（星洲杏春和）	星洲	卅．十一．九 十．十五	李卓垣		六〇〇 三五〇	领回
罗焦记	畲坑（双罗坑）	陈运昌	暹罗	十一．十四	陈国兴	文祠顺和大号	一，三〇〇	
天华号	松口	丘春生	吧城	十一．十六	丘李氏	松口李金记	六，〇〇〇	

表十六　本县各汇兑商店及水客欠兑侨汇数目姓名登记表

汇兑店及水客名称	住址	汇款人姓名	由何埠交汇	交汇日期	收款人姓名	住址	欠兑款额	备考
同丰号	松口	杨益新	泗水	十一．十	杨简青		五，〇〇〇	未缴证件经费
陈广隆	松口	李恩伸	吧城	卅一．一．二	李锦泰	隆文	二，〇〇〇	
协和号	中和圩	邓柏友	荷属	卅一．一．廿八	邝郑氏		九〇〇	
兴宁公利源	张中枢		香港	十一．廿四	张中枢		三〇，〇〇〇	
黄泉麟		陈清财			陈森海		五〇，〇〇〇	领回
广联昌		林展良	爪哇	卅．十一．十九	林耀初		六，〇〇〇	
曾达权	蕉岭新市	张基龄	荷属	十一．旬	张若泉		五〇〇	与二一一同
黄科祥	西阳	李其桂		卅一．四．廿一	李其桂		二〇，〇〇〇	
侯达权		侯自权	仰光	卅．十．五	侯禄昌		一〇〇	侯锡光寺
李富荣	折洋① 乡荷唐下	李火生	印度	卅一．五．七	章导		四四，〇〇〇	交二万七千五百

---

① 折洋，文献中亦作折扬、扎洋。

2. 《梅县县政府办理拒兑侨汇登记侨属缴存信件登记册》，1943年5月18日，档号：1－6－154，第83－86页。

梅县县政府办理拒兑侨汇登记侨属缴存信件登记表

登记号数	汇款人/收信人姓名	件数	登记号数	汇款人/收信人姓名	件数
1、2	已发还		27	李黄氏	一
3	温公旋、温城昌	二	28、29	已发还	
3	温彩祥、温达国	二	30	黄梅先	一
4	黎仲屏	一	31	黄梁氏	一
5	已发还		32	黄奕方	一
6	温玖聪		33	刘新钦	
7	熊麟伯姆	一	34	李芳祥	
8	张徐伯姆	一	35	刘荣茂	
9	黄韶美		36	已发还	
10	张晋伯姆	一	37	曾邓氏	一
11	已发还		38	已发还	
12	丘清凤		39	朱梓敖	
13	池鼎发	一	40	朱连奎	一
14	张汉皋	一	41	杨添祥	一
15	张鸿喜	一	42	潘紫英	一
16	钟韵彬	一	43	张贤郎	一
17	丘鸿登		44	刘泉方	发还
18	罗金连	一	45	刘云昌	发还
19	曾为谋		46	潘福昌	发还
19	杨李氏、杨景秀	一	47、48	已发还	
20	梁绍锦	一	49、50	已发还	
21	杨嘉善		51	林汉秋	
22	炳祥伯姆	一	52	池壬伯姆	一
23	黄思廉		53	邹昆元伯姆	
24	丘炳秋	一	54	张增伯姆	
25	已发还		55	黄源伯姆	一
26	潘银祥	一	56	黄丽群	一

登记号数	汇款人/收信人姓名	件数	登记号数	汇款人/收信人姓名	件数
57、58	已发还	一	89	李森祥	发还
59	陈龙华	一	90	梁少屏	一
60	黄庆贤	一	91	不明	
61	吴树良	一	92	丘海如	一
62	姚其珍	一	93	李黎氏	一
63	萧真华	一	94、95	已发还	
64	林福生	一	96	叶仪九	一
65	林应甫	一	97	吴晋初	一
66	林锡华	一	98	吴善廷	一
67	章成祥	一	99	不明	
68	章钦善	一	100	邹瑞君	一
69	张善伯姆	一	101	谢徐氏	一
70	古燕兴伯姆	一	102	田泳裳伯姆	一
71	应华	一	103	叶公梅	一
72	黄春园	一	104	叶紫屏	一
73	李春长	一	105	张同兴	一
74	已发还		106	邹瑞权	
75	陈开龄伯姆	一	107	不明	
76	吴金喜	一	108	杨吉建	一
77	曾肇善	一	109	张凌秀	一
78	冯兆二	一	110	已发还	
79	黄海昌伯姆	一	111	吴义妹	一
80	已发还		112	已发还	
81	黄豪华	一	113	罗伯筠	已领回
82	郭增昌	一	114	已发还	
83	张永舜	一	115	不明	
84	张连发已领回	一	116	邓仲鸣	发还
81	炳文		117	已发还	
85	彭泉英	一	118	梁子荣	一
86、87	张理明	一	119	不明	
88	童公勉	一	120	杨丽华	一

登记号数	汇款人/收信人姓名	件数	登记号数	汇款人/收信人姓名	件数
121	萧得建	一	154	钟水翔	一
122、123	已发还		155	不明	
124	张宣伯姆	一	156	不明	
125	余新娇	一	157、158	已发还	
126	张有炼	一	159	不明	
127	不明		160	曾云华	一
128、129	已发还		161	黎潘氏	一
130	谢孙氏	一	162	古亚斯伯姆	一
131	曾林氏		163	不明	
132	钟现长	一	164	古静妹	一
133	不明		165	已发还	
134	林煜光	一	166	李欢善	一
135	已发还	一	167	吴光辉	一
136	巫光生	一	168	黄金寿	
137	余景澄	一	169	钟蔚文	
138	邹联兴	一	170	钟荣清	一
139	刘日新	一	171	已发还	
140	池占元	一	172	曾炳荣	一
141	不明		173	余炯章	一
142	丘盛华	一	174	不明	
143	张参观	一	175	不明	
144	钟饶氏	一	176、177	已发还	
145	池陈氏	一	178	不明	
146	伍炳然	一	179	梁少生	一
147	梁卓群	一	180	梁玉松	一
148	钟荣良	一	181	章达松	一
149	黄伯环	一	182	潘周氏	一
150	黄集光		183	不明	
151	孙锡其	一	184、185	已发还	
152	叶筱蓉		186	陈国兴	一
153	黄纶光	一	187	饶喜招	一

（续上表）

登记号数	汇款人/收信人姓名	件数	登记号数	汇款人/收信人姓名	件数
188	杨纪曾	一	211	张若泉	一
189	已发还		212	杨怀浩	一
190	丘李氏	一	213	陈省昌	已领回
191	钟赐章	一	214、215	已发还	
192	梁温氏	一	216	不明	
193	邹芷汀	一	217	不明	
194	张发荣	一	218	不明	
195	郑德安	已退	219	不明	
196	朱毓馨	一	220	林善我	一
197	已发还		221、222	已发还	
198	不明		223	邓霖华	一
199	邓金泉	一	224	张挺伯姆	发还
200、201	胡锋秀	一	225	李权能	发还
203	张烘云	一	226	黄云生	发还
204	叶烈辉	一	227	杨桂伯姆	发还
205、206	已发还		228	李尧招	发还
207	杨简青	一	229	熊伟燊	发还
208	梁元燊	一	230	梁万兴	发还
209	李黄名方	一	231	黄坤泰	发还
210	黄康昌	一	232	张木芳大嫂	发还

卸县长李世安

中华民国卅二年五月十八日

3.《呈请迅行令饬南蓬径乡长传集杨汝耀将侨汇四万零四百元照数分别兑交以维侨眷生活而救涸辙由》，1942 年 10 月 13 日，档号：1－6－154，第 87－89 页。

为投诉事：氏夫黎远明素业水客，经营南洋荷属一带侨胞信款。氏子杨我华、杨允谦等经商荷属三马林达埠有年，曾于去年十月间先后由同埠杨成源号总理杨汝耀处汇寄信款各一宗，总共数目国币四万零四百元，细数另单附陈。信到日久，信款迄无收到，数十家侨胞家属接济中断，窘苦难言。乃杨成源号总理杨汝耀于本年二月间返抵乡里间，氏等当时即分别向之讨取，彼竟多方推宕，借称款存香港，提取不及，须俟再度回港提取，归来当可照付等词，延宕不交。及后杨汝耀果于端节前赴港，氏等只得忍耐等候，不意杨汝耀又于本月初归来之日又复一再推宕，仍谓款未提得，拒不照交。查此项侨款，为氏等数十家户生活所仰赖，尤以氏夫黎远明二万元，其中概系多数侨胞寄回维持家庭之款，计算亦复数十户零碎，普遍影响尤众。在此侨汇断绝、物价高腾之日，此款设又遭拒兑，氏等势将尽成饿殍。查政府维护侨胞不遗余力，对于侨胞汇款报章所载极力维持，除分呈南蓬径乡长勒令照交外，为此开具汇款清单联呈投诉，恳请钧府迅行令饬南蓬径乡长赶杨汝耀在家中，克日传集勒令将氏等侨汇共四万零四百元照额分别兑交氏等收领，以维侨眷生活而救涸辙，实为德便。

谨呈

梅县县长李

　投诉人：黄裕珍　杨叶氏　杨志伟　黎杨氏　杨祥妹　杨罗氏　杨其然　张李氏　杨锡生　杨吴氏　杨箕英　黎杨氏

　附呈汇款清单乙纸

中华民国三十一年十月十三日

通讯处：梅城西门巷南庐

汇款清单

寄款人	收款人	寄收人之关系	银额（国币）	附注
黎远明	黎杨氏	夫妻	二万元	
杨允谦	杨罗氏	子母	三千元	
杨汝显	杨祥妹	婿岳母	二千元	
黎奇生	黎杨氏	夫妻	二千元	
张作良	张李氏	夫妻	三千元	
吴干民	杨吴氏	弟姊	二千元	
杨我华	杨叶氏	子母	五千元	
朱润青	杨其然	婿岳	四百元	
杨志权	杨志伟	兄弟	五百元	
赖琛良	杨箕英	夫妻	五百元	
杨荷生	杨锡生	兄弟	一千元	代表人
黄定球	黄裕珍	父女	一千元	
合计：十二柱共四万零四百元				

4.《李世安县长批示》，1942 年 10 月 18 日，档号：1 – 6 – 154，第 88 页。

传询办理。

世安

18/10

5.《梅县财政科拟定处理意见》，1942 年 11 月 11 日，档号：1 – 6 – 154，第 86 页。

查本案业经传杨汝耀来府询问，据称："本呈所附汇款清单所列欠兑各数俱属实在，惟渠所经手之杨成源号侨汇素由香港义顺源号李机臣①转驳，现被该号欠交汇款港币九千余元，伸合国币四五万元，致无法兑交，请追义顺源号经理李机臣迅将欠交该号汇款交出，以便兑交"等词。并提供该号与义顺源号往来数簿及最近结单，验明无异。查前据水客王炯南呈诉李机臣欠交汇款，业遵谕由科函传李机臣来府面询在案，现尚未据投案，本案案由既属相同，拟俟李机臣投案时合并查询，再以核办，仍先批复，当否乞示。

职邓伯熙

十一·十一

6.《李世安县长批示》，1942 年 11 月 14 日，档号：1 – 6 – 154，第 90 页。

如拟。

世安

14/11

---

① 李机臣，即李玑臣。

7.《据请饬南蓬径乡长俟杨汝耀将侨 40400 元欠交及传李机臣到案查询外再行核办由》，1942 年 11 月 17 日，档号：1 - 6 - 154，第 91 页。

衔批

具呈人黄禄琜等

本年十月十三日呈一件，为呈请迅饬南蓬径乡长传集杨汝耀将侨汇四万零四百元如数分别兑交，以维侨眷生活由。

呈附均悉。仰俟传集李机臣等查询明白，复再行核办，可也。此批。附件存。

县长李世安

8.《据报梅县、兴宁等县私立汇兑商店及水客等欠兑汇款情事电饬遵办具报由》（调财二金字第 52364 号），1942 年 6 月 3 日，档号：1 - 6 - 154，第 92 页。

广东省政府代电　调财二金字第 52364 号

分送梅县、兴宁、大埔、蕉岭县政府览：

现准曾司令其清送来意见一件，内称："自太平洋战事爆发，侨胞家属困难，近查梅县、兴宁、大埔、蕉岭等地私立汇兑商店及水客（即行商汇兑）借词香港沦陷、交通断绝，对侨胞于战前所汇款项拒不交兑或只兑少数，似应设法制裁，再该次汇兑商店盗窃资金，分流扰乱战时金融，似应严予惩处"等语。查商业店号不得经营存款放款、贴现、汇兑及抵押各项银行业务，前经财政部规定有案。该梅县、兴宁、大埔、蕉岭等地私立汇兑商店及水客竟暗中接汇侨汇，自属有违规定，复放借词香港沦陷、交通断绝，将侨胞汇款拒不兑交或只兑交少数，当此侨汇断绝、侨胞家属生活极度困苦、政府救济不暇之际，如此擅行实属不法已极，自应切实查究以安侨胞。兹准前由，除分电外，亟电仰遵照迅将各承汇商店、各号所在地及水客姓名、住址暨欠兑汇款数目查明登记，勒令限期扫数清付及嗣后不得再有此项业务之经营，并将遵办情形具报为要。

主席李汉魂　厅长张道（导）民
巳江　囊印
中华民国三十一年六月

9.《李世安县长批示》，1942 年 6 月 24 日，档号：1－6－154，第 92 页。

遵办。

世安
24/6

10.《财政科拟办意见》，1942 年 6 月 25 日，档号：1－6－154，第 92 页。

派钟科员查复，并饬各乡镇公所转知侨属，报府登记。

六．廿五

11.《令饬遵照知侨胞家属将水客欠兑汇款数目携据来府登记勒令清付由》，1942 年 7 月 7 日，档号：1－6－154，第 93 页。

令各乡镇公所乡/镇长：

现奉广东省政府调财二金字第五二三六四号代电内开现准曾司令其清送来意见一件，云云全叙，至为要。等因。奉此，自应遵照办理，除分令及呈报外，合行令仰该县长即便遵照转知侨属携据来府登记，以凭勒限清交。毋违此令。

县长李世安

12.《呈复遵令将各承兑商店号所在地及水客姓名、住址暨欠兑汇款数目查明登记勒令清付情形请察核由》，1942 年 7 月 7 日，档号：1－6－154，第 93 页。

现奉钧府调财二金字第五二三六四号代电饬将各承汇商店名号所在地及水客姓名、住址暨欠兑汇款数目查明登记，勒令限期扫数清付及嗣后不得再有此项业务之经营，并将遵办情形具报为要。等因。奉此，自应遵照，除饬属切实查办外，奉令前因，理合备文呈报察核。

　　谨呈

广东省政府主席李

梅县县长李世安

13. 《据呈盛记号欠兑汇款请准登记勒交等情仰遵照自向理清由》，1942 年 8 月 12 日，档号：1 - 6 - 154，第 94 页。

批

具呈人　黄爱群

本年八月五日呈一件，呈为盛记号欠兑汇款，请准登记勒交由。

呈悉，案经明白批示，仍仰遵照，自向理清。此批。

县长李世安

14. 《呈为盛记号欠兑汇款业经具呈请求登记未蒙批示处理恳祈准予登记勒交由》，1942 年 8 月 3 日，档号：1 - 6 - 154，第 95 - 98 页。

呈为盛记号欠兑汇款业经具呈登记，未蒙批示处理，恳祈准予登记勒交事：窃民于本年七月二十八日曾具呈贵府请登记勒交盛记及利川号备案一则，声叙详确。惟本月一日接阅批示仅示以利川号李浩元欠兑事件，关于盛记号登记款项，未蒙登记处理。查香港战事结束后，民即交港币三千五百五十圆与梅县盛记号驻港坐庄，及民返梅，曾经向梅县盛记号陆续兑回国币九千零九十圆，对于港币折合国币价格，未经双方情甘核定，仅系渐与兑取而已，但依中英两国公价之规定，每元港币折合国币为四元六角五分，设依时令香港市情元值价格，每元港币为七元国币左右，在此盛记号以公价找民，则需国币一万六千五百零七元五角，以港市价格找民，则需二万余元，故特具呈前来，请为允准登记，并乞沽定民与盛记号港币折合国币之价格，以便向盛记号找兑追收，实沾德便。

谨呈

梅县县长李

水客黄爱群呈

债务人：盛记号：住梅县十字街
债权人：黄爱群：住梅江桥南岸爱庐

中华民国三十一年八月三日

15. 《李世安县长批示》，1942 年 8 月 6 日，档号：1 - 6 - 154，第 95 页。

查案批示。

世安

6/8

16.《呈为李浩元欠兑侨汇请登记尊情仰自行理楚由》，1942 年 8 月 1 日，档号：1 - 6 - 154，第 97 页。

批

原具呈人　黄爱群

本年七月廿八日呈一件，呈为利川号李浩元欠兑侨汇，请登记由。

呈悉。查本府办理登记拒兑侨汇，原为维护侨属利益，该水客既就侨属汇存款项，利川号亦无拒兑表示，应由该水客自行理楚，不得以此为拒兑侨汇借口，所请登记勒交，应毋庸议。此批。

县长李世安

17.《呈请准予登记以便异日追收汇款由》，1942 年 7 月 27 日，档号：1 - 6 - 154，第 98 - 100 页。

呈为香港沦陷，汇款无着，请给予登记备案事：窃民业操水客念有余年，专以利便侨胞携带信款为目的，生平信义素昭，并无丝毫苟且。讵意去年国历十二月间由荷属日里返抵香港，遭逢战事爆发，待沦陷后，即将旅侨托带款项合计港币七千五百五十圆，除以一部分三千五百五十圆存交梅县盛记坐庄收领外（现已由梅县盛记陆续兑回国币九千零百九十圆，尚未与盛记核定港币价格），仍有港币四千元即交香港利川号，谈明在梅县向其父子李益三、李浩元兑付（利川号老板），不料李益三已在去冬夏历十二月间逝世，其子李浩元又声称"香港生意停顿，容缓筹还"等语。今春李浩元复出香港，其时贵府又无"侨汇无兑可以登记之通告"，民似此无奈，只得将自己物业变出款项垫付于人，以维自己信用，以应旅侨家属之急需。关于盛记汇存之数，除已向贵府财政科登外，合并声明香港利川号李浩元欠付本人侨汇款项港币四千圆（有收条为证），请给予登记备案，以便异日追收，实感德便。

谨呈

梅县县长李

水客黄爱群呈

附录

债务人：盛记号　住梅县十字街

　　　　利川号　住香港永乐东街三十号二楼

　　　　利川号店东屋（李浩元）　梅县丙村人

债权人：黄爱群　住本城梅江桥南岸爱庐

中华民国卅一年七月二十七日

18.《李世安批示》，1942 年 7 月 29 日，档号：1 – 6 – 154，第 101 页。

本府登记拒兑侨汇，原为维护侨属利益，该水客既非侨属，该利川号亦无拒兑表示，应由该水客自行理楚，不得以为拒兑侨汇借口，所请登记勒交，应毋庸议。

七．廿九

19.《呈为松口李昌源号等拒兑侨商汇款等情准予登记由》，1942 年 8 月 1 日，档号：1 – 6 – 154，第 101 页。

指令

令南蓬径乡长杨学敏

本年七月廿三日呈一件，呈为松口李昌源号及同丰号拒兑侨商杨益新汇款，请登记由。

呈悉，准予登记，该乡长来县述职时，仍应将函据缴科，以凭勒交。此令。

县长李世安

20.《呈请登记杨简青侨汇两柱共一万五千元勒限清交由》，1942 年 7 月 23 日，档号：1 – 6 – 154，第 102 页。

现据乡属侨胞杨简青报称："三十年十二月一日及本年一月六日，先后接兄杨益新于三十年十一月上旬由泗水汇松口李昌源号转交国币一万元。又同年十一月下旬由泗水汇松口同丰号转交国币五千元，两款均信到日久，前赴该号催兑，均以香港沦陷为词，拒不兑交。查同丰号五千元中有一千九百二十元系本乡中心学校经费，由外面热心家捐题得来，当此侨汇断绝、生活极度困难，而学校经费来源尤为竭。前阅报载政府准许侨民将此项不兑交侨汇持据登记，勒限清交，仰见政府救济侨胞之德意。惟因离县遥远，用特缴具函据前来，请为代呈梅县县政府将民由松口李昌源号汇款一万元、松口同丰号汇款五千元照数登记，勒限清交，以维侨胞生活学校经费"等情。并据缴呈杨益新三十年十一月五日及三十年十一月二十九日寄杨简青收邮函二封，查阅内容，叙述汇款寄杨简青收，数目如报无误，事属实在。据报前情，为免省乡民远涉，用敢备文转呈钧长鉴核，准予登记，勒限清交。至函据二件拟俟职来县述职时补行缴验后发还，是否可行？仍祈指令只遵，实为公德两便。

　　谨呈

梅县县长李

　　　　　　　　　　　　　　　　　南蓬径乡长杨学敏

21.《李世安县长批示》，1942 年 7 月 29 日，档号：1 – 6 – 154，第102 页。

　　准予登记，该乡长来县述职时仍应将函缴据缴科，以凭勒交。

　　　　　　　　　　　　　　　　　　　　　　　　　七．廿九

22.《签呈》，1942 年 8 月 10 日，档号：1 – 6 – 154，第 103 – 104 页。

签呈

八月十日于办公厅

　　查关于本县遵令登记被拒兑侨汇一案。职科办理已达一月有奇，统计登记案件二百二十余宗，款额四十余万元（其无南洋信件证明或信封邮戳日期，笔迹与信文不符发生疑义者，及承汇庄客尚未有拒兑表示者暨水客汇款被拒兑者均不予登记，未计在内，各乡镇公所登记者统未汇报来府亦未计入），历时已久，侨属属望甚殷，亟应即日停止登记，分别传集水客、汇兑庄逐案迅明办理。惟询据华侨互助社及水客联合会均称，南洋、香港间来往船只甚多，抵港日期无可查考，而各水客抵县日期各该会亦无登记等语，假欲以船期及水客抵县日期两点提出质证，实不可能，诚恐各水客及汇兑庄借口南洋未有交汇，矢不承认，兹特拟定权宜公平办法如下：

　　（一）不论南洋有无交汇款项者，在南洋邮件未通、无法证明以前，各水客或汇兑庄应照已登记南洋来函所称交汇款额，暂付半数，以维侨属生活，仍取具殷实铺保两间以维债权，俟将来南洋邮件复通，证明该款确曾汇交时，各水客或汇兑庄除应将其余半数兑清外，并应自具结日起加计利息（年息二分），以维侨属利益。若证明该款未曾交汇时，各侨属应将前领半数交还水客或汇兑庄，并应自领款日起加计利息（利率同前），以免水客或汇兑庄蒙受损失。若证明交汇款额与来函所称不符时，应照除补其加算利息，暨一切办法同前。

　　（二）如水客或汇兑庄经交一部分而拒兑尾数者，应饬具结限期清兑。

（三）各水客或汇兑庄经遵令具结定期兑付半数后，本府即分别通知并登报公告侨属前向兑领，遵办情形统限于限期一个月内由水客或汇兑庄侨属会呈报查。如各水客或汇兑庄不遵令兑付时，各侨属亦应报府备案，以便查考，而凭勒追。

（四）将来接南洋来信证明未曾交汇，各侨属退还前领半数时或证明确曾交汇，各水客或汇兑庄遵结补发尾数时，均应联呈报请销案，以清手续。

以上办法拟克日召集水客、汇兑庄来府宣示，如无异议，即按照办理，若有异议，则事关饬办事件，仍请省府核示办理。是否有当，理合检具登记清册，签请察核示遵。

谨呈

县长李

职邓伯熙

23.《李世安批示》，1942 年 9 月 3 日，档号：1–6–154，第 104 页。

登记完毕后，即将拟办办法呈请省府核示。

卅一年 3/9

24.《呈拟遵令登记被拒兑侨汇情形请核办由》，1942 年 9 月 21 日，档号：1–6–154，第 105–106 页。

全衔呈

案：奉钧府调财字第五二三六四号代电："以据报梅县私立汇兑商店及水客拒兑承汇侨款，饬将各承汇商店名号所在地及水客姓名、住址，暨欠兑汇款数目，查明登记，勒令限期扫数清付，及嗣后不得再有此项业务之经营"等因。奉此，遵经饬属转知各侨属携据来府登记，一面由职府办理登记，已达一月有奇，统计登记案件二百二十余宗，款额四十余万元（前特拟定处置办法如下）：其无南洋信件证明或信封邮戳日期，笔迹与信文不符发生疑义者，及承汇庄客尚未有拒兑表示者暨水客汇款被拒兑者均不予登记，未计在内，各乡镇公所登记者统未汇报来府亦未计入，历时已久，侨属属望甚殷，亟应即日停止登记，分别传集水客、汇兑庄逐案迅明办理。惟询据华侨互助社及水客联合会均称"南洋、香港间来往船只甚多，抵港日期无可查考，而各水客抵县日期各该会亦无登记"等语，假欲以船期及水客抵县日期两点提出质证，实不可能，诚恐各水客及汇兑庄借口南洋未有交汇，矢不承认。兹特拟定权宜处置办法如下：

（一）不论南洋有无交汇，在南洋邮件未通、无法证照以前，各水客或汇兑庄应照已登记南洋来函所称交汇款额，暂付半数，以维侨属生活，仍取具殷实铺保两间以维债权，俟将来南洋邮件复通，证明该款确曾汇交时，各水客或汇兑庄除应将其余半数兑清外，并应自具结日起加计利息（年息二分），以维侨属利益。若证明该款未曾交汇时，各侨属应将前领半数交还水客或汇兑庄，并应自领款日起加计利息（利率同前），以免水客或汇兑庄蒙受损失。若证明交汇款额与来函所称不符时，应照除补其加算利息，暨一切办法同前。

（二）如水客或汇兑庄经交一部分而拒兑尾数者，应饬具结限期清兑。

（三）各水客或汇兑庄经遵令具结定期兑付半数后，本府即分别通知并登报公告侨属前向兑领，遵办情形统限于限期一个月内，由水客或汇兑庄侨属会呈报查。如各水客或汇兑庄不遵令兑付时，各侨属亦应报府备案，以便查考，而凭勒追。

（四）将来接南洋来信证明未曾交汇，各侨属退还前领半数时，或证明确曾交汇，各水客或汇兑庄遵结补发尾数时，均应联呈报请销案，以清手续。

以上所拟办法是否有当，理合备文呈请察核示遵。

谨呈

广东省政府主席李

梅县县长李世安

25.《为汇款藏匿不交请饬令依数清交以维华侨家属生活由》，1942年12月5日，档号：1－6－154，第108－109页。

呈为汇款藏匿不交，请饬令依数清交，以维持华侨家属生活事：窃氏夫张海如系以水客为业，来往南洋、梅县等地，替代华侨携带银信返国，维持在国内华侨家属生活，于民国卅年廿一日曾在吧城梁德彰号汇有华侨款项一十万元，当时曾与该号司理人梁义章兄订明由松口丰昌庄号梁慕侠君转交梅县张谦和号收，氏接氏夫通知后，即向该号当事人梁慕侠君询问，始则谓俟查明后当晓照交，终则谓太平洋战事发生，信件不通为词，藏匿不交。殊不知氏夫之华侨生活款项早已在战事未发生前汇行，今该号竟藏匿不交，至令无数华侨家属无以维持生活，况时值米贵珍珠，殊堪痛悯，除遵令在钧府登记外，为此特又备文呈请钧长俯赐鉴核，恳饬丰昌庄当事人梁慕侠迅予依数交清，以维华侨家属生活，则沾感无涯矣。

谨呈
梅县县长李

> 具呈人：张李氏　住凌风东路张谦和
> 对诉人：梁慕侠　住松口丰昌庄
> 中华民国卅一年十二月五日
> 担保：梅县张谦和

26.《李世安县长批示》，1942 年 12 月 8 日，档号：1 – 6 – 154，第 108 页。

传询实情再核。

> 世安
> 8/12

27.《梅县财政科致梁慕侠函》，1942 年 12 月 21 日，档号：1 – 6 – 154，第 107 页。

现据张李氏呈略称："氏夫张海如于民国卅年十一月曾在吧城梁德彰号汇有款项一万元，当时曾与该号司理人梁义章兄订明由松口丰昌庄梁慕侠君转交，迭次询问，诸多延却，请传案勒追照交，以维生活"等情。据此，于应函请台端迅即来科询明原委，以凭核办。

此致
丰昌庄梁慕侠

> 财科

28.《为据情转呈恳请准予备案由》，1942 年 9 月 26 日，档号：1 – 6 – 154，第 111 – 112 页。

现据职乡第三保侨民王粦华呈称："切民于本年一月三日在南洋仰光埠时，将国币二千元交与业营汇兑之朱廉我兄驳回梅县荷田乡鹁鸠塘交王庆隆大嫂手收，当由朱廉我立有汇单为据，迨民于本年五月初由南洋返抵家中后，询悉此款未到，即往梅屏堡玉水村伊家中询问，伊侄朱育泉处据云未接伊家叔来信，但朱廉我远在南洋，值兹消息隔绝，无从向伊交涉，诚恐日久变生，迫得将情呈请，准予转呈备案，俾日后交通恢复时，得向朱廉我交涉此款"等情。前来。查称各节，尚属实情，理合备文转呈钧核，伏乞施维护侨胞之德意，准予备案，实为公便。

　　谨呈
梅县县长李

　　　　　　　　　　　　　　　荷田乡乡长王少如
　　　　　　　　　　　　　　　中华民国三十一年九月二十六日

29.《据转报侨民王粦华交朱廉我汇国币二千元迄未付兑准予备案由》，1942 年 10 月 3 日，档号：1－6－154，第 110 页。

　　梅县县政府指令：
　　令荷田乡乡长王少如
　　本年九月廿六日呈一件，为转报侨民王粦华交朱廉我汇回国币二千元，迄今未付兑，请备案由。
　　呈悉。准予备案，仰即转饬知照。此令。

　　　　　　　　　　　　　　　　　　　　　　县李世安

30.《梅县财政科致王泗记函》，1942 年 12 月 4 日，档号：1－6－154，第 113 页。

　　现据石扇乡邓俊明呈略称："民家父云蒸在南洋英属大吡叻笃亚冷开杏林药材店，于三十年间由松口隆文王泗记水客带回国币四千元，迭次函催，延不交付，请传案勒追照交，以济眉急"等情。据此，相应函请台端迅即来科询明原委，以凭核办。
　　此致
王泗记水客鉴

　　　　　　　　　　　　　　　　　　　　　　财政科（印）
　　　　　　　　　　　　　　　　　　　　　　十二．四

31.《为抗交侨款请传案勒追由》，1942 年 11 月 26 日，档号：1 - 6 - 154，第 114 - 115 页。

具呈人：邓俊明　现年二十七岁　籍贯：石扇乡

为抗交侨汇，请求传案勒追照交以济眉急：切民家父云蒸在南洋英属大吡叻笃亚冷开杏林春药材①店，于三十年间由松口隆文之王泗记水客带回国币四千元，经民迭次函催，得该水客复函谓汇款四千元本来抵梅时应即交奉等语，迄今日久，仍故意延不交付，以致侨汇不能接济家中食费。当此国难时期，银根短促，生借无门，迫得呈请钧府察核，迅予传案勒追照交，以济眉急，实为德便。

谨呈

梅县县长李

被告人处址：松口广通银庄
通讯处：本城元城路绍南医务所
中华民国三十一年十一月二十六日

32.《财政科拟定意见》，1942 年 11 月 26 日，档号：1 - 6 - 154，第 114 页。

即由科备函传询。

十一．廿六

33.《为无理拒绝兑付请求传案勒追由》，1942 年 11 月，档号：1 - 6 - 154，第 117 - 118 页。

为无理拒绝兑付，请求传案勒追事：窃民在仰光民族公司汇有向梅县十字街（现改中山街）盛记号兑交国币六百元，恐当日汇时承兑人有未兑情事，特向仰光民族公司再立一汇单，交民收执。民抵家询知未向兑，即凭单向兑，奈盛记号拒不照兑。为此，呈请钧府维持侨民生活，严传盛记号到案勒追，如数兑交，实为德便。

谨呈

梅县县长李

中华民国三十一年十一月　日
具呈人邓志我
梅县石扇乡本城元城路绍南医务所代收文件

---

①　杏林春药材店，即前文中的杏林药材店，原文如此。

34.《梅县财政科拟具意见》，1942 年 11 月 26 日，档号：1 – 6 – 154，第 117 页。

传询。

十一．廿六

35.《梅县财政科致盛记号函》，1942 年 12 月 28 日，档号：1 – 6 – 154，第 116 页。

现据县属公民邓志我呈略称："窃民在仰光民族公司汇有信款国币六百元，订向梅县中山街盛记号兑交，立有汇单乙纸，迭经向兑，拒不照交，恳请迅传盛记号到案勒追，如数兑交"等情。据此，究竟实情如何，相应函达台端迅查明，迅即来科询明原委，以凭核办。

　　此致
盛记号经理先生

财科（印）

36.《赖裕瓘致梅县财政科函》，1942 年 7 月 17 日，档号：1 – 6 – 154，第 119 – 121 页。

径启者：

"近阅梅县版《汕报》本月一日登载：'关于内地商店及水客多有乘机拒兑侨属汇款，而县府已奉令撤查，并准各侨眷如有被拒兑情事者，得以径向贵科登记数目，以凭勒令清付'等登载。窃民素居南洋，去冬返港，适遭战事爆发，迫得逃难回籍，民深惠政府恤念侨胞之至意，爰特冒渎，沥陈委曲，伏乞贵科长俯察下情，恩准赐复，俾有遵循，实感恩便。窃民于去年十月廿四号，自葡属淛汶力利动程回港办货，于动身前一月（九月底）由当地梅昌公司驳回港币三千元，在港义顺源号收领。民即于十一月廿号抵港，投住义顺源号，寒暄后，即以该汇驳款项询诸义顺源号主持人李机臣，李君当时即以：'梅昌公司无现款存储，仅有白米若干寄售，阁下汇款，难以应票为辞。'后经民解释：'该汇款余系用以办货者，且所办货物，大部分须经阁下费心订定，不过余约须提支千元现金为用耳。'李君聆言后，登即面允。翌日（廿一日）民即交去办单两纸，并向提支港币七百元，查民所开去两办单内之货值（假如办齐的话）定超过该汇款额三千

044

元之数目，李君见办单后，即命伊子李志（致）超语民：'现因时局关系，只能按额支付，对于信用往来，则须俟诸时局好转方能做到'等语。故当时李君仅代办货值二千二百元，并向提支现金七百元，总共提取来二千九百元之谱，且该值二千二百元之货物，亦经由义顺源号于十二月四号付轮寄往力利矣。民以十二月四号开行之轮，既不碰泊孟加锡，且民又自办有价值数千元轻盘货物，而非随身携带不可，故只得留港候轮。殊料不数日，港方战事爆发，继而沦陷敌手，是时港地市面凌乱，形同死岛，而民之自办轻货无法售兑，囊空如洗，眼见沦为顺民，迫得趋晤李机臣，促伊结单，冀明数目之长短，讵知李君不顾信义，竟食前言，所谓结单，仅结民之支数，对于该汇款三千元绝不认账，当时民固依理与其辩论，伊从以不睬置之，此为李机臣蓄意攫人财物者一。"

当时港方势态紧张，民曾请求李君将民现存店内之货品代为拍卖或代保存，结果亦被严拒，并表明绝不负责，适当时敌军通行疏散证发下，限期离港，逾期严受处分，民于焦虑万分，走投无路之际，迫得忍痛离港，而将所存货物行旅等统付托义顺源号店员朱志新君权为代管，并申明如何处理，则俟民到家后函告。迨去年夏历十二月十五日抵家后，目睹内地生活困难，度日维艰，即函达朱志新君，将民存货不计本值代为售兑，设法汇回，以维生活去后，复据朱君函复：'大部存货，经遵贱价售出，惟所得俱百元五百元一张大币，不能通汇，如欲汇寄，则非换得市面通流之十元纸不可，惟大币找换细币，亏蚀太甚，须六折伸算，如何之处，尚望函复照办云云。'民窃思素居南洋，此番遭难回籍，又坐家无恒产，即逃难回籍时，沿途旅费已向友人告贷不资，何况目下生活尚在无法解决，故即复函朱君，请为即日汇返，亏蚀所在不□。民之所以出此，原在拯救眉睫为急务也。殊料该货款交汇后，李机臣又强将撤回，连同残存货物一并没收，此为李机臣恃势夺人财物者二也。

查民之存货，于敌军强迫疏散前曾趋求李机臣代为拍卖，抑代为保留，已被竣拒而不纳请，足见其当时亦认定该存货系民私有，与伊无关，否则安有不置一诺之理。至十二月四号付出南洋之货值，连同民向支得之七百元，总计仅在二千九百元之谱，抵对去年九月底民由力利梅昌公司汇返港币三千元之数目，亦无逗（透）支可言，亦足见李机臣当日之不允民请者，非为无因，且民以离港前促其结单，以明数目来往之长短。李机臣只结民之支数，不结民之来数，岂世有此理？何况所谓信用往来则须俟诸时局好转既言之于先！其用心之苦，手段之毒，虽孩提亦不难分晓也。又李机臣强扣交汇款项，已不施之于货物未卖前复不施之于大币未折换小币前，遍遍施之于交汇后，则其利欲熏心，乘机吞食财货，以发其国难事业更属彰然。民本一介洋愚，于时机未靖前惟有忍痛负辱而已，适阅一号报载，深以政府加惠侨属之至意，且以当日民与义顺源号账目来往之经手人——李志（致）超——即李机臣之子，已抵达家园，倘与之算账亦属时机已至。迫得沥陈始末，伏乞俯察指复只遵。

　　谨致

财政科科长亮鉴

　　附呈缴指复用邮票四十二分

　　　　　　　　　　　　　　具函人赖裕瓘（即志青）

　　　　　年三十八岁　住南蓬径乡第一保通讯处　松口亿源庄转

　　　　　　　　　　　中华民国三十一年七月十七日

　　37.《梅县财政拟具意见》，1942 年 7 月 20 日，档号：1－6－154，第 121 页。

　　该民由力利汇港三千元既向提现款七百元代办货，二千二百元汇款已兑，余无几。现所争执者在该民自办货款事关司法，本科无权勒交，请向法院起诉可也。由科函复查照。

　　　　　　　　　　　　　　　　　　　　　　　　　　　七．廿

　　38.《梅县财政科拟具致李玑臣函》，档号：1－6－154，第 122 页。

　　奉县长谕即函请台端来府面询关于香港义顺源号欠交南洋英属霹雳怡保侨商王泗记号店东王炯南汇款一案详情，以凭核办等因，相应函达查照，希即日来府面询为荷。

　　此致

李玑臣先生

　　　　　　　　　　　　　　　　　　　　　　　　　　　科

　　　　　　　　　　　　　　　　　　　　　　　　　年　月　日

　　39.《为据王炯南投称李玑臣图吞伊汇寄港币一万九千元将情转呈察核伏乞准予严追交领以维侨属生活由》，1942 年 10 月 21 日，档号：1－6－154，第 123－124 页。

　　现据南洋英属霹雳怡保侨汇商王泗记号店东王炯南投称："窃侨商向在怡保

经营汇兑生意,代各侨胞汇驳信款,供给其在乡家属之生活费用为主要业务。惟该信款因国际币制不同及为便利安全起见,常由南洋汇至香港后,再转汇国币回梅,此向来之办法也。去岁夏历九月间照向例由怡保汇寄港币一万九千元交香港义顺源号负责人李玑臣收,当时曾经声明此款收到后即转汇松口广通庄,以便转交各侨胞家属。殊李在港接款后竟不转汇,近日李由港返梅,炯南亦由怡保脱险归国,屡次向其交涉,彼仍借词拒付,其为有意图吞昭然若揭。值此太平洋战事日见扩大,其南洋与国内之资财接济已有梗阻,若再任其拒绝付交,影响于侨胞家属甚大,素仰钧社护侨有方,用敢将情投请察核,乞即转呈政府勒追,以维血本"等情。到社。据此,查所称各节,尚属实在,而保护华侨汇款迭奉政府明令有案,属社为华侨互助集团,自应力予维护,素仰钧府为侨众保障,对于此事,当必乐予维持,据投前情,理合转呈。鉴核,伏乞准如所请,严追交领,以维侨属生活,实为侨便。

　　谨呈
梅县县长李

　　　　　　　　　　　　　　梅县华侨互助社常务主任张士平
　　　　　　　　　　　　　　中华民国三十一年十月二十日

　　40.《李世安县长批示》,1942 年 10 月 22 日,档号:1 - 6 - 154,第123 页。

　　传询实况拟核。

　　　　　　　　　　　　　　　　　　　　　　　　　　　世安
　　　　　　　　　　　　　　　　　　　　　　　　　　　22/10

　　41.《广东省政府指令》(课财二金字第 54623 号),1942 年 11 月 20 日,档号:1 - 6 - 154,第 125 页。
梅县县政府:
　　本年九月廿一日,县财字第九九二号呈乙件呈报关于私立汇兑商店及水客拒兑南洋华侨汇款或兑半数拟定处置办法,请察核示遵由。
　　呈悉。查该县关于私立汇兑商店及水客拒兑华侨汇款或兑半数一案处置办法四项,核尚可行,应准备案。仰仍将该承汇商店各号所在地、水客姓名、住址及侨属每户登记款额开列清表呈府备核。此令。

主席李汉魂

财政厅长张导民

42.《李世安县长批示》，1942 年 12 月 23 日，档号：1－6－154，第 125 页。

遵报，应注意备注。

世安

23/12

43.《梅县财政科拟具意见》，1942 年 12 月 23 日，档号：1－6－154，第 126 页。

查关于华侨互助社常务主任张士平为据王炯南投称李玑臣图吞伊汇寄港币一万九千元将情转呈察核，伏乞准予严追交领，以维侨属生活一案，业经传讯王炯南及李玑臣（由其子李致超代表）饬据作成对本案意见书各一纸，兹谨附呈察核。

查关于王炯南于去年夏历九月间汇寄义顺源转驳汇款港币一万九千元，其事实及款额既为双方所不争，复有王炯南提出李玑臣亲手致王炯南信抄白可据，自属真确。至该款王炯南应否向李玑臣追交，应视李玑臣有无解除义顺源经理职务以为断。李玑臣尚未解除义顺源总理职务，已于杨汝耀呈报李玑臣案中裁定，则王炯南向其诉追自属正当，李玑臣自应负责清理，不得推诿。至义顺源之应负责照数兑付与杨汝耀案相同，自可照杨汝耀诉案所拟分期兑付办法办理，仍并案定期召集三方协议调解，调解不成，移送法院办理，当否请示。

谨呈

县座李

职邓伯熙

44.《李世安县长批示》，1943 年 2 月 10 日，档号：1 - 6 - 154，第 126 页。

如拟。

世安
10/2

45.《李玑臣对王炯南案意见》，具体时间不详，档号：1 - 6 - 154，第 127 页。

王炯南确曾于去年夏历九月间汇寄义顺源号港币一万九千元，十月间收到。至王炯南有无声明转汇松口广通庄，须查信始悉。该信尚存义顺源，义顺源收到时，因汇水过低，曾函询可否照汇。该信最迟十月底可到怡保，惟未接其复信或电报，故未照汇，况转存安达等银行存票，或存现款已记不清楚，义顺源尚存银行港币八万余元，国历十二月八日香港战事发生，不能提出，银行存折尚存香港义顺源号。

李玑臣、李致超代表

46.《王炯南对本案意见》，具体时间不详，档号：1 - 6 - 154，第 128 页。

据李玑臣称："当义顺源收到该汇款港币一万九千元时，因汇水过低，曾函询可否照汇……惟未接其复信或电报，故未照汇"等语。查该号确曾来信询问可否照汇，惟该款自怡保汇出时，须寄挂号信，嘱即转松口广通庄，故未函复。且因是时电报不通，故亦未电复。惟照汇兑惯例凡侨汇到港时，代理汇兑庄应即按当日行情即刻转汇，现因未即转汇致受损失，自应由义顺源负赔偿责任，该款于夏历九月廿二、三由怡保电汇义顺源，廿四、五可以到达，如义顺源即刻转汇，至迟月底可以汇出。香港战事于十月廿左右发生，相应约一月之久，义顺源询可否照汇之信于十月十四可收到。

王炯南

47.《李玑臣致王炯南函》，具体时间不详，档号：1－6－154，第128页。

泗记宝号炯南先生鉴：

　　承询去岁夏历九月间汇返敝号义顺源所收之港币一万九千元，此款当日因等汇水好些方汇返，不料战事突起致不及汇该款，尚存外国银行，须俟大局平定得回银行支出时乃可汇还，谨此奉复祈原谅，余未及叙，至此并□台安。

弟李玑臣

48.《签呈》，1942年12月7日，档号：1－6－154，第130－132页。

签呈

卅一年十二月七日于办公厅

　　查关于杨汝耀呈报李玑臣奸商丧良逃侨汇，恳请迅赐杨案押追洽领转发，以济侨民生活一案业经传集双方讯问明白。关于香港义顺源号仍结欠杨汝耀港币九千二百六十五元二角四分一节，已为双方所确认之事实，至杨汝耀义顺源号存款，李玑臣亦未有不照兑付之表示，现双方所争辩者为：（一）李玑臣是否仍须负责香港义顺源号事务；（二）杨汝耀义顺源存款，李玑臣应否负责清理二点。此外尚应讨论者为杨汝耀存款义顺源应否兑交，及如何兑交一点而已。关于（一）李玑臣是否仍须负责香港义顺源号事务，如已解除责任，则杨汝耀不能向其诉追，如未解除，则杨汝耀向其诉追自属正当。关于此点，据李玑臣称本人经于卅年五月廿日在香港召集股东会议，公决准予告退，另举朱公剑、朱公劲负责，有会议录抄底及在场股东朱昌焘（丙村大坪信柜转交屿溪）可询可证等语。惟查该会议录抄底所载该号股东会议虽允许其告退，惟店务倘有不明之处，仍须其随时帮忙办理，不得以告退推诿，而所举朱公剑、朱公劲系全权办理善后人，非继任总理职务。至卅年度账目仍应由原手作速清理，俱有缴案议决案可查可据。且李玑臣在港声明告退启事在《星岛日报》刊登后，义顺源号即登同报否认关于此点，李玑臣以为系因接办人恐负责太重，且恐影响义顺源号营业前途，故假借该号名义登报否认等语。但朱公剑、朱公劲如果真继任总理职务，何有恐负责过重之理，且该号果真继续负责有人，前任负责人声明告退何致影响营业前途。可见所提理由未见充分。李玑臣似应认为尚未解除义顺源号事务责任，据此论断杨汝耀诉追李玑臣似属正当。关于（二）杨汝耀义顺源存款李玑臣应否负责清理一点，李玑臣既未解除义顺源号事务责任，既如上一节所论断，则对于杨汝耀义顺源号存款自应负责清理，似属毫无疑义。现应讨论者为（三）杨汝耀存款义顺源号应否照兑及如何兑付？查杨汝耀存款无论寄存或汇驳□有无，嘱汇何处，义顺源号既未征得杨汝耀之同意用该号名义存入银行，以致不能提取，该号自应负责照兑，若未存入银行，该号更应照兑，因义顺（源）号本店未受焚掠损失也，且该款系属侨汇，当此侨胞家属将填沟壑之秋，为人道计，该号亦应照兑。惟该号经已暂时结束，且银行存款不能提取系属事实，若负责人即日全部照兑，恐力有不逮，似应由李玑臣负责分期兑付，即日先行兑付若干成交，杨汝耀转发侨属，以资救济而维信义。若日后该号不能全部兑付，应将实行结束以前账目交出债权人清算分摊，损失要求减成。香港战事系属不可抗力，杨汝耀应予准许，不得拒绝本案。拟并同王炯南控诉李玑臣侵吞侨汇案，定期召集三方协议调解，若调解不成移送法院办理，当否请示。

　　谨呈
县座李

职邓伯熙
卅一年十月十二日

49.《李世安县长批示》，1942 年 12 月 10 日，档号：1 - 6 - 154，第132 页。

　　已由潘君勉、林翊球调解中，可询明情形再定日期。如拟。

世安
10/12

50.《杨汝耀对本案之意见》，1942 年 12 月 4 日，档号：1 - 6 - 154，第133 页。

　　据李玑臣称："义顺源总理职务经已移交朱公剑、朱公劲负责。至义顺源在《星岛日报》刊登否认启事系因朱公剑因恐负责太重及影响该号营业前途"等语。此言决非确实，是否该号内部问题不得而知。本人根据《香岛日报》两次启事认为李玑臣决不能脱卸该号总理职务及其应负责任，或且有与该号股东串同侵吞之嫌。至论汇款如确已存入银行则请即交出杨汝耀户头之银行存折，以昭确实无讹。否则显有移架损失之举，且历两年来之结单上并无银行结息。可见并无将汇款存入银行之根据，该结存汇款港币九千余元，伸国币五万八千余元应由李玑臣本人负责兑交清楚，并请钧府早日拘押追办，以便转发侨属而维目前生活。

卅一年十二月四日

51.《李玑臣对本案解答》，1942 年 11 月 20 日，档号：1 – 6 – 154，第 134 – 135 页。

本人经于卅一年五月廿日在港召集股东会议，决准予告退义顺源总理职务，交由朱公剑、朱公劲负责处理。有会议录抄底及在场股东代表朱昌焘可询证。至义顺源隆记现在《星岛日报》刊载之否认启事系朱公剑因恐负责太重及影响义顺源隆记营业前途，故以义顺源名义登报否认，现义顺源隆记已暂行结束营业，杨汝耀款系汇交与义顺源转驳，惟未声明汇寄何处，经将该款用义顺源名义存安达银行，存原汇票或存现款已忘记。有存札可据该行尚存港币两万余元，该札于告退时交朱公剑接管。至杨汝耀提出义顺源卅一年六月十九日结存港币九千二百六十五元二角四分系属确实。至银行提款单七张，港币七百元并未收到，本年六月十九日结单并未列入可以证明。

李玑臣、李致超代表

录供纸

问：姓名、年龄、住址、职业、籍贯

姓名：杨锡生　年龄：二十八

问：诉杨汝耀枭吞侨汇之黎杨氏、杨叶氏、杨罗氏等何以今日未见到案呢？

答：彼等因农忙时候且为节省旅费起见，故未一齐到案，特派民代表一切。

问：你等亲属在三马林达埠于何时交有多少信款与杨成源号经理杨汝耀汇回原乡呢？

答：氏等亲属于去年十月间先后共交有国币四万零四百元与他汇寄。

问：该项汇款何以杨汝耀不照数兑交呢？

答：据说该汇款已汇寄香港义顺源隆记号经理李玑臣手转驳，现被李玑臣侵吞，故无法兑交等语。

问：杨汝耀所说该款已汇由李玑臣转驳一节是否实在呢？

答：据说有李玑臣之单据为凭，谅系实情。

问：你有何要求呢？

答：请勒令被告将汇款分别兑交以维侨眷生活。

杨锡生
卅一．十一．廿

52.《曾振生律师致邓伯熙函》，1943 年 1 月 8 日，档号：1 - 6 - 154，第 136 页。

伯熙科长我兄大鉴：

敝当事人李玑臣先生与杨汝耀等侨款纠纷案现已顺利解决，前由李志（致）超先生呈交贵科之会议录稿，希发还查阅是荷。专此并候，晨安。

弟曾振生启

中华民国卅二年一月八日

53.《曾振生律师致邓伯熙函》，1942 年 12 月 4 日，档号：1 - 6 - 154，第 137 页。

兹有敝当事人李机臣之子志（致）超前来晋谒，希予延见是幸。

此致

伯熙科长

弟曾振生存

中华民国卅一年十二月四日

54.《呈据乡民黎杨氏、杨叶氏、杨罗氏等传集杨汝耀勒令兑交侨款四万零四百元一案请核示遵由》，1942 年 10 月 14 日，档号：1 - 6 - 154，第 138 页。

梅县南蓬径乡公所呈　字第 56 号　中华民国三十一年十月十四日

现据黎杨氏、杨叶氏、杨罗氏、黄裕珍、杨祥妹、黎杨氏、杨锡生、杨箕英、杨志伟、张李氏、杨吴氏、杨其然等十二人联呈投称："为投诉事：氏夫黎远明素业水客，经营南洋荷属一带侨胞信款。氏子杨我华、杨允谦等经商荷属三马林达埠有年，曾于去年十月间先后由同埠杨成源号总理杨汝耀处汇寄信款各一宗，总共数目国币四万零四百元，细数另单附陈。信到日久，信款迄无收到，数十家侨胞家属接济中断，窘苦难言。乃杨成源号总理杨汝耀于本年二月间返抵乡里间，氏等当时即分别向之讨取，他竟多方推宕，借称款存香港，提取不足，须俟再度回港提取，归来当可照付等词，延宕不交。及后杨汝耀果于端节前赴港，氏等只得忍耐等候，不意杨汝耀又于本月初归来之日又复一再推宕，仍谓款未提得，拒不照交。查此项侨款，为氏等数十家户生活所仰赖，尤以氏夫黎远明二万

053

元，其中概系多数侨胞寄回维持家庭之款，计算亦复数十户零碎，普遍影响尤众。在此侨汇断绝、物价高腾之日，此款设又遭拒兑，氏等势将尽成饿殍。查政府维护侨胞不遗余力，对于侨胞汇款报章所载极力维持，除分呈梅县县长勒令照交外，为此开具汇款清单联呈投诉，恳请钧所传集杨汝耀到所，勒令将氏等侨汇共四万零四百元照额分别兑交氏等收领，以维侨眷生活而救涸辙，实为德便"等情。据此，事关侨胞汇款，据呈前情，理合备文转呈钧长察核示遵，实为公便。

谨呈

梅县县长李

南蓬径乡长杨学敏

55.《李世安县长批示》，1942 年 11 月 26 日，档号：1 - 6 - 154，第 138 页。

并案办理。

十一．廿六

56.《呈为奸商丧良卷逃侨汇恳请迅赐拘案押追给领转发以救侨民生活由》，1942 年 10 月 22 日，档号：1 - 6 - 154，第 139 页。

附件：附呈证件二份

为奸商丧良，卷逃侨汇，恳请迅赐拘案押追给领转发，以救侨民生活事：窃商素在南洋荷属三马林达埠开设杨成源号经营商务，兼营国内汇兑。于香港方面向委义顺源隆记总理李玑臣为代理人，历久无异。不料去年十二月八日太平洋战事爆发，李玑臣忽生异心，将商经汇侨胞信款计港币九千二百六十五元二角四分，又银行提款单七张，港币七百元延付，时商由南洋归抵香港，面讨多次，奸商李玑臣延宕手段多端。初则谓尊款寄存东亚银行保险箱，俟取回交付，继则谓保险箱无法取出，一俟取出当即如数照付，决不失信，时香港当局封锁银行，所有保险箱不能提取诚属事实。商所领侨汇既已寄存保险箱，自是无可如何，乃只得逃难回乡，静待消息，抵家之日，所有侨汇家属前来提款，均以此情安置，劝以静待解决，本年夏间商接港方函称银行保险箱已照旧开放，商乃赶程赴港，向李玑臣将款提回，殊李玑臣蓄意吞没，甘言拖宕，仅交付港币一千元，聊为应付，推诿手段不一而足，最后李玑臣竟乘商不及提防之日，将此侨款卷逃，买货归家，在报端狡登卸去义顺源隆记责任启事。而越日义顺源隆记又在报端驳斥，诡计百出，无非愈益暴露其卷逃侨汇之事实，商以手续关系，值此之时，侨款关系侨民生活严重至极，万难任彼奸商卷逃吞没。只得复又跟踪赶回，于本十月二日抵里，而汇款侨属临门追索，纷至沓来，无从应付。兹查得李玑臣躲藏原籍平石乡阴那山，将此侨款广置田宅，奸商丧尽天良，欺侮侨商良懦，吞款自肥，侨胞绝粟情形凄绝，急待救济。素仰钧长爱护侨胞，夙著盛誉，为此披沥情形，恳请迅赐将奸商李玑臣一名拘拿到案，将商经领侨汇各款，计港币九千二百六十五元二角四分，依当时汇率伸国币五万八千六百四十元七角六分。又银行提款单七张，港币七百元，一并扫数押追给领，以凭转发侨属，以救侨眷生活，实沾再生之德。

　　谨呈
梅县县长李
　　附呈证件二份

具呈人：杨汝耀　年卅三岁
原籍：本县南蓬径乡
住址：本城凌风东路集益庄
中华民国三十一年十月二十二日

57.《李世安县长批示》，1942 年 11 月 26 日，档号：1－6－154，第 139 页。

　　并案办理。

十一．廿六

58.《为诬诉卷逃恳请将案移送法院核办由》，1942 年 11 月 30 日，档号：1－6－154，第 141－142 页。

　　为诬诉卷逃，恳请将案卷移送法院核办事：窃民原系香港义顺源隆记经理，有杨汝耀者，委托敝号代为收贮银钱，听信指示汇往各处事宜已经数载。去年杨君先后委托代汇款项，计仍存九千余元未得其来信或电报汇往何处，该款即存于安达银行。适香港失陷，敌人限制提款，致未能将款取回。民复以年老多病辞去经理职务，还乡休养，乃该杨汝耀竟捏词向钧局诬诉，查该款确存安达银行，尽可函嘱当地商会查询。而义顺源现仍在港开设，负责有人。兹被诬诉，本应依期到案，惟因年老步履维艰，理合具呈钧长，请将该案移送法院核办，实沾德便。

　　谨呈

梅县警察局长叶

　　　　　　　　　　　　　　　　　　具呈人李玑臣
　　　　　　　　　　　　　　　　　　担保商号：威记号书柬
　　　　　　　　　　　　　　　　　　中华民国三十一年十一月三十日

59.《呈为案经呈诉久悬待决恳请迅行查案究办以维侨民生活由》，1942年11月23日，档号：1－6－154，第143－144页。

　　为案经呈诉久悬待决，恳请迅行查案究办以维侨民生活事：窃商向在南洋荷属三马林达埠经商，开设杨成源号经营汇兑。当太平洋战前经领侨胞信款计港币九千二百六十五元二角四分，伸国币五万八千六百四十元七角六分，为香港义顺源隆记总理李玑臣卷逃，归家在原籍县属平石乡阴那山广置田宅，以已卸去义顺源隆记责任之报端启事为狡辩之张本，屡讨无着，置诸度外，而商则冒艰险辛苦奔逐香港途中，一无结果。今次重行跟踪赶回乡间，汇款侨胞家属临门追索，无从应付，曾经于本十月二十二日将情呈诉钧府，恳请迅赐将该奸商李玑臣一名拘案押追，给领转发，以救侨眷有案。现越时日久，汇款侨胞家属悬望此项侨款，以解救当前之凄凉生活，有如望岁一二十户侨眷家属无间昼夜，追索迫切。商寝食难安，离乡来县，期待解救亦有时日。伏乞钧长俯念此项侨款影响侨胞家属生活至重且大，勿容李玑臣逍遥法外，以救急之侨款作肥己之安享，迅行查案，将该李玑臣一名拘府，将商经领侨款如数押追，给领办理，实沾德便。

　　谨呈

梅县县长李

　　　　　　　　　　　　　　　　　　具呈人杨汝耀
　　　　　　　　　　　　　　　原籍南蓬径乡　现寓本城凌风东路集益庄
　　　　　　　　　　　　　　　　　　中华民国三十一年十一月二十三日

60.《邓伯熙拟具意见》，1942 年 11 月 26 日，档号：1 - 6 - 154，第 143 页。

并案办理。

十一．廿六

61.《义顺源隆记结单》，1942 年 6 月 19 日，档号：1 - 6 - 154，第 144 页。

共去国币二万八千六百元，港纸七千九百三十八元二角六分。抵除外，仍来港纸九千二百六十五元二角四分。

杨成源大宝号台照

卅一年六月十九号
义顺源隆记（印）结单

62.《附抄李玑臣刊于香港〈香岛日报〉之启事全文》，1942 年 7 月 15 日，档号：1 - 6 - 154，第 145 页。

附抄李玑臣刊于香港《香岛日报》之启事全文（见中华民国三十一年七月十五日该报）：弟前任义顺源隆记总理，今因年老，经由股东会议议决，允许告退。业将店中一切事务交与接收人收理清楚，即日离港返乡，行期匆匆，亲友诸君未及奉告，谨此布达。

李玑臣谨启

63.《附抄义顺源隆记刊于香港〈香岛日报〉之启事全文》，1942 年 7 月 22 日，档号：1 - 6 - 154，第 145 页。

附抄义顺源隆记刊于香港《香岛日报》之启事全文（见中华民国三十一年七月二十二日该报）：敝号总理李玑臣登报，谓因年老告退回乡，借此卸离敝号一切职责，事前并未获邀各股东同意允许及批准。此次李君离港乃其个人私事，至于敝号事务仍须负责，但其个人向外借尺镠镈等情事则与敝号无涉，特此声明。

义顺源隆记启

64.《附抄义顺源隆记结单乙份》，具体时间不详，档号：1－6－154，第146页。

十一月九日结单抵外，仍来国币二万二千八百六十三元八角八分，港币一万二千九百八十九元二角五分。

十一月十八号收中国一拾三柱来一千三百四十元一角七分，十一月十号支汝耀兄去纸一千元。

廿四号收中国四柱来四百元，又支符孙彬、陈德馨买储券千元、国币千元共二千元。

又收中国来国币三百元，又支陈廷积、陈廷佐买储券一千元、国币一千元共二千元。

廿七号收四三中国来汝耀、廖英、刘英二十柱，六千八百一十六元零二分，十二号支陈国华去国币二千元。

十二月十号收中国四柱来六百三十元一角四分，十五号支魏同、魏华买储券去国币六百元。

三十年六月十九号来国币二千一百六十三元四角九分，又支魏承、魏松买储券去国币一千元。

连上共来国币二万八千六百元、港币一万七千二百元零三元五角。

又支魏杨、魏兴买储券去国币八千元，又支魏成、魏锦买储券去国币三千元。

又支魏耀、魏庭买储券去国币二千元，又支魏椿、魏枝买储券去国币二千元。

十七号支汇维、铍国币七百九十元、一百元，又支刊图章□去六毛。

十八号支代印花、车力去一元九角。

廿号支汝耀兄去纸一千元。

廿四号支代印花、车力去七毛。

又支汝耀兄国币三千元，又支汝耀兄去纸三千元。

廿七号支代印花、车力去二拾二元。

十二月一号支蔡金、蔡福买储券去国币六千元。

十号支代印花、车力去六毛。

十一号支拍电报去纸二十元八角。

三一十年①元月九号支汝诗去纸八百元。

十三号支汝耀去纸一百八十元。

---

① 原文如此，应为三十一年。

十六号支汝耀去纸八千元。

六月一六十号①支汝耀去八十八元、一十六元四角三分，共纸七十一元四角三分。

十七号支汝耀去纸一百四十元，又支汝耀去纸四百一十八元二角。

十九号支汝耀去纸一千元。

又支国币五千四百三十六元一角二分，申纸一点五八寸，八百五十八元九角一分。

65.《旅泰归侨熊瑞粦控告林同德延交侨汇无法交批报请主持正义以救侨属》，1945 年 2 月 1 日，档号：1 - 5 - 52，第 60 - 65 页。

为林同德延交侨汇，无法交批，叩恳主持正义以救侨属而平群愤事：切侨弟文海于去岁由泰返国带回熊常兴本号接收之侨汇二百余万元，清发后遄还泰京。道经东兴，始悉店东熊均灵曾由邮汇局驳回第三批侨汇五十万元交梅县林同德转交桥弟文海领发，当即托友人刘芹秀水客带回亲笔手札乙本，委托侨民向林同德具领转发。殊该款驳至林同德后，该号竟敢百般为难，不交不退，迭经交涉，时经两月有余，迄无结果（经过详情业在报端公布恭剪附呈）。现值国难年荒，交通梗阻，无数侨属待哺至殷，款到无交，群情悲愤。素仰钧台赋性正直，爱护华侨，叩恳主持正义，将故意留难侨汇之林同德当事人林挺芳给予相当制裁而平群愤，借儆将来，以利侨汇，无任沾感。

　　谨呈
梅县县党部书记长黄
　　附呈告社会人士书乙份

旅泰归国华侨熊维汉、熊瑞粦
中华民国卅四年二月一日
梅县中华体育会印
住址：暂寓梅县大康路中华体育会

---

①　原文如此，疑为六月一十六号。

二　民国时期书籍相关水客史料

（一）《南洋华侨与闽粤社会》（节选）

（丑）汇款的方法：批信局或批馆是华侨汇款回国最重要的机关，这种制度可以简述如下：四五十年前华侨往往托亲戚或朋友于返国之便带些银钱回家，后来有些人以为这是有利可图，便以汇寄银钱为职业，他们专为旅外侨商寄钱回国，取一笔手续费，这些人同时做些生意，把国货运往南洋去卖，或把南洋土货运回国内销售，他们就叫"水客"，有时或称南洋客。

因为往南洋的人渐多起来，经理汇款渐渐变成有钱可赚的职业，于是批信局（批馆）就产生了。批馆大致是钱庄的一部分，其金融的周转及信用胜于寻常水客。大概言之，一个大规模的批馆有总馆及分馆，总馆设于南洋，分馆设在汕头或厦门，或其他市镇，大概是华侨家乡的相近地点。华侨汇款的手续大致如下：汇款者如在马来亚先到星加坡某批馆，缴款，批馆即将款折成华币，一面付给汇款者收据一纸，汇款者留下家信一封（如不识字，可请批馆代笔），信内叙述家事并声明汇款，封面上批明汇款数目，所以俗称"批款"。此信背面贴有长二寸宽一寸之薄白纸信封，外印有该批馆图章及批信号码，此小信封内备有三寸宽五寸长之白纸一张，预备收款人写回信之用。批信到了汕头，入该批馆的分馆，由该分馆着人分送，此人俗称"派批"。汇款者在星加坡，汇款时，批馆即时登记此人姓名、住址、职业及故乡的住址，并将此编号入簿，批馆即把副张送到汕头的分馆，以便"派批"对号送款。收款人接款后，即将小信封写回信一封（如不识字，由"派批"代笔），此信在批馆视为收据，在南洋汇款人视为回信，俗称"回批"。回批仍由星加坡批馆对号送给汇款人，同时取回汇款时所付的收据。

（陈达：《南洋华侨与闽粤社会》，上海：商务印书馆，1938 年，第 87–88 页）

（二）《梅县要览》（节选）

梅县出洋水客名录

荷属爪哇

姓名	籍贯	通讯处
丘明生	西洋①	白宫市裕明堂
丘载明	西洋	西洋昌兴隆
丘菊兴	西洋	西洋昌兴隆
王显辉	隆文	隆文王连昌
古达南	东厢	东湖路永昌号
古伟新	松口	松口胜兴号
古汉军	松口	松口松江旅店
朱任良	西厢	中山路方泰昌
朱孟长	西厢	中山路方泰昌
朱禄记	丙村	大康路梅东旅舍
池占元	西厢	凌风西路长兴堂
巫新增	嵩山	嵩山邮政信柜
李日盛	西洋	西洋白宫市三善堂中山路丰昌泰
李昇如	丙村	丙村谢永盛
李仁初	西阳	凌风东路广和昌
李炽昌	西洋	西洋宏记
李问波	西厢	中山横路余友方
李桂兰	松口	松口大街李万大
李葆记	锦洲	丙村同利号
李涛记	丙村	丙村广丰源
李顺	丙村	丙村李东华
李巨举	扶贵	凌风西路仁根药房

① 西洋，文献中亦作西阳。

姓名	籍贯	通讯处
李子俊	隆文	松口警察所
李繁奎	折洋	中山路华丰号
李浪游	雁洋	雁洋邮局
李正武	同上	松口下大街李同昌
李润群	同上	松口下大街李同昌
李肩我	同上	松口大街新生
李德君	同上	松口公平街李永贞
李伟棠	同上	松口公平街李永贞
李贽察	雁洋	雁洋顺记
李镜如	西洋	白宫市李寓
何宗祥	雁洋	雁洋平石济安堂
吴寿如	水南	凌凤东路吴标记
吴伟涛	畲坑	畲坑永丰协
余傅文	西厢	西厢中山横路余有方
余伟棠	松口	松口大街余荣茂
沈青元	尧唐①	松口大街沈成茂
林傅如	西厢	凌凤西路吴宏丰
余月新	松口	松口盐厂街丽源旅店
房介如	梅屏	凌凤东路房宝兴
辛焕文	径心	中山路余有方
侯伯文	水南	十字街福全堂
侯潘凤	水南	十字街福全堂
侯赵舜	同上	十字街福全堂
侯恩元	东厢	东湖路南泰
姚亚丁	同上	上市更楼下徐屋
梁伟平	松口	松口松江旅店
梁叔均	白土	凌凤东路谢庆昌

① 尧唐，即尧塘，今饶唐。

姓名	籍贯	通讯处
梁选青	松口	松口松江旅店
梁祐祥	白土	凌风东路大同旅店
梁伯超	同上	市巷内梁诏初寓
梁汝栋	松口	松口松江旅店
梁介我	同上	松口梁广昌
梁雁秋	白土	凌风东路大同旅店
梁秋帆	西街	上市黄泥墩司马第
梁达明	松口	松口梁广昌
陈双桂	西厢	井头街利华
陈汝诰	松口	松口南华皂厂
陈威良	松口	松口松江旅店
陈训秀	丙村	丙村福兰号
陈思章	松口	松口大直街陈吉祥香店
陈宏新	西阳	西阳彩华庄
陈裕锦	西街	短街口裕春席馆
徐接元	西厢	中山路丰方泰
徐汉宏	西厢	中山路丰方泰
徐国光	水车	水车永义兴
徐彬荣	畲坑	畲坑永茂源
徐岳峰	西街	中华路日升号
张锡荣	罗衣	马石下柳桥医务所
张（陈）献云	西街	马石下柳桥医务所
张益傅	桃源	松口全球旅店
张海如	东厢	凌风东路张谦如
张耀英	同上	下市天愈振
张益君	扶贵	上市晋昌隆

姓名	籍贯	通讯处
张卓云	西街	马石下柳桥医务所
张建初	西街	马石下柳桥医务所
张权达	桃源	尧塘麻子坝公利号
张锡二	东街	大康路张万通
张森记	石扇	石扇银市仁德堂
张春汉	尧唐	松口金谷街广裕公司
张富曾	同上	松口金谷街广裕公司
张正先	同上	松口金谷街广裕公司
张华三	桃源	松口皇华旅店
张建南	扶贵	大康路裕隆昌
黄毓鲲	西街	黄泥墩醉经楼
黄少南	荷田	中山路黄嘉兴
黄学章	西洋	西洋黄泰来
黄秉坤	桃源	尧唐麻子坝发昌
黄光昭	松口	松口松江旅店
黄可璇	水南	凌风东路程江源
黄则君	嵩山	嵩山邮政信柜
黄祥兴	水车	中山路同春堂
黄喜良	西洋	西洋庆华学校
黄凯		凌风东路岭东旅店
黄木华	西洋	西洋黄泰来
黄缉符	西街	中华路黄宏记
黄可宏	松口	松口大直街裕成
黄荣发	畲坑	中山路同春堂
黄熙源	畲坑	中山路同春堂
黄海泉	水南	下市延春堂

姓名	籍贯	通讯处
黄庆祥	桃源	尧唐麻子坝谦辉医局
黄伟泉	隆文	隆文中和堂
章文秀	石扇	大康路梅东旅店
许远翘	松口	松口松江旅店
郭贵民	梅屏	梅东旅店
曾竹轩	同上	凌风东路陈义丰
曾耀廷	东厢	凌风东路谢庆昌
温锦秀	石坑	中山横路余有方
温一鸥	松口	松口建新公司
温泉华	丙村	丙村温捷泰
温宏华	同上	丙村温恒吉
汤宜敬	隆文	东湖旅店
邹金华	西厢	中华路嘉合兴
邹寿君	同上	中华路嘉合兴
邹耀棠	长滩	中华路嘉合兴
邹炳垣	西街	短街裕春席馆
叶淑馀	水南	凌风东路义隆昌
叶序生	梅屏	大康路梅东
叶搏九	梅屏	悦来圩广兴号
叶炳书	水南	凌风东路义隆昌
杨士岳	雁洋	松口松江旅店
杨佑我	松口	松口松江旅店
杨蕴记	丙村	丙村杨钦记
杨贵铎	半径	松口金谷街杨集成
熊启明	白土	凌风东路德太兴
熊逸凡	白土	凌风东路德太兴

（续上表）

姓名	籍贯	通讯处
廖步云	丙村	丙村廖对记
廖炜良	丙村	丙村廖公和
廖雨航	松口	松口松江旅店
廖一新	同上	松口松江旅店
廖沐我	同上	松口松江旅店
黎若云	同上	松口公平街李永贞
黎心文	蓬辣	蓬辣邮政信柜
潘森福	南口	中山横路余有方
潘金兴	长滩	凌风东路利中源
潘开发	南口	南口禄昌号
潘荣昌	南口	凌风东路利中源
欧阳国荣	扶贵	凌风东路九兴锅厂
刘益君	畲坑	中山路盛记号
刘纪明	西街	中华南路和昌煌
谢道生	丙村	丙村东兴路朴庐
谢仁祥	东厢	东湖路南泰
谢福祥	同上	东湖路南泰
谢克诚	西街	中山街信隆
谢记昌	丙村	丙村东兴街朴庐
谢锡华	白渡	白渡圩谢协丰
钟玉珍	东厢	社甸背琪安堂
钟全胜	东厢	东湖路顺利金
钟欣贵	白渡	中山路丰昌泰
钟立民	梅嵩	梅嵩正德学校
钟玉盛	折洋	中山路李南兴
钟荣盛	东厢	凌风东路张宏记

跨国金融与侨乡变迁：民国时期华南地区水客史料汇编

姓名	籍贯	通讯处
饶岫环	松口	松口大街吴顺成
萧志皇	石扇	大康路梅东旅社
侯心梅	水南	凌风东路吴增记
侯炳权	水南	凌风东路吴增记
潘雁南	西街	凌风西路新人书店
杨景盛	雁洋	松口金谷街杨集成
古觉新	松口	松口大街俊安
杨新棠	东街	嘉应路杨双泰兴记
陈锦达	西街	短街口陈宝泉
梁金华	松口	松口大直街恒丰号
梁时达	同上	松口大直街恒丰号
李南通	西洋	西洋黄泰来
朱辉君	畲坑	畲坑河唇口新利兴
温德我	松口	松口金谷街温永泰
廖孟儒	同上	松口金谷街廖泰昌
谢炳凤	丙村	西门路美最时
谢炽升	同上	丙村谢永盛
张蕴徐	东街	下市广福隆
李恭和	松口	松口大街李广生
丘日运	西阳	西阳丘宜昌
伍樏材	松口	松口赖隆泰
李龙真	丙村	丙村大胜街
李苏冉	松口	松口梁同仁五拾二号
李丙元	长滩	社甸背李森合
李志	扶贵	井头街仁根药房
李霖华	隆文	大康路卫生饮冰室

姓名	籍贯	通讯处
李德盛	隆文	隆文中山街全丰
何蕴石	雁洋	丙村公昌
利亮达	泗都	泗都罗仁记
利志平	同上	凌风东路大同旅店
利仲宏	同上	凌风东路岭东旅社
利志达	同上	凌风东路岭东旅社
吴晋文	龙文	官塘圩钟源兴
沈三记	白土	中山路丰昌泰
林木兴	扶贵	中山路集昌号
林锦元	扶贵	中山路谢信隆号
周珂	泗都	泗都车坑周宅
周志君	泗都	南口天吉祥
胡岳华	罗衣	新塘圩长寿药房
侯明经	水南	中华路宝延义
侯月波	水南	中山路宝延焕
侯士杰	水南	凌风东路新世界书店
侯友伯	白土	凌风东路程公祠
陈友伯姆	白土	凌风东路程公祠
陈和香	锦屏	中山路陈富源
陈松记	白土	中山路丰昌泰
陈伟南	锦屏	中山路万丰米店
梁炯章	白土	凌风东路谢庆昌
梁桓章	白土	凌风东路谢庆昌
张辉祥	水南	凌风东路饶振兴
张竹春	长滩	中华路崇丰泰
张云舞	东厢	大康路远香斋

姓名	籍贯	通讯处
张泉	瑶上	瑶上新圩时和泰
黄梅秀	荷田	中华路杨源隆
黄日荣	同上	中华路杨源隆
黄利生	同上	荷田大岭圩龙昌号
黄余三	水南	凌风东路谢庆昌
黄治民	龙文	凌风东路大同旅店
黄耀清	荷田	中山街黄嘉兴
黄焕南	隆文	松口火船头广恒丰
温潆良	南口	南口裕生堂
温卓云	南口	南口裕生堂
曾振梅	太竹	水浪口调生堂
邹干良	长滩	西区菜市寄庐
杨均南	东厢	大康路杨永兴
叶雨汀	水南	凌风东路天愈堂
叶顺昌	同上	凌风东路义隆昌
廖竹轩	东厢	凌风东路林德丰
管思源	泗都	猪条街鉴古斋
刘经纶	西厢	马石下陈永泰
刘发秀	畲坑	畲坑刘庆记
刘环秀	畲坑	畲坑刘庆记
赖水云	泗都	中山横路余有方
谢谨文	西街	社甸背谢乾丰
谢礼和	丙村	丙村义和隆
谢杞元	白土	凌风东路谢庆昌
谢元记	水南	凌风东路谢庆昌
钟紫庭	白土	西门内钟家祠光英画相店

（续上表）

姓名	籍贯	通讯处
萧李康	龙文	井头街万可成
罗进满	龙文	水车罗宅
罗匡环	榄潭	畲坑信可成
曾干良	西厢	中山路曾长和
吴鸿文	龙文	宫塘圩吴荣泰
侯玉波	水南	中华路鸿泰茶庄
侯耀达	同上	凌风东路义隆昌
李学文	隆文	凌风东路岭东旅社
张曹书		
陈绍柬	白土	中山街黄安合
刘逸凡	西厢	中山路杨元新

马来亚（星加坡各埠）

姓名	籍贯	通讯处
卜炳南	畲坑	畲坑太平堂
王碧泉	松源	松口全球旅店
王汉三	隆文	隆文王联昌
王汉四	隆文	隆文王联昌
王锡坚	松源	松源隆合兴
丘汉英	瑶上	城内启轮公司
丘保六	白渡	东湖路留日同学会
丘日运	西洋	白宫怡昌号
古锡良	西厢	中山路陈富源
古执坚	古洲	十字街萧茂源
李懋昌	西街	中山路李南兴

姓名	籍贯	通讯处
李湘仁		中山路李兰馨
李安记	隆文	隆文广茂号
李仁	石坑	中山路李兰馨
李开记	李坑	中山横路余有方
李金开	松口	
李助善	隆文	隆文圩全丰号
李可君	松口	松口李馨兰
李伯浩	松口	松口胜和水厂
利建侯	泗都	凌风东路大同旅店
李星记	松口	松口李馨兰
利志	泗都	凌风东路利中源
何荣喜	锦屏	中华路万茂隆
吴文轩	嵩山	嵩山时和茂
吴鼎昌	畲坑	畲坑永丰协
林宣永	东街	凌风东路驿前林屋
周汉铭	泗都	中山横路周公馆
陈俊祥	南口	南口广太兴
梁淡华	白土	凌风东路大同旅店
梁钦华	龙文	中华路桢记
梁连喜	白土	三角市梁恒裕太同旅店
张叔明	东街	下市冈子上公昌号
张多馆	白土	凌风东路广顺昌
张伯寿	大平	中华路张大有
黄泉舜	扶贵	中山路黄嘉兴
黄季岳	瑶上	南口圩黄和昌
程金祥	西厢	大康路李尧初寓

姓名	籍贯	通讯处
温伯文	白土	大康路李尧初寓
温党华	丙村	
曾炎西	西厢	中山横路余有方
叶连喜	畲坑	凌风东路大同旅社
邹天彩	长滩	西区菜市寄庐邹寓
杨接祥	龙文	官塘圩幸耀记
邓德燊	长滩	中华路邓记合
邓火秀	瑶上	中华路邓通庄
熊玉荪	白土	凌风东路德大兴
熊海华	河田	大和圩龙昌庆
熊荣南	白土	凌风东路德大兴
潘松	南口	凌风东路利中源
刘秀石	东厢	南口黄恩辉律师事务所
刘卓民	畲坑	畲坑刘振源
刘南盛	同上	畲坑刘振源
刘运添	同上	畲坑刘振源
谢绍南	丙村	凌风东路程江旅店
谢宋文	同上	丙村恒吉号
谢遇春	南口	凌风东路华南
钟成德	嵩山	嵩山邮政信柜
萧添盛	石扇	大康路梅东旅社
黄春梅	河田	大和圩龙廖昌
李其新	隆文	隆文裕和南记
梁玉怀	扶贵	中华路德安堂
李云海	畲坑	
宋道恩	同上	大康路张德盛

（续上表）

姓名	籍贯	通讯处
宋道明	同上	大康路张德盛
陈卓明	同上	畲坑下街陈广裕
陈炳和	同上	畲坑下街陈广裕
卜安华	同上	畲坑大街务本堂
张鸿盛	丙村	丙村张昆昌
张景光	东街	大康路永源号
陈润怀	畲坑	畲坑下街陈广裕
陈炳传	同上	畲坑下街陈广裕
廖荣轩	丙村	丙村盛孚泰
潘君水	长滩	中华南路连祥丰

荷属苏门答腊（日里）

姓名	籍贯	通讯处
古宽	丙村	丙村古同昌
朱桂庭	西街	长巷内朱宅
巫伟良	折扬	社甸背泰昌源
李亚恩	东厢下	中山横路张万丰
李炳华	折扬	中山路张联兴
李桂林	丙村	丙村李有记
李贻君	松口	松口公平街李永贞
李新华	丙村	丙村李德容
徐广晏	西街	中山路丰昌泰
梁淡文	白土	西门路杨丰源
梁职昌	白土	中华路甜香斋
高职昌	石扇	大康路梅东旅社
张曾四	白土	中华路晋昌隆

姓名	籍贯	通讯处
张弼君	饶唐	
张东梅	同上	
章钦泉	折扬	中山街张联兴
彭有生	西街	中山横路余有方
曾昭献	东厢下	凌风东路复昌盛
温远	丙村	
邓远声	同上	丙村曹福兰号
熊钦粦	东厢	中山路陈胜芳
熊策芳	同上	中山路萧茂源
赖达泉	扶贵	中山路集昌号
黄汉辉	南门街	南门黄思辉律师事务所
黄爱群	同上	中山横路余有方
谢绍宣	丙村	丙村宝万兴
谢火盛	同上	丙村永盛号
谢海盛	同上	凌风东路嘉应旅社
谢雨金	西厢	社甸背谢金昌
谢惠初	松口	松口谢同利
萧潘荣	石扇	梅东大旅社
蓝成柱	西街	中华路德记公司
饶侦记	松口	
李汝仁	松口	松口皇华旅店
谢耀昌	西厢	社甸背谢金昌纸料店

马来亚（星加坡各埠）

姓名	籍贯	通讯处
古柏青	东街	杨桃墩古亿（忆）利
古康礼	西厢	十子街萧茂源
古杰夫	梅屏	十字街萧茂源
池兴舜	西厢	中华路和丰
林清泉	锦屏	中华路陈富源
林桂泗	同上	中华路万茂隆
侯信卿	水南	中山路福全堂
侯镜波	同上	中山路福全堂
侯楷方	水南	中山路盛记
侯兰君	西街	十甲尾岁荐侯宅
侯权新	西街	中华南路博济堂
侯祝琴	同上	三角市保元堂
侯淦	水南	三角市源和茶烟庄
徐汉麒	同上	中山丰昌泰
徐广泰	西厢	中山丰昌泰
陈文堂	大竹	中山路陈富源
梁新华	西街	中山路萧茂源
梁秉藻	水南	凌风西路绍兴隆
张玉生	丙村	丙村振发号
彭水发	西街	中山路彭广安
彭子兰	同上	中山路彭广安
彭心如	同上	中山横路彭宅
温公甫	丙村	丙村下街巽记
邓伯昌	西厢	中山路邓通旺
谢宗文	丙村	丙村恒益
蓝元方	同上	丙村万来中华路德记公司

荷属坤甸

姓名	籍贯	通讯处
古满记	丙村	丙村古海隆
李伯南	松口	松口松江旅店
陈森四	扶贵	中山路陈富源
翁绍其	长滩	中山路翁绍其寓
翁绍南	同上	中山路翁绍其寓
张岳秋	东街	中山路陈富源
张伟良	丙村	丙村张昆昌
翁增寿	长滩	中山路翁联兴
许德卿	松口	松口皇华旅店
温选衡	丙村	丙村温裕和
赖益明	松口	松口赖隆泰
赖德君	松口	松口赖隆泰
廖寿昌	大立	水车墟廖维记
廖仲衍	东厢	大康路大和堂
刘锦荃	水南	凌风西路绍兴隆
蔡任宏	白渡	
卢均延	白渡	
钟果山	嵩山	东湖路东湖旅店

加里吉打

姓名	籍贯	通讯处
陈兰荪	西街	凌风西路陈金胜
徐亮民	西阳	大康路大康酒楼
黄汉堂	长滩	凌风东路黄信合
刘达宏	水南	凌风西路绍兴隆
刘鸿生	同上	凌风东路嘉裕店
刘福舜	同上	凌风东路原兴昌
钟典清	丙村	丙村集大
钟庆三	水南	凌风东路吴标记
钟淦记	丙村	丙村集大
钟铭	丙村	丙村集大

孟加锡

姓名	籍贯	通讯处
朱莲生	扶贵	中华南路蔡詹记
李文中	丙村	丙村利兴金店
陈国轩	扶贵	中山路陈富源
张通祥	西厢	中山路张嘉源
黄秀文	隆文	松口大街李昌源
许远翘	松口	松口钟生记
黎远香	雁洋	松口中营街黎远香
黎远明	同上	松口大街华丰
潘荣昌	南口	南口南通公司
卢志熙	松口	松口松江旅店

帝汶历唎

姓名	籍贯	通讯处
梁善禹	松口	松口松江旅店
黄鹤松	嵩山	嵩山邮政信柜
杨逸秋	雁洋	松口松江旅店
黎祥熙	同上	蓬辣邮政信柜
黎锡澄	同上	蓬辣邮政信柜
黎守城	同上	松口李广和
黍京华	同上	蓬辣邮政信柜
钟聘君	丙村	丙村大新街钟协昌
谢水华	雁洋	丙村谢永盛
谢子康	雁洋	丙村谢新发
古福君	松口	松口新街俊安号
黎守管	雁洋	松口李广和

文岛

姓名	籍贯	通讯处
李信才	隆文	隆文万安堂
李镜甫	梅城	凌凤西路新中华

（续上表）

姓名	籍贯	通讯处
李尧昭	梅城	凌风西路新中华
陈炳新	松源	松口松江旅店
黄元穗	白渡	马石下梅松新
曾广浩	西厢	中华路曾琼兴
曾志青	同上	中华路曾琼兴
曾广达	同上	中华路曾琼兴
萧星五	东街	中山路振泰祥

毛里西亚

姓名	籍贯	通讯处
王渊盛	水南	凌风东路王仁记
丘文彬	西阳	中山路林同德
江惠曾	长沙	长沙圩江信兴
林幸三	西阳	中山路林同德
林少新	丙村	中山路林同德
叶敬民	罗衣	凌风东路粤东旅店
黎连芳	东街	凌风东路华南旅店
邓锦舜	东厢	凌风东路华南旅店

勿里洞

姓名	籍贯	通讯处
林海喜	西厢	凌风西路吴宏丰
梁汉元	乌廖沙	中山横路源兴脚车店
梁德舜	同上	凌风东路新源兴
邹树生	石扇	东湖路杨仁合

安南

姓名	籍贯	通讯处
李胪初	扶贵	凌风西路仁根药房
杨耀基	水南	凌风东路潮梅公司

（续上表）

姓名	籍贯	通讯处
汤彩明	大竹	拔俊巷汤家祠
廖琼	同上	凌风东路吴标记

布旺

姓名	籍贯	通讯处
曾绍贤	东厢	中山路中南药房

（谢复生：《梅县要览》，梅县：新中华书局，1941年，第87-121页）

（三）《广东金融》（节选）

第四　广东金融计划之实施

（三）积极吸收侨汇

1. 省银行便利侨汇之措施

本省民众侨居海外各地从事工商业者，为数甚多，年内汇款归国，不下数万万元，裨益国计民生，实非浅鲜。际兹抗战时期，此项华侨汇款，足以充实外汇基金，平衡国际收支，增厚国家经济力量，其关系抗战前途，至重且大。吸收侨汇为中央重要政策，亦为省银行主要业务之一，年来对于增收侨汇，便利侨胞之一切措施，无不悉力以赴。兹将积极吸收侨汇各项措施分述如下：

（1）在海外及内地侨汇区增设行处：世界各国均有我粤侨足迹，且以聚居南洋一带尤多，每年汇款回粤，增强外汇，得力殊大。溯自广州汕头相继沦陷，沿海口岸被敌封锁，交通梗塞，侨批往来顿形不便。省银行为急图补救起见，特在星加坡设立分行，以为经收南洋各埠侨汇之中枢。在省内完成金融网，尤其在侨汇区域广设行处，扩大服务范围，以利联络。最近复在揭阳属之河婆、丰愿（丰顺）属之陸隍、梅县属之畬坑、蕉岭属之新铺、大埔属之大麻、普宁属之鲤湖、台山属之广海暨香港九龙等地，设立办事处，省内外各地百余行处皆可通汇。又除吉隆坡成立经理处外，并拟在仰光、庇能、盘谷、巴达维亚等地，针对环境需要，酌量增设，以期尽量吸收侨款。

（2）在省内各属广觅代理店代付侨款：省内各地行处虽已相继成立，然欲使各乡侨眷收款便利，非广觅代理店不为功，年来经委托代理付款之店号，计有揭阳之河婆，丰顺之𥔲隍，梅县之白渡、银市、畲坑、宫市、西阳、中部墟、长沙、南口、太平墟，普宁之棉湖、五云洞，大埔之大麻、湖寮，开平之苍城、单水口、楼冈、蚬冈，及揭阳县城等地二十余家。惟事实上仍感不敷，拟继续在省内各地广觅代理店，订约代付，务期汇解侨款，益趋便利。

（3）在海外推广代理汇款处与海外同业订约通汇：星加坡分行虽为南洋各埠经收侨款之总汇，但我粤侨胞散处各埠，仅有一分行与若干办事处，不免有鞭长莫及之嫌，为扩大吸收侨汇范围起见，由星行于居銮、文陆甲、古来、槟城、关丹、彭亨、劳勿埠、峇株巴辖、怡保等埠，觅得特约代理店八家，复于星加坡、峇株巴辖、吉隆坡等觅得通汇处四家，并与中国银行、广东银行、华侨银行、广西汇兑公司四家，特约为代理行。于星加坡、槟榔屿、泗水、巴达维亚、仰光、暹罗、马六甲、吉隆坡、占卑、吉兰丹、芙蓉、巨港、海防、峇株巴辖、怡保、曼谷、香港、麻坡、腊戍等埠，均与该代理行通汇。一面赓续与美国运通银行、伦敦美兰银行、纽约大通银行等分别订约通汇，故年来侨汇数量逐渐增加。

（4）举办特约汇款：省银行为利便侨胞按期汇款，接济国内家属起见，特举办特约汇款，以便侨胞家属能于一定期间领取款项，免收汇款人汇费，以示优待。经订定特约汇款简章，由星嘉坡分行切实办理，施行以来，侨汇甚称便利，将来成绩，当更为可观。

（5）联络侨胞水客推动为侨胞服务工作：侨批局及水客之经办侨汇，在海外能遍及各埠，在内地能深入各乡，于侨汇业务，补助至大。省银行为积极吸收侨款，对于能为侨胞服务之水客，迭经与之联络。廿九年十月间，本省第五专员公署召开侨批谈话会，集合东江各地侨批代表，讨论关于便利侨汇问题。省银行为联络侨业，特派员前往出席，申述政府爱护侨胞及省银行为侨胞服务之诚意，并提出省银行所订便利侨汇办法八项，详为解释，并将各侨批代表要求减低汇费，及汇款金额不加限制各项意见，尽量采纳，各代表均认为满意，遂将东江各属间汇款单送费率，在百分之一限度内，从新订定。经该次洽商结果，及特定优待办法以后，各侨批局与省银行更为融洽，今后更冀密切合作，一致为侨胞服务，一面请各批局通知各联号，径向本行星嘉坡及香港分行汇款，予以便利，一面呈省府转咨外交部，转令海外各领事，向各地华侨宣导，以广吸收，俾收宏效。

…………

（7）办理侨胞家属登记及水客登记：省银行为使与侨胞家属发生联系，便利解款起见，举办侨胞家属登记。凡海外侨胞之家属留居内地而按期有款寄归者，均得向当地行处申请登记，一经登记之后，发给登记证为凭，同时对于往来南洋各埠收集信款回国之水客，举办登记，给与凭证。凡经登记之侨胞及其家属，均得凭证享受各种便利：

甲，省银行予以电报挂号，并在家属所在地之行处，代办电报挂号，以便电汇款项时，可以减省电费。

乙，上项电报挂号，如遇侨胞发电回家，或其家属发电往海外，均得利用拍由家属所在地之行处代为转交。

丙，家属领取由省银行汇回国内之款项，得凭登记证姓名照片，免除觅保手续。

丁，汇款如系票汇，并得凭票对验登记姓名照片，见票即付，不必等候票根。

戊，在省银行汇款照当日市价伸算，不收汇费。

己，在省银行及国内行处存款利息，特别从优。

庚，在省银行及国内行处，举办小额信用放款时，已登记之侨胞及其家属，有优先借得之权。

申，银行如订有其他救济侨眷及便利侨汇办法时，已登记之侨胞及其家属，均有优先权利。至于经已登记之水客，则享有以下便利：

甲，向省银行各处汇款时，予以优待，汇价特别从廉，手续亦额外从简。

乙，向各行处领款时，将省银行签发之汇票，送付款行核对，登记姓名相片及所存印鉴相符，无论汇款报单，已否寄到，一律通融办理，见票即付。

（广东省政府秘书处编译室编印：《广东金融》，曲江：广东省政府秘书处第二科，1941年，第19-23页）

（四）《最近广东省之金融概况》（节选）

（三）华侨汇款概况

粤省侨胞，遍殖世界，尤以南洋东印度美洲等处为最多，平时每年汇款归国，数约八千万元以上，此金融巨大之洪流，足以堵塞我国贸易入超之漏卮，平衡国际收支。抗战以后，更见重要，兹将粤省各承汇机关广东省银行、中国银行、邮汇局及侨批局水客等办理侨汇情形略述次如：

（甲）广东省银行 该行民二十六年侨汇数额为三百七十六万三千一百零七元，至廿七年增加为二千三百九十六万一千元，廿八年为三千零五十二万二千七百七十八元，及廿九年再增至八千三百廿二万三千五百五十一元，由六倍增至八倍，颇有可观。兹列举廿九年每月侨汇数目如下：

月份	汇款金额	月份	汇款金额
一月	一一,八五二,六六六	七月	六,六五八,一八三
二月	九,二六七,一一二	八月	七,一二五,一九一
三月	一〇,一七六,七六四	九月	五,六七二,四九九
四月	五,一五六,三四四	十月	五,八二九,八六九
五月	一〇,四二〇,二三〇	十一月	三,七三二,一七八
六月	四,二五六,〇八一	十二月	三,〇七六,六二八

吸收办法：（一）推广华侨汇兑机构：指定香港分行为今后侨汇之征收机关，潮梅侨汇以梅县支行为经付总枢，并辅以奥宁（兴宁）、揭阳、惠阳、老隆、陆丰等十余办事处，澳门支行为四邑中山侨汇经付总枢，海南岛亦在腹地设处。至海外亦广设行所，除新加坡、暹罗外，保怡（怡保）、吉隆坡等地已赶紧筹备，若干小埠市，亦托当地批局银行驳汇（查海外设立分行须呈准财部方可，因限于规定，迄未普设）并赓续与美国运通银行、伦敦美商（美兰）银行、纽约代理大通银行，分别特约通汇。（二）减免汇水，便利手续，该行为优待侨汇，近又饬香港澳门等分行免费承接侨汇，东江侨汇，由香港设法促使各批局自动到该行汇款，四邑各行处收购仄纸，除按月每百收回邮费五角外，其余手续

费，一律免收，一方面增设内地行处，现筹备中者有饶平、河源、大麻、畲坑等，极力创立侨汇网。侨汇众多地方，在各乡镇委托商店代付汇款，以求驳汇迅速，又举办"航电联汇"与航信电报联络，由总行充分供给。侨汇众多地区，增设华侨服务课，登记水客，酌采水客送汇方法，将款直送至汇款人家属。（三）代办投资事业：该行因侨汇存款一律优给利息，故年来能大量吸收游资，现另定有信托代办投资办法。（四）维护侨胞及家属举办侨属登记，侨胞可享受委托调查侨民在海外或家属住址及状况，要求供给旅行上一切知识，享受特别廉价汇款，优待存放利息，办理侨属小额存款。（五）收购侨汇仄纸，粤省台山、开平、新会、恩平、鹤山等县侨胞，每年汇款返国均以仄纸寄至家中，由香港外商银行付款，侨眷接到仄纸，每感收款困难，而将仄纸就地出售，当地银号从中操纵图利，影响侨胞家属生活。该行去年十一月间电台山支行尽量收购，免为银号商店所垄断。

…………

（丁）侨批局水客　查潮属侨汇，大部操诸批局，此等批局，其在南洋有深厚之根基，雄富之资力，信用亦著。年来批局间业务竞争极烈，不惟服务周到，汇价低廉，且多对汇款人作短期信用贷款，借为吸引，因之营业日广，根蒂日深，银行殊不易取代其地位。查客属最原始之侨汇为水客，其业务范围，一方面自国内携带新客及少量土产往南洋；一方面自海外代侨胞携带家信款项返国，此项水客，资力微薄，每人经手侨汇数量不大，战前每帮至少数千元，战后则数额大增，每人所带，动辄数十万元，因其人数众多，迄今仍能维持其为客属侨汇主要机构之地位。据闻去年仅梅县一属，由水客携带者，数达三千八百万元。查批局及水客经营侨汇，其资金周转，向赖香港、汕头。汕头沦陷后，批局资金，调拨困难，曾一度停止收汇，迨去年十一月间，省行增设揭、潮、普、阳各办事处，批局得此助力，遂纷纷复业，自此之后，批款几全部假省行接济。惟最近期间，始生变化，此种变化，起于兴宁、梅县、进口商对港汇之需求，其初与港间汇兑升水不多，侨汇经此偷漏者，仅占客属侨汇之一部，其后批局觅得此途径，开始大量批出，更利用升水所得，在国外抑低国币汇率，借为营利上之竞争手段，此风一长，即无法遏止。不惟影响省行侨汇，更直接加重国币在国外市场之低落，殊堪注意。又据传汕头敌伪极力吸引侨胞出国，以便从中利诱侨汇堕落敌手，同时对批局批信，详加检查统计，而强令一部分外汇转结敌人，并登记侨胞地址，企图吸收侨汇。

（中央银行经济研究处编印：《最近广东省之金融概况》，1941 年，第 12－15 页）

（五）《广东省银行第二次全体行务会议特辑》（节选）

松口办事处工作报告

联络侨胞增强侨汇

查本区往南洋谋生者不下四万人，水客一百余人，在国内外安定时期，每年汇回侨款在二百万元以上，现值世界风云紧张，汇率增高，去年一年间，汇回侨款总在三千万元以上，惜多由水客汇入，转汇至香港，改由批局汇回内地，不无外汇外流之弊。补救之法，当另案提议，以备采择。至联络侨胞，本处迭经落乡赠送宣传刊物，宣扬本行为充裕国家社会金融，以期抗战必胜起见，尽量吸收侨汇，办理侨胞家属登记及借款，凡由本处及大埔各属过松往洋水客，或设筵招待，或妥为指示途径，代雇车辆，着存印鉴，付款则付新币，搭发辅币，以便流通。收付手续，务求便捷，免除不必要之担保，尽量宣传本行为民服务之义。凡可迁就通融办理者，无不曲承其意，办理以来，颇为民众信仰。迩由南洋回国者，多言对本行种种便利，印象甚佳，直接汇存本行款项者日众，可见侨胞对本行已有相当认识。截至现在止，本处侨胞家属登记，计有四十五户，侨胞家属借款，计有一,六一五元。二十九年全年侨汇汇入一,六三一,六七三,三六元（按侨汇虽不多，但侨胞款存入本处者仍不少）。

丙村办事处工作报告

（丙）举办水客登记

丙村水客专走南洋各属，有三十余人往返，多在农历新年端阳中秋佳节，本处为联络水客，推动华侨服务工作起见，举办水客登记，对水客格外优待，予以种种便利，并介绍至星行汇款，各水客对本处印象尤深，其赴南洋时，竭力向侨胞宣传，每次返国代侨胞带款来处存储，日见众多，可以概见。

广东省银行各分支行处提案

第5案

案由：争取侨汇增加抗战资源案

理由：吾粤侨胞，散布于南洋群岛者，为数极众，每年汇回国内款项殊巨，倘能设法收集汇回，可以增强外汇基金，充实国民经济力量，完成抗建大业。

办法：

（一）在南洋巴城、泗水、暹罗各处，设立分支行处，联络侨胞水客，异量吸集侨汇。

（二）一面在香港、广州湾联络批局、水客，设法张罗。

（三）一如市价之倒贴汇水，汇款汇入后，由滇、黔、渝、衡高价沽出，不特有利，且增抗建资源。

是否有当，敬候公决。

提议人　松口办事处主任萧聘廷

第 36 案

案由：水客与批局宜给以相当手续费案

理由：查南洋群岛之银行，中国、华侨遍设分行于各埠；我行只有星洲分行，各行竞争业务，自不待言，而水客、批局系为流动性质，无地不无其足迹，宣传推动吸收侨胞存款，至为重大，若给以介绍侨存相当手续费，使介绍者之兴奋，乐而为之，当可大量吸收侨存之效。

提议人　大埔办事处主任罗用群

第 261 案

案由：加强本省中南西各区储蓄劝导工作以期储蓄业务平均发展案

理由：查本行储蓄业务，根据历年各区存款数字比较，东区梅县等十九行处，增加最速，存款亦最多，一切业务已渐上轨道，以后按步做去，自有可观；惟西区、中区、南区等行处，则进步较缓，而存款亦最少。查中、南、西各区其中不乏富庶之县份，尤以中区之台山、开平、新会等县华侨最多，民间游资充斥，倘能善为劝导，积极推进，存款数字，必不止目前之数。为使储蓄业务获得平均合理之发展，今后对于中南西各区所辖各县份，自应妥订办法，切实推行，期收实效。

办法：扩展本省中南西各区储蓄业务计划（附后）

是否有当，敬候公决。

提议人　储蓄部

（乙）实施办法

（二）关于劝导方面者

辛、奖励各地水客、批局介绍存户，向本行实行存储，其办法另定之。

（广东省银行第二次全体行务会议秘书处：《广东省银行第二次全体行务会议特辑》，1941 年，原书无页码）

（六）《星洲十年》（节选）

第一节　概说

（四）客帮

客帮同侨，在四十年前，未有汇兑信局之组织，侨胞欲寄款回乡，多委托以来往南洋汕头间代客运送银信物件或引导新客南来为专业之水客，此等水客往返，每年计分六期，正月、五月、九月三期为大帮，二月、七月、十月三期为小帮，每期返乡，行前均至同乡常有往还之商店收取银信，收齐后即趁轮回汕转乡，按址分派，及取回收据或回信，继即在汕购办各种同侨应用货物，南来推销，同乡中有新客南来者，以程途不熟，又多托其沿途照料，故水客多与营旅馆业者联络，全盛时业此者多至百余人，其后因水客良莠不齐，每有逃没信款情事，遂有专营汇兑之信局出现，而水客之业渐衰矣。

客帮信局，向分梅县与大埔两系，此盖基于地域之不同，及彼此之情谊关系而各别，故两系商号，向少联络，而汇兑信局之营业方法，又分三种，其一为汇兑局，即汇款人将欲汇之款交与该局，由该局给以汇票，由汇款人自行将票寄与收款人，使其持票至该局国内分号或联号取款者，如万裕祥、广顺昌等是，其二为民信局，即寄款人将信及款项交该局，由该局托人按址带交收款人者，如葆和堂、仁爱堂等是，其三为水客，即以水客而兼民信局者，除代寄银信外，尚可代带人或物。

近年自中国银行开办后，对国内汇款，力求便利，嘉州四属，县城圩市，均有分行或代理处，故梅县系汇兑庄民信局，已相继停业，无一存者，独大埔因历史关系，兑庄信局水客三者并存，然营业之途日窄，业此者之数日稀，时势推移，恐不久将为银行业所并耳。

兹将现存客帮汇业信局调查如下：

商号	所在地	股东或司理姓名
万裕祥	松柏街十一号	周兰记
仁爱堂	怒美芝律六六九号	周敬椒
葆和堂	钮吻里芝街一二九号	蓝乃章
广顺昌	福建街卅一号	徐添

（关楚璞主编：《星洲十年》第八章"华侨商业"，新加坡：星洲日报社，1940年，第585－586页）

（七）《梅县风土二百咏》（节选）

一年大小两三帮，水客往还走海忙，利便侨民兼益己，运输财币返家乡。

往南洋营生人多，遂有一班来往代递信及资财者，名曰水客，不下数十百人，年节定期返乡曰大帮，余不定期曰小帮。业此致富者亦不乏人。

（梁伯聪：《梅县风土二百咏》，香港：圣若望英文书院出版部，1969年，原书无页码，该书原作于1944年10月）

（八）《广东省的华侨汇款》（节选）

乙　银号商号邮局及水客

水客及私人　水客及私人带款返国，在侨汇机构上，亦占不可忽视的地位。此处水客专指来往南洋或美洲与四邑、中山等地者而言，与专跑广州与各县间的水客不同。他们过去从美洲及南洋各地为侨民携带信款返国，颇著劳绩。自较有组织的侨汇机关相继建立及仄纸汇款法被普遍采用后，他们遂逐渐趋于没落。迄今往来南洋四邑间的水客尚有少数，美洲与四邑间的水客则几近绝迹。

（姚曾荫：《广东省的华侨汇款》，重庆：商务印书馆，1943年，第12页）

（乙）水客、进出口商号、船行及私人

船行及进出口商号之经手侨汇仅见于北海，故下文所述，皆以北海为对象。水客带送侨款在潮梅各地的侨汇机构中殊属重要。私人携款返国以钦廉一区最为普遍，潮梅琼诸属次之。至于国内银行及邮局经手侨汇的方式与四邑各地皆相同，故不赘述。

水客　在潮汕各地，水客又名客头，往昔分为两种。一为来往汕头与内地之间者，称为"吃淡水"水客。一为来往南洋与汕头间者，称为"溜粗水"水客。二者之任务，一方面在代理转送侨款，另一方面照料新客出国。溜粗水客头每年往返南洋中国数次，返国时即将侨民信款携回直接交与侨民家属，或委托吃淡水客头代交。吃淡水客头除携送侨款外，也负照料新客由内地登舟或乘车赴汕等事宜之责。待抵汕后，走内地水客及新客皆寄宿于当地的客头行中，以便与溜粗水客头会晤。至于新客出国入境的一切手续，皆由南洋水客办理。

近年来两种水客的营业与人数，皆趋减少。一则南洋各地不断的经济衰落和排斥华工，新客出国者日少；一则因批局势力巩固扩大，侨汇渐集中批局之手。

潮梅水客人数既多，联络亦佳。汕头的南洋水客联合会却为其中心组织，会员达九百余人。其中梅籍者占七百余人，潮籍者估二百余人。各有其比较稳定的营业区域。每年出入国的水客分大小两帮，各往返三次。大帮返国时期约在旧历四月半、八月初旬及十二月初旬，小帮回国时期则在旧历二月、六月及十月，凡大帮入国时期即为小帮出国时期。

水客带送信款完全凭个人的信用，既无收条亦无担保。其所收佣金与批局所收者相仿佛。大致为百分之五，其款项之调动，或购银行仄纸，至港后取款携返，或交港银号汇汕，或委托南洋批局代其转汇汕头。间有带叻币、暹币、荷盾或安南纸至香港或汕头找换国币者，然居少数。水客抵汕，即将款取出或换为国币，其属潮籍者多将信款携至乡间分发各收款人。梅籍者则仅将信款携至梅属各县县城，静候收款人来取。因水客返里多有定期，各侨民家属皆能预知何时往取。

琼州水客人数很少，其营业区域几仅限于安南一地。其往返国次数不定，携返之款即系侨民所交付的安南纸。原款径交侨民家属，并不代为兑换。

（姚曾荫：《广东省的华侨汇款》，重庆：商务印书馆，1943年，第29页）

2 民（国）廿六年度广东省华侨汇款数额的估计

（B）经常往来于潮梅与南洋各地间的水客，共约950人。每年每人平均来往三次。二十六年水客携款的平均约数，据汕头市水客联合会负责人称约在六千元之谱。三项相乘共约 ＄ 17,000,000。此数大体可以代表二十六年水客携返潮梅各地的侨款总数。

（姚曾荫：《广东省的华侨汇款》，重庆：商务印书馆，1943年，第39页）

（九）《抗战八年来的梅县社会回顾》（节选）

四　七家行局对梅县的贡献

梅县地处偏僻，工商业不甚发达，战前仅有沟通侨汇的银庄，及携带信款，稳定地方金融的水客借资调剂。

（黄文英编：《抗战八年来的梅县社会回顾》，［出版地不详］：中国复兴文化社，1948 年，第 11 页）

三　民国时期刊物相关水客史料

（一）《指令汕头南洋水客联合会呈请继续发给护照》

仰候　民政厅批复再行饬知由

呈悉，查出洋护照经本府呈请民政厅转请准予照旧发给在案，既据分呈，仰候民政厅批复，再行饬知可也。此令。

市长许锡清
五月六日

（《秘书》，《汕头市市政公报》1930 年第 57 期，第 12 页）

（二）《训令汕头华侨联合会对于匪徒假冒水客拐骗侨胞一案注意防范由》

为令饬事，现据汕头南洋水客联合会呈称，呈为呈请出示保护，辨别真伪，以维名誉，而杜假冒事：窃职会定名南洋水客联合会，成立于民国十五年，逾至民国二十年奉令改组，曾具会员名册一份，呈报钧府，复蒙批准立案在案，现职会会员已登记者，几近三百名，未登记者尚属不少。近查有匪徒假冒水客在外擅骗侨胞银物，或拐带妇孺出洋，致损职会会员名誉者亦复不少。职会为保全名誉计，不能不严行追究，以儆将来。盖职会会员为出入侨胞之领导，有大小帮次之别，每年往返各三次，携带失业同胞出外经营，全年以万计，转运侨胞金钱返里救济贫乏者，亦以千万计，所业职务关系至为重大，况往外宣传本党三民主义，沟通国情，使旅外侨胞不忘祖国，所负责任实重要且巨，若不得政府之特别保障，则不特沿途常受危险，即冒充水客在外擅骗者亦将日益加多，遂至薰莸莫辨，鱼目混珠，侨胞受害。伊于故底，即职会前途不禁有绝大之危险，迫得据情呈诉。恳请钧府出示保护，并严令潮梅各属经营走水业务者，限期到职会登记，以便转呈钧府察核。职会为郑重会员资格起见，曾备有青质白日轮形鸿雁标证章，并备有证书，发给各会员执存。凡有无本会证章及证书者，认为假冒分子，切求钧长饬令各侨务机关，认真辨别，严行追究。俾职会之信誉永得保存，以免被不良分子之牵害，实为德便，等情。据此，当经指令呈悉。查公会不能妨害未入会商人营业，均载在法规。兹据呈请严令潮梅各属水客，限期到该会登记，迹近强制，难保无妨害同业情弊，所请碍难照准。至称近有匪徒假冒水客拐骗侨胞等情，如果非虚，殊属不法。除分别函令各华侨团体注意防范外，嗣后如有此项事件发生，准予拿解来府从严究办，仰即知照。此令。等情，在案，除令复外，合行令仰该会即便遵照，对于匪徒拐骗侨胞一节，应即注意防范，以保侨胞安全。此令。

市长霍俊千

（《社会》，《汕头市市政公报》1932 年第 84 期，第 8 - 10 页）

（三）《布告取缔抬高星槟票价罚则仰各客栈水客遵照由》

案查本府为取缔各客栈高抬星槟船票价，以维护出洋侨民起见，前经订立取缔罚则，呈请广东民政厅核转备案在案，现奉广东民政厅本年八月二十六日第三八九七号训令开："现奉广东省政府本年八月二十二日民字第二八零八号指令，据本厅呈一件为据汕头市政府呈拟具取缔抬高星槟船票价罚则，转呈察核办理由，内开：'呈附均悉，案经饬由秘书处函送设计委员会审查，现据修正罚则函复转陈核办前来，应准照原函所请及修正罚则办理。除呈报国民政府西南政务委员会察核并行广东侨务委员会知照外，合将设计委员会委员，会原函及修正罚则抄发，仰即转饬该市政府遵照。此令。附件存。'等因。计抄发设计委员会原函，一件，修正罚则一份，奉此。查此案前据该市长具呈到厅，当经转呈省政府核办在案。兹奉前因，合将原附件抄发令仰该市长即便遵照办理，仍将办理情形，呈复察核，此令。"等因。计抄发设计委员会原函一件，修正罚则一份，奉此，自应遵照办理。除呈复及分令外，合将修正罚则即日公布施行，仰本市各客栈旅店水客等一体遵照。嗣后照科侨民出洋代购星槟船票，务须依照船务公司规定价格征收，妥慎办理，如查觉有多索票价情事，定予依照罚则严办不贷切切。此布。

计粘汕头市政府取缔抬高星槟船票价罚则一纸。

市长李源和
九·十四

修正汕头市政府取缔抬高星槟船票价罚则
第一条　凡在本市营业之各种旅店客栈水客等，均适用本罚则。
第二条　凡代出洋人民购往新加坡槟城船票，每张价格应依照船务公司规定价目征收，不得多索，违者分别予以处罚，其处罚办法分为五项。

甲，星槟票价每张多收至十元以上者，罚银二百大元。

乙，星槟票价每张多收至二十元以上者，罚银四百大元。

丙，星槟票价每张多收至三十元以上者，罚银六百大元。

丁，星槟票价每张多收至四十元以上者，罚银八百大元。

戊，星槟票价每张多收至五十元以上者，罚银千元。

第三条　如有多收星槟票价受处罚至二次以上，倘敢再犯，除依照多收数目分别处罚外，如属客店并将营业牌照予销，以儆效尤而维侨旅。

第四条　旅店客栈水客，为旅客代购船票时，巧立别种名目，多收费用者，概以多收票价论，依照第二第三两条处办。

第五条　旅店客栈水客，如有上项行为，经本市府调查发觉，或经被害人呈控有据者，即依本罚则处办。

第六条　本罚则俟奉广东省政府核准后公布施行。

（《社会》，《汕头市市政公报》1935年第115－118期合刊，第20－21页）

（四）《转饬协助海关禁止水客于轮船到埠时立即登轮》

广东民政厅训令　第五一号　廿五，一，十六

令各县市局长

现奉广东省政府二十四年十二月二十八日民字第四○四三号训令开："案准国民政府西南政务委员会秘书处二十四年十二月十七日第一○四二号公函开：'案准贵省政府本年十二月九日民字第三九○三号公函，以准财政部咨请转饬各地行政机关协助海关禁止水客于轮船到埠时，立即登轮，而惠归侨一案，嘱转陈核复。'等由。当经陈奉常务委员谕'着该省政府酌办'等因。相应函复查照办理。等由。过府。查此案前准财政部二十四年十一月二十八日关字第二一一九九号咨，当经函请西南政务委员会秘书处转陈核示在案，兹准前由。查核原咨所请转饬协助，事属可行，除分行省会公安局广州市政府饬属遵照，并行广东侨务委员会知照，暨函复国民政府西南政务委员会秘书处转陈外，合将财政部原咨抄发，令仰该厅即便饬属遵照。此令。"等因。计抄发财政部关字第二一一九九号原咨一件，奉此。除分行外，合将原附件抄发，令仰该○长即便遵照。此令。

计抄发财政部关字第二一一九九号原咨一件。

附抄财政部咨　关字第二一一九九号

查华南各海关关员前被控告苛扰归国华侨，当经本部函准侨务委员会派员会同总税务司所派调查员，前往调查在案，兹据该总税务司呈称："查职署所派调查员卢寿汶，与侨务委员会所派调查员方之桢，于九月三日，偕同由沪启程前赴华南一带调查，现该员卢寿汶于十月五日返沪销差，据呈称：'职与方委员驰赴广州、江门、琼州三处，甫经调查完毕，方委员因接侨务委员会电令立行返京，另有任务，当即遵电北上，故汕头、厦门及福州等处未及往查。所有已经会查各处，只江门一关甚为人所不满，广州、江门、香港等处侨民公会代表，对之均啧有烦言。其所以致怨原因，约如下各项：

（一）轮船搭客照章应于抵埠以前，向轮船买办处索取海关行李报单，依式填就，以备于抵埠时呈递关员核办统舱内之搭客，有不识文字、未谙关章者，亦有故意不遵海关手续者，对于此项手续，类多未能照办，以致（至）于关员查验时，易生纠纷。

（二）归侨心理，误认亲友馈赠礼物，及所购自用物品，均应予免税放行。

（三）归侨以为在外侨民，对于国民政府常有报效，本国海关应于侨民归国时，予以特惠待遇。

（四）归侨行李交由代旅客报运行李之水客代为纳税时，事后多不向其索取关员所签发之纳税收据，故不知纳税实数，究为若干，以至水客得以假借海关为名，向归侨任意指索，归侨不知为水客所欺，直以海关真有需索情事。

（五）归侨有时允许水客于其行李中藏匿私货，迨被关员查觉，又不肯承认其事。

（六）进口轮船率于夜间十一钟至两钟行抵江门关之横门地方，正为旅客倦卧之时间，关员例须此时检查旅客行李一次，迨次晨船抵江门，又须施行检查。

（七）官员防范水客将私货寄藏旅客行李之中，或船上各处，（包括旅客所处地点在内）过于认真，恒于查抄私货时，将旅客从梦中警起。

（八）关员于执行职务之际，对于旅客有时缺少礼貌，尤以遇有旅客拒绝将行李拆验时为甚。

（九）轮船一经到埠，而尚未经靠岸，本地水客（此等人在江门呼之为飞机队）成群结队，争先攀援登船，以图帮助船上充作旅客之私贩（此等人在南方各口呼之为巡城马）起运私货上岸，是以海关不得不严加取缔。

（十）新宁铁路码头地方狭小，不敷检验旅客行李之用。

（十一）旅客行李于经过横门及到达江门时，经过海关检查后，当地税局复须加以检验。关于粤海关方面，就调查所得，尚未闻归侨有何訾议。至对于琼海关亦有未能满意者，则以该关对于停泊中流岸距岸甚远之轮船，旅客行李均在船上，加以检查，迨装入舢板运赴码头，仍须先运至海关浮码头重加验看，方许登岸，其在轮船上业已检验之件，虽在浮码头不再检查，但所有驳运搭客行李之舢板船，仍须先至浮码头验放，没有在轮船上未经查验之件，即须补行检查，此种驳船，并无蓬（篷）帐遮蔽，且船帮出水甚低，倘遇风雨，波浪汹涌，所载搭客，及其行李均难免濡湿。

职就调查所得情形，详加思索，为一方面可以维护税收，一方面力求便利归国华侨起见，谨拟就左列办法六项，呈备采择：

（一）拟请由侨务委员会设法，商由国外各处本国领事馆、本国商会，或侨民公会会馆等机关，负责于侨民归国时，每人发给（甲）证明书一纸，此项证明书须粘有本人照片，并附具清单，载明所携带日用及家用物品，并杂件等项，其效力以旅行一次为限。（乙）中国海关管理旅客行李各种章程之说明书一本，此项说明书，应由海关编就，由侨务委员会印发。

（二）拟请由政府通令地方当局，协助海关禁止水客于轮船到埠时立即登轮。

（三）拟商由新宁铁路局将该路之北街码头改充改良，如未能照办，即由海关设法筹建适当之码头，及验货厂以资应用。

（四）拟请由总税务司通令各关，转饬各外勤关员，对于轮船搭客必须以礼貌相待，即遇搭客不肯照海关手续办理，亦须持以和平态度，使令就范，不得失礼，倘不遵行，即停止晋级，以示惩戒。

（五）拟由江门关对于进口轮船在经过横门时派遣关员登船，即于船向江门关驶途中，就船上各处除搭客地位及搭客行李，严密搜查，并防止沿途有将私货抛入海中情事，至搭客地位，则于搭客到北街登岸后，再行搜查搭客行李，则统于码头上施行检验，避免搅杂重复之烦，而寄藏私货之弊亦可预为防范，惟如此办理，该关须增派稽查员数人，可由该关税务司酌拟应行增加之员额，呈候核定。

（六）琼海关现时在船上查验搭客行李办法，拟请予以停止，以其时行李皆将驳运，此项查验事务，在仓猝之间，难以办理完善。

所有会同调查情形，及附陈意见，理合备文呈请鉴核'等情。据此，复核该员建议各项，尚属不无见地，除第四项办法，应由职署通令各关仅遵办法，及第三、第五、第六等项，已分令各该关税务司妥为拟议具复，应俟复到，再为考虑决定外，其第一项办法应由侨务委员会商洽办理，第二项应由广东省政府饬属认真协助，拟请钧部分别转行。惟职有须声明者，改善此项事务之责任，不尽在于海关，凡侨务委员会、中国驻外领馆、及国外各处中国商会、侨民公会、会馆暨各处地方当局，以致（至）于侨民本身，均应连带负责，乃能有济。现海关方面业已不厌求详，努力改进，深望其他有关方面，亦各群策群力，以示合作，而期改善，俾归侨独获便利之益，而关税亦无损失之虞，是否有当，理合备文呈请鉴核施行"等情。查核该员等调查情形，颇能深明原委，至所拟改善办法，亦尚妥洽，除函请侨务委员会查核办理见复外，相应咨请贵省政府查照，原呈所拟办法，第二项转饬各该管地方行政机关协助海关禁止水客于轮船到埠时，立即登轮，以资取缔，而惠归侨，并希见复，至纫公谊。

此咨
广东省政府

财政部部长孔祥熙
廿四·十一·廿八
（《广东省政府公报》1936 年第 320 期，第 35－39 页）

（五）《大埔旅外侨胞经济情形及其家属生活概况》（节选）

（甲）南洋侨胞之经济情形

本县侨居南洋各地人数统计不下五万人，以本县大麻、同仁及第一区等为最多，侨居地域为泗水、新加坡、雪兰莪、大比叻、槟榔屿、荷属东印度、婆罗洲、菲律宾、暹罗等地，兹将其经济情形概述于后：

一、查本县侨胞善于经商，常获巨利，而经营种类可分为当店、药材、洋货、书店、金店、锡米、树胶、鞋店、西药及其他杂业，在上列各业中，尤以药材、当店、洋货等为埔侨最擅长经营之商业，年来获利亦属不赀。其次南洋埔侨业工者不下数千人，多做树胶、锡米、椰干等工作，其业中、西医生者亦不乏人，复以埔侨在南洋从事文化事业者约达千人以上，以每月薪金而论，在中学担任教职者叻币八十元起至一百廿元止，小学担任教职者由四十元至八十元，生活颇见优裕，因南洋生活程度较低，埔侨每月生活费尚不及叻币十元，故尚有余资寄返家中，由于埔侨足迹遍及南洋各地，故提倡教育事业亦不遗力，而在南洋创办之小学数量颇多，其中较著者为新加坡启发小学等，自创办迄今，有三十六年之历史，且有茶阳会馆之设，借以联络乡谊，亦本县侨胞力量之表现也。

二、以本县一般情形而论，侨居南洋埔民以农村占十分之八，市区占十分之二，而旅居南洋人口五万余人中，从商者约占十分之七，其他各业占十分之三，年来南洋商业颇见旺盛，惟所售出货价均由当地政府统制规定。其规定办法视货价米源而定之，大抵侨居该地商人所售出之货物，每百元约获利二十元，营业尚能维持，凡商店当伙计者每月叻币十元至二十元，担任经理任务者，每月叻币数十元至一百元，同时本县侨胞因善于经商，故常为福建侨胞所开设之商店所延聘。

三、年来因受征兵影响，南洋埔侨，故日有增加，尤其生活程度日高，内地无法谋生，不得已从事外出，现因抗战影响，交通困难，往南洋遂属不易。查南洋侨胞凡存款南洋银行者，每月仅能支回生活费，故汇款不能尽量汇回，本县水客为数不下二三百人，以本县大麻、同仁及附城区为最多，其他各地次之。闻由南洋汇款时，每个水客仅限携带十万元，需汇款银行时必须将携带之汇款人姓名列册呈报当地财政司核准后方准汇出，多在南洋华侨银行汇回，其他银行次之。至本县水客带款方法，多在返埔前收取同乡附托之银及信（因熟识同乡方有交款与水客），其带手续费为每百元叻币手续费约五元，而水客带齐同乡所交款项后即汇款至香港购买国币，汇回本县广东省银行及中国银行，每年带款二次，三四及九十月间带返，每次获利国币约二三千元，盖在南洋埔侨所有汇款，集中于水客之手，原因实由于一，多系熟悉同乡，易与家人见面，对家中情较易询问，且交与水客，款项最多不过数百元而已。计去年本县南洋汇款在一千万元以上，本年因中日战争及欧战影响，汇款是以骤然减少，本年一月至六月汇入侨汇不过二百万元而已，侨汇除由英荷属汇入本县银行外，并有由水客至香港时购货币汇回本县广东省银行、中国银行及本县泉利庄等转交，汇款收入地域以县内大麻、同仁及第一区地方为最多其他各地次之，石上、三河两地最少。

（《广东省银行季刊》1941 年第 1 卷第 3 期，第 507－509 页）

（六）《旅暹大埔公会成立 20 周年纪念特刊》

黄锡伟水客

专收侨批并代理侨胞付托家事，诚实服务银项保家。

通讯处：暹京东成旅店　汕头集益行　高陂集益庄

刘助友水客

应侨界托办家事及收交侨批物件，能以忠诚服务，负全责任。

通讯处：暹京东成旅店　汕头至平路新新栈　高陂大街耀记号

郭盛诺水客

尝闻郭君少老诚，受人之委忠人之事，川带侨批历历确据，佳予广告，俾我乡友周知。

西势通迅处：单绒码七至十号郭逸阶号

（梁耀南等编：《旅暹大埔公会成立 20 周年纪念特刊》，暹京：特刊编撰委员会，1948 年，第 17 – 18 页）

田诒芳

常川来往汕暹，代办侨胞付托家事。

田慰朋水客

专收侨批并代理侨胞付托家事，诚实服务银项保家。

通迅处：暹京东成旅店

廖演群水客

应侨界托办家事及收交侨批物件，忠诚服务负完全责任。

通迅处：暹京东成旅店

刘光史

鄙人常往返暹汕，为邑人忠诚服务，传达音讯，凡我同乡戚友有家务者请至东成旅店接洽。

国内通讯处：汕头广合昌　高陂利华兴　大麻和昌书局

刘鸿材

专收侨批并代理侨胞付托家事，诚实服务银项保家。

通迅处：暹京演说街东成旅店

廖锦泉

专收侨批并代理侨胞付托家事，诚实服务银项保家。

通迅处：暹京演说街东成旅店

（梁耀南等编：《旅暹大埔公会成立20周年纪念特刊》，暹京：特刊编撰委员会，1948年，第36–37页）

（七）《华侨赴星谋生者日众　水客馆口操纵入境证》

由港赴星旅客，照例旅客须领有出国护照，及具当地准许入境证明书，惟普通等搭客多因赴当地佣工，故多作移民办理，只领有当地入境证，即可登陆。查此类入境证明书申领手续，系须有当地商店盖章担保，保证入境人生活有着，不致流浪行乞。入境证办妥后，即寄交入境人存照。据悉，最近因各乡来港赴星谋生者日众，此等乡民对申领入境证，茫无头绪，遂为一般水客及馆口之头目所操纵，在当地领有大批入境纸，携来香港向赴星旅客兜售，每张索价二三百元不等。一般贫苦劳工，在乡间变卖产物来港，手上盘费有限，诚然滞留日久，盘费用尽，故多忍痛购买此种黑市之入境证。然有等盘费不足者，则向售证人预先签欠单，以便到当地佣工后，倍数偿还。而此种出售黑市入境证之水客，每次交易均获厚利，不劳而获，此种黑暗情形，最近迭见发现。

（《开平华侨月刊》1948年第2卷第8期，第42–43页）

四　广东报纸有关水客报道

（一）《岭东民国日报》（汕头）

《水客联合会昨天改选执、监委》

（专访）本市南洋水客联合会昨开会员大会改选执、监委，市府派范铸濠前往监选。结果陈仲明、钟干志、张万五、黄竹修等十七名当选。次议决三项议案如下：一，从速组织日报，以利宣传；二，设立施医所；三，香港往吧城之渣华公司轮船已定四月一日加价，每张船票由原价 25 元升至 80 元，须致函吧城该轮代理处联发公司转港渣华公司要求减低，否则往来水客一律抵制。

[《岭东民国日报》（汕头），1931 年 3 月 17 日第 6 版]

（二）《华侨周报》（汕头）

《巴城水客成立分会》

（巴城讯）本巴水客同人，此次突被不录海关严厉限制领取行李者之进出，并以非礼待人。经黄君请总领事馆，由林副领事亲至海口面与交涉后，该关始将系门巨索除去，并允嗣后改善待遇等情。经详志昨报，现悉水客方面，以彼等同业，合大小帮来往爪哇等处者，实不下三百余人。遇大帮来往，连同各客所带入客，常多至千余人，行李亦有数千件。上下起落，轮船招待，移民厅之过客，海关之检查，每受尽无限周折辛苦，有人认为系同业无联络、无秩序，故致受此待遇。又有人认为系国势不振致受待遇亦不年。现觉为减除辛苦起见，同业实有联络之必要。以前在汕，虽有水客联合会之设，然在此地，并无机关，每感困难。于是连日对于此项工作，进行极其忙碌，结果由大小帮水客签名愿意联络者，现已有百余人之多。即于昨六日上午十二时，仍假座巴黎旅馆开会讨论，计到会者有八十余人，当推丘载兴为临时主席，闻经决议，设立水客联合会巴城分会，推定大小帮水客二十二人，为该会执行委员，以侯芹香为常务，徐国光为财政，并聘请某某两君为顾问。入会基金，每位水客五盾，月捐五方。基金及四个月月捐，于五日内交缴。凡水客均须加入分会，凡未入会者，不得享受分会之权利等云。

[《华侨周报》（汕头）1932 年第 21 期第 48 页]

（三）《华侨公报》（汕头）

《水客曾彬华谈缅甸近况》

锦屏乡水客曾彬华此次由缅甸仰光携回侨帮信款数千万元均经一一亲送侨眷领讫，记者昨与相晤。据谈，缅甸商业情形，战后较前冷淡，侨商于战时损失甚大。一时尚难恢复旧观。新客虽多前往，但失业者众，生活程度以当此支出言并不为高，但以汇价折合国币，则多出国内数目一倍以上，目下缅甸独立动运剧烈展开，华侨因国内情况中安影响，国际地位低落，无形之排华运动亦随之而来，故侨胞均深望祖国下下能团结一致云。又据称彼将于本月内携侨属卅余人出缅，并代带侨胞信息云。

[《华侨公报》（汕头），1947 年 10 月 25 日第 2 版]

（四）《星华日报》（汕头）

《登记售票操纵如故　星槟票价降落无多　新客票仍售百二三十元》

本市自四船务公司操纵星槟新老客票以来，勾结一般客栈奸商，朋比为奸，不惜残侨以逞，凡稍具天良者，何忍一再剥削，社会人士，靡不发指，本市侨务局及市政府，屡拟平抑票价方策，喧嚷多时，出国侨民，亟盼早日实现，终成泡影，自由市府特定六项办法，准由□记等四船务公司，自行登记售票，试行期间，暂定一月，希冀其能发现良心，自行检束，俾赎前愆，乃今自六月十五日实行登记售票以来，已届一月，而配搭老客，依然如昔，不独未能平抑减低，且市面新客票仍售至一百二三十元，又须客栈带住，始准登记售给，凡单身前往者，均被拒绝，惟确中客头在乡下先行收银者，须出具切结，书明每人仅收六十四元五角，并无多收分文字样，又再口头告诫，不许乱说应错，始能避免政府之处罚，似此阳奉阴违，操纵如故，华侨互助社以市府所据六项办法，试行已经一月，而票价依然未见低减，出国人民未获实惠，拟请另作有如之制裁，造福侨旅云云。

（《星华日报》，1937 年 7 月 14 日第 4 版）

（五）《汕报》（汕头）

1. 《汕头南洋水客整委会之宣言》

汕头南洋水客联合会整理委员会之宣言云：窃本会成立，屈计业经数载矣。即此遥遥数载中，其间历史之光荣，与夫成绩之昭著，固无一非本会奋斗之表征。洎乎晚近主持未得其人，遂致如日初升之会务，竟等于若存若没之间，抚今思昔，曷胜感叹，我同业不忍此固有团体，一旦销沉，爰拟实行整理开会表决，并谬推明为主任，畀予责成，明何人斯，敢膺重负，惟兹整理伊始，建设方殷，万绪千头，而待举办，既固辞之未获，尤复一一之堪虞，惟有本此愚忱，努力追随我同业之后，想我同业爱会爱乡，必能不我遐弃而有以导之也。兹谨将本会过去成绩，与此后应办之点，敬为我同业缕陈之。夫人类进化，端赖合群，吾辈远涉重洋，舟车劳顿，为觅升斗之利，□充事畜之资，险阻艰难，倍尝之矣。亟应本先总理亲爱精神，联络感情，团结一致，以谋公共之利益，而策会务之进行，庶几同德同心，断金有利，否则一盘散沙，各怀私见，究其结果，终不免淘汰之虞，此明所以深抱杞忧也，先总理尝云：团结即是力量。征诸往事，益信斯言，汇款一端，即其明证。盖前此汇驳家故意居奇，抬高汇水，驯至盘剥重利，胶髓吸脂，幸我同业诸君深悟彼等狡诈伎俩，特一致开会议决，概买现洋回汕以为抵制，迨抵汕后彼香港汇驳家每千元须索蚀水三四十元者，至是竟溢息三四十元矣，此固团结之效能，于此可见一斑也。且前数年间，韩江匪氛不靖，抢掠频闻，时我同业联翩归国，适抵汕头，惴惴忧疑，裹足莫进，迳由本会交涉船只，一面呈请政府派兵护送，卒使航行无恙，安抵里门，裨益会员，宁云小补，而当时各客，随身均带现洋，获利之巨，更无论已。至于迩年来我同业汇驳信银，其被店户之倒闭枭吞，为数不鲜，然一度本会出面交涉，而血本终得摊派归还，他如关税之违章苛抽，辑（缉）私局之滥权骚扰也，内地税之逞凶殴辱也。（未完）

[《汕报》（汕头），1930 年 10 月 28 日第 7 页]

2. 《华侨出国护照担保问题，水客会请由会担保，市府径呈外部核示》

华侨出洋请领护照，须觅具店保一案，昨本市南洋水客联合会，以出国华侨，要于本市觅具店保甚为难事，特述具理由，呈请市府准予由该店担保，以恤侨艰。市府据情后，以该案系奉外部核办，市府未便擅专，指令径呈外交部请求，该会奉令，经遵照径呈外部核办云。

[《汕报》（汕头），1930 年 11 月 25 日第 7 页]

（六）《梅县日日新闻》

1. 《〈嘉应奇闻〉出版了》

内容：集嘉应奇闻趣事之大成·为雅俗共赏之空前作品

侯剑　李太痴　同编

第一卷：香艳浓郁的风流韵事　　第二卷：令人捧腹的滑稽趣事

第三卷：妙趣横生的名人故事　　第四卷：怪诞神奇的神话传说

第五卷：附录

·南洋水客注意

本书价格低廉，材料丰富，销路最好，获利必厚，如蒙赐顾，无任欢迎。

梅县明星、启新书局总发行

（《梅县日日新闻》，1931 年 9 月 11 日第 3 版）

2. 《叻屿仰荷轮船广告》

本公司有坚固轮船二艘，一名丰庆，一名丰平，常川来往石叻槟城仰光等埠。该船之快捷，货船身之宽大，船中之清洁，应酬之周到，茶水之充足，饮食之优良，早已脍炙人口，极受搭客欢迎。今敝公司为恐应酬疏忽起见，再加用枚（梅）属专员逐次在船招待，以便搭客随时咨询，兼包驳荷属。如吧城、坤甸、泗水等等各港搭客单价之克已转运之利便，早亦已受搭客赞许。现为利便搭客计，各处均设代理，俾便搭客就近询问以定行旅。特此奉闻。

丰平船准于夏历五月廿一日到汕，廿二日放行。

丰庆船准于夏历润（闰）五月十一日到汕，十二日开行。

石叻和丰船务（一九三二）公司汕头总代理和通公司启

梅县代理：岭东旅店　洪屋巷水客联合会枚（梅）县办事处

松口代理：全球旅店　环球旅店　东南旅店　中华旅店　同启

（《梅县日日新闻》，1933 年 6 月 9 日第 1 版）

3. 《远从海外归来，未抵家园即告殒命》

本县李坑堡车子排人李长兴，现年六十二岁，于逊清往吧谋生，迄今已历四十余载，从未返家。李在外素极俭朴，艰苦从事，稍有积蓄。曾创设石粉枧厂，销售广阔，生意颇佳，旋因李娶妻番婆，生性放荡，终日在店挥霍，厂内之权，全为所扼。年来时候不景，遂于年初宣告歇业，李遂落泊飘零，且年老气衰，无力作事，心中受此抑郁，疾病遂继而发生。此次适水客李阔波由吧返梅，侨商李友三闻悉，观长兴在吧年老染病，情殊可怜，为宗族辈系，遂给资返梅。并面嘱水客，留意帮返。上月十九日，由吧动程，至卅日抵梅。当晚宿于鸡鸭巷余有方客栈。拟日间始行返李坑原籍。翌（卅一）日曾请得中医李炳南诊视，开方赐药。昨早八时半，李在客栈午饭后，因感身上微寒，拟购布制衣，遂往中山街元盛□号，甫入店内，即失神倒地，该店睹状，急为施救，该段□□，亦即旋服□药□□□。因延医施救，抵步（埠）时已气绝毙命，施救莫及。旋由岗警将情报告局内，并由水客着人报知其家属，一面着人将尸首抬往该路某店店门首安放。附城分局得报，即派邓警长会同法院谢检察官，前往勘验，验得死者面黄色，身穿白柳条□绸衫裤，无伤。复往其住之客栈查验物件，计有铁箱一只，被包一副，提篮一只，省券八十五元。验毕，即着由该栈主□□，俟其家属抵梅具领，□□则□雇人抬往无□□附近安放，迄□傍晚□□□，得报赶至，当即前往□□领尸，□于本日运返原籍敛埋。闻其家中尚遗娘孙各一云。

（《梅县日日新闻》，1937 年 6 月 2 日第 3 版）

4. 《介绍良机》

白渡车站生利号牛肉干，制造精良，最合卫生，健脾强胃，早已中外驰名。近为扩充起见，加装盒头以为利便送礼之珍品。本水客同人无任欢迎，特登报端以广介绍。

介绍人水客：钟荣盛　尧盛昌　林海喜　林绍其　李庆生　彭元三　蔡任宏 宋公干　赖鼎秀　钟德三　黎若云　李柏南等

（《梅县日日新闻》，1937 年 12 月 29 日第 1 版）

（七）《兴华日报》

《南洋水客陈道芬重要启事》

本人来往马来亚星洲等埠，定于七月九日由星洲乘丰庆轮返国，不幸该轮触礁遇险，行李文件俱被损失，但各侨胞付托之款因部（簿）据无存，难以记忆。请各侨眷家属数目多少，请来敝号登记，天理良心，照数偿还，以信□此启。

兴宁西河背□十□号新合昌陈道芬启

（《兴华日报》，1947 年 8 月 3 日第 3 版）

（八）《蕉声报》

《高思汤义廷水客启事》

敝人奔走新加坡芙蓉一带与暹罗等埠，□侨胞服务缘因去岁冬返国，□□□大批信□。

托暹罗和福记银庄汇寄，□言□至梅□□□梅□赖福记连号即到即交，殊该银庄不依所约，竟致延□，再□□询，彼宣□□中国农民银行所误，故交涉到今，并未成效，致各□□□信款□□□多少，□未曾照交，因时间关系，本人决于旧历二月十五□谒，□□□□□，至于未交信款，无论如何当然有交，不过时间稍迟一点，恐各亲朋不谙真象，持此敬登报端并希原谅为祷。

（《蕉声报》，1947 年 2 月 28 日第 2 版）

109

（九）《汕报》（梅县版）

1. 《为解决往叻新客困难，往新加坡、槟榔屿水客侨胞注意》

本行代理香港太古洋行坚固快捷安字轮船每两星期由香港开往叻屿一次。各属水客侨胞，不论新客、妇孺、老客，如欲前往上开地点经商，不明船期、单价者，可前来本行接洽，自当详为指导解决一切困难。此启。

帮安徽轮国历十月十八日，农历九月初六日星期三由香港开往叻屿。

梅属代理南丰行司理人林石如、林赞起启

住址：凌风东路粤东旅社

[《汕报》（梅县版），1939 年 10 月 5 日第 2 版]

2. 《梅水客侨胞自南洋募得赈款五千余元，昨缴交县政府振济义民》

（梅城专访）本县第一批由东江出国吧城水客张献云、陈双柱、刘继明、房介如、叶淑余等五人经日，陆续返抵梅城，到华侨互助社报告，谓伊等前在该社取得梁县长捐册，经在吧各埠，募得振济义民捐款，计共三千余元，并有暹罗华侨巫有生二千元、杨伯我五百元，当偕该社常务张士平，将款缴交县府。闻梁县长以各侨胞水客热心劝募赈款成绩优良，大为嘉许云。

[《汕报》（梅县版），1939 年 10 月 12 日第 2 版]

3. 《梅华侨招待所设大同旅店内办公，拟购汽车低价运载往返侨胞》

（梅城消息）旅港嘉属赈济会梅县交通站华侨招待所，原拟设于县政府内，后感于该处地址诸多不便，乃另觅地址设站，招待出洋及归国之华侨。十一日业经择定凌风东路大同旅店内后楼大客厅为站点，即日开始办公，并向该旅店店东商定，凡出洋及归国华侨到店歇宿时，一律以最低廉办法收费，以示优待。又该会交通股主任廖安祥，于日前抵梅后，经查明由梅至老隆一段之公路线，所有华侨乘车前往者，极感不便，□略拥挤异常，收费过高，殊失爱护华侨本旨，廖主任有鉴及此，拟即自备汽车一辆，每日专以运载往返华侨，力求坐（座）位之舒适，收费之低廉，及予以种种之便利，并拟请×××指挥部加意保护侨胞云。

[《汕报》（梅县版），1939 年 10 月 12 日第 2 版]

4.《短评：侨胞踊跃献金》

梅县政府为救济县属义民及被敌机轰炸家属，经于月前印就捐簿多本，分发往洋水客向南洋各埠侨胞募捐银物，实施救济工作；昨有吧城水客陈（张）献云、陈双柱、刘继明、叶淑余、房介如等五人返抵故乡，计共募捐得国币三千元，缴交县府核收。此首次捐款为数虽微，但陆续缴交者，则未可限量；而爱乡精神，尤是令人感奋也。

抗战建国，乃现代青年中国之百年国策，二期抗战中，而□湘北会战大捷，益足证明我军愈战愈强，必可完成抗战建国大业；尽我炎黄子孙之神圣义务，则为"有钱出钱，有力出力"之数十万华侨献金献身于中国革命之丰功伟业，□□而已；今吾嘉籍华侨前有救乡会之组织，作一大规模之救乡运动，近复有私人踊跃□□，□□□救乡之赤诚，殊不亚于故乡同胞，□□一分一厘亦足使吾人万分珍视，吾人□□□□各位热心水客努力募金外，并盼故乡富商巨子起而踊跃献金，一面救济家属义民及被机轰炸家属，一面□□有计划□□□，□□□□，于抗战声中戮（勠）力□□□□□，□□□□之所深望者也。

［《汕报》（梅县版），1939 年 10 月 12 日第 2 版］

5.《吧城华侨振济义民》

（梅城专访）吧城水客李肩我，于日昨抵县带回吧城华侨热心赈济捐款国币一千零五十元，交梅县华侨互助社转交县赈济会转拨赈济义民。

［《汕报》（梅县版），1939 年 11 月 7 日第 2 版］

6.《吧水客翁绍祺解缴经募捐款，梁县长发给奖状》

（梅城专访）梅县振济会，月来收到侨胞振济捐款已达国币两万余元，廿日又收到吧城水客翁绍祺缴到经募侨胞捐款国币一千五百五十三元二角五分，梁县长以该水客募捐成绩特佳，为各水客所不及，当给予奖状一纸，并设筵欢宴，表示谢意云。

［《汕报》（梅县版），1939 年 12 月 22 日第 2 版］

7.《鸣谢》

东江护侨事务所老隆分站主任宋恪六护侨得力，鄙人此次随带华侨十余人返抵老隆即雇定车辆回梅，讵是夜十点将开车时被一般烂辈兜难，无法解决。适宋主任巡察到车站，得悉情形，立即拘拿烂辈，一面保护开车。感激之余，特登报鸣谢。

巴城水客李环奎谨启

[《汕报》（梅县版），1939 年 12 月 22 日第 2 版]

8.《归国暹侨廖渭渔等在径心附近覆车受伤，经载返梅平民医院医治》

（梅城专访）暹罗水客廖渭渔，大埔高陂人，带有男女大小华侨廿三人，于本月二日由暹启程返国，十二日返抵香港，再沿东江返埔，于廿七日抵达老隆，即晚雇车一辆来梅。昨晨二时许，该车驶至离径心数里五马归槽地方，司机正开足马力上山坡时，不知何故，车突然向后坠落，覆于离地三丈余高田中，坐于车尾搭客均被压伤，肇事后，司机三人均惧罪逃走，车中搭客始由窗中爬出，派人到径心打电话报告华侨互助社。该社理事张治（士）平据报，即邀请平民医院黄院长率同医生看护数人，星夜乘专车驰往救护，到达发生地点后，由黄院长为受伤搭客一一裹伤，然后转车载返，于昨日（廿八）晨返抵平民医院。黄院长除安置受伤华侨留医外，并煮粥招待，查全车搭客受伤者七人，五人轻伤、二人重伤，廖渭渔鼻梁被玻璃割脱，牙齿亦脱落五枚，受伤最重。经黄院长施手术，现无性命危险，梁县长国材闻讯，亦于昨晨八时亲至医院慰问，并面谕黄院长等妥为疗医。记者据廖水客谈暹罗排华，日见严厉，冀我华侨子弟同化，将全暹中文学校查封，办理最有历史之客族进德小学，亦遭同样命运。报社原有四家，被查封三家，现仅存蚁光炎先生主办之中言报一家，暹政府虽严厉禁止华侨做爱国运动，惟我华侨不因严禁而消极，且益发踊跃捐输，对于抗战必胜信念极坚强。华侨子弟将大批返国，因不愿受暹罗之奴化教育也，廖水客此帮同行返国华侨廿余人，均系大埔籍云。

[《汕报》（梅县版），1939 年 12 月 29 日第 2 版]

9.《梅县府续收一批赈款》

（真干社讯）梅县华侨互助社，昨据吧城水客三人缴回华侨赈济捐款一批，随转交梁县长核收，计杨蕴记五百一十元三角七分，陈训秀一百七十元，谢记昌九十四元。

[《汕报》（梅县版），1940 年 1 月 11 日第 2 版]

10. 《忠告侯炳权迅速觉悟启事》

查氏夫棣棠，函向罗阶嫂回赎田业，蒙罗阶嫂同男淼泉将契由南洋□□回吴增记转交贵水客炳权全权代表将契款交收，乃贵水客竟为他人处理事务，意图为自己不法之利益，诈取款项。浮出原契典价五百余元，公然吞没，阅报骇悉。经一再向谕，均置不耳。所幸你报□收单影存可证，及有过交款人可以证明。安得违背任务，致生损害他人之财产，致触犯刑法第三百三十九条及三百四十二条之罪，有可幸免耶？用特登报忠告，希贵水客迅速觉悟，将款交回，否则依法诉追，勿谓无情之大甚也。此启。

梅县西街白果园谢潘氏启

[《汕报》（梅县版），1941 年 1 月 11 日第 1 版]

11. 《湖寮广东省银行廿九年十二月廿一日起实行增加利息》

一、活期储蓄：周息六厘（如能完全适合下列三项条件者可得周息九厘）

特别加息：

（甲）在每结算期内（即自六月廿一日起至十二月廿日止或十二月廿一日起至次年六月廿日止）每日结存数额在一千元以上者，得于规定利率外酌加周息一厘。

（乙）在每结算期内只存不取，而同时每日结存数额又在五百元以上者，亦得于规定利率外酌加周息一厘。

（丙）凡侨胞汇经本行拨存者，得于规定利率外酌加周息一厘。

上列甲乙丙三项中如能适合二项条件者，共酌加周息二厘，适合三项者酌加三厘。

二、定期储蓄：

期限利率：

半年：八厘　一年：九厘半　二年：一分　三年：一分五　四年：一〇分

五年：一分一厘　六年：一分一厘　七年：一分一厘半　八年：一分一厘半

九年以上：一分二厘

特定优待办法：

（一）凡水客侨胞存款，得以规定利率外酌加周息半厘。

（二）凡水客侨胞汇经款项拨存者得以规定利率外酌加周息一厘。

[《汕报》（梅县版），1941 年 1 月 27 日第 1 版]

12.《汕头水客联合会梅县分会启事》

查本会原日设立所有岭东各县水客均在汕会登记。乃自潮汕陷后，各水客出国途程已改道由东江往港。年来因时局影响，各会员往返匆匆，莫由聚会。同人等为连（联）络会员情感及团结侨情起见，特在梅城组织分会以便各会员重新登记。地点赁定城内东仓巷口（即法院隔壁）十一号门牌二楼，并定于二月三日（即夏历正月初八）召集各会员开成立大会。届时务望各会员踊跃贲临，以匡不逮，是为至荷。

汕头水客联合会梅县分会

徐利宏　徐接元　徐汉宏　廖步云　侯伯文　谢克成　黄毓鲲　陈佛昌

吴寿如　谢仁祥　李镜如　李举巨　余月新　同启

[《汕报》（梅县版），1941 年 1 月 29 日第 2 版]

13.《梅县振济会鸣谢启事，恕不称呼》

以下各数系第一次华侨捐款征信录刊发后续交到者：李金汉捐国币八百元，李森昌捐国币二百元，黄明大嫂（梁炯章带）捐国币一十元，潘文仰捐国币五百元，张伯周捐国币一百元。又水客杨新棠带回施粥款如下：张季我大嫂捐一百元，月泗大嫂捐五十元，伯通大嫂捐一十七元，林泉盛捐一十元，张可宝伯姆捐二十元，计五条共国币一百九十七元正。吧城叶家祠汇回施粥款国币三百元正；邓远声缴回二十九号捐簿一本，捐款如下：和兴号梁植生、张秀玉、张顺玉以上四人各捐五元，曾双云、谢和英、恭泰号郭荣贤以上四人各捐二元，合计八人共捐国币二十八元正。温公甫缴回三十五号未捐题白簿一本。以上各柱计共收到国币二千一百三十五元正。

梅县振济会收支部谨启

[《汕报》（梅县版），1941 年 1 月 29 日第 2 版]

14.《梅县梁县长昨日召各水客开谈话会，对于水客与侨属关系之深切与本县粮食教育等阐述甚详》

（梅城专访）梅县梁县长趁春节之便，各往洋梅县水客，各已还家，以难逢此会，特于昨日下午二时在县府礼堂召各水客开谈话会。出席各水客四十余人，首由主席梁县长致词，对于水客与华侨及侨属关系之重要阐述甚详，继述水客与银行业务关系之深，随报告梅县粮食、教育、建设、治安等概况，特别指出卅年度进行国民教育，广植树薯及桐暨储米万石备荒等项中心工作之急待完成，请向侨胞宣传，以收宏效。后由县粮食会熊副主任委员补述粮食会使用平粜基金购米与分配经过甚详。末，主席并介绍农民银行在梅设行经过，晚间由农民银行设筵招待各水客晚宴云。

[《汕报》（梅县版），1941 年 2 月 2 日第 2 版]

15.《梅县华侨互助社拟定出国新路线，全程需十八日，旅费二千余元，梁县长将情电请李主席指示》

（梅城专访）自近日敌寇进犯沙鱼涌淡水一带，而港惠交通，又暂告断绝，所有出国华侨，一时均不能前往。梅县华侨互助社常务张士平，有见及此，经拟定出国新路线报告梁县长。梁氏据报后，即将情转电李主席恳为设法指示，俾华侨可以出国，兹将华侨互助社拟定之出国新路线探志如下：由梅乘汽车到韶关（约两天可到），由韶关乘火车至衡阳（约十四小时），由衡阳乘湘桂铁路火车至桂林（约十二小时），由桂林搭火车至柳州（约十小时），由柳州乘汽车至贵阳（约三天），由贵阳搭汽车至昆明（约三天），由昆明搭滇缅公路汽车至腊戍（约七天），由腊戍搭火车至仰光（约三天），由仰光至槟城二日半可到，昆明至仰光亦可乘飞机（约六小时可达），需费约一千二百元，共计由梅至仰光旅费约二千余元，计程需时十八天云。

[《汕报》（梅县版），1941 年 2 月 15 日第 2 版]

16.《汕头南洋水客联合会梅县分会启事》

本会定于国历二月廿一日（即夏历正月廿六日）下午二时在本会开会员会议，讨论会务进行事宜，届时务望（英）（荷）（泰）（越）各属会员踊跃莅会。是所切盼。

会址：东仓巷口法院侧门牌十一号

[《汕报》（梅县版），1941 年 2 月 16 日第 2 版]

17.《吧城水客刘纪明启事》

鄙人叠（迭）接香港中华兴□来电云："（一）港政府近颁移民新例，每人须纳港币二十五元方准登岸。（二）出洋轮船备受影响，望极力减少同伴。（三）现接荷属新颁条例，凡十二岁以上男女新客，未得外面准字者不能进口。（四）现港与沙鱼涌交通尚未恢复。"特此转告各同业知之，静候来电云。

[《汕报》（梅县版），1941年2月20日第2版]

18.《梅县广东省银行，增加利息，奖励储蓄，特定优待办法》

（一）活期储蓄

周息六厘（如有完全适合下列三项条件及特定优待办法第三项者，最高可得周息一分零五毫）

特别加息：

（甲）在每结算期内（即自六月廿一日起至十二月廿日止，或十二月廿一日起至次年六月廿日止）每日，存数额在一千元以上者，得于规定利率外酌加周息一厘。

（乙）在每结算期内，只存不取，而同时每日结存数额又在五百元以上者，亦得于规定利率外酌加周息一厘。

（丙）凡侨胞汇经本行款项拨存者，得于规定利率外酌加周息一厘。

上列三项中，如能适合二项，共加周息二厘；适合三项者增加三厘。

（三）定期储蓄

期限利率：

半年：八厘　一年：九厘半　二年：一分　三年：一分零五　四年：一分零五

五年：一分一厘　六年：一分一厘　七年：一分一厘半　八年：一分一厘半

九年：一分二厘

特定优待办法：（下列优待办法普通定期存款、往来报款、特别往来存款均一律通用）

（一）凡水客侨胞存款，得于规定利率外酌加周息半厘。

（二）凡侨胞汇经本行款项拨存者，得于规定利率外酌加周息一厘。

（三）凡介绍亲友到本行储蓄部存款，其介绍人本人之所存款酬周息如下：

（子）介绍人存储万元以上，五万元以下者，加息半厘。

（丑）介绍存储五万元以上，十万元以下者，加息一厘。

（寅）介绍存储十万元以上者，加息一厘半。

（四）活期储蓄可向本行申请，在丙村、松口、兴宁、平远、蕉岭等处本行支取，免收手续费。

（五）存户如有迁移别处，凡在本行设有分支行处之地，均可向本行申请移转其已存满两年以上之定期储蓄，并得免收汇费及手续费。

[《汕报》（梅县版），1941年2月23日第1版]

19.《松口广东省银行，奖励存款，提高利率，特定种种优待办法》

本行为国父手创，资金雄厚，信用卓著，手续简便，服务周到。兹为奖进民众储蓄，吸收社会游资，以调剂国民经济起见，特订种种优待办法如下：

一、自十二月廿一日起，往来存款利率改为周息三厘，特别往来存款改为周息四厘。

二、活期储蓄周息六厘：

甲，在每结算期内（即自六月廿一日起至十二月廿日止或自十二月廿一日起至次年六月廿日止）每日结存数额在一千元以上者，得以规定利率外酌加周息一厘。

乙，在每结算期内只存不取，而同时每日结存余额又在五百元以上者，亦得规定利率外酌加周息一厘。

丙，凡侨胞汇经本行款项存入者酌加周息一厘。

上列甲乙丙三项中，如能适合二项条件者，共增加周息二厘；适合三项者，增加三厘。

三、定期储蓄：

年限利率：

半年：八厘　一年：九厘半　二年：一分　三年：一分零五　四年：一分零五

五年：一分一厘　六年：一分一厘半　七年：一分一厘半　八年：一份（分）二厘

九年以上：一份（分）二厘

特定优待办法：

①凡水客侨胞存款，得于规定利率外酌加周息半厘。

②凡侨胞汇经本行款项拨存者，得于规定利率外酌加周息一厘。

③存本付息，节约建国，储金若一年取息一次者，得照规定利率增加利率

半厘。

④各种活期存款均可向本行申请，在丙村、梅县、兴宁、平远、蕉岭等处本行支取，免受汇费及手续费。

⑤储币或节约建国储金存户如有迁移他处，凡在本行设有分行处之地，均可向本行申请移转其已存满二年以上之普通定期，或节约建国储金并得免收汇费及手续费。

[《汕报》（梅县版），1941 年 2 月 23 日第 1 版]

20.《梅县广东省银行通告赴南洋各位水客》

现准新加坡广东省银行函开，查当地政府对于外汇统制近来益加严密，所有水客请求汇款既有旅店担保，又有银行证明，尚嫌不足，必须持有前汕头侨务局水客登记证，始能批准。兹特函请转嘱水客，于来南洋时必须将前汕头侨务局水客登记证明带来。如无上项水客登记证，须凭本行所发水客登记证，向惠州淡水汕头侨务局或香海九龙加拿分道八号 A 广州侨务处（向周处长雍能）领取水客登记证，以免在新加坡汇款时发生困难。如请领水客登记证时有若何困难，可请当地广东省银行指导及协助，希查照办理为荷，等因准此。除由敝行华侨服务组宣传知照外，特登报通告周知。

[《汕报》（梅县版），1941 年 2 月 23 日第 1 版]

21.《粤李主席电示三处出国新路线，梅华侨互助社转知华侨遵照》

（梅城讯）梅县南洋华侨互助社有属员管文源等二十余人，准于本月四日首批由梅赴惠属某地转往香港出国一节，已志前报。惟连日以来，出国华侨到该社登记者，除管文源等一队外，尚有荷属水客杨新棠、张锡二；英属水客廖荣轩及侨胞黄锦舜、丘光明等数十人，异常踊跃。兹闻该社昨已奉到县府转奉省府李主席电令，指示出国新路线三条，即由滇缅路、广州湾、温州等处出口。此三条路线中，尤于广州湾较为近便妥当。该社奉令后，随时转知各出国侨胞一体遵照，并定于明（二日）下午二时开会决定，俾华侨可以安心出国云。

[《汕报》（梅县版），1941 年 3 月 1 日第 2 版]

22.《昨有华侨水客数批各采新路线回国，梅县华侨互助社举行欢送》

（梅城讯）华侨出国路线自淡水交通断绝后，各水客与华侨出国多未采一致路线。昨（四）日有一批华侨水客出国，计由海陆丰属某地出国者，有水客翁绍南、华侨管文源等二十余人；由滇缅路出国者，有水客胡绍成、胡南开及华侨张树棣等二十七人；由韶关乘飞机赴港出国者，有水客陈宏新三人；此外仍有水客杨新棠及华侨陈旺燊多人，则拟今明由广州湾前往。梅县华侨互助社，以各水客华侨，均系首次由新路线出国，全社职员一致欢送。香总司令翰屏及中委罗翼群氏，对华侨出国亦甚关怀，昨天在县府，与梁县长磋商华侨出国新路线，并由罗氏介绍华侨曹玉辉、饶志坚等数人，前往韶关，乘飞机往港出国云。

[《汕报》（梅县版），1941 年 3 月 5 日第 2 版]

23.《汕头南洋水客联合会梅县分会通告》

本会前议决会员基金限两星期内缴清，业经依期缴纳者固多，而未缴纳者亦属不少。事关本会会务进行，未缴会员请从速缴交，而利进行为盼。特此通告。

[《汕报》（梅县版），1941 年 3 月 9 日第 3 版]

24.《由滇缅路出国可以畅通，黄处长和春之电告》

（梅城专访）梅县府关于华侨出国路线问题，极为关切。本月三日电柳州某处长黄河（和）春，请查询由滇缅路出国情形。昨经接得黄处长复电，略谓各位水客出口由柳至缅可畅通。查由柳至宜山可通火车，票价二元六角二分；宜山至贵阳五一二公里，贵阳至昆明六六二公里，昆明至缅属腊戌七五□公里，汽车票每公里一角五分，由腊戌至仰光可通火车，票价用缅币。总计由梅至仰光每人约需国币一千元，水客经柳时，能力所及，当尽力予以协助云。

[《汕报》（梅县版），1941 年 3 月 11 日第 2 版]

25.《出国另一路线由梅县往上海，全程七天可到，需费约四百元》

（梅城专访）自港惠交通断绝后，关于出入国华侨水客，颇感不便。有经滇缅路出国者，有经广州湾出国者，或经汕尾出国者，但诸多困难。梅县府昨接林享文由金华电告，略谓出国路线由梅经宁都、鹰潭、宁波至沪约七天，旅费每人约四百元，沿途平顺云。

[《汕报》（梅县版），1941 年 3 月 19 日第 2 版]

26. 《梅县水客分会昨开会员大会》

（梅城专访）梅县水客分会于十九日开会员大会，到各埠水客数十人，主席侯伯文，议决派员催收会员基金，及各种要案多宗，并即席募得出钱劳军一百七十五元，闻该会以后当继续劝募云。

[《汕报》（梅县版），1941 年 3 月 20 日第 2 版]

27. 《侨胞热心赞助畲江中学，首批捐款达十余万元》

（畲坑讯）畲江中学为募集基金及建筑费，经由校长宋卓英亲自往洋募捐。兹悉，该校已接得宋校长来函，及热心捐款人名簿一本，计共募得国币十余万元。该款现由刘运添、卜炳南二水客带回共七千余元外，其余则不日即将陆续汇回。现拟先行开辟运动场及添购图书、理化仪器云。

（又讯）该校此次募捐有范任棠、吴季轩、张汉秀等各捐一万元云。

[《汕报》（梅县版），1941 年 3 月 22 日第 2 版]

28. 《兴宁水口盐卡骚扰归侨》

（梅城讯）梅县华侨互助社，昨据最近由汕尾归国水客翁绍祺等多人到社投称："兴宁水口盐卡，近日借检查私盐为名，对于归侨大肆骚扰，请转呈省府转盐管局改善。"该社据呈，经照为转请云。

[《汕报》（梅县版），1941 年 3 月 24 日第 2 版]

29. 《水客取道汕头出国惨遭敌寇荼毒，余月新被拘李肩我传已受害，杨某被注毒针中途毒发毙命》

（松口讯）松口水客余月新、李肩我等八人，月前鉴于出国路线阻梗，竟冒险取道汕头出国。兹闻据是帮与余李等共同由汕出国之华侨伍某在港电告，谓彼等抵汕后，被敌伪监视极严，其间同帮之人，并被敌宪兵带至伪卫生署注射防疫针。所谓防疫针者，实系极烈性之毒药，被注射后，非残废即毙命。本区南蓬径乡人杨某，在赴港途中因此毒发毙命，并闻余水客月新，现尚被扣押中，而李水客并有被害之消息云云。

[《汕报》（梅县版），1941 年 4 月 9 日第 2 版]

30. 《汕头南洋水客联合会梅县分会通告》

为通告事，本会业经筹备就绪。兹定于四月十六日下午一时召开全体会员大会，并选举职员成立。届时务望各同志踊跃贲临，是为至盼，特此通告。

[《汕报》（梅县版），1941 年 4 月 12 日第 2 版]

31. 《埔二中在南洋募得数十万元，郭校长已首途返国》

（大麻讯）县立二中郭校长衍宝，前承该校经委员会之推举，往洋募捐，约共募得捐款共数十万元。该校近接郭函云："拟三月下旬由星动程北归。"又近有由港返乡某水客云："在港曾面郭，惟彼于抵汕尾后之次日即失汕尾，忖郭或将乘港民航机飞韶转行返乡，计程不日可以抵校。"麻区人士及该校员生，俱为喜形于色，准备作盛大之欢迎云。

[《汕报》（梅县版），1941 年 4 月 18 日第 2 版]

32. 《归国华侨国币竟被没收，互助社请层宪查究》

（梅城讯）荷属坤甸水客翁绍南，去冬由南洋沙鱼涌返国，经过沙鱼涌时，有九龙关沙鱼涌分卡卡员上前检查行李，见翁呷必内有国币三千余元，遂生觊觎之心，指翁为携带逾额国币出口，将款悉数没收。当经由本县华侨互助社，去电证明该水客翁绍南确系由港归国，并非出国。所带之款，系各侨胞家属信银，希即发还。殊至今日久，该款仍未交还，该社以该卡如此糊涂，显系有意图吞侨胞家属信款，昨已将情分呈层宪，请将该卡卡员从严惩办，并将该款早日发还，以安侨胞家属云。

[《汕报》（梅县版），1941 年 4 月 26 日第 2 版]

33. 《香港渣华公司派员莅梅，指导侨胞出国》

（梅城专访）自沙鱼涌海口遭敌骑践踏以来，港惠交通梗塞，出入国侨胞水客更形困顿。关于出国新路线，政府早有明令由广州湾转港，但详细途程及沿途种种，多未明了。兹悉香港渣华轮船公司，前月特派经理人叶达常由广州湾转道来梅，借以引导侨胞出国。查叶于昨（一日）抵梅，经将此次由广州湾之详细途程交由梅县水客公会转知水客侨胞查照，以利出国侨胞云。

[《汕报》（梅县版），1941 年 6 月 2 日第 2 版]

34.《华侨集团出国展期开车》

（梅城讯）梅水客华侨，原定本月十日首批集团出国，兹闻昨天各水客华侨到华侨护助社报到出国者，仅十余人，其余离城较远华侨均未赶到。该社以人数不足，不能开车，决展缓数天开行云。

[《汕报》（梅县版），1941 年 6 月 11 日第 2 版]

35.《荷属水客张伯周启事》

鄙人于本二日由香港乘机飞韶，昨抵梅城。兹准本夏历一十日往西阳，二十日往丙村，二十二日到松口，二十三日到大埔各地交发信件，三十日动身南渡。如有欲同出洋者，可先来报名以便预定飞机票额，在韶方不致久候。凡有关移民条例（字头）发生困难者亦可代为解决也。

寓梅县中华路万生堂

[《汕报》（梅县版），1941 年 6 月 16 日第 1 版]

36.《梅首批出国侨胞昨日首途，当局电总部派队保护》

（梅城专访）本县首批集团出国华侨，连日以来到华侨互助社报到者计五十余人。该社以人数已足，特雇车两辆，于昨日上午开行，并推举水客张卓云为集团出国团长，负责沿途指导照料等事宜，一面由梁县长将名单用电话报告兴宁边匪总司令部，请派队保护。

[《汕报》（梅县版），1941 年 6 月 16 日第 3 版]

37.《由昆明转腊戌出国，旅费千余，需时三月，华侨互助社接水客之函告》

（梅城专访）沙鱼涌被敌阻塞以后，华侨出国路线，大受影响。关于东江方面华侨，经政府当局与华侨互助社等多方努力寻觅新路线，业经指取道广州湾前往。已有两批华侨由此线集团出国。而间有华侨或取道韶关转搭飞机赴港者，或是由昆明腊戌而至仰光者。由韶乘飞机者，因飞机票购买不易，常致向隅。昨华侨互助社张社长仕（士）平接水客胡给成自昆明来鸿，告知该线情形。除交通路站未便报道外，据云在昆明做出国护照约逗留□月之久，每天客栈开支，须十余元，昆明至腊戌票价二百余元，总计沿途须费千四五元，时间势须耽延三月之久，方可抵达仰光。沿途观感□□，空气非常浓厚，非同昔比。

[《汕报》（梅县版），1941 年 6 月 30 日第 2 版]

38.《荷印政府又颁移民新例，梅水客联合会已接港方电告》

（梅城讯）汕头南洋各水客联合会梅县办事处，顷接香港安庆堂来电谓荷印政府又颁新例：凡往荷属水客妇儿，均须先得荷政府许可，发给准字后，才能登岸。闻该会接到此电后，当即转达各水客知照云。

[《汕报》（梅县版），1941 年 7 月 22 日第 2 版]

39.《港当局新颁移民例，侨胞登岸极感困难，梅两侨团电请省府设法交涉》

（梅城讯）近日香港政府新颁移民条例，对于华侨经港出国，限制极严，凡无移民证，及我外交部护照者，均不得在港登岸。至做移民证手续，又时时改变，忽而准予缴纳保证金登岸，忽而不准缴纳保证金登岸，以致出国华侨，无所适从，焦急万分。本县华侨互助社、水客联合会两侨团有见及此，昨特联电省府李主席请为设法补救，兹将原电照登如下：

"曲江省政府李主席钧鉴：近日香港政府新颁移民条例，凡华侨经港出国无移民证及我外交部护照者，均不得在港登岸。以致出国华侨焦急万分，素知钧座爱侨若赤，用敢联电恳请迅赐设法向港政府交涉，或转请外交部速派专员驻韶发照，以利出国侨民，临电无任迫切待命之至。"

[《汕报》（梅县版），1941 年 9 月 17 日第 2 版]

40.《昆明出国领照困难，互助社电请改善》

（梅城讯）自敌寇进犯淡水后，有一部份水客华侨由滇缅路前往，惟由该路出国至昆明时，须领取护照，方准入仰光境。但该处发给护照机关，往往故意留难。梅华侨互助社有见及，特将情电呈侨委会，请予改善。侨委会昨已指该社，略谓关于侨民在昆明请领护照，务须从速办理，勿予留难一节，业经转函外交部核办云。

[《汕报》（梅县版），1941 年 10 月 3 日第 2 版]

41.《荷印政府又颁新例限制侨胞汇款，每人每月只准寄五十盾》

（梅城讯）吧城水客李昇如由港乘机于昨日抵梅，据谈，最近荷印政府颁布新例，限制侨胞每人每月抵准寄家属生活费五十盾，合伸国币五百元。常检查邮件，遇有侨胞家属回信，言及一次汇款超过五百元者，第一次侨胞即受警告，第二次则停止汇款权利。汇兑庄如经三次发现领汇过额之侨款，即停止其外汇。至水客方面，所带信款，每位侨胞亦不能超过规定额数，否则一经查获，即取消其水客证，限制甚为严厉云。

[《汕报》（梅县版），1941 年 10 月 30 日第 2 版]

42.《梅水客侯世杰由暹返梅带回侨批数万元，华侨互助社日内召开会议，研究今后华侨出国之路线》

（梅城讯）梅县水客侯世杰，自南太平洋战争发生后为梅水客中第一个冒险出国赴暹者，最近已经汕返抵梅县，并带回数万元侨批，准备分发华侨眷属。据云，其由暹来华所趁□轮□载暹米甚多，计在汕头起卸万包，广州起卸一万三千包，至上海厦门等地，亦有暹米运往云。侯抵梅后，已向华侨互助社报告返国经过。该社主任张士平据情后，日内将召开各水客会议，研究华侨出国之路线云。

[《汕报》（梅县版），1942 年 4 月 14 日第 2 版]

43.《东厢乡蓝塘下杨均南大嫂招领暹侨寄款启事》

窃氏夫杨均南素往暹罗经营水客为业，本年夏历四月初四日携带暹侨信款由暹动程返梅，讵至五月初一日行抵中途韶关时，氏夫忽然抱病。当氏夫病笃时，所有携带之侨胞信款汇单即托交同伴水客黄余三、谢杞元先行带回梅县。殊氏夫一病不起竟在韶逝世，乃氏夫行李内之发信簿于六月廿五日始由韶关岭南旅馆寄到，随请梅县华侨互助社及汕头南洋水客联合会按照簿核算，除均南一切费用外各侨胞信款仅有八成派交。此款因次男年轻不能料理，特请汕头南洋水客联合会经理人张崇文先生驻会监督发款。兹特此将暹罗寄款人姓名登报周知，暹侨家属阅报后即到梅城戏院街汕头南洋水客联合会领款，特此登报。

兹暹侨寄款人姓名列下：

梁思行八十元，家国元一百元，家带祥五十元，李国智大嫂三百元，陈粤梅五百元，梁炯豪大嫂一百元，陈玉安大嫂五十元，家恩粦卅元，丘汗盛二百元，范五大嫂三十元，梁华安一百五十元，饶纬宗二百元，陈粤梅一百元，李克明一百元，钟祥云二百元，张达明二十元，李国智一百元，镜大嫂廿元，陈丰祥二十元，张北芳大嫂十元，家玉珍姊八十元，陈家福昌五十元，家万兴一百元，梁应访卅元，郭如意二百元，家润喜一百元，家卓如二百元，家梅大嫂六十元，陈福华二百元，梁保生一百元，营智民一百零十元，华谢要兄三十元，家焕新一百元，梁三大嫂二十元，谢丁华廿五元，亚五妹五十元，陈炳兴五百元，廖质君二

124

百五十元，加寄廿五元，家伟元一百元，家永发五十元，家增成五十元，家友远一百元，刘炳辉五百元，家德友一百元，邓铨兄十元，家卓英四百二十元，刘云章一百元，梁安二百元，家先发二百六十元，钟程达一百元，张北芳嫂十元，家因冠七十元，润贰二百元又加寄三百元，菅五兄五十元又加寄十元，梁西发二百元，梁梅生二百元，西洋黎玉阐寄五十元，梁何招十元，钟杰昌□百五十元，梁抵秀寄一百元，李顺妹十五元，熊敬珍一百元，钟梓光廿元，范燊生六十元，家余嵩三百元，梁保生四十元，家寿廿五元，谢杜兄五十元，吴芳一千元，家荣叔二百元，范荣昌五十元，侯要钟大嫂五十元，熊耿钊二百元，古谋成一百元，德芳五十元，黄恺二百元，黄思祥二百五十元，叶德均二百元，家梅叔五十元，彭少淮兄二百元，廖□载二百元，谢杜大嫂二十元，萧均兄一千元，廖荣兴三百元，张安舜一百元，管金兄五百元，管耀荣五百元，梁燊如三十元，家棋昌二十五元，刘玉嫂五元，家维利一百元，谢南星一百五十元，邓金伯姆五十元，彭汉成二百元，彭智轩五十元，家铭秀一百元，家辑五叔一百元，家文荪二百元，黄雁如六百元，黄炳华五十元，张豪轩一百元，法文兄五十元，法文兄五十元（原文如此），梁炯豪六十元，江谦兄二百六十元，林钦梅五十元，泉泉二百元，通宜三十元，陈蕴记五十元；下市：萧继芳廿元，温吉轩兄一千元另寄五十元，侯仲南一千一百五十元，萧箕兄五十元；畬市：刘利丰二百三十元；西阳：罗乐、梁永安一百元，泉泉、通宜三十元，叶锡传二十元，协昌隆二百元，管伸兄两百元，曾招喜妹十元，钟明光二百元，刘鼎一百元，李伟英二百元，黄扬谷一百元，丘锐乾五十元，钟声文二百元，钟珍乾一百元，钟祥妙五十元，焕松一千五百元。

[《汕报》（梅县版），1942 年 8 月 16 日第 2 版]

44.《汕头南洋水客联合会启事》

太平洋战事爆发后，南洋群岛邮政不通，侨胞家属难免思念。近阅各报登载各埠平信可通，本会有鉴于此，特为代侨胞家属设法投递。近欲通信者请到梅县戏院前街敝会接洽可也。

[《汕报》（梅县版），1943 年 4 月 12 日第 4 版]

45.《埔旅越水客李宝生等被押经年省释返里，遭廉江缉私机关罗织陷害》

（大埔讯）大埔原为贫瘠之区，民众生活仰赖南洋侨汇及水客信款源源接济，自日寇南侵，香港、南洋等地，先后沦陷，侨汇断绝，水客带款归国，亦生故障。邑内侨属遂即陷于饥寒交迫之中，卅一年春间，有本县旅越水客李宝生、罗启智、潘永忠等，各带本县旅越侨胞信款数万元由海防至广州湾冒险归国，不料道经廉江县境时，当地缉私机关竟用种种毒辣手段，罗织陷害，致遭拘押，且辗转长途递解，为时经年，侨属候款，望眼将穿，遇得旅外同乡邹鲁、涂演凡、吴稼秋等多方设法营救，始经军委会桂林办公厅军法处，判决无罪，于本年三月四日，在桂省释返里，现李等已于本月廿四日抵步（埠），当将信款速行分发侨属云。

[《汕报》（梅县版），1943 年 5 月 15 日第 3 版]

46.《为林同德延交侨汇告华侨家属暨社会人士书》

各机关、各侨胞侨属暨社会各界贤达公鉴：

窃舍弟文海于去岁返国携带一批侨汇，业经清发。未了事务暨一切手续交由维汉、瑞燊全权办理。舍弟抵东兴后复托友带回亲笔手札一本，内有"又由邮汇局汇梅县林同德，转熊文海收五十万元，此款请和林同德协同交涉支取"等语。当即至林同德宝号邀同林挺芳君向邮汇局查询未到，维汉只得复返畲坑，静候林君消息。嗣接林君十月廿日来函云："维汉先生尊鉴赐教，敬悉邮汇局款据，称前去电未得复，已再去电，俟得复时，再行奉告"，林君十一月廿日来函称："维汉先生大鉴：邮汇局已交来文海君收款五十万元，特此奉达"等语。其时维汉适在病中，乃遣小儿柏干偕瑞燊携带印据往领。不料林君竟声称，应由维汉本人前来方可领取，维汉以林君为吾梅商界领袖、社会闻人，且林同德宝号以前信用甚好，现其事出慎重，情有可原，不虞有他，故安心静待病愈。至本年一月八日，维汉以农历年关将至，侨属需款至殷，乃抱病来梅向取。殊抵梅后，一连数日迭往林同德宝号及县银行、商会等处，凡有林君平日常到之地，无不前往拜访，恨均未及一面。嗣卒于林同德宝号内与林君觌面。不料林君，言词闪烁，不表示交款，又不表示不交款，只谓此款提存银行似不如仍存该号，亦可照银行付息。维汉以此款乃属侨属之款，而非本人私有之款，亦非文海私有之款，不容私人处置，领后须转发侨批者，乃以婉言申述，不可存于该号，仍请林君支交，又不料林君竟支吾其词，约维汉容日考虑。维汉以素闻林君曾任商会主席名誉，浩大延宕，不交料有难言之隐，只得唯唯告退，静候其考虑后决定。但延搁一月，仍不得要领，只得转托县参议员熊燮廷先生向伊征询，旋得燮廷先生征询结果，谓林君答允须赴公证处证明，始得付款，维汉听闻喜讯，以为支款有望，可济嗷嗷侨属。遂往谒梅县地方法院彭院长启周，请示公证手续。蒙彭院长表示手续极为简单，且法院对华侨款项提兑公证已有农民银行数宗款之前例。维汉得此消息，即邀请林君同赴法院再晋谒彭院长启周，愿作如此公证手续解决，不料林君复固执己见，谓其不愿作如此公证手续解决，维汉至此，方知其别具用心，既无诚意交款，前之种种，乃属八面兜圈办法，只得报请当地长官绅耆，多方晓劝，并提出办法，由双方会同提交省行或农行，存入原熊文海在梅亲开户口，另觅二间殷实店保，由当地长官或公证处监临以清责任，以利侨属。各界人士、各机关首长，亦以无论于情于理于商场道德，或是为救济侨属立场说，林君都无故意不交理由，而林君不愿物议，仍固执不交，维汉只得委曲求全，再予一星期之考虑。至一月二十六日，因觉林挺芳君每于语塞之时辄言此事须与其兄弟商量为词，维汉闻其令兄竹荪先生，老经商场，为人正直，乃挽托其乡邻正直士绅刘解南先生，前往婉说。竹荪先生言辞虽较直捷，但谓店保不稳，须相等价值之不动产红契作按，始得交付，不然则退返邮汇局。维汉以交涉至如此山穷水尽之时，而不动产红契作按，按原属过分要求，且为战时不可能之手续，乃迫得赞同退回邮汇局，以便另以银行惯例，便利侨胞手续解决。殊于卅日下午，双方业已言定，于越日将款退回邮汇局，不料仅隔一小时，林君又变原议，形成无可交涉之僵局。窃思此款交付同德为时两月有余，维汉固不敢以神经过敏之思想目林君为运用侨款，惟今日侨胞，冒万难、经大险，辗转驳款，经无数不可想象之艰危，始得到达原乡，反而在此光天化日之下，饱受刁难，试问汇款者，暨多数托汇侨胞与同德宝号有何嫌怨？维汉本人叠（迭）与林君交涉，悉本之以礼，不敢有批鳞态度，致伤林君威严，林君竟如此忍心害理，置侨属苦恳哀鸣于不顾，真不知是何居心！今日侨胞远离祖国，电讯不通，形同隔世，若乘机捞财，则富而不誉。在此岁暮年终，鹄待侨汇接济者，比比皆是，若此款同德宝号可以不交不退，留作自用，以待不知若干时候，天理人情，亦所不许，夫政府对侨胞素持爱护，对于侨汇益为注意，不惜周详设法。政府方便利与救济之不暇，讵料留难侨汇者，竟出于素为吾梅商界领导者之林君挺芳手中，殊觉痛心与遗憾。兹除代电层宪设法追取外，谨将经过公布，以待公评。如能借此引起关心侨胞者之注意，迅谋解决，以利侨汇，侨胞幸甚。又舍弟亲笔札内尚有"第一批文阶，由银行汇来五十万元，交林同德既照电汇"等语。惟刻尚未接同德通知，暂不置论。

　　谨启

熊维汉、熊瑞粦同启

[《汕报》（梅县版），1945年2月3日第1版]

47.《为林同德背签舍弟文海姓名领款事再告社会人士书》

社会诸公鉴：

　　梅县林同德号延交侨汇事，维汉等曾将交涉经过掬诚披露，是非自有公论。兹更有须披沥于社会诸公暨侨胞侨属者，为林同德号于卅三年十一月七日向邮汇局兑款时，竟背签舍弟文海姓名（毛笔字），请问如此背签他人姓名领款而又延搁不交，究竟是何居心？维汉等谨以至诚期待社会名教与援助，并恳政府曲赐矜怜，保障华侨法益，侨胞侨属幸甚！

谨启

熊维汉、熊瑞舜同启

[《汕报》（梅县版），1945年2月3日第1版]

48.《林同德号辟谬，并敬告社会人士》

顷阅熊维汉、熊瑞舜二君在报所登《告华侨家属暨社会人士书》（以下简称"熊书"），不胜讶异。查敝号卅三年十一月间由梅县邮政储金汇业局收到熊均灵由东兴汇来交熊文海收国币五十万元，因事前熊维汉君曾来函询问此款，故敝号于收款后去函通知维汉君（原函已见熊书），后旬日维汉君来店取款，敝号以维汉君非熊文海本人，敝号与之素不相识，虽据称系文海之兄，但无文海君委托其代领之证件，因婉言申明。当时维汉君亦甚谅解，惟称文海本人已赴暹罗，不能亲自到领，容其另想妥善办法代领等语。嗣后数日熊燮廷先生受维汉君之托来商通融办法，认为赴法院公证后或有可能。挺芳当与燮廷、毅武、维汉、瑞舜诸君同赴法院谒见彭院长请示。蒙彭院长明白指示，谓公证只可证明同德号经将应交文海之五十万元交付于维汉而已，至将来文海如有异议，则属另一问题，同德号对文海之责任非可因公证而解除等语。敝号以公证办法已不能解除敝号对文海君之责任，于事无补，故未果行。迨经数日维汉君复托刘解南、刘月波先生与竹荪磋商，谓可否其用店号或产业担保代领，竹荪以此时时局靡定，店保难靠，如有产业作保可以交款，否则唯有将款退回邮储局。其后未见维汉君答复，敝号乃与邮储局磋商退汇手续，而维汉君等竟于二月一日在报端披露启事，变更事实，书词攻讦。殊不知事实具在理法。显然该国币五十万元收款人乃熊文海，而非熊维汉，无论依照法律或商场规例，非熊文海本人或其合法代理人，不得具领。敝号与熊维汉、熊瑞舜等素昧平生，讵可得贸然交付？故当维汉君来商代领时，即既明白表示只要维汉君能有妥善办法，俾敝号交款后对于文海君之责任可以解除，则任何办法均可照办。初则徇燮廷先生之请，偕赴法院磋商公证手续，继则徇解南先生之请许其用产业担保，在在足证敝号对于维汉君之要求已万分迁就，极步通融，维汉君既不能照解南先生最后所提之办法提供产业担保，以致迄未解决，讵敝号之咎。号经商数十年，信用素著，本非区区文字所能中伤，惟念聚蚊成雷，积毁销骨，恐社会人士不明事实真像，用特详陈始末，伏希公鉴，并附带声明仍一秉初衷。熊维汉君在最近期内如有合法代理文海领款证件提出，或有相当产业保证，敝号即当照数许其代领，否则交还邮储局，听候文海本人回来处置。

否则纵挟万钧之势，斧钺之威，敝号为顾全汇款人熊均灵、收款人熊文海之利益计，为确守商场规例计，为维持营业信誉计，决不滥交以致累人累己。又挺芳兄弟做人做事一向认定立场，脚踏实地，虽不敢妄自菲薄，亦从来未过分希求。服务社会以来对人对事一本此旨，间或与人意见不同，挺芳亦始终抱着责人不如责己之旨，凡事反求诸己，人有不谅，亦反求诸己，故从不愿与人作无谓之争论。此后维汉君等如再有攻讦文字，恕不再辩。各界人士幸垂察焉。

林同德、林竹荪、林挺芳启

[《汕报》（梅县版），1945 年 2 月 4 日第 1 版]

49. 《梅林同德号背签熊文海姓名领款，曲江区银行监理官调查真象》

（梅城专访）梅县林同德号延交侨汇五十万元事与归侨熊维汉发生纠纷，情见前报。昨天该归侨再登文告揭发林同德号背签伊弟文海姓名，向邮汇局领款。据法界批评，林同德号已犯刑事行为。又曲江区银行监理官对此事极为注意，昨曾亲自调查真象云。

[《汕报》（梅县版），1945 年 2 月 4 日第 3 版]

50. 《律师黄建我代表熊维汉等驳复林同德号辟谬声明》

本律师现据熊维汉、熊瑞粦到称："关于林同德号背签文海署押领款延交侨汇，事实经过，披露无遗。该林同德号虽鼓其如簧之舌，亦难逃社会人士之耳目。该项启事本不值一驳，惟其内所称'敝号以维汉君非熊文海本人，敝号与之素不相识，虽据称系文海之兄，但无文海君委托代领之证件，因婉言申明，当时维汉君亦相当谅解'等语，认为其抹煞一切事实，有再事申明之必要。查舍弟文海，去年复返东兴，临行时委托维汉、瑞粦全权办理一切侨批事务，不特有文海委托簿据可凭，且有文海在省行存款用维汉、瑞粦二人印章直接支取之事实可证，至该五十万元侨批款，则更有文海在中途交刘芹秀带回之亲笔手札内记明：'请和林同德协同交涉支领'之委托事实可据。据查该五十万元侨批款，当日已系根据文海寄回之手札，始会同向邮汇局查询，邮汇局根据查询，始经两次去电查明照交。足见文海委托维汉支取手续非常完备真确，该林同德号，何得谬称文海无委托代领之证件？诚恐淆乱社会人士视听，特委托贵律师代为登报驳复，俾正视听。"等情。据此，本律师查敝当事人所称各该证件，经审查尚属实在，合亟代表登报驳复如右。

[《汕报》（梅县版），1945 年 2 月 5 日第 1 版]

51. 《延交侨汇事已告解决，林同德号已将款交出》

（梅城专访）梅城林同德号延交侨汇五十万元事，双方互在报端刊登启事，引起社会人士注意。昨日该案经商会理事长陈勤争调解，林同德已将该五十万元照交熊维汉等收领，一场纠纷遂告解决云。

[《汕报》（梅县版），1945 年 2 月 8 日第 3 版]

52. 《调解启事》

缘熊均灵君于卅三年七月四日由东兴汇由梅县邮政储金汇业局交林同德号转交熊文海收汇款国币五十万元，文海本人于卅三年七月底复出泰国，过东兴时得悉前情，特写一手札托刘芹秀水客带交其兄维汉手收。嗣维汉君向林同德代领该款时，林同德以维汉、瑞狮、文海、均灵四君前未相识，仅凭普通手札未有收款人（熊文海）或汇款人（熊均灵）亲笔函致该号声明该五十万元可交维汉、瑞狮代收，未便遽付，以致发生误会，互在报端刊登启事。兹经勤争等调处清楚，将该五十万元由林同德代熊文海存入梅县广东省银行熊文海户内（户号 606），掣回存款证据另由熊燮廷君、熊淡苏君、熊溢君暨中山路万纶盐场谢大源（即蕴如）君共立负完全责任保证书一纸交林同德收执为据，如文海君或均灵君有异议时其责任完全由保证人负担，与林同德无涉。合将调处经过情形声明如右，此启。

梅县商会理事长陈勤争启

[《汕报》（梅县版），1945 年 2 月 10 日第 2 版]

53. 《华侨互助社电请李主席设法沟通侨汇，饬南路各省行勿得拒收侨汇》

（梅城专访）梅华侨互助社理事长张士平因南路各县省行拒收侨汇，特函呈李主席请为设法沟通，俾侨眷能获侨批接济，兹节录其函如下：

"迭据水客张嘉梅等七人报称：'伊等于去年携带侨批返国，曾在钦县广东省银行共电汇侨款七百余万元，至今三月余之久，除张嘉梅等领到六十余万元外，其余六百余万元尚未领到。近日虽据梅县省行负责人通知，梅省行已接钦县省行来电，该侨款已汇往揭阳等语，是该款仍不能向领。'又据归国华侨报告：'近日东兴及茂名等处广东省银行，一律拒收侨汇，致有水客只得买黄金随身携带，殊至途中，竟遭匪徒抢劫，窃念华侨水客，历千辛万苦，携带侨批，已抵国门，而仍遭损失，殊使侨眷失望。'拟请饬令省总行，设法沟通侨汇，并转电南路各处省行，嗣后勿再拒收侨汇云。"

[《汕报》（梅县版），1945 年 2 月 18 日第 2 版]

54.《水客华侨一批平安抵梅》

（梅城讯）梅县南洋华侨互助社理事长张士平，以近日由泰国归国水客华侨，历尽千辛万苦，幸告平安抵梅。昨（四）日特在该社礼堂开会招待，借表欢迎。到水客曾昭献、曾桃发、陈柳君等十八人，首由该社张理事长致词，继由归国水客曾桃发，报告沿途经过困苦情形，并代表全体表示谢意。会毕，赴新亚餐楼聚餐，席终尽欢而散云。

[《汕报》（梅县版），1945 年 4 月 5 日第 3 版]

55.《泰国华侨归途遭匪洗劫，华侨互助社电请缉匪》

（梅城专访）梅籍泰国水客谢逸民、林兴、杨英□、钟子庭、华侨管绍文等五人，于去年九月底由泰国起程，经安南返国，几经艰险，历时数阅月，于本月二日始由沦陷区辗转抵五华县境。讵至离安流五里许之黄泥峡地方，遭匪徒数猛拦□洗劫，损失达百余万元，情形至为狼狈。同行客商管炽华、管泉山、管志高等，亦同遭洗劫。彼等于本月四日抵达梅城，将情报告华侨互助社。由该社理事长张士平，分电治安当局，请迅缉匪归案究办，以护侨民利益。闻该批水客谢逸民等，携带侨款数百万元，系于本年三月间，由百色电汇梅县中国银行交兑，该行竟称："尚未接到电报，不能交付。"该水客等因款未领到，无法将款转发侨胞家属，现拟电请当局，设法解决，以维侨眷生活云。

[《汕报》（梅县版），1945 年 6 月 6 日第 3 版]

56.《泰国水客汇回侨款，中行电百色查询中》

（梅城专访）梅县泰国水客谢逸民、林永兴①等四人，于本年三月由广西之百色中国银行汇回由梅县中国银行交兑之侨汇数百万元，因梅中国银行未接到该批汇款，无法交付，情志昨报。记者以事关侨汇，特走访中国银行负责人，询以真象。承答谓："近因战时情形特殊，各地交通每多阻碍，本行与各地往来电报亦有此情形，至于汇款，一经接到，无不设法送递与交付，此可在贵报过去每次

---

① 林永兴，即上文的"林兴"，原文如此。

代本行登载住址不明招领汇款之举，概见一斑。至于此次水客谢逸民等之汇款问题，事属平常，因敝行为国家银行之一机构，一切办理均有规章，林等虽执有百色汇票，而敝行仍未接获根据，此敝行不能据一面之据遽尔交付汇款原因，何况数目达百万以上。现敝行已去电百色，查询求其迅速解决。敝行过去一切汇款尤其侨汇，办理均无不尽可能便利，但若自己毫无把握时则不能不加慎重，此乃责任问题云云。"

[《汕报》（梅县版），1945 年 6 月 7 日第 3 版]

57.《由泰归国水客昨日抵梅，计历时九阅月》

（梅城专访）由泰国归来之水客黄维三、梁环章、侯藩凤等数人，于去年九月间动程回梅，历时九阅月，经于昨日抵梅。据谈，在□江曾遭匪洗劫，共损失六十余万元，此次由防城侨汇六百余万元，系由梅县陈广隆转交，现正交涉领取中。

[《汕报》（梅县版），1945 年 6 月 12 日第 3 版]

58.《梅华侨互助社欢宴中委叶汛》

（梅城讯）梅县华侨互助社，昨日在该社设宴欢迎中委叶汛，到县府黄秘书锡治、商会陈理事长勤争及华侨水客等数十人。由该社理事长张士平致欢迎词后，继由叶委员致词，略述自抗战以来，伊本人在海外工作经过，并勉励梅县华侨水客，须团结一致。末对华侨互助社领导侨众有方表示满意。后由黄秘书锡治、旅印华侨张国基等相继演说后欢宴，宾主尽欢而散。

[《汕报》（梅县版），1945 年 6 月 21 日第 3 版]

59.《侨胞水客公鉴》

启者：

抗战胜利结束，敝行代理太古洋行常川行驶实叻、暹罗、安南各埠，轮船不日复航，特此通告各位水客，希将通讯处寄交梅县凌风西路品玉斋二楼林硕如收，或径寄汕头本行，俾便通知正确船期。

此启

汕头至平路太古南记行启

[《汕报》（梅县版），1945 年 9 月 8 日第 3 版]

60.《战后出国华侨刘环秀将首途》

（梅城讯）暹罗水客刘环秀及华侨刘星云、张佛荣等，昨赴梅县南洋华侨互助社登记，由该社发给登记表后，即行动程，取道东江、广州市、南路各县，经东兴、安南赴暹，计程月余可抵达。

[《汕报》（梅县版），1945 年 9 月 22 日第 3 版]

61.《荷属归侨联合会昨举行成立大会，选出廖世恭等为理事》

（梅城讯）梅县荷属归国华侨联合会，于昨日上午九时假县党部举行成立大会，到会会员极为踊跃，县政府派张督学惠元、县党部派李组长润舟莅会指导监选。首由主席廖世恭领导行礼并报告组织联合会之动机目的，以及筹备经过情形，继由张督学、李组长训话，会员张万珠、陈龙华等演说，旋讨论修正通过章程草案，末举行选举，结果：廖世恭、梁士敏、张×谋、古岳生、张万珠、张蔚南、张志我等七人当选为理事，陈龙华、李海烈、谢作谋、饶志平、张公万等当选为候补理事，刘玉轩、侯伯文、徐利宏等三人，当选为监事，陈劲倪、谢克诚、谢志坚等当选为候补监事，至常务理事，及常务监事，定于下星期召开监理事会时，就理监事中推选云。

[《汕报》（梅县版），1945 年 10 月 22 日第 3 版]

62.《水客萧娘安热心公益，梅河区署呈请嘉奖》

（百侯专访）大埔梅河区署侯北乡梅树滩之溪岸，于去年被冲崩达四五丈之高，该溪岸系一交通要道，关系行人安全至为重要。有该乡水客萧娘安，日前自动向旅南洋热心同乡募得国币五百余万元，修筑该溪岸。闻拟于最近邀请地方士绅开会，商讨修筑工程进行问题。梅河区署以该水客萧娘安，自动热心公益之精神，殊堪嘉尚，特于日昨呈请大埔县政府，题词嘉奖云。

[《汕报》（梅县版），1947 年 1 月 10 日第 3 版]

63.《白渡水客刘柏青启事》

鄙人约于夏历一月五日后启程复往南洋，凡各士商翁交有信件者，请于十五日以前寄至各处通讯处，以便汇齐。

此启

通讯处：梅县绍兴隆　蕉岭永兴祥　松口南京旅店　白渡刘士民医务所　汕

[《汕报》（梅县版），1947 年 1 月 29 日第 1 版]

64.《毛埠水客王渊盛启事》

径启者：

本人乘力斯美船于廿日抵港，约十日内抵梅，携回外面亲友付托登岸证甚多，如有亲友欲往毛埠者，希早日前来凌风东路王仁记号先行登记，以便同往毛埠。特此奉告。

[《汕报》（梅县版），1947 年 2 月 26 日第 1 版]

65.《毛哩寺水客钟裕光启》

近由毛抵梅携回大批准许登岸证，新旧毛埠者见报后希向上市万源丰米行内先行登记，以便办理一切手续，特此预告。

[《汕报》（梅县版），1947 年 5 月 26 日第 1 版]

66.《水客徐震群往南洋启事》

震群决定端阳节后复往南洋荷属吧城、万隆、巨港等埠，倘诸亲友叔侄如有家信物件委托者，请投下列地址，当照名交妥也。

通讯处：梅县中华路庆丰庄号　蕉岭南门外徐合裕号　松口火船头中央旅社

[《汕报》（梅县版），1947 年 6 月 21 日第 1 版]

67.《水客邓荣盛被控侵吞公款》

（西阳讯）西阳双黄乡于民国二十五年间，因建筑乡竹山下灰桥及风雨亭，由绅耆丘斗南等发起发捐簿十本，交水客邓荣盛向南洋侨胞捐得款项甚巨。讵邓荣盛捐得款后迄今未交出，该灰桥及风雨亭至今未兴工建筑。该乡秀实学校校长丘钦，激于义愤，特向梅县警察局告发，闻警局经派警将邓荣盛带案讯办云。

[《汕报》（梅县版），1949 年 2 月 16 日第 2 版]

68.《毛哩寺水客黎连芳启事》

鄙人准于四月廿九日搭渣华公司宝树云号往毛，如有亲友往毛埠者，请于数日内到大康路尾黎连芳寓接洽登记等手续，并准于四月五日由梅启程往港。特此奉告。

[《汕报》（梅县版），1949 年 3 月 24 日第 2 版]

69.《毛哩寺布旺埠水客钟裕光抵梅启事》

鄙人由毛乘（宝树云）邮船返港，已于日昨抵梅。兹决定于国历六月初旬乘（得基堡）邮船复出，如有蒙诸亲友委托及携带侨属前往各埠者，请预早前来洽商为盼。

梅县通讯处：嘉应大旅社

会客时间：每日上午九时至十二时

[《汕报》（梅县版），1949 年 5 月 1 日第 1 版]

70.《毛里寺、布旺埠、南斐洲水客温镇祥抵梅启事》

鄙人由毛乘渣华公司宝树云邮船，途径槟榔屿、日里、星洲、吧城、菲律宾返港，已于日昨抵梅。兹决定于国历六月初旬乘该公司得基保船复出，仍途径上列各埠。如蒙诸亲朋委托携带眷属前往该埠者，仰祈预早前来接洽为盼。

会客时间：上午八时至十二时

通讯处：温清利家私店

[《汕报》（梅县版），1949 年 5 月 1 日第 1 版]

（十）《梅县民国日报》

1.《金盘大坑水客蓝福寿被匪劫后启事》

径启者：

福寿素以走水为业，年来相安无异。殊此次由南洋昨日抵家，至是晚十二点时候，突来匪徒多猛，声势狼恶，闯门而入，手持短枪，指吓倾箱，肆意搜刮，

135

所有海外亲友托带银物概被洗劫一空，计统损失九千余毫。除报请本乡第七乡会暨丙镇区会及警署严辑（缉）外，特此登报周知。

中华民国十九年一月十六日

[《梅县民国日报》，1930年1月21日第3版]

2.《华侨互助社决定出国新路线，取道西江经澳门过港》

（本城专访）梅县华侨互助社近感敌寇侵占惠属葵涌等地，由东江出港之惠港路线被其所阻，乃于昨日下午一时在该社召集梅属水客侨胞会，讨论出国新路线诸问题，出席水客侨胞卅余人，主席张士平，会议结果：（一）华侨过经惠州出港路线，最近是否同行，急电池专员示复。（二）县府交下之三条出国路线，由内地经澳门或广州湾过港，如东江交通仍不通，暂依池专员指示第一条路线经澳过港。（三）出国日期于池专员示复后二日即行动程，决不延迟。又其致池专员原电如下："急。河源行政督察专员池钧鉴：最近惠港路线通否？恳速复。梅县华侨互助社叩。"

出国路线

查其中一条路线，由梅乘车到老隆、连平、大坑口，由大坑口搭电轮到清远，然后陆行一百卅里到四会之黄冈圩，再步行八十里到肇庆，渡河至白沙头，约三十里到白土圩，五十里到更楼圩，四十五里到宅梧圩，四十里至开平东南角之单水口，即搭三埠船径往澳门，转赴香港，计由远县至单水口须陆行三百七十里，每人由梅赴港旅费约百元以上云。

（《梅县民国日报》，1939年9月1日第2版）

（十一）《中山日报》（梅县版）

1.《梁县长饬各区召集乡董水客船工开会，集思广益讨论发展问题》

（本报专访）梅县长梁国材，以潮汕敌人登陆后，海口已被封锁，地方情势吃紧，关于地方治安之维持，由每乡推定声望素孚之父老若干人为乡董，协助乡长组织地方民众武力，以资自卫。而民船轮船及旅店业，可尽量迁移东江发展。至欲往南洋之梅属各水客，则由县府派队护送至淡水沙鱼涌，乘轮赴港转赴南洋各属，各情经于日前纪念周时由梁县长详细报告。兹为集思广益起见，时分令第

一、二、三、四区署区长，分区召集各乡董、水客、民轮船工人、旅店业负责人，定期开会讨论，届期梁县长将亲自分别参与会议云。

[《中山日报》（梅县版），1939 年 7 月 6 日第 2 版]

2.《省行邀水客等谈话》

（本报专访）梅县广东省银行，以梅县金融向仰给华侨汇款为挹注，惟自潮汕沦陷后，侨胞汇款为众□。兹特增设华□组，专为□属服务，□借款条例□侨，昨函请□互助社分函□及各侨批□一日下□商谈一切，□□□□，而利进行□此，昨分函通□客，及各侨批□，希准时前往参加，共策进行云。

[《中山日报》（梅县版），1939 年 7 月 10 日第 2 版]

3.《梅华侨社讨论侨胞出国问题》

（本报专访）梅县南洋华侨互助社常务张士平，为周详计划水客及侨胞改道东江出国问题，特于十二日下午五时在该社开会讨论，到水客五十余人。主席张士平宣布开会理由后，各水客即互相交换意见，旋议决：（一）各水客侨胞出国时应到互助社登记以资保护。（二）推定互助社代表张士平、何雪梅、赖宪昌，水客方面英属黎连芳、荷属张献云、暹罗曾干良等六人谒见梁县长，请示保护沿途安全问题。至关于出国日期，亦经决定。闻此次出国侨胞，除水客外，计有二百余人云。

[《中山日报》（梅县版），1939 年 7 月 13 日第 2 版]

4.《梅县县长梁国材视察四区》

（真干社松口讯）梅县长梁国材于十二日由梅城赴松口视察，下午三时在第四区署召集各乡镇、保长及水客、旅业界等开会，到百余人，行礼如仪。首由朱区长致简单开会词，毕，即由梁县长训话。对（一）华侨汇款、（二）治安、（三）自卫、（四）保甲、（五）农村贷款诸问题均有详明之指示，末对松口谷仓过去办理之不妥亟应加以整理，及松口国光中学高中部既已立案，望地方人士加以扶植、多方协助。训示毕，有省参议李伯存、县府咨议陈正纯及张和达等相继演说，至六时余始散。

[《中山日报》（梅县版），1939 年 7 月 13 日第 2 版]

5.《英属仰光等埠暂时不能前往》

（本报专访）梅县南洋华侨互助社昨接香港客行来电，略谓"往英属新加坡、槟榔屿，新老客均无阻，照常登岸，惟往仰光、加里吉打、毛里寺等埠，则暂时不能前往"等语。查前昨两日各水客侨胞等，由梅乘车至老隆转轮由东江赴港往洋者为数颇多。

[《中山日报》（梅县版），1939 年 9 月 30 日第 2 版]

6.《侨胞振济捐款又到千余元》

（本报专访）月来各埠回梅水客解缴侨胞振济义民及梅属被炸灾区捐款，计有国币一万六千余元之多。查近日又有一批水客携捐款千余元抵梅，计英属水客黄泉舜国币六百八十四元，邹天彩四百五十五元五角，李森昌一百七十元，荷属水客钟玉珍六十一元，合计一千四百廿元零五角。昨（十八）日下午该水客黄泉舜等五人，即偕同华侨互助社常务张士平将捐册捐款解缴县府，当由梁县长国材亲自接收，并设筵欢宴，借表谢意云。

[《中山日报》（梅县版），1939 年 11 月 19 日第 2 版]

7.《练秉彝与水客商定护侨办法》

（真干社讯）省政府为维护东江惠梅各县往返华侨，特派练秉彝率武装队暂在河源成立护侨事务所。查练主任于前日抵梅，卅日下午召集水客多人，在梅县华侨互助社开座谈会交换意见，借以明了各侨胞于旅途中一切困难问题，当决定沙鱼涌须设置防空壕，以策安全。队兵百余人，须分驻沙鱼涌、淡水、惠阳、老隆各地，至护送旅客之队兵，则绝对不收丝毫茶水费。

[《中山日报》（梅县版），1939 年 12 月 1 日第 2 版]

8.《水客翁绍祺募得千余元，昨缴由梁县长核收》

（本报专访）梅县振济会月来收到华侨振济捐款计有一万六千余元，廿九日有由荷属坤甸抵梅水客翁绍祺，带回该地华侨振款国币一千五百五十三元七角五分，随邀同华侨互助社常务张士平，将该款及捐册送交县政府，当由梁县长亲自核收，闻梁县长拟设筵欢宴，借表谢意云。

[《中山日报》（梅县版），1939 年 12 月 1 日第 2 版]

9. 《水客联合会总会在梅设办事处》

（本报专访）汕头南洋水客联合总会，在汕市成立十余年，潮汕沦陷后，该会职员即在梅筹设办事处。近敝会经择定南门内剧院前卅八号为处址，由即日起照常办事云。

[《中山日报》（梅县版），1939 年 12 月 11 日第 2 版]

10. 《梅县华侨捐款续收到千余元，翁绍祺成绩最佳》

（本报专访）梅振济会月来收到侨胞振济捐款已达国币两万余元，昨（廿一）日又收到吧城水客翁绍祺缴到经募侨胞捐款国币一千五百五十三元二角五分。梁县长以该水客募捐成绩特佳，为各水客不及，当给予奖状一纸，并设筵欢宴，表示谢意云。

[《中山日报》（梅县版），1939 年 12 月 22 日第 2 版]

11. 《大帮水客侨胞陆续抵梅，振款又到一批》

（本报专访）往返南洋国内之梅县水客，年分大小帮各三次。近由南洋动程归国之大帮水客及侨胞，为数颇多，日来续有抵梅，各水客携有大批侨胞家属信款。查有荷属水客黄可璇等三人，携回振济捐款及药品颇多，计黄可璇带回七百一十元，朱连生带回一百廿余元，又万隆奎宁丸一千二百粒，陈森泗带回廿五元，该水客等经于前日（七）偕同华侨互助社常务张士平，将该款及药品缴交振济会，当由梁县长核收。梁县长对此深为嘉许，拟日内设筵欢宴水客云。

[《中山日报》（梅县版），1940 年 1 月 9 日第 2 版]

12. 《荷属水客一批缴赈济捐款，共三千一百余元，梁县长设筵欢宴》

（本报专访）前日（十二）有荷属水客多人，偕同梅县华侨互助社常务张士平，到梅县府解缴经募之侨胞振济捐款，计共三千一百五十余元，计徐利宏八百九十五元，李巨举六百八十五元，池占元四百四十元，侯炳权三百余元，钟全胜二百四十二元，谢克诚二百余元，谢仁祥一百四十五元，李新华一百廿一元，侯柏文一百元。梁县长以各水客热心劝捐，当于是晚设筵欢宴，借表谢意云。

[《中山日报》（梅县版），1940 年 1 月 14 日第 2 版]

13. 《华侨熊直吾等捐助白水中学》

（真干社三角市讯）麻六甲华侨熊直吾，以该乡水白中学建校，特慨捐国币五千元为建筑费，该款经由熊玉荪水客带回，照交水白中学。该校除呈请政府依照捐资兴学条例褒奖外，并以新建校舍之一部为其纪念堂，以留永远纪念。又同埠华侨熊豪贤亦慨捐国币一千元，叶信昌慨捐国币二百元，为该校建筑费云。

[《中山日报》（梅县版），1940 年 1 月 15 日第 2 版]

14. 《梅振济会收到侨胞捐款达四万余元》

（本报专访）梅县县长梁国材于去年六月间，鉴于敌机疯狂轰炸梅城市区后，被炸灾区，疮痍满目。而潮汕各地义民，辗转来梅者亦多，均亟待振济。乃印就捐册，交由华侨互助社转发各水客，向南洋侨胞募捐财物，以资办理救济。查近月以来，梅县振济会陆续收到各水客缴回之侨胞捐款，计四万余元，而从前所发交水客之捐册计八十余本，现已缴回六十余本，不久即可全数缴齐，办理结束云。

[《中山日报》（梅县版），1940 年 2 月 4 日第 2 版]

15. 《华侨互助社筹备劳军，募款组团出发潮汕》

（真干社讯）梅县南洋华侨互助社昨日（三）下午二时召开社员大会，到会社员数十人，由主席张士平宣布召开理由后，随即讨论慰劳潮汕将士及向各军事长官献旗一案，当即一致议决，捐款组团出发，并即席由张耀英捐题国币五十元，张献云、邹幹良、叶叔余、张海如、余博文、刘纪明、黄毓坤等各捐题三十元，杨伯我、曾振梅、林天兴等均各捐题二十元，其余各社员捐题十元、五元不等，合共国币四百余元。随推举张士平、张耀英、张献云、古锡良、程金祥、谢谨文、曾振海等七人为代表，四日起仍继续向各热心水客及各侨胞捐题，以期集腋成裘，早日组团出发，预料结果，成绩必有可□云。

[《中山日报》（梅县版），1940 年 2 月 4 日第 2 版]

16. 《丙村省行欢宴水客》

（本报丙村通讯）丙村广东省银行以现值旧历年届，南洋各埠水客纷纷带款返国，该行为联络各水客情感，并宣传为华侨服务事宜起见，特于二日上午十二

140

时，假座该行二楼大礼堂设宴招待区属各水客，到会约数十人。席间由该行主任蔡汉芳、会计朱启修相继致词，对于为华侨服务事宜及对水客种种便利，均有详细发挥，各水客咸以该行为华侨服务极为努力，甚表好感，皆表示愿向海外侨胞宣传，最后并摄影留念云。

[《中山日报》（梅县版），1940年2月4日第2版]

17.《梅县府续收侨胞振款一批，张益传劝募得力受奖》

（本报专访）南洋荷属水客张益传于日前抵梅，携回振济会捐款国币二千零一十三元五角，随将该款及捐册缴交华侨互助社常务张士平，特交梁县长核收。计张益传一千三百七十五元，谢绍宣三百廿八元五角，黄学章三百一十元。梁县长以张劝募得力，成绩优良，当奖予褒状一纸，以昭激励云。

[《中山日报》（梅县版），1940年2月10日第2版]

18.《梅省银行昨举行春宴》

（真干社讯）梅县广东省银行，年来办理华侨汇款，异常注意与努力，凡对于侨胞汇款，各种手续，莫不力求简捷便利，稳妥办理。尤其对于存款方面，格外提高利息，以示优待。兹值新春开始，该行经理李绍文，为广征水客及各界意见起见，特于今日（十八）上午十一时，假座月宫酒家，请宴本县水客，及各机关团体商号负责人，借以联络，俾利业务之推进。是日到会来宾有刘兼专员、梁县长、张书记长，及水客等多人，集党政学商水客于一堂，宾主杯酒交错，尽欢而散。

[《中山日报》（梅县版），1940年2月19日第2版]

19.《梅振济会续收振款》

（本报专访）梅县振济会日来续收到各水客缴回侨胞振济捐款四千余元，该数及捐册由华侨互助社汇转。计水客朱任良国币一千余元，潘齐福八百八十元，梁佑祥六百一十一元，幸焕文五百元，李日盛四百九十九元，另有水客侯恩元交来苏门答腊笠望埠华侨振济会捐款国币六百五十七元。

（又讯）侨胞王炯南，昨以国币一百五十五元，送交梅县府核收，声明为慰劳潮汕前线将士之用。

[《中山日报》（梅县版），1940年2月19日第2版]

20. 《梅县府加派职员办理出洋证书，以便利申请领证侨胞》

（本报专访）迩来梅属水客侨胞，往洋者为数极众，而到梅县府申请发给出洋证明书者亦多，该府办理出洋证书处，原有二人专责办理，现因请领证书者过多，不无积压。梁县长为求办事迅速，以利侨胞起见，当即加派一人帮理。查日来所有申请领取之证书，至迟于二日内即可发出，有时于当日亦可具领，往洋侨胞，均感便利云。

[《中山日报》（梅县版），1940 年 3 月 5 日第 2 版]

21. 《简讯》

梅县振济会昨收到吧城华侨陈荆源汇来振款国币五百元。

梅江中学近日又收到坤甸水客廖君寿昌募回建校经费二千四百余元云。

[《中山日报》（梅县版），1940 年 3 月 18 日第 2 版]

22. 《往来南洋各埠水客统计》

（真干社讯）查东江各县经常往返南洋群岛水客以梅县为最多，其次为大埔。经营斯业者，有大小帮之分，每年各往返南洋三次，出国时以旧历一、五、九月为大帮，三、七、十一月为小帮。由南洋抵国时，则以五、八、十二月为大帮，二、六、十月为小帮，专以携带各埠侨胞救济家属信款为业务，当局对于水客极为重视。近日梅县华侨互助社常务张士平，奉粤侨通讯处主任张天爵之命，嘱将所有梅县来往南洋水客姓名人数详细调查列表函复，以资联络。查该社昨经将全县水客调查完竣，计共四百六十五人，兹将各埠水客人数探录如下：爪哇水客一百六十五人，泰国（即暹罗）八十四人，马来亚六十一人，苏门答腊四十七人，仰光廿五人，坤甸十五人，加里吉打十四人，孟加锡十三人，毛里寺十二人，帝汶七人，勿里洞六人，文岛五人，安南四人，婆罗洲四人，布旺打根、打跟拉各一人。

[《中山日报》（梅县版），1940 年 4 月 12 日第 2 版]

23. 《水客卜炳南等拟组旅运社，专运输往返华侨》

（本报专访）梅县南洋水客卜柄南、刘运添、刘芹秀、刘环秀等，鉴于东江一带交通频繁，往返华侨对于交通上极感困难，拟集资组织华侨旅运社，装备浅水轮船，雇定挑夫，专运输往返水客华侨。前月该水客等由南洋返国，路经河源时，即先请示东江护侨事务所主任练秉彝，当经练主任允许设立，并指示办法，广集梅、埔各县水客入股，每股定五十元，筹足资本五万元后，即可着手组设。该水客等于日前抵梅，当将组设华侨旅运社缘由，呈准梅县县政府备案，并由县府饬令梅县华侨互助社，广为介绍各埠水客入股云。

[《中山日报》（梅县版），1940 年 5 月 18 日第 2 版]

24.《大批水客华侨尚在途中，不日可陆续抵梅》

（本报专访）记者昨日（廿六）在梅城某旅邸晤新从安南归国之华侨黄鸿光，据谈上月以来，沙鱼涌、淡水、惠州等处常遭敌机轰炸，灾情惨重。旅容（客）往来及货物运输，极感困难，此次余等（黄自称）回至惠州时，即向护侨事务所登记，并请该所代为觅顾船只，但该所未曾与该船主订定票价，结果行至中途，搭客廿人每人被苛收船票国币四十圆。现东江水涨，上水船只较为迟滞，统计此次由港至梅，费时廿余天，用去旅费一百廿余圆，尚有水客及华侨多人在东江途中，不久亦可陆续到梅云。

[《中山日报》（梅县版），1940 年 5 月 27 日第 2 版]

25.《荷属水客公鉴》

荷印政府统治外汇，本堂议决：各水客办货及同伴川资，请自备现款，待外汇可通时再告。

香港安庆堂谨启
辰五五〇

[《中山日报》（梅县版），1940 年 5 月 27 日第 2 版]

26.《千余华侨已在归途，节帮水客未受影响，昨已有一批水客抵梅》

（本报专访）自德侵比荷卢后，关于荷属东印度问题以及华侨汇款，暨渣华轮船行驶香港等问题，极为潮梅各侨胞家属所关怀，尤以旧历端节将届，南洋各埠水客亦迟迟尚未抵梅，凡仰给华侨汇款接济之侨胞家属，更为悬念。故日来纷向旅店探听水客消息之侨胞家属为数极多。查昨日（廿九）下午有南洋水客数人，经由老隆乘车抵梅，携回信款颇巨，据荷属水客蓝承柱称，尚有大批梅、埔各属水客及华侨约千余人，日内始可陆续抵梅，因东江一带交通困难，故较为迟滞。至德荷战事发生后，荷属华侨归国者极多，各水客所带信款并未受战事影响，因于战事未发生之前，各水客之信款已先行汇港，渣华轮船仍来往如常，惟荷币外汇，尚未有划一之汇价云。

[《中山日报》（梅县版），1940 年 5 月 30 日第 2 版]

27. 《松水客梁伟平募款二千余元为松平民医院购置费》

（本报松口专讯）松口水客梁伟平，前在荷属向各同乡募捐得国币二千余元，为松口平民医院购置器械之用。现查该款已交梁县长转交该院张院长如数领用。梁县长以梁水客热心募捐，深为嘉许云。

[《中山日报》（梅县版），1940 年 5 月 30 日第 2 版]

28. 《梅县乐善残废工艺院鸣谢启事》

敝院特托各水客带捐簿向海外华侨募捐为本院经费。近日有荷属水客古满记带回八十九号捐簿代捐得国币八百贰十元，又张岳秋水客带回捐簿四十四号，捐得国币一百九十三元，今将芳名列下：梁德余、梁星秋、李建南、邹蕴卿，以上各一百元。另回国华侨徐访秋捐助一百元，李金有三十元，罗启炜、古煊辉、黄柱怀各二十元。江锦财、曾海珊、梁兆炎、德兴沾、古天明、陈晋玲、丘喜云、陈晋利、公和号、宋达祥、张永全、黄绍燊、张淦芳、曾庆梅、郭捷钦、新锦兴、廖振傅、钟石奎、同发、永和公司、陈联汀、郑二利、熊其意、南生号、黄亚富、黄学照、何翰燕、廖锦祥、杨运福、刘绍兴、邹玉章、温响女士、廖保女士、古可公、徐玉英、张笑仙、温松招、吴赛娥、颜春枚、张金凤、林金枚、李则文、陈蕙香、陈佑欧，以上各十元。黄梅兰、邓月娥、李玉员、谢文珍、李翠娥、张祯云、加□栈、钟兰让、永和发、张世禄、余汉生、曾祥昌、彭武申、邱木荣、彭昌昭，以上各五元。叶意兴二元，永昌四元，李吉祥二元。（注意）敝院当行之计划有三：一，本院向海内外之同胞募得本院基金；二，继续招收男女残废同胞，应到西门路十七号办理事处报名，由黄院长详细讲解院规后方得入院；三，进行建筑新院事宜。祈望各界热心帮助，以完成残废院之发展。

巳五〇九

[《中山日报》（梅县版），1940 年 6 月 5 日第 2 版]

29.《华侨钟镜泉遣子从军，由暹回梅入营》

（本报专访）梅属旅暹华侨钟镜泉，在暹经营酒业，每感祖国积弱，致旅外华侨备受当地政府不平之待遇。此次祖国对倭抗战已日益接近胜利阶段，特遣其子钟志坚，随水客钟子廷返国投军，经于日前抵梅。昨日（十四）下午由华侨互助社引该壮丁钟志坚谒见梁县长国材，报告奉父令回国从军杀敌。梁县长大为喜许，经即送交某队训练云。

[《中山日报》（梅县版），1940 年 6 月 15 日第 2 版]

30.《梅县侨务会议决定组华侨合作社，练主任报告工作经过，当局劝华侨归国投资》

（本报专访）东江护侨事务所主任练秉彝，昨日（十六）上午二时召集梅县各水客及归国华侨，在护侨事务所梅县站开侨务会议，并柬请党政机关参加，到水客等卅余人，李兼专员伟光、张书记长公悌、梁县长国材、张副主任国基等，亦亲自出席。由练主任秉彝主席，行礼如仪后，报告东江护侨事务所成立以来，对于护侨工作之经过及困难情形。因规定之船价、轿价、挑夫价等，都不能实行，半由于归国华侨甚多，船只等项供不应求，彼等即趁机抬价；半由于各华侨之钱多，他自己亦愿意高价争雇船轿。曾经发现一次有归国华侨雇船由惠州至老隆，竟出船费二千元者。至过去所有由东江归国华侨，不幸于途中遭匪抢劫者，亦有多起，此皆各华侨未到该事务所登记派队护送所致，至对此等劫案，亦迭有破获，并将匪徒枪决。现拟组织东江华侨合作社，分设于葵涌、淡水、惠阳、河源、老隆、梅县、汤坑等处，征求各水客为社员，每人定股本一百元，俟成立后，各出入国水客均得免费住宿，且便于管理保护各华侨，嗣后各种困难问题或可借此解决。词毕，继由李兼专员伟光、梁县长国材、张书记长公悌、张副主任国基、梁警佐开石、张常务士平等，先后发表意见，对组织东江华侨合作社，极赞表同，并谓水客重到南洋后，可尽量告诉各华侨，现在祖国后方安静如常，近因欧洲战事继续暴发，诚恐影响到南洋各埠，各华侨不如趁此时机回国投资，开发后方实业，对抗战前途实有莫大之贡献。旋决定组织东江华侨合作社，各水客当场缴纳股本者亦颇多，至五时余始散会。

[《中山日报》（梅县版），1940 年 6 月 17 日第 2 版]

31.《遗失汇票启事》

启者：

鄙人此次由暹返国，同伴水客徐润新等讵回至香港对海大埔车站附近火轮码头地方，因人多挤拥致衣袋内之由暹罗合艾集益公司五月十二日发出天字第廿八号向梅县同益庄领取国币二千元汇票一张，又由曼谷振远公司向梅（县）同益庄兑汇票一张，计国币三百元，合共汇款国币二千三百元及出口字等件概被小手趁机窃去，除将失窃情形报告淡水护侨事务所及梅县南洋华侨互助社，并由殷商担保向同益庄领回汇款外，用特登报声明，该被小手窃去汇款两张作废。

蕉岭罗善启

巳五三六

[《中山日报》（梅县版），1940 年 6 月 17 日第 2 版]

32.《松源宝坑附近匪徒截劫信款，黄元秀损失八百余元》

（本报松口专讯）吧城水客黄元德，上月由吧回里，托其兄黄元秀，携有信款八百余元，于十二日由嵩山往高思一带分发各寄款华侨家属。在高思时发去卅余元，十三日再由高思出发，讵行至离松源宝坑四里之余坑地方，突遇匪徒数人，以检查烟土为名，将黄身上所带八百余元概行洗劫，扬长而去。黄被洗劫后即回松口呈报区署查缉云。

[《中山日报》（梅县版），1940 年 6 月 18 日第 2 版]

33.《简讯》

华侨宋对义（白渡人），向在荷属吧城经商，爱国爱乡，素极热诚，本帮特托李百举水客，带返捐助赈济费国币千元，昨日下午由华侨互助社常务张士平偕往县府面交梁县长点收。

[《中山日报》（梅县版），1940 年 6 月 18 日第 2 版]

34.《香港吃紧侨胞出国暂缓》

（本报专访）自本月廿二日敌军在宝安南头登陆，进窥深圳后，香港形势顿告紧张，香港当局已下令戒备。梅县华侨互助社，昨日（廿五）上午接暹罗水客黄余三由惠阳来电，谓港局紧张，由沙鱼涌至港交通暂断，该水客决由惠返梅,该社据电,即通告出洋侨胞可暂缓前往云。

[《中山日报》(梅县版),1940 年 6 月 26 日第 2 版]

35. 《东江出国路线已复常态,华侨可安心来往》

(本报专访)东江出国路线前谣传敌军窥淡水,曾一度停顿。顷据东江护侨事务所梅县站负责人谈,现奉练主任电告,东江局势已定,由惠至港交通已复常态,凡出入国华侨,尽可安心来往云。

[《中山日报》(梅县版),1940 年 7 月 2 日第 2 版]

36. 《梅振济会收支将刊印公布》

(本报专访)梅县长梁国材于去年七月间印就捐册,发动各水客向南洋侨胞募集振济捐款,经陆续据各水客缴回捐款颇多,惟收支详情,各地人士多不明了,拟于短期内即将梅县振济会所有收支数目及施振情形,详细刊印公布。至关于发出之振济捐册,为时已将一载,亦应全数收回办理结算,凡未将捐册缴回者,应即日缴回云。

[《中山日报》(梅县版),1940 年 7 月 2 日第 2 版]

37. 《香港中华兴电告荷轮照常开行》

(本城消息)荷属爪哇水客刘纪明于昨日(四)下午得香港中华兴三日来电,称:"东江已通,荷轮照开吧,外汇水客可请。"该电随由华侨互助社通告周知云。

[《中山日报》(梅县版),1940 年 7 月 5 日第 2 版]

38. 《华侨互助社表彰梁县长,赠与侨众长城匾额一方》

梅县华侨互助社同人及各水客等,以梁县长自莅任以来,对于华侨出入之便利,交通之维持,无不竭诚襄助,其于抗战期间,关于粮食之调整、赈款之募集,得力于华侨者亦最巨。该社同人及各水客,为表彰梁县长护侨美意起见,特制就侨众长城匾额一方,于昨日上午鼓乐送县府悬挂,并于晚上假县府礼堂公宴,席间由张常务士平代表致词,于梁县长爱维侨胞之处,阐发甚为详尽。旋由黄副议长枯桐起立演说,谓海外侨胞,向受本县政治不良之影响,于祖国事业,缺乏信心，自梁县长莅事以后，其观念为之一变，此于华侨对救济事业之踊跃，拥护政府之热烈，皆可为证。惟民主国家，为国民者各有其应尽之责任，不能徒诿其责于政府或一部分人士，合座掌声不绝。席后，梁县长提出组织县银行问题，在座各侨胞皆表示赞成。

[《中山日报》(梅县版)，1940年7月11日第2版]

39.《香港交通恢复，华侨纷纷出国》

（本报专访）上月底敌军在宝安登陆，进窥深圳，威胁香港后，惠州至香港交通极感不便。香港当局复下令疏散各地侨民，梅、埔各县水客及华侨，鉴于香港形势吃紧，均中止往洋。查周来香港形势稳定，各地交通恢复常态，前昨两日，梅、埔各县水客及华侨，均纷纷动程前往，梅县府近日正忙于办理出洋证书事宜云。

[《中山日报》(梅县版)，1940年7月14日第2版]

40.《简讯》

畲坑中医生刘秉彝、旅荷水客刘益君，现联合在畲坑祥安堂赠医施药。

[《中山日报》(梅县版)，1940年7月29日第3版]

41.《梅县府七月份续收荷属侨胞汇回平粜基金四万余元，丘元荣认借之二万五千元，经由县府转拨给华南学院》

（真干社讯）东韩江各县自去冬发生米荒以来，南洋各埠侨胞纷纷汇款回乡振济，其中以嘉属为最多，前据统计总数为十一万五千七百卅元，除分配兴华蕉平四县六万元外，余五万五千七百卅元归梅县。兹悉从七月份起，梅县府又陆续收到南洋各埠侨胞汇回平粜基金如下：（一）泗水基金会两次汇来六千九百零四元四角四分；（二）万隆基金会汇来二万四千三百零五元；（三）玛冷基金会两次汇来八千九百七十八元；（四）庞越基金会汇来四千零四十二元，合共四万四千二百廿九元四角四分。此外本县侨胞私人及团体汇回救济梅县米荒款，前统计共一千一百一十元，现又陆续再收到三千零廿一元一角一分，连前共四千一百卅一元一角一分。另葡属帝文梅民振济会财务主任杨益新函由蓬辣水客杨逸秋驳回一千五百元，此款尚未收到，以上各款均经梁县长一一函复道谢。闻前次吧城基金会汇回之五万元内有二万五千元为丘元荣私人认借之数，经丘函将该数全部捐助南华大学建筑校舍，已经梁县长照数转拨该校云。

42.《荷印政府准汇兑庄照常汇寄华侨信款》

（真干社讯）兹据由荷属吧城归国之华侨谈称，关于荷属东印度实施统制外汇，使华侨无法汇款回国问题，经滞留吧城之水客侨胞，联名函请巴城中华总商会，及我国驻巴总领事，向荷印外汇统制局交涉，后经巴城中华总商会主席丘元荣，协同驻巴总领事万祖□，交涉结果，已得完满解决。今后各汇兑庄，可照常汇寄华侨家属信款，至若汇兑庄汇寄之总数额，须不超过其与各银行每月所定契约汇款之数为限，至关于救济祖国难民捐款，各属慈善会，均可交中国银行汇寄云。

[《中山日报》（梅县版），1940 年 8 月 28 日第 2 版]

43.《梅县振济捐款统计收到九万余元现存之款决定购谷存储》

（本报专访）梅县府于去年七月间组织振济会发动各水客及热心人士募振济捐款，截止近日该会共收到振款国币九万二千九百零九元一角三分，除开支广告费、施粥费、戒烟所烟民伙食及其他施振费暨梅县松口平民医院施棺柴费外，现仍存进备金二万五千零八十三元一角九分，另存平粜基金国币二万五千零卅八元二角六分，合共存五万零一百廿一元四角（五分），该会于日前开会决定，该项数目除应缴二千元费用为垦荒费用外，其余全数购谷存储救荒，一俟将存谷平粜后，该数即拨为梅城松口丙村图书馆图书费。

[《中山日报》（梅县版），1940 年 9 月 10 日第 3 版]

44.《淡水轿夫船夫已不敢抬价，华侨合作社成立之果》

（真干社讯）东江华侨旅店合作社，于本月初在淡水成立开幕后，往返华侨及水客均称便利。各轿夫船夫不敢抬高价格，均照地方官规定给值。查该社地址甚为宽敞，可容二三百人以上，并聘梅县华侨互助社常务张士平为该社顾问，又该社现收到各水客缴来股款，计有七千余元，凡已认股而未缴款之水客，应速即缴纳，以资扩充云。

[《中山日报》（梅县版），1940 年 9 月 23 日第 2 版]

45.《梅县广东省银行业务之回顾与展望》（节选）

李绍文

一、侨汇

侨胞汇款回国可以活动内地金融，加强外汇基金，增厚抗建力量至为重大。故本行对于侨胞汇款，一本服务精神，凡侨胞请求将汇款送到收款人家中者，无论额数多少，一律按址送妥。又派员落乡，挨户举办侨胞家属登记，预先请侨胞家属填具印鉴，缴存本行，以□收取汇款时，无须觅人证明或担保，并以抗战时间，交通时有梗塞，又订定替水客送款条例，凡水客因路途障阻，或其他原因，不能依期回国交批者，本行可受水客之委托代交之。其他在可能范围内，无不对侨胞家属及水客尽量给以便利，故办理以来，侨汇大增，侨胞家属及水客，亦颇称利便焉。

[《中山日报》（梅县版），1941 年 1 月 2 日第 2 版]

46.《喉疯散广告》

竞存堂　喉疯散行　风行海外　各埠水客均有代售　总行珠条街上段

启者：

本堂所制之喉疯散，系祖传五代，历百有余年，风行中外，独一无二。现为装运简便起见，将原有药标缩小，并定于民国卅七年元旦日起，改用新标。特此通告。

郑安济堂　百发百中　喉疯散　医生郑士隆　授男鹭秋监制

主治：白喉鹅喉等喉科七十二症；风火牙痛牙包牙痴；口内红黄白黑各色烂点；小儿口内胎毒及久年烂肉烂耳烂痄；油蚁刀伤止血；烂脚沙虫无名肿毒；拔毒生肌等症。

用法：口内各症，将此散吹搽患处，每小时一二次，重症加倍，随口水吞下。孕妇不忌。外科用茶水洗净后将此散搽患处，功效神速。

主人肖像（略）

广州市卫生局化验注册发给药字第八十四号特许证

医生郑士隆授男　景生　鹭秋　元生　轩生　祖传五代专医喉科

良药不多得，真伪要分明，夫人之病最重要者莫如喉症，盖位居险要也。而求一药能治者少，本主人得异人传授喉科良方，制成药散，经传五代，历百有余年，活人万万，久为国内外社会人士所推许，赠送匾额无算。适来世风不古，人心流漓，假冒本号药散贪图射利，害人性命，实非浅鲜。本主人有见及此，为病者谋安全，除奸商杜假冒起见，特制像图及大鹏商标，向政府注册，庶购买本号喉散者，不致鱼目混珠，光顾诸君，希留意焉。如有伪冒本号喉疯散及贩卖伪药，男盗女娼。

总发行：广东省梅县珠条街第七号郑安济堂药行　南洋各埠水客各处均有代售

注册商标

CHENGSZELOONG "HOWFOONG" POWDER

This Powder is very effective in the following cases：Throat diseases specially Diphteria，all kinds of sores，Hong Kong foot，Toothache，Colds and Headache，Bleeding caused by Cuts & Wounds，etc.

Whole sale DeXX G Manufacture

CHENG SZE LOONG

Choo Tiao Street

MEIHSIEN，KWANGTUNG

CHINA

中华民国卅七年改用此牌

安济堂郑士隆谨启

[《中山日报》（梅县版），1941 年 1 月 19 日第 1 版]

47. 《梁县长召各水客报告政情，以资转达各地侨报》

（真干社讯）梅县华侨互助社以奉梁县长谕，定于国历二月一日下午二时在县府礼堂请全体水客出席，听取关于护侨工作合作社情形以及本县治安粮食各方面详细报告，以便转达各地侨胞。请代发通知，依时出席。该社奉此，业经通知各水客届期拨冗贲临云。

[《中山日报》（梅县版），1941 年 1 月 26 日第 2 版]

48. 《梁县长国材招待水客，报告施政情形》

（本报专访）梅县府以县属来往南洋各埠水客为数颇多，其关系于华侨者至为密切，且国内外消息亦多赖各水客传递。值兹旧历新年，各地水客均先后回梅，特召集各水客于昨日下午二时在县府礼堂座谈，计到水客四十余人，由梁县长报告县政设施及粮食情形暨办理淡水华侨合作社概况。散会后，并由梅县农民银行设宴招待各水客云。

[《中山日报》（梅县版），1941 年 2 月 2 日第 2 版]

49. 《华侨互助社昨欢宴各界，香总司令恳切致词，希望侨胞多筹平粜基金》

（本报专访）梅县华侨互助社于昨晚在金陵酒家宴请党政军及绅商学各界人员，借以联络。到香总司令翰屏、周专员景臻、温司令靖、黄副议长枯桐、梁县长国材、张书记长公悌、陆院长国垣、龚首席宗岳等，及各华侨水客等约百余人，济济一堂。欢宴后，香总司令乃与各华侨水客一一握手为礼，并恳切致词，希望各侨胞水客集资购米存储，解决粮食问题。并希望各水客重到南洋尽量对海外侨胞宣传，多筹平粜基金，另派代表回国管理基金，协同地方官办理救济粮荒，期收宏效云。

[《中山日报》（梅县版），1941 年 2 月 3 日第 2 版]

50. 《简讯》

梅城西路门月宫酒家于一日晚某银行宴水客时，有江瑶柱一项系属仇货，被周专员景臻发觉，并在该店搜获未用江瑶柱一斤余。周专员即谕令罚一百元，该款全数充作献医药代金，至所有搜获仇货江瑶柱则充公云。

[《中山日报》（梅县版），1941 年 2 月 3 日第 2 版]

51. 《梅县各水客组会登记，入会基金每人两百元》

（本报专访）梅县各水客前往南洋英荷暹各埠者，统计约四百余人，自抗战军兴后，各水客沟通国内外消息，及源源携带侨胞救济家属信款，年来极为当局所重视。查各水客一向在汕头南洋水客联合会登记，乃自潮汕陷后，各水客出国途□□□□道东江往港。而该会办事处，虽移设于梅城，但会内乏人料理，致会务莫由发展。最近有旅吧水客徐利宏、侯伯文、黄毓昆等十余人，鉴于各埠水客于夏历年关概已抵梅，为联络会员情感起见，遂趁夏历新年，在梅城组织汕头南洋水客联合会梅县分会，以便各会员从新登记。地点赁定城内东仓巷口十一号二楼为会所，经与昨三日召集各会员开座谈会，查是日到会登记者共有六十余人，即席当由各会员认捐该会之开办费达千余元之多，其远道会员仍当陆续登记。再查其会员入会章则，以每个会员应缴基本金国币二百元，候汇集整款后，即放存银行，所得息金，即为该会之常费。如会员中有中途休业者，其入会基金，仍可向该会领回。又闻该会拟日间再行定期开联欢会，并柬请各机关团体惠临指导一切云。

[《中山日报》（梅县版），1941 年 2 月 4 日第 2 版]

52. 《梅广东省银行昨招待水客》

（本报专访）农历新年已过，梅县各属水客又将重上征途。梅县广东省银行为答谢南洋各属水客起见，特于昨晚在金陵酒家设宴欢叙，计到水客百余人，济济一堂。省行职员殷勤招待，席间分送该行有关于节约储蓄之精美月份牌，主客尽欢而散。

[《中山日报》（梅县版），1941 年 2 月 4 日第 2 版]

53. 《汕头南洋水客联合会梅县分会启事》

本会定于国历廿月一日（即夏历正月廿六日）下午二时在本会开会员会议，讨论会务进行事宜。届时务望英荷泰越各属会员踊跃莅会。是所为盼。

（会址：东仓巷口法院侧门牌十一号）

丑三三

[《中山日报》（梅县版），1941 年 2 月 13 日第 1 版]

54. 《梅县乐善残废工艺院鸣谢启事》

本院董事徐利衡先生缴回二百六十六号捐簿，募得国币四百一十二元九角，又荷属水客黄文秀缴回六十九号捐簿，募得国币五百三十元，郭贵民缴回一百九十号，国币四百六十元，今将芳名列下：谢立衡、叶禹初、叶福祥、钟关滨、李德祥、黄银妹，以上各一百元；丘长礼、郭贵民、钟蔚云，以上各五十元；叶喜妹、谢惠君、叶裕坤、谢柏青、钟米田、黄荫南、叶裕懋、黄西耀、张淇发、钟伟泉，以上各二十元；黄秀英、廖集隆、□合兴、何远轩、林翠妹、赖和兴、伍成和、曹超云、黄荣□、黄壬□、魏先奎、何亚堂、钟亚群、李文三、锦彰公司、土库潘云、瑞兴公司、黄肖龙、钟康元，以上各十元；南胜□、钟华湘、曾远妹、炎通、刘亚华、合兴、戚贵腧、方丽华、饶亚运、涂少良、李亚□、张怡乐、李和盛、李仁、李国杰、钟南开、李玉光、张泰祥、李□华、汤瑞拔、黄发昌、李庆荣、无名字、邓俊贤、邓宪谟、黄作新、潘显祥、潘概兴、李父康、新□号、李一萍、联兴号、王凤怡、黄全宽、李超秀、钟仰山、佘宏钦、梁柱高、李禧民、李蔚然、黄旭铨、李超云、罗云涛、远大公司，以上各五元；黄裕泉、黄发联、黄发□、黄可荣、黄英杰、李金吉、卢青珍、冯英□，以上各四元；新生和、伍怀光，以上各二元五角；林国曾、□晚妹、黄发霖、李汉通、李嘉海、李德□、童锡□、李玉宜、钟佛东、徐裕霖、徐增永、钟蕴和、□庆，以上各一

元；巫国兴、李悦兴，以上各一元。（未完）

[《中山日报》（梅县版），1941 年 2 月 14 日第 2 版]

55. 《华侨互助社拟订出国新路线，十八天可到仰光》

（真干社讯）近日敌寇进犯沙鱼涌淡水一带，而港惠交通又暂告断绝，所有出国华侨一时尚不能前往。梅县华侨互助社常务张士平有见及此，经拟定出国新路线报告梁县长。梁据报后，即将情转电李主席恳为设法指示，俾华侨可以出国，兹将华侨互助社拟定之出国新路线探志如下：由梅乘汽车到韶关（约一天可到），由韶关乘火车至衡阳（约十四小时），由衡阳乘湘桂铁路火车至桂林（约十二小时），由桂林乘火车至柳州（约十小时），由柳州乘汽车至贵阳（约三天），由贵阳乘汽车至昆明（约三天），由昆乘搭滇缅公路汽车至腊戍（约七天），由腊戍乘火车至仰光（约三天），由仰光至槟城二日半可到。昆明至仰光，亦可乘飞机（约六小时可达），需费约一千二百元，共计由梅至仰光旅费约二千余元，计程需时十八天云。

[《中山日报》（梅县版），1941 年 2 月 15 日第 2 版]

56. 《水客徐利宏等热心爱国，香总司令传谕嘉奖》

（本报专访）梅县各界衣药代金征募慰劳委员会发动征募以来，成绩甚佳。经先将国币五千元汇交闽粤赣边区司令部核收，查内有三千七百元为南洋水客联合会吧城分会会员徐利宏、侯伯文等在芝丹船上募集者，由该会呈请嘉奖。兹悉县征募会昨已奉到香总司令翰屏电，略谓："徐利宏、侯伯文等热心爱国、慷慨输将，足为国民矜式，殊堪嘉奖。"随由该会传谕嘉奖云。

[《中山日报》（梅县版），1941 年 2 月 18 日第 3 版]

57. 《梅县的南洋水客》

（本报记者　梁伯文）"水客"是什么？解释有二：一，舟人也；二，商家遣人往来货物出产或制造之地从事采购，不兼□买卖者，俗谓之水客。但，我们梅县人民所熟知的水客，是飘（漂）洋过海往来南洋各埠略事携带华侨接济家属信款，及带新客往洋的，不是如上所称的水客。现在让护国者介绍梅县的水客情形吧！

梅县水客有几多呢？据水客中人谈：在南洋不景气未降临之前十余年，那时候梅县人走水的是最多，统计走南洋群岛英荷暹法各属及南非洲毛里峙的水客，共有六百余人，后来遭受了不景气的影响就逐渐减少了。然而，没落者自没落，而新兴者又复接踵而来，现在却有四百余人，荷属水客占半数，其次为英属及暹罗。何以荷属水客为多呢？据说侨胞在荷属吧城、泗水、棉兰……各埠的，多数营□商业，他们日夜都在店中辛苦地工作，很少外出，因为受到了这里环境的限制，而对于金钱的挥霍与使用都特别减少或杜绝。侨胞有钱积蓄了，对于接济家属的信款，自然可以按期托交水客带回祖国去。所以水客的生意是特别好，而水客也是特别的多。至于英属马及暹罗各埠则不然，这里的梅县侨胞，系多数做工的，他每天工作若干小时之后，就呼朋引类，沉湎于花天酒地中，挥金似土，□不到积蓄，水客叫他们寄钱时，只有凭君传语报平安罢了！所以这里的水客是比较少。

来往南洋的水客有大小帮之分，大帮的一年往返三次，小帮的也往返三次。水客出国时以旧历的正月、五月、九月为大帮，由外回到家乡时以旧历四月、八月、十二月为大帮。小帮的水客，则跟大帮的迟一个月，他们都是席不暇暖，仆仆风尘，一叶扁舟，乘风破浪，真不知吃了几多惊险的事。

水客来往旅途中，有一件最占便宜的事，住旅馆和搭船，都不要给钱的。因为水客出国时，一定偕有若干的初次出洋的新客，这些旅馆主人，要水客去兜揽生意，所以对他们是特别优待和欢迎。

梅县四百多位水客中都是男性吗？不，其中有一位是女性，这位女水客是来往暹罗的梅县白土堡炉塘人，她叫做陈友伯姆，她有十余年做水客的经验，赚钱也不少，侨胞对她都有相当的信用。但是，这位女水客究有什么本领敢去做水客呢？说起来是值得我们钦佩的，她是个目不识字的女人，完全凭借她的聪明和信用，就能够和一般水客竞争。她对于收发信件，也是毫无错误的。

水客是全靠他们自己的信用和人格，万一做出有不甚妥当的事，就永远不能取信于人，业务便一蹶不振了！水客在海外，先要与各侨胞取得很好的联系和信用，他们打算回国的时候，便分往各侨胞收集信款，侨胞信款托水客带回祖国绝对信任他的，不论有三五百元、二三千元或驳万元的巨款，都一律不用给回收据的。假如被水客侵吞的话，也是没有办法的，但他们是始终都保持着他水客的人格和信用，没有打沉船的勾当。有的水客他每帮回国时带的信款常有四五十万元之巨，因此他赚钱也不少，据估计在过去一年中，光是由水客带回的南洋钱，约有二千万元以上。梅县社会的繁荣和农村经济力的充实，都依靠这巨大的数目来支撑的。

水客在海外收集巨量的侨胞信款之后，就把这笔巨款冒危险地购买外汇，做一番金融投机事业，在目前国际情势瞬息万变的时候，假如运气好些，他们就可以安安静静把他人的钱赚一笔很大的数目，如果运气欠佳，因为外汇的关系遭受极大的吃亏的话，将来兑付侨胞家属信款时，如水客没有资本来填补这次损失，他的业务和信用就从此休矣。

抗战以来，由于交通困难，国内各部门对抗战决心与努力的消息，其赖于水客传递到海外者实多，尤以侨胞寄款接济家属赖于水客者更大，前□梅县振济会发动各水客向南洋华侨募捐救济数达九万二千余元，梁县长国材及银行界，为了要水客帮忙，曾经□礼有加，设筵款待，水客逐渐被社会重视了。

水客的职业，已为社会所重视，那么，做水客的，绝不好有点马虎，误人误己。然而，现在的水客能否做到完全无缺吗？不，我觉得间有水客，对于计算所携带新客往洋的旅费，他准会浮报的，这点我复希望他要改正过来吧。

末了，太平洋上紧张的局面已成，倭寇正在阴谋中计划南进，于是荷轮一度宣告停航了，新加坡军港又宣告封锁，沙鱼涌赴香港的路线又被敌断绝了，这么一来，不单是水客的生意经发生问题；连带的侨胞汇款也受影响了。现在各水客都没有往洋的主意，正在等待时机吧！（完）

[《中山日报》（梅县版），1941 年 2 月 25 日第 3 版]

58.《梅水客分会开常务会议，拟电查出国新路线》

（真干社讯）梅县水客分会于廿四日下午开常务会议，计出席者黄余三等多人。主席黄毓坤，议决：甲，侨胞出国新路线电神泉询问，如无困难，即电请李主席调东江护侨队移驻新路线，保护出入同胞；乙，聘请古律师云琼为本会常年法律顾问。

[《中山日报》（梅县版），1941 年 2 月 25 日第 3 版]

59.《华侨互助社再拟出国新路线，管文源等首批前往》

（本城消息）自敌寇进犯淡水后，而港惠交通又复受阻。本县华侨互助社为出国华侨计，日前曾一度编定出国新路线，函请梁县长转电李主席指示，各情已志本报，但该路线须经滇缅公路，路途遥远，尚未有华侨水客前往。该社职责所在，近复派人调查，探悉某地尚可往港，经即指定为出国第二新路线。闻由某地往港，除乘大眼鸡只须一晚可以抵达外，近亦有英葡两国电轮来往。该社社员管文源等（系泰国华侨）已组织出国华侨一队，男女计共二十余人，决定三月四日由梅县出发，首批前往。该社亦于昨日召开常务会议，当经议决：（一）管同志等一行由梅县动程时，全体职员一致欢送；（二）请梁县长发给沿途保护证明书；（三）管同志抵港后，即须来电告知；（四）本社得管同志抵港来电后，即邀请各有关团体，联电李主席，请将东江护侨队移节保护。

[《中山日报》（梅县版），1941 年 2 月 26 日第 2 版]

60.《李主席电示出国新路线，华侨互助社转知遵照》

（本城消息）梅县南洋华侨互助社有社员管文源等廿余人准于本月四日首批由梅赴惠属某地转往香港出国一节，已志前报。惟连日以来，出国华侨到该社登记者，除管文源等一队外，尚有荷属水客杨新棠、张锡二；英属水客廖荣轩及侨胞黄锦燊、丘光明等数十人，异常踊跃。兹闻该社昨已奉到县府转奉省府李主席电令，指示出国新路线三条，即（一）经由滇缅路；（二）经由广州湾；（三）经由温州。此三条路线中，尤以广州湾较为近便妥当。该社奉令后，随时转知各出国侨胞一体遵照，并定于明（二日）下午二时开会决定，俾华侨可以安心出国云。

[《中山日报》（梅县版），1941 年 3 月 1 日第 2 版]

61.《梅县华侨互助社昨商定出国新路线》

（本城消息）梅县南洋华侨互助社昨日下午二时召集已经登记出国水客华侨开会，讨论出国新路线问题，到会者八十余人，由该社常务张士平主席，兹将其议决各事照登如下：关于出国新路线，奉县府转奉省府李主席电示三处，即由滇缅路、广州湾、温州出口，究应由何路出国案，议决：（一）由广州湾出口；（二）关于倘港局紧张，轮船停航，究应如何办理案。议决：如港局紧张，则由滇缅路出国；（三）关于往广州湾路线，共有三条，应采何条路线前往案。议决：应采梁县长所指示，由韶关而衡阳、而柳州、而桂林、而赤坎前往；（四）关于往广州湾路程若干，旅费若干，及护侨队移驻保护问题，应否推举代表谒见梁县长，请为指示案。议决：应推代表。并即席推张士平、杨新棠、曹玉辉等十余人，于散会后前往县府，由梁县长接见，指示一切，甚为详明，各代表均极满意，并即由梁县长发电柳州，询问往广州湾及昆明至腊戌情形云。

[《中山日报》（梅县版），1941 年 3 月 3 日第 2 版]

62.《昨日华侨首次由新路线出国情形，华侨互助社鸣炮欢送》

（本城消息）华侨出国新路线经由华侨互助社开会决定一节，业志前报。兹闻昨日（四日）为各水客华侨由梅动程之期，计由海陆丰属某地出国者，有水客翁绍南及华侨管文源等二十余人；由滇缅路出国者，有水客胡绍成、胡甫开及华侨张树棣等三十七人；由韶关乘飞机赴港出国者，有水客陈宏新三人；此外仍有水客杨新棠及华侨陈旺舜等多人，则拟今明两天由广州湾前往。梅县华侨互助社以各水客华侨，均系首次由新路线出国，全社职员一致欢送，并以白洋布二幅，上书"梅县华侨互助社欢送首批由新路线出国华侨"等字样，挂于□旁，经过各马路均鸣放炮竹，沿途欢送者如堵云。

又香总司令翰屏，及中委罗翼群氏，亦关怀华侨出国问题，昨在梅县府与梁县长磋商出国新路线，并由罗氏介绍华侨曹玉辉、钟志坚等数人，前往韶关乘飞机赴港出国云。

[《中山日报》（梅县版），1941 年 3 月 5 日第 2 版]

63.《出国路线经由宁波至沪，计程七天可到》

（真干社讯）自港惠交通断绝后，关于出入国华侨水客颇感不便。有经滇缅路出国者，有经广州湾出国者，或经汕尾出国者，但诸多困难。梅县府昨接林享文由金华电告，略谓："出国新路线，由梅经宁都、鹰潭、金华、宁波至沪约七天，旅费每人约四百元，沿途平顺云。"

[《中山日报》（梅县版），1941 年 3 月 19 日第 2 版]

64.《梅县水客分会开会员大会，即席举行出钱劳军》

（真干社讯）梅县水客分会昨日（十九）开会员大会，到各埠水客数十人，主席侯伯文，议决，派员催收会员基金及各种要案多宗，并即席募得出钱劳军一百七十五元，闻该会仍当继续劝募云。

[《中山日报》（梅县版），1941 年 3 月 20 日第 2 版]

65.《出洋水客滞韶，晋谒当局请加开航空班次》

（本报韶关通讯）沙鱼涌被敌扰犯封锁，往来南洋与蕉梅间之水客百余人，即因此阻碍而无法再度由水陆两路重回南洋，迫得分批改道由梅县取道韶梅公路来韶转乘飞机至香港再至南洋。讵料十余日，至今无法乘机飞港，而此百余人中多因"殖民地居留证"将届期满，苟再稽延时日，势必不能再度在南洋进口，特联名推派代表陈世豪、张海如于今日（十五）面谒余长官及李主席，恳予帮助，俾能加开航空班次，得早回南洋继续工作云。

[《中山日报》（梅县版），1941 年 4 月 24 日第 2 版]

66. 《抵港侨胞来函称香港南洋均甚安定，并述抵港情形及出洋手续》

（本报韶关通讯）前由梅蕉等地取道韶关，乘机赴港出洋之华侨水客数十人，于上月廿八日起陆续优先购票启程。兹悉，该侨第一批十余人，已于廿八日晚安抵香港。据华侨代表陈长森来函本报韶关总社称："该侨胞抵机场后，所带行李概须检查，然后由移民局办理入口手续，执有移民证者，经审查后，可自由通过，否则须有港币一百元为担保金。目前香港人心甚定，港吧来往轮船仍照常开行，第一航线芝巴德轮定于五月十三日往吧城，第二航线芝渣连加轮定于五月廿日往泗水。惟最近新订条例，对于买船票手续较为麻烦，如以前霍乱证书过期三个月，洋痘证书过期六个月后者，即不能购买船票，须重新在港办理完毕，经过六日后始能买得船票云。"又近日有梅县同乡由吧城抵港称："现外洋人心尚甚安定，商场业务亦如常，惟一部重要物资已开始陆续移至万隆安全地带，以防万一云。"

（五月三日）

［《中山日报》（梅县版），1941 年 5 月 16 日第 2 版］

67. 《出国路线广州湾可畅通，渣华公司经理抵梅谈》

（真干社讯）自沙鱼涌海口遭敌骑践踏以来，港惠交通梗塞，出入国侨胞水客更形困难。关于出国新路线，政府早有明令由广州湾转港，但详细途程及沿途种种，多未明了。兹悉，香港渣华轮船公司前月特派经理人叶达常由广州湾转道来梅，借以引导侨胞出国。查叶于昨一日抵梅，经将此次由广州湾之详细途程交由梅县水客公会转知水客侨胞查照，以利出国侨胞云。

［《中山日报》（梅县版），1941 年 6 月 2 日第 2 版］

68. 《第一批出国华侨定期首途，梅华侨互助社决定》

（本报专访）梅县华侨互助社昨召集已经登记出国水客华侨开会，讨论集团出国事宜，计到会水客华侨数十人，查议决事项：一，关于取道广州湾集团出国日期，第一帮定期于本月十日前往，此后每隔十日为一帮；二，往广州湾路线由梅县赴韶关，转入赤坎（即广州湾最热闹之市场）；三，集团出国开车前应互举团长、交涉、财务各一人，俾便沿途负责指导及交涉一切事宜。会毕，旋由到会华侨历述经汕头沦陷区出国之危险，直到四点余钟始行散会。

（又讯）近来梅属一带被汉奸引诱经汕头出国者不乏其人，闻一至汕头即被敌人施打毒针，迫抵香港或赴南洋途中即行毒发身死云。

[《中山日报》（梅县版），1941 年 6 月 6 日第 2 版]

69. 《返国华侨居留字延长有效期，侨委会转函外部交涉》

（真干社讯）梅属返国华侨及水客本年春间正准备出国之际，而沙鱼涌汕尾等处，即相继沦陷敌手，迫不得已在家静候时机。惟查南洋各属政府，所定移民居留字条例，以一年为期者居多，过去所有华侨居留字头在将限满之前应送交南洋各属，当地政府重行签字，逾期则成废纸。四月间梅县水客公会以水客及华侨之居留字头恐不免有逾期之虞，特据情呈请侨务委员会转请外交部，迅予向英荷泰各国交涉，延长返国居留字期限，以资补救。昨十五日该会已奉到侨委会批示，略谓："业经据情函请外交部核办。"又该会于本十七日据香港中华兴客行来电称："往荷属妇孺新客，如随父随夫或寻妇寻夫如有当地县府证明书者，荷政府已准入口云。"

[《中山日报》（梅县版），1941 年 6 月 18 日第 2 版]

70. 《大批水客侨胞昨离梅出国》

（真干社讯）梅县水客公会前日奉梅县府训令，略以："现准第×战区司令部副官处黄处长和春电：'闻水客南行在曲江候飞机困难。查柳州至广州湾，水路途程，十天可达，非常便利，请转告南行侨胞'等语。"该会口令后，随即通知各水客及侨胞知照。旋有吧城水客房介如、钟全盛、杨蕴芳等八人，伴同侨胞黄亦云等七十余人，到该会登记后，该会即向县府申请，代雇汽车三辆，集团取道广州湾出国，并呈请县府转呈边区司令部派队保护。兹悉该水客及侨胞，经于廿二日集中该会门前乘车首途，当由该会派员欢送，情形至为热烈云。

[《中山日报》（梅县版），1941 年 6 月 23 日第 2 版]

71. 《沙鱼涌分卡扣留华侨家属信款，财政部电饬如数发还》

（本城消息）荷属坤甸水客翁绍南去冬由南洋返梅，经过沙鱼涌时，有九龙关沙鱼涌分卡卡员，见翁有国币三千六百余元，遂生觊觎之心，硬指翁为携带逾额国币出口，将该国币悉数没收。当经由本县南洋华侨互助社去函证明该水客翁绍南系由港归国，并非出国。该款三千余元，又系侨胞家属信银，希即发还。殊该分卡得函后，竟置不理。嗣该社特呈请财政部，将该卡卡员从严惩办，并将款

160

悉数发还，以平侨愤。兹闻该社昨已奉到财时（政）部批示，已电饬九龙关税务司，将原扣国币如数发还。仰即知该翁绍南代表人翁绍祺，径向该关具领云。

[《中山日报》（梅县版），1941 年 7 月 19 日第 2 版]

72.《荷政府颁新例限制妇孺进口》

（本城消息）汕头南洋水客联合会梅县办事处，顷接香港安庆堂来电谓："荷印政府又颁新例，凡往荷属新客妇孺均须先得荷政府许可，发给准字后，方能登岸。"闻该会接到此电后，登即转达各水客知照云。

[《中山日报》（梅县版），1941 年 7 月 23 日第 3 版]

73.《广州湾倭军登陆，华侨暂勿经柳（州）出国》

（本报专访）月来梅属各地水客侨胞纷纷取道广州湾出国，查该路线近日又告不通。梅县府于昨日接得广西某部副官处处长黄和春七月卅日来电，略谓："敌军千余在广州湾登陆，请转知华侨暂勿经柳（州）出国。"梅县府接电后，即通知华侨互助社及水客公会，转知各侨胞暂勿出国云。

[《中山日报》（梅县版），1941 年 8 月 2 日第 2 版]

74.《一批华侨首途由滇缅路出国》

（本城消息）自敌寇在广州湾登陆，华侨出国路线又阻，所有出国华侨，除搭乘飞机外，均已改道而往，故连日以来，在本县南洋华侨互助社登记由滇缅路出国者，计有水客林清桂、蓝元方及侨商温保和等七八人，经与昨日（十二）首途。尚有水客古康礼、古杰夫，及华侨等多人，亦拟日间动程，循此路出国云。

[《中山日报》（梅县版），1941 年 8 月 13 日第 3 版]

75.《梅水客公会得电广州湾畅通，水客多人准备出国》

（本报专访）梅县水客公会，日前电询香港□客行，关于广州湾华侨出入国交通情形，经接□复电略谓："该□□通畅□，现该会水客□□已准备前往云。"

[《中山日报》（梅县版），1941 年 8 月 23 日第 2 版]

76.《华侨出国，香港渣华公司派员来梅引导》

（真干社讯）香港渣华轮船公司以最近香港新例：凡出国侨胞由广州湾及各地往港者，除须带有效之外交部护照外，如无香港之移民证，则虽交按金，亦不能登岸。因而月来梅属欲出国之外客及侨胞，颇感困难。该公司有鉴及此，特向香港移民局交涉，今后所有出国□□，准由该公司担保登记，□□□香港移民局批准，□□□□经理叶达常（梅□）□□□由广州湾来梅，□□□□侨胞出国。查叶经□□□□十三日抵梅，寓粤东旅店。记者闻讯往访，据谈，梅属各水客侨胞，如未曾做有香港移民证及未有外交部护照者，可将三寸半身相片三张，到东门路十一号梅县水客分会登记，然后决定日期集团（约百人为一批）由叶引导前往广州湾转港，至各人相片则先由叶汇齐用航空寄港，当由该公司向港移民局领取总登岸证，再将该证寄到广州湾后，复由叶领导往港即可登岸，不致再有其他困难。

[《中山日报》（梅县版），1941 年 9 月 15 日第 2 版]

77.《华侨赴港困难，侨团电请解决》

（本城消息）近日香港政府新颁移民条例，对于华侨经港出国限制极严，凡无移民证及我外交部护照者，均不得在港登岸。至做移民证手续，又时时改变，忽而准予缴纳保证金登岸，忽而不准缴纳保证金登岸，以致出国华侨无所适从，焦急万分。本县华侨互助社、水客联合会两侨团，有见及此，昨特联电省府李主席："请为设法补救，向港政府交涉，或转请外交部速派专员驻韶发照，以利出国侨民云。"

[《中山日报》（梅县版），1941 年 9 月 16 日第 2 版]

78.《梅县一批华侨定期出国，欲出国者可速登记》

（真干社讯）香港渣华轮船公司业经向港移民局请准由该公司担保华侨登岸，并派华人经理叶达常来梅专事引导华侨出国。如无香港移民证之水客及华侨，可将三寸半身相片三张交东门路梅县水客分会登记，然后集团出国，详情经志前讯。兹据该会当事人称："连日来向该会登记之侨民，计有五十余人，现仍继续登记。决定于本月三十日，由叶君领导动程往韶，经广州湾往港，各侨胞如欲出国者务须从速向该会登记云。"

[《中山日报》（梅县版），1941 年 9 月 24 日第 2 版]

79.《梅县一批华侨改期出国，定十月六日前往》

（真干社讯）香港渣华轮船公司前月特派华人经理叶达常来梅领导华侨出国，各侨胞业经在梅县水客分会登记者，计有数十人，原定九月卅日雇车往韶，嗣因时局关系，致未能依期动程。兹悉，该会再订定于十月六日由梅首途，决不延期，凡已登记之出国侨胞，应依期来城乘车前往云。

[《中山日报》（梅县版），1941 年 10 月 2 日第 2 版]

80.《驻河源侨务局应移驻老隆，梅华侨互助社之请求》

（真干社讯）迩来梅县增加新水客一百余人，埔、蕉、平三县亦增加新水客数十人，惟发给水客证之侨务局偏驻河源，各新水客请领凭证极感不便。梅华侨互助社以港惠已不畅通，侨务局为发给水客证及指导侨民出国计，以移驻老隆为适中。昨特具呈侨委会请将河源侨务局移驻老隆，以利水客华侨云。

[《中山日报》（梅县版），1941 年 10 月 8 日第 3 版]

81.《一批吧城水客返抵梅城》

（本报专访）日来有大批吧城水客计李昇如、侯伯文、梁祐祥、谢福祥等廿余人，陆续由港乘机返抵梅，并携回大帮侨胞家属信款。据称：最近荷政府新例，凡在外侨胞每人准寄生活费五十盾，折合伸国币四百五十元，如每人超过五百元以外者，必受荷政府限制。所以凡水客携带信款回梅，如每人超过五百元以外者，则收款人（指侨胞家属）回信与寄款人时，该信必须交由原水客带出，盖因倘收款人由邮局直接寄与寄款人，一经荷政府检查，寄款人与水客均发生不利。

[《中山日报》（梅县版），1941 年 10 月 30 日第 2 版]

82.《二期节储竞赛粤省努力策动，昨联系水客发动侨胞节储》

（本报曲江廿五日专电）中央去年推行节约储蓄竞赛，总计全国节储成绩吾粤占于优胜地位，独得甲等奖状。兹值第二期节储竞赛，希望各单位均加倍努力，期获锦标。记者昨日下午特往访谒郑主任委员彦棻，叩询本省第二期劝储工作与成绩，承发表谈话如下：本年全国节储总额原预定为六万万元，推行结果竟达七万万元。在吾粤长官主席领导下，努力节储，并同各界热心人士、海外侨胞劝募，各县局劝储支会积极策动，务期超额。节储竞赛结果，我粤仍保持光荣记录云。

（本报曲江廿五日专电）日昨有南洋苏门搭腊华侨巨商李海帆氏暨南洋水客梁伯超、□振端等一行十余人莅韶，候机出国。本会劝储分会特派员前往联系，并洽商关于劝动海外侨胞购买节约储券运动。并承面允充任劝储使者，氏以侨胞爱国，对节储运动尚未有充分认识，特向本市行局购置各种券各一种，作为式样，以便抵埠后公开介绍于侨胞之前，增深侨胞之印象。闻劝储分会，曾检备大批节储说明、储蓄计划等小册，请其转赠各埠水客，携赠海外爱国侨胞，为节储尽报道介绍之责，预料储券在海外将不胫而走。

[《中山日报》（梅县版），1941 年 11 月 26 日第 3 版]

83.《渣华轮船公司派叶达常抵梅，引导侨胞集团出国》

（本报专访）县属归国侨胞因未领有港移民证及外交部护照者，颇不乏人，至抵港登岸时，发生困难。且由梅取道广州湾往港，长途仆仆，诸多困苦。香港渣华轮船公司有鉴及此，曾迭次派经理叶达常来梅引导侨胞出国，所有曾经出国侨胞，均称便利。兹悉：叶君于昨七日，又由港经广州湾抵梅，拟于最短期间，仍引导侨胞出国。凡县属欲出国之侨胞，可径往戏院街梅县水客公会登记，以便集团前往云。

[《中山日报》（梅县版），1941 年 12 月 8 日第 2 版]

84.《荣泰行梅庄拒兑汇款，水客曾昭献诉县办理》

（本报专访）日里水客曾昭献由南洋返梅，当其在港时曾在港荣泰行汇有侨胞家属信银一万三千余元，订明到梅后，向西门路广泰隆内梅本庄兑交。讵曾抵梅后，向该号兑收，始则延约，继见香港战事爆发，即拒绝付款。曾昨将情投请华侨互助社，转呈县府党部办理，以免耽误侨胞信款云。

[《中山日报》（梅县版），1941 年 12 月 17 日第 2 版]

85.《荣泰行梅庄再拒兑汇款，安南水客诉请办理》

（本报专访）梅城西门路广泰隆内荣泰庄日前拒交日里水客曾昭献汇款万余元。昨日又有安南水客廖琼（芹），到华侨互助社投称：彼亦曾在港荣泰行，汇款□万余元，订明到梅县后向西门路广泰隆内如数兑交。乃抵梅后，持票向兑，该号负责人吴某，竟借词拒交，致侨胞家属信款不能应付。该社据报后，经一并呈请县府办理云。

[《中山日报》（梅县版），1941 年 12 月 19 日第 2 版]

86.《太平洋战事爆发后商人停兑香港汇款，梅县府昨诘问吴继皋无结果》

（本报专访）南洋水客曾昭献、廖芹、李贻君等于上月在香港时，由荣泰行吴子峰手汇有侨胞家属信款计共约十万元，书明至梅县西门路广泰隆号内本庄吴继皋兑交。该水客等抵梅后，因香港战事爆发，该庄即拒绝兑款，影响侨胞家属生活颇大。梁县长对此，昨特传吴继皋到县府诘问拒绝兑款理由，据吴称"香港无款汇回，梅庄又无存款可兑，只有静待时机，嗣该款汇回后，始能照兑"等语。讯毕，旋准退去，但此款该庄应否负责兑交问题，据权威方面称，于商人信用上，该庄应付兑交之责，见票照兑，不得拒绝，若舍去信用而讨论手续上之问题，该庄亦得谓香港收汇款人无存款于此，须向原收款人交涉，而透卸责任，拒绝兑交，亦□可如何云。又闻梅城有若干商号汇兑庄亦有同样拒绝兑交香港汇款情事云。

[《中山日报》（梅县版），1941 年 12 月 22 日第 2 版]

87.《拒兑汇款吴继皋交保候传》

（本报专访）梅县府选据水客曾昭献、廖芹、李贻君等投诉：西门路广隆泰内之荣泰行梅庄，拒绝兑交汇款约十万元，致影响侨胞家属生活。前日经县府票传该庄负责人吴继皋讯问，讯毕，旋准退去。县府以该庄实不能任意透卸责任，致影响侨胞家属信款。昨再度票传吴继皋到府讯问后，准由广泰隆及诚丰行两家商店具结担保外出，听候处办，嗣后如有讯问，应付随传随到之责云。

[《中山日报》（梅县版），1941 年 12 月 23 日第 3 版]

88.《水客廖芹报告家中失盗，县府正严密侦查中》

（本报专访）梅县水南大堰口附近于前日（五）晚六时许忽告有歹徒数人闯入安南水客廖芹家中，劫去国币及金饰约四万元。是晚廖将情报告附城警察所，昨日复由廖芹之子廖仲蔚报告于县府警佐室。据廖称："是晚损失之数多属侨胞信款。"县府据报后，极为注意，以查该水客于上月十二日抵梅后，汇由赖福记、张协丰兑交之款，早已由该水客抵梅后兑清，何以迟迟尚有多数未发交侨属？汇款至汇由至广泰隆号内荣泰所兑之款，亦经日前另行交付清楚，是否真正失盗，抑或失者非为侨胞汇款，县府正严密侦查中。

[《中山日报》（梅县版），1942 年 1 月 7 日第 2 版]

89.《吧城水客邹金华重要启事》

本人前日自香港脱险抵梅，蒙诸亲友殷殷垂询，深为感荷□者□在神泉途中被敌俘劫，因循月□所带信簿物件均损失净尽，旋遇救返港。即电家人速将寄款名单抄录寄港，所有信款亦暂存荷国银行，无如香港战事爆发，商店银行均被迫停业，致所有存款无法支取，只得暂行返梅，俟日后时局好转，银行复业，本人当负完全责任。特此登报周知。

丑五一八

[《中山日报》（梅县版），1942 年 2 月 8 日第 1 版]

90.《粤省府限钱庄水客付清欠兑侨汇，侨属如被拒兑者可请勒付》

（本报专访）粤省政府据报，自太平洋战事爆发后，侨胞家属困苦，梅县、兴宁、大埔、蕉岭等地私立汇兑商店及水客借词香港沦陷，交通断绝，对于战前所汇款项，拒不交兑，或只兑少数，请严予惩处等语。兹省府据报后，以商业店号，不得经营存款、放款、贴现、汇兑及抵押各项银行业务，经财政部规定。各县商店水客竟暗中接汇侨汇，自属有违规定，复敢借词香港沦陷，交通断绝，将侨汇拒不兑交。当此侨汇断绝，侨胞家属生活极度困难，政府救济不暇之际，如此擅行，实属不法已极，自应切实查究，以安侨胞。曾分令各县府迅将承汇商店各号所在地及水客姓名住址暨欠兑汇款数目，查明登记，勒令限期扫数清付，及嗣后不得再有此项业务之经营。梅县府奉令，即遵令彻查各侨属如有被拒绝兑交侨汇者，可即日到县政府财政科（或用电话）报请登记数目，以凭分别勒限清付云。

[《中山日报》（梅县版），1942 年 7 月 1 日第 2 版]

91.《梅县登记拒兑侨汇共达卅余万元，侨属渴望依令限期清付》

（本报专访）梅县府于前月底奉省府令关于汇兑商店及水客借词香港沦陷，对于战前所汇之侨胞汇款拒不兑交，或只兑少数。当此侨汇断绝，侨眷生活困难，政府救济不暇，如此擅行，实属不法。自应切实查究，以安侨胞。该县应将承汇商店及水客姓名、住址及欠兑汇款数目，查明登记，勒令限期扫数清付。县府奉令后，经于七月一日起开始登记，于昨（卅一）日截至。查各侨胞到县府财政科登记数目，计共卅余万元，拟即着手办理（由各乡公所登记数目，尚未汇报不在内），闻各侨胞家属对此汇款，渴望至殷，亟盼当局作有效之执行，应即依照命令勒令限期清付云。

[《中山日报》（梅县版），1942 年 8 月 1 日第 2 版]

92.《毛哩斯侨胞寄到大批汇款》

（本报专访）梅县中国银行最近接毛哩斯侨胞交由该埠华商总会，合并大批侨汇，由伦敦经重庆转到，即按华商总会另电所列姓名金额，分别办理。其有收款人姓名及地址不详者，业经该行设法由华侨互助社及毛埠水客证明照解。毛埠之侨眷接到该行通知书后，莫不喜形于色，纷纷前往该行具领，咸称为毛埠侨眷之福音云。

[《中山日报》（梅县版），1942 年 12 月 10 日第 2 版]

93.《荷属水客廖吐华经安南返抵梅，太平洋战事爆发后由荷属返国第一人》

（本城消息）荷属苏门答腊岛水客廖吐华，大埔大麻人，于本年三月十七日，由日里棉兰动程，乘小电轮航行十六小时，抵槟榔屿，再由槟搭木船抵暹属合艾，取道暹京曼谷，经安南、东兴返国。廖君抵曲江，曾向当局及各同乡报告返国经过情形，近日抵梅，又向梅华侨互助社报告旅苏状况。据云："梅、埔等属旅苏岛华侨（如亚齐、日里、棉兰等埠）均各安好，生意如常。至梅县尚留苏岛水客徐广宴、谢石盛、谢惠初等十余人，亦均平安，将次第返国云。"

[《中山日报》（梅县版），1943 年 6 月 22 日第 3 版]

94.《杨非柳等鱼肉华侨，经在畲坑捕获解县，柴榄乡长卜珍亦被带候》

（本报专访）梅县府前据柴榄乡民杨运华呈：略以彼向在南洋经商，近年来操水客业，惨淡经营，俭朴自持，稍获积蓄。迨南洋群岛沦陷，无机复出，遂居家中。本年四月间有杨非柳者，以运华吞没侨汇放高利贷为词，号召歹徒多人前往彼家调查存谷，时值荒月，家无余粟，得免受扰。上月六日杨非柳复率领歹徒，一面商同乡长卜珍发出手令，派所丁伙同歹徒，各持短枪，冲入运华屋中，将运华捆绑，押于杨氏青年会内，旋送于乡公所收押，同时掠去自卫长枪三只，簿书契据被搜一空，在乡公所经两尽夜，彼等多方恐吓，要勒索十万元了事，结果被勒去五万元，另酒席费二千五百元始行释放。县府据呈，经派员密查属实，乃于本月廿一日派警前往该乡围捕，卒在畲坑墟渡船码头将杨非柳捕获，余党则闻风逃走，入晚并在李源兴店楼上将乡长卜珍带候，于廿二日一并押解县府候办。

[《中山日报》（梅县版），1943 年 9 月 24 日第 2 版]

95. 《财政部迭电中国银行，便利粤省侨汇，南洋华侨汇款由东兴入口，托由广东省银行转汇内地》

（中央社重庆廿九日电）粤省华侨汇款受战事影响，致无法解付。财政部对此极为注意，曾迭电中国银行设法沟通，并饬当地各国家银行密切联系，将节余头寸悉数拨解侨款。惟以目前后方与台山等地交通断绝，中国银行自该地撤退之行处账册，无法运往。现正设法由航空运输。一俟账册运达，即可陆续照解，至南洋侨汇，仍可由广东东兴入口，托由广东省银行转汇内地。

[《中山日报》（梅县版），1945 年 1 月 30 日第 3 版]

96. 《为林同德延交侨汇告华侨家属暨社会人士书》

各机关首长、侨胞侨属暨社会各界贤达公鉴：

窃舍弟文海于去岁返国，携带一批侨汇，业经清发。嗣于六月间，复返东兴。临行时将存款私章及未了事务暨一切手续，交由维汉、瑞燊全权办理。舍弟抵东兴后，复托友带回亲笔手札一本："内有又由邮汇局汇梅县林同德，转熊文海收五十万元，此款请同林同德协同交涉支取"等语。当即至林同德宝号，邀同林挺芳君，向邮汇局查询未到，维汉只得复返畲坑，静候林君消息。嗣接林君十月廿日来函云："维汉先生尊鉴：赐教敬悉，邮汇局款，据称前去电未得复，已再去电，俟得复时，再行奉告云。"旋于十一月廿七日接林君十一月廿日来函云："维汉先生大鉴，邮汇局已交来文海君收款五十万元，特此奉达"等语。其时维汉适在病中，乃遣小儿柏干，偕瑞燊携带印据往领。不料林君竟声称应由维汉本人前来方可领取，维汉以林君为吾梅商界领袖、社会闻人，且林同德宝号以前信用甚好，现其事出慎重，情有可原，不虞有他，故安心静待病愈。至本年一月八日，维汉以农历年关将至，侨属需款至殷，乃抱病来梅向取。殊抵梅后，一连数日，叠往林同德宝号及县银行、县商会等处，凡有林君平日常到之地，无不前往拜访，恨均未及一面。嗣卒于林同德宝号内与林君觌面。不料林君言词闪烁，不表示交款，又不表示不交款，只谓此款提存银行，似不如仍存该号，亦可照银行付息。维汉以此款乃属侨属之款，而非本人私有之款，亦非文海私有之款，不容私人处置，领后须转发侨批者，乃以婉言申述不可存于该号，仍请林君支交。又不料林君竟支吾其词，约维汉容日考虑，维汉以素闻林君前任商会主席，名誉浩大，延宕不交，料有难言之隐，只得唯唯告退，静候其考虑后决定。但延隔一日，仍不得要领，只得转托县参议员熊燮廷先生向伊征询，旋得燮廷先生征询结果，谓林君答允，须赴法院公证处证明，始得付款。维汉陡闻喜讯，以为支款有望，可济喁喁侨属。遂往谒梅县地方法院彭院长启周请示公证手续。蒙彭院长表示手续极为简单，且法院对华侨款项提兑公证，已有农民银行数宗款之前例。维汉得此消息，即邀请林君同赴法院，再晋谒彭院长，不料林君复固执己见，谓其不愿作如此公证手续解决。维汉至此方知其别具用心，既无诚意交款，前之种种乃属八面兜圈办法，只得报请当地长官绅耆，多方晓劝，并提出办法，由双方会同提交省行或农行，存入原熊文海在梅亲开户口，另觅二间殷实店保，由当地长官或公证处监临以清责任，而利侨属。各机关首长亦以无论于情于理，于商场道德，或是为救济侨属立场说，林君都无故意不交理由，而林君不愿物议，仍固执不交，维汉只得委曲求全，再予一星期之考虑。至一月廿六日，因觉林挺芳君每于语塞之时辄言此事须与其兄弟商量为词。维汉闻其令兄竹荪先生，老经商场，为人正直，乃挽托其乡邻正直士绅刘解南先生，前往婉说。竹荪先生言辞虽较直捷，但谓店保不稳，须相等价值之不动产红契作按，始得交付，不然则退返邮汇局。维汉以交涉至如此山穷水尽之时，而不动产红契作，按原属过分要求，且为战时不可能之手续，乃迫得赞同退回邮汇局，以便另以银行惯例，便利侨胞手续解决。殊于卅日下午双方业已言定于越日将款退回邮汇局，不料仅隔一小时，林君又变原议，形成无可交涉之僵局。窃思此款交付同德为时二月有余，维汉固不敢以神经过敏之思想目林君为运用侨款。惟今日侨胞冒万难、经大险，辗转驳款，经无数不可想象之艰危，始得到达原乡，反而在此光天化日之下，饱受刁难，试问汇款者暨多数托汇侨胞与同德宝号有何嫌怨？维汉本人叠与林君交涉，悉本之以礼，不敢有批鳞态度，致伤林君威严。林君竟如此忍心害理，置侨属苦恳哀鸣于不顾，真不知是何居心！今日侨胞远离祖国，电讯不通，形同隔世，若乘机捞财，则富而不誉。在此岁暮年终，鹄待侨汇接济者，比比皆是。若此款同德宝号可以不交不退，留作自用，以待不知若干时候，天理人情，亦所不许。夫政府对侨胞素持爱护，对于侨汇益为注意，不惜周详设法。政府方便利与救济之不暇，讵料留难侨汇者竟出于素为吾梅商界领导者之林君挺芳手中，殊觉痛心与遗憾。兹除代电层宪设法追取外，谨将经过公布，以待公评。如能借此引起关心侨胞者之注意，迅谋解决，以利侨汇，侨胞幸甚。又舍弟亲笔札内尚有"第一批文阶，由银行汇来五十万元，交林同德既照电汇"等语。惟未接同德通知，暂不置论。合并声明，谨启。

熊维汉、熊瑞粦同启

[《中山日报》（梅县版），1945 年 2 月 1 日第 1 版]

97.《陈勤争调处延交侨汇案，昨日下午已告解决》

（本报专访）梅县林同德延交侨汇五十万元，当事人熊维汉及林同德双方在报上刊登启事，社会人士深切注意。旋经县商会理事长陈勤争亲出调解，据悉，已于昨日（五）由林同德将该款如数交熊维汉收领，一场纠纷，遂告解决云。

[《中山日报》（梅县版），1945 年 2 月 7 日第 3 版]

98.《水客十余人由泰国回梅，携有侨汇约千余万》

（本报专访）农历年关将届，来往泰国之梅县水客由泰取道回国，辗转携带侨汇，连日已有十余人抵梅，携回侨汇约一千余万元。尚有大帮水客约四十余人，仍在旅途，闻共带有侨汇约一万万元云。

[《中山日报》（梅县版），1945 年 2 月 10 日第 3 版]

99.《梅县华侨互助社请李主席饬省行沟通侨汇，并电南路各县省行嗣后勿再拒收侨汇》

（本报专访）梅县华侨互助社理事长张士平，以李主席莅梅巡视，昨特将侨汇困难情形，呈请李主席饬广东省银行予以改善。兹将其原呈节录如下：（一）选据水客张嘉梅、侯明经、林振华、刘环秀、梁献如、刘耀松、沈汉秋等报称：伊等于去年十月间携带侨批由泰国动程返国，十一月九日及十一月十一日曾在钦县广东省银行，共电汇侨款七百余万元。至今三月余之久，除张嘉梅等领到六十余万元外，其余六百余万元，尚未领到。近日虽据梅县省行负责人面称"梅省行已接钦县省行来电，该侨款已汇往揭阳"等语。是该款仍不能向领。此拟请钧座饬令梅省行迅速设法将侨汇早日交清者一也。（二）据归国华侨报告：近日东兴及茂名等处广东省银行一律拒收侨汇，致有水客黄通元因东兴及茂名省行拒收侨汇，只得将黄金三十余两，随身携带。殊步行至阳江合山乡地方，竟遭匪徒抢劫净尽，同行华侨十余人亦被抢劫。窃念华侨历千辛万苦携带侨批，接济侨眷，已抵国门，而仍遭损失，将使千百万华侨侨眷如何失望。此拟请钧座饬令省总行设法沟通侨汇，并转电南路各县省行，嗣后勿再拒收侨汇者二也。

[《中山日报》（梅县版），1945 年 2 月 18 日第 2 版]

100.《大批泰国水客昨日抵梅》

（本报专访）昨日有由泰国携带大批侨汇返国之梅县水客计梁睦兴、曾晨光等十八人平安抵梅，拟即将汇款分别转交各侨眷收领，侨眷闻讯，莫不喜形于色。闻该水客等此次返梅，因战事交通关系，前后费时五月有余，滞留西江、南路各地，沿途历尽几多艰险，最后始经广州、惠阳等沦陷区返梅，每人旅费达廿万元以上。又闻尚有水客廿余人，现仍停滞于南路各地云。

[《中山日报》（梅县版），1945 年 3 月 31 日第 3 版]

101.《梅华侨互助社招待水客》

（本报专访）梅县南洋华侨互助社理事长张士平，以近日由泰国携带侨汇归国之水客十余人，平安抵梅，于昨（四）日在该社礼堂开会招待，借表欢迎。到水客曾昭献、曾桃发、陈柳君等十八人，首由该社理事长张士平致词，对各水客此次回国历尽千辛万苦，设法沟通侨汇，接济侨眷，灵活战时社会金融，功在国家，表示敬佩。继由水客曾昭献报告沿途经过困难情形，并代表全体水客对互助社盛情招待表示谢意。会毕，在新亚餐楼聚餐，尽欢而散。

[《中山日报》（梅县版），1945 年 4 月 5 日第 3 版]

102.《华侨互助社今开座谈会，讨论纲要已拟定》

（本报专访）梅县华侨互助社以日寇已正式接受无条件投降，对于今后华侨复员问题，实有预先商讨与准备之必要。该社特定于今日下午二时，召集各埠华侨领袖、水客及请各界名流，在该社举行座谈会，讨论纲要如下：（一）战后准备出国应采取之路线；（二）关于华侨之舟车旅费问题；（三）华侨出国后经营事业资本缺乏之救济办法；（四）华侨因受战事损失财产之赔偿；（五）英、荷、泰各属过期居留字，应请中央照会各该国政府准予一律作为有效；（六）关于华侨出国登记领证手续问题；（七）请领出国护照便利问题；（八）其他。

[《中山日报》（梅县版），1945 年 8 月 15 日第 3 版]

103.《暹罗水客华侨昨首途出国》

（本城消息）暹罗水客刘环秀及华侨刘星云、张佛荣等，昨赴梅县南洋华侨互助社登记后，即行动程，取道东江、广州市、南路各县，经东兴、安南赴暹，计程月余可抵达。闻刘本欲由汕出国，因前在东兴托某号代汇侨款，尚未收楚，故顺途向某号交涉云。

[《中山日报》（梅县版），1945 年 9 月 22 日第 3 版]

104.《留梅暹罗水客动程赴暹，取道广州湾入越南》

（本报专访）暹罗水客十余人于半年前携带大批信款回梅后，因交通关系，迟未离梅赴暹。近以由汕头至暹罗之海上交通，究不知于何时恢复，各水客不便久留，经于昨日离梅，取道经广州赴澳门转广州湾、越南而至暹罗，预计需时一个月。又某华侨拟赴吧城，昨与水客同行，俟抵暹罗后，乘火车至新加坡，转轮赴吧城云。

[《中山日报》（梅县版），1945 年 10 月 26 日第 3 版]

105.《英荷暹华侨家属均鉴》

鄙人新近由英荷暹各属返国，不日复返原地。为华侨家属服务起见，凡在荷属日里、棉兰、仙打、火水山、新邦、冷沙、怡里司、马委美伦打京岸士吉利、亚齐、沙璜、美老务各埠以及槟城、马来亚、暹罗等处有亲友者，无论侨属与鄙人是否相识，愿竭诚接见，传达消息。鄙人备有航空信笺信封，请来索取书写家信，以归一律而便携带。兹将接见地址日期开列如下：（一）松口赞育堂，旧历十月初十至十二；（二）丙村（雁洋）同春堂十四至十六；（三）梅县和金铺十九至廿四；（四）蕉岭永兴祥廿六日。

鄙人原乡住址：梅县嵩山乡径口站钟介围
南洋住址：荷属日里棉兰宝马街鸿泰号
暹罗公司：廊离越路口天成号槟城大街仁爱堂

钟顺长谨启
戌九一五

[《中山日报》（梅县版），1945 年 11 月 7 日第 1 版]

106.《梅华侨互助社派员出国慰问暹越侨胞，并请增设老隆招待站》

（本城消息）梅县南洋华侨互助社昨派谢逸民、杨英□出国，代表该社慰问暹罗越南侨胞。闻谢、杨奉派后，定日内动程，取道东江、广州市，转广州湾前往。又该社因汕头至南洋水路交通尚遥遥无期，急于出国侨胞仍由陆路前往，拟请侨委会在老隆增设侨民复员招待站，俾闽粤边区各县出国华侨得以救济云。

［《中山日报》（梅县版），1945 年 11 月 7 日第 3 版］

107.《旅暹侨胞家属均鉴》

此次暹罗军警惨杀我侨胞，敝号有在暹水客多人目击此事件经过，现该水客等已由暹陆续返抵梅城。敝号为便利各侨眷探询消息，当竭诚接见，详细报告一切。又敝号日间续派人赴暹，各侨眷如欲托交信件，敝号备有特别信笺赠并请将详细住址写明，当接址一一送达无误。即希于本月廿日至本月底止前来取用为荷。

梅县凌风东路（下市）谢庆昌金店启

［《中山日报》（梅县版），1945 年 11 月 20 日第 1 版］

108.《梅县收到侨汇达数万万元》

（本报专访）梅县华侨汇款除一部由银行或信局汇寄外，一部由水客携带。两年来由暹罗水客带回信款，不下数万万元之多。最近英属毛里寺及南斐洲华侨汇款，亦达二万万元云。

［《中山日报》（梅县版），1945 年 12 月 17 日第 3 版］

109.《暹罗水客大批抵梅，携有侨汇约三万万元》

（本报专访）暹罗水客梁炯豪、谢杞元、侯棠耀、巫建廷等廿余人，各携带巨量信款，已陆续经越南广州返抵梅，随即通知各侨眷领取信款。现值农历年关，各侨眷得款接济后，市面交易顿呈活跃。闻此批侨汇数达国币三万万元以上。又据某水客称，现距农历新年仅有数天，诚恐远地侨眷信款，未及通知领取，希各侨眷速即自动到平日有信款交付之水客处领取，以应年关之急需云。

［《中山日报》（梅县版），1946 年 1 月 29 日第 3 版］

110.《梅、埔水客廿余人陆续出暹抵梅》

（本报专访）一周来梅县大埔各地之暹罗水客纷纷抵步（埔），计有廿余人，均携有大宗信款，分别遣送侨眷收领。又上月由暹抵梅之水客数十人，已于日来纷纷乘车离梅，取道广州经梧州转越赴暹。

[《中山日报》（梅县版），1946 年 2 月 21 日第 2 版]

111. 《荷属吧城水客陆续抵梅，一为张伯周，一为廖伟良》

（本城消息）荷属吧城水客张伯周于本月十三日由汕头抵梅，带回大批华侨汇款。日来各地侨眷前往领取汇款及探询当地侨胞情形者，甚为拥挤。闻张君此次回梅，携回邑人罗仲达君所著《入集中营始末记》一书，描写当地华侨领袖五百余人被捕入集中营情形甚详云。

（汕头通讯）梅县丙村水客廖伟良自日寇南侵后即滞留吧城。此次日寇投降后，乃于二月底由吧城趁（乘）轮至新加坡，而转乘飞机抵香港，于七日乘贵阳轮抵汕，同伴五六人，各方友好亲戚闻讯，纷纷往询吧城劫后情况，据谈：（一）此次由吧城返国携带有丙村三堡侨批款千余万元，当□尽速返乡，分发侨汇；（二）吧城与中国之汇率，尚未确定；（三）当地物价比战前约高三百倍；（四）吧城与内地各埠交通现尚未恢复；（五）目前当地仍使用日军所发之军用票，自三月六日起军票每百元可换荷盾三元；（六）荷兰芝字船现经由荷政府接收者已有四艘，不久可由吧直通香港，恢复正常交通云。

[《中山日报》（梅县版），1946 年 4 月 15 日第 2 版]

112. 《省参议会建议省行办理侨汇》

（广州通讯）战前侨汇除国家银行外，本省银行因有特殊关系，亦得办理。而因其机构遍备全省，吸收侨汇日有增加，侨民称便。但自财部规定侨汇由中国银行办理后，情形迥异。盖中国银行在本省机构不多，头寸不足供应，使侨汇多被积压，侨民极感不便，乃相率汇港转驳，或由水客银号驳汇。故最近数月侨汇每月约四十万万元，其中中国银行只能接汇五六万万元，其余大部分由外国银行汇到香港，或由水客银号转驳，殊为可惜。故本省参议会经函请省府转呈财政部，为适应环境需要，特许本省银行办理侨汇。俟经财（政）部核准后，即由省行在安南、暹罗、荷印、菲律宾、美国等地，设立专办侨汇机构云。

[《中山日报》（梅县版），1946 年 5 月 27 日第 2 版]

113. 《吧城水客首批抵梅》

（本报专访）荷轮芝巴德号抵汕，系光复后首次由荷属吧城埠直开来汕者，计载搭客千余人。梅、埔等地华侨在吧城趁（乘）该轮回国者四百余人，其中水客八十余人，携有大批侨汇。此次由吧□透汕头票价，一百四十盾。查该轮此次由吧来汕历时六昼夜，梅县水客徐接元等经于前日抵梅云。

[《中山日报》（梅县版），1946 年 6 月 20 日第 2 版]

114.《吧城侨胞家属注意》

鄙人于上月返梅办理各亲友信款，现手续清楚，拟于本旧历六月廿日往吧，各亲友如有事务委托者，请于本月廿日以前交来凌风东路张谦和米店，定当代为送达，不负所托也。

吧城水客张海如启

[《中山日报》（梅县版），1946 年 7 月 9 日第 1 版]

115.《暹罗归客谈增加入口税难实现，新客无庸提前启程》

（本报专访）川走暹罗梅县水客梁炯章等三人，上月底乘轮船夏利南号，由暹返抵汕，于昨日抵梅。据称前传关于暹政府将增加新客入口税十倍一节（原入口税二百一十三铢），并无其事，仅系某一议员之意见而已，难以实行。近因欲往暹侨胞闻将增加入口税关系，故纷纷提前往汕候轮赴暹者至众，致在汕发生种种困难问题。在交通未恢复正常之前，各侨胞幸勿轻易前往。

[《中山日报》（梅县版），1946 年 7 月 10 日第 3 版]

116.《暹罗水客黄余三启事》

鄙人由暹返梅于日昨抵步（埠），现迁于梅江桥背梅畲车站余庐收发信件，希各旅暹侨属注意，嗣后请移玉径来上开住址可也。

[《中山日报》（梅县版），1946 年 7 月 15 日第 1 版]

117.《请梅县参议会第二次大会倾听侨眷的呼声》

编辑先生：

贵报是吾梅民的喉舌，同时是报道国内外发生种种事件情况的工具。我们居于读者的地位，也是一位华侨的资格，请贵报将此信公开的发表。

贵报于六月廿日登载"荷轮芝巴德号过汕，载来首批归侨，吧城水客八十余人，携有大批侨汇"等情。然而，这侨汇的问题横生枝节。有些水客积压缓交信款，有些水客在民国卅年冬，香港战事发生前，收带侨胞寄眷属生活的用款，该时物质价格便宜，所以，寄款五元十元至数百元者为数甚多。而这水客们将收来带交的信款，为图利计，购买港币，驳汇香港的银行钱庄。香港战事发生，他们折返原居留地，而该时又未将信款退回寄款人，收款人方面又未交兑，搁阻下来。因此，战事和平后，香港各业复员开业，曾经收带信款同时已驳汇的水客，向银行钱庄交涉汇款，有些口已照目前的补贴价值交涉回来。卅年冬港币一元值国币七元，而今值国币五百余元，约计增加了七十余倍。然而，这些水客们得到交涉回来的侨汇，私心窃喜，发了意外一大批的胜利财，仍然的欺骗一般无智识的侨眷，照前时的五元、十元数交付（现在的五元、十元不到一个小口糖吃）。将交涉回来浮价的款项，饱充私囊。有些侨眷较明事理者，搁而拒收。而且，这问题我相信梅县属地每一个角落里都有，现在无从调查清楚。读者是出于这种境遇的！义不容辟的特函请贵报发表声援，并愿望参议会里的贤达们临时动议这关于补贴的问题，实任叨恩之至！

读者丘标合

[《中山日报》（梅县版），1946 年 7 月 15 日第 3 版]

118.《钟顺长水客启事》

本人兹由英荷两属返国，携有大帮两属华侨银信。届时望各有关亲戚朋友请到指定地点与时间，前来接洽是荷。兹将各处地址日期列下：

松口赞育堂七月初五、六日，梅县邓通旺、同和金店七月初十至十三日，丙村同春堂七月初八、九日，三圳墟钟颂昌七月十六日，蕉岭永兴祥七月十七日，南口墟七月廿一日，梅口七月廿三日，石扇七月十八日，大坪七月十九日。侨属要写信寄出英荷两属者请到上列各号取飞机信纸可也。

[《中山日报》（梅县版），1946 年 8 月 1 日第 1 版]

119.《棉兰一水客张立端撞车毕（毙）命》

（本报棉兰专讯）往来棉兰梅县水客张立端于六月廿二日由梅县抵荷属棉兰，廿八日下午在棉兰沙湾大街被单车直撞毕（毙）命。其子张柱成随侍在侧，于卅日成服，并安葬于广东义山，送葬同乡甚众。查张系梅城虹桥头人云。

[《中山日报》（梅县版），1946 年 8 月 6 日第 3 版]

120.《衣锦归故乡，大批吧城水客纷纷返抵梅城，报告吧城近况归途情形》

（本报专访）巴城华侨一千七百余人于七月廿六日乘芝巴得荷兰轮船返国，

176

八月一日抵达香港，四日由港抵汕。其中梅县籍归侨六百余人，已陆续返抵梅属松口、丙村、梅城及其他各乡。经营水客业之林水起、梁春怀、潘开发等于昨日抵梅。记者往访，叩询巴城近况及归途情形，承告如下：

巴泗各地情形良好

巴城、泗水、万隆、三宝龙为爪哇四大埠，在盟军占领区势力范围下，一切情形均甚安好。至于所谓印尼区情形，则相当混乱，华侨生命财产被损害者，难以数计。文登（即坦其隆）华侨多人惨被印尼人大屠杀后，全侨震动。蒋总领事家栋迭向英荷盟军当局，及印尼方面首领交涉，要求保护华侨，虽得各该首领肯切答复，但事实上仍不能做到切实保护之责。

蒋总领事返国请示

当文登惨案发生后不久，蒋总领事即乘机返国，向中央报告并有所请示，以慰侨胞殷切之期望。印尼方面见蒋总领事返国，遂引起印尼之种种推测，谓我政府将派兵船飞机大炮到爪哇护侨，似有所顾忌。印尼领袖人物，对于华、印两民族，应团结合作，都有相当认识。惟一般下级人士，惜未能明了斯旨，故仍不断发生悲惨事件。至于爪哇，现无大规模战事，仅零星小接触而已。

[《中山日报》（梅县版），1946 年 8 月 13 日第 3 版]

121. 《水客陈一呈启事》

战事结束，复员仍须时日。交通阻滞，通讯艰难。本人为适应现时情势需要，以服务侨胞为宗旨。凡荷属日里、棉兰、亚齐、打班努力，英属新加坡、槟榔屿之侨属亲友，如有信件及委托，必亲自代为探访照交。请在九月下旬按址投交领信件处，以便汇集。

代领信件处：梅县县立图书馆

丙村：陈怡兴金店

松口：陈广隆

[《中山日报》（梅县版），1946 年 9 月 15 日第 1 版]

122. 《往吧水客公鉴》

接港中华兴电谓："芝棺连加十月初开吧，应办手续，请到敝号商洽可也。"万源丰内信安庄启。

[《中山日报》（梅县版），1946 年 9 月 21 日第 1 版]

123. 《巴城棉兰水客联袂抵梅，陈柏松、幸源发畅谈侨情》

（本报专访）巴城水客陈柏松等于昨日安抵梅城，带有大批银信，不日即将分发侨眷。据谈，彼乘芝楂连加（荷轮）于本月四日由巴城开行，十日抵香港，因该轮未在汕登记，不能入口，折至厦门，旋又开回香港。然后再转船于廿日始抵汕头，汕海关颇优待归国华侨，甚少检查，予华侨印象甚好。荷属情状仍未开朗，山巴小埠，尤极混沌，华侨损失甚重，巴城总领事蒋家栋，奔走护侨不遑宁处，甚望能有好转之局势，华侨始能出钱建乡建国，因现在汇兑尚未开放，不能大量汇款回国云。

（又讯）棉兰水客幸源发乘万福士荷轮，由棉兰经槟榔屿、新加坡、香港转汕于前日抵梅，所带大批银信已逐次分发。据谈，荷属局势以棉兰最苦恼，现市郊仍枪声不息，印尼争取独立，坚持不下，故棉兰市内与山巴小埠交通几成断绝，以大势看来，一时悉难豁然开明云。

[《中山日报》（梅县版），1946 年 9 月 28 日第 3 版]

124. 《往暹新客现无限制，水客出国昨又启程，巴城归侨抵梅者六百余人》

（本报专访）昨日前往暹罗水客数人，共携带新客□十余人，乘船离梅赴汕候轮往暹。至往暹新客，现无限制，登岸时仅需缴纳码头税，又今后数日内仍有大批侨胞往暹云。

（本报专访）据悉：此次由巴城乘芝楂连加荷轮返国华侨计二千余人，潮梅各县约达一千人，其中属于梅县籍者有六百余人，连日纷纷抵梅。

[《中山日报》（梅县版），1946 年 9 月 29 日第 3 版]

125. 《杨剑声启事：往毛里寺、布旺者注意》

兹得香港确讯，本年国历十二月初旬有银行公司高渣力号轮船前往毛里寺、布旺等埠。本人拟于本月下旬（国历）由梅启程经汕赴港搭该轮出国，同时接受各同侨委托带客前往上开二埠。凡往毛里寺新客必须具备入境许可证、品行证、健康证、中国护照（品行证、健康证、中国护照由本人负责办理）。各同侨委托带客者务于本月七日起至启程前一日止到上市初甸背七星烟厂先行登记，以便代办出国手续。此启。

[《中山日报》（梅县版），1946 年 11 月 8 日第 1 版]

126.《大批水客抵达巴城，报告入境手续，先在香港申请后候核准》

（巴城水客公会消息）荷轮芝吧德号经于九月廿三日抵巴，本巴水客此次复出者，计有：梁□茂、陈宏新、张海如、李环奎、杨新棠、潘锐谋、黄竹修、潘天禄、余文光、邹耀棠、余定我、游顺源、杨蕴芳、陈训秀、陈双桂、章杞云、秦森桂、丘造安、梁俊君、钟新铭、古炜新、陈汝诰、温一临、梁达明、徐超□、李志超、曾亚六、侯芹香、刘义兴、李□夫、朱禄记、谢仁和、梁英茂、余连庆、陈思瑞、张耀英、廖一新、余博文、叶映池、萧星五等四十人。又战前滞留国内今始来巴者，有梁佑祥、梁茂当、李巨举、李益四、钟玉珍、谢仁祥、谢璧元等人。关于在港申请来巴之手续：每人须备一寸半身照片四张，连同护照及居留字，持往荷领馆分别登记，并须填明来巴城住所或商号，待该馆拟就电文后，再交各人个别拍发（每人电费约需港币五十元）约一星期。该电报复准后，荷领事即将护照签证，并收印花费港币十五元，然后凭向渣华公司购买船票，其他妇孺吧者，申请手续亦均如是。刘秋庭夫人及潘卓宏夫人等均于是期偕子女南来，槛以后同侨返国，如欲于短期内回吧者，最好于抵港时先行办理申请手续，庶免在港多费时日，至外间所传拟复来吧城之华侨多未邀准者，均属非是，尤其是凡执有侨生字者，请求南来时，香港荷领立即签准，毫无困难。

（又讯）本吧德彰汇兑庄店东梁茂章君，英华公司经理曾道五君□趁本轮抵巴。

[《中山日报》（梅县版），1946 年 11 月 11 日第 3 版]

127.《汕头国平旅社开业敬告客属同乡暨出洋侨胞水客》

敬启者：

本旅社以崭新姿态开业，于汕头国平路 22 号（小公园）。地点适中、厅房整洁、装璜都丽、招待殷勤，兼能迅速协助办理一切出洋手续，代理各埠船票，况联号遍设省、港、京、沪、南洋各地，一经引导，迎送有人，虽单身远行亦可无人地生疏之虞。倘蒙函询者埠船期，当即按址奉答。现值新张伊始，当格外竭诚为我同乡服务也。谨此□敬告。

经理黎概祥　副经理黎振增　曾繁练同敬启

[《中山日报》（梅县版），1946 年 12 月 1 日第 1 版]

128. 《鸣谢启事》

启者：

此次修整明由宫上下堂宫宇，蒙海外华侨热心慷慨。去年九月由仰光侨员黄康怀君带去第二号捐簿一本，捐得国币三十二万二千五百元正。由侯竹琴先生水客带回，计芳名列后：

汤月英女士捐助五万元，侯柏松君三万元，黄德旺君一万五千元，黄增光君、谢坤元君、黄德亮君、黄志琴君、钟耀盛君、蓝接舜君、梁根寿君、侯玉成君、钟定隆君、杨桂凤女士、张金和女士、吴春云女士、杜昭喜女士、黄紫妹女士、黄祥云女士、梁德珍女士各捐一万元，黄德根君、黄德森君、黄伟刚君、黄锦元君、张柏千君、钟运舜君、李森和君、吴其芳君、黄菊秀女士、林亚美女士、蔡昭有女士、吴春云女士各捐五千元，蔡什营君、李炳洪君、黄菊美女士各捐二千五百元。

白土乡明由宫经理人同启

[《中山日报》（梅县版），1947年2月2日第4版]

129. 《温集祥出洋启事》

集祥在梅设立利侨庄，以服务侨胞、沟通华侨经济为宗旨。去年访问南洋各属进行连络业务，年底返抵梅城，携带侨胞信款业经发交清楚。兹定本正月底再度出国访问吧城、泗水、万隆、二吧冷等地（目前业务暂以荷属爪哇为限），并将在汕头、香港、星加坡、吧城等地设立分庄，以期迅速办理侨胞委托及汇款。各侨胞家属有亲友在外者请将旅居姓名、地址前来本庄登记，以便前往访问，取得联络（现在印尼区者亦可前来登记，一俟交通恢复当即前往访问）。如有信件及委托者，请来本庄洽谈可也，兹将本庄业务简则列下。

梅县利侨庄业务简则：

一，举办华侨登记，利便亲友探询。

二，传达内外音讯，促进亲友连系。

三，委托调查情况，尽量供给资料。

四，侨属发生困难，尽量指导协助。

五，代理侨胞信托，买卖物产物品。

六，承领侨胞汇款，沟通华侨经济。

七，经营行江商业，交换各地出产。

地址：西门路四十九号

[《中山日报》（梅县版），1947年2月3日第1版]

130. 《由汕至暹船票涨至四十万元》

（本报专访）暹罗水客某甲昨接汕头消息，略谓："由汕至暹船票，已由廿万元左右涨至四十万元。"此讯到梅后，原拟在暹者多无力负担船费，决中止前往。

[《中山日报》（梅县版），1947 年 2 月 13 日第 3 版]

131. 《由汕往暹船票跌回廿余万元》

（又讯）关于由汕至暹船票价格当日前金融外币等高涨时，拟由廿万元左右增至四十万元。昨据某水客接汕来电称："往暹船票已回跌至廿余万元云。"

[《中山日报》（梅县版），1947 年 2 月 13 日第 3 版]

132. 《荷属归侨会改选理监事》

（本报讯）梅县荷属归侨联合会于昨日假县党部礼堂举行第二次会员大会，兹改选第二届理监事，县党部、县政府亦派员莅会监选。由主席梁子敏致开会词，张常务理事继谋报告一年来之工作，及由县政府、县党部代表相继训话，与修改章程后，即举行选举，结果：张志我、梁子敏、张继谋、张公万、侯伯文、古岳生、徐接元、梁腾熹、梁德粦等九人当选为理事，萧镇南、徐利宏、刘玉轩、谢仁祥、谢克诚等五人当选为监事，定本月廿三日召集第一次理监事会议，互选职员云。

[《中山日报》（梅县版），1947 年 2 月 17 日第 3 版]

133. 《咓水客王渊盛启事》

径启者：

本人乘力斯美船于廿日抵港，约拾日内抵梅，携回外面亲友付托登岸证甚多，如有亲友欲往咓埠者，希早日前来凌风东路王仁记号先行登记，以便同往咓埠。特此奉告。

[《中山日报》（梅县版），1947 年 2 月 23 日第 1 版]

134. 《荷属归侨会昨分配工作》

（又讯）南洋荷属归侨联合会于昨日召开第一次理监事联席会议，并举行各理监事就职，即席互选梁子敏、张志我、张继谋等三人为常务理事，并选梁子敏为理事长，徐利宏为常务监事。同时分配工作：张继谋兼总务，张公万兼财□，张志我、梁腾熹兼交际，徐接元、梁德粦兼调查，侯伯文、古岳生兼宣传，该会为调解□□间纠纷起见，特组织调解委员会，推梁子敏、刘玉轩、张志我、萧镇南、梁德粦等五人为调解委员。

[《中山日报》（梅县版），1947 年 2 月 24 日第 3 版]

135.《毛哩寺水客邓锦粦启事》

荷属轮船公司得基保号轮船准于五月十五日由香港往毛，鄙人不日可返梅并携回大批准许登岸字头纸，新旧毛客欲往毛埠者，见报后希即向小儿伟贤处先行登记，以便办理手续，特此预告。

登记处：梅县凌风东路国光医院内部伟贤

　　　　香港：德丰行

[《中山日报》（梅县版），1947 年 4 月 13 日第 1 版]

136.《吧城水客张海如启事》

鄙人铁定旧历本月初七日往吧，诸亲友叔侄如有事务委托者，请于初七日以前交来凌风东路张谦和米店，定当代为转达，不误此启。

[《中山日报》（梅县版），1947 年 4 月 23 日第 1 版]

137.《水客徐震群往南洋启事》

震群决定端阳节后复往南洋荷属吧城、万隆、巨港等埠，倘诸亲友叔侄如有家信物件委托者请投下列地址，当照名交妥也。

通讯处：梅县中华路庆丰庄号

　　　　蕉岭南门外徐合裕号

　　　　松口火船头中央旅社

[《中山日报》（梅县版），1947 年 6 月 22 日第 1 版]

138.《杨剑声、吴平仙启事》

本人定期夏历五月二十四日由梅启程经汕转港，乘力斯美轮前往毛里寺、布旺、南斐洲等埠，各侨胞如有委托带客者，请于期前到上市社甸背七星烟厂登记，以便代办出国手续，此启。

[《中山日报》（梅县版），1947 年 7 月 5 日第 2 版]

139. 《毛里寺、布旺埠、南斐洲水客温振祥启事》

鄙人今春往毛，刻已返港，不日抵梅，经决乘原轮复往各埠，上列侨属如有委托亲朋眷属前往该埠者，请于最近移玉至通讯处接洽可也。

通讯处：梅县仲元路温清利家私店

[《中山日报》（梅县版），1947 年 7 月 9 日第 1 版]

140. 《往毛里寺者注意》

本人近接香港转寄到毛里寺政府准许入口证多份，兹准期于夏历五月廿六日赴港，乘"力斯美"号轮出国。如有欲往毛埠者请到梅城大康路门牌一二四号（广益小学侧）向本人接洽，当代办出国手续，此启。

黎连芳启

[《中山日报》（梅县版），1947 年 7 月 9 日第 1 版]

141. 《仰光水客温干廷启事》

本人由仰经暹回国，于本月十六日抵梅，蒙海外各侨胞委托信件，希各有关亲属请到下开住址领款，此启。

住址：凌风东路新源兴号

[《中山日报》（梅县版），1947 年 7 月 19 日第 1 版]

142. 《蕉岭水客张华三启事》

鄙人决于阳历七月廿九号（即旧历六月十二日）动程往吧，届时当往访隆、垄、泗等埠，各县诸亲友叔侄如有委办事项，请交下列通讯处为荷：

蕉岭镇平公司　新铺谢宝和　三圳徐顺记　松口吴顺成

[《中山日报》（梅县版），1947 年 7 月 22 日第 2 版]

143. 《水客携货物进口，应领取许可证，不得视作普通行李》

（本报专讯）粤海关税务司公署顷奉令视定：凡水客携带货物进口，应列入抢单，不得视为行李，并应照章办理领事签证及领取输入许可证等手续，倘有未能遵照办理情事，一经查获，应将有关等货物予以充公处分，此项规定已于七月十七日起开始实施。

[《中山日报》（梅县版），1947 年 8 月 4 日第 2 版]

144. 《吧哩寺水客邓锦麟启事》

鄙人于去岁抵吨，因荷轮未复航，以致延迟返国。昨乘罗斯号抵港，日内可抵梅，携有登岸纸百余张，凡接在吨亲属函告促往者，希移玉凌风东路国光诊疗所先行登记，以便办理出国手续，特此预告。

登记处：凌风东路国光诊疗所

[《中山日报》（梅县版），1947 年 8 月 26 日第 1 版]

145. 《缅甸水客彭水发启事》

本人于短期内带客往缅甸，诸君如有委托同往者，请至中华南路兆安号接洽为荷。

[《中山日报》（梅县版），1947 年 9 月 20 日第 1 版]

146. 《毛里岬水客王渊盛启事》

启者：

鄙人准于九月廿二号（夏历八月初八）在梅启程往港，准搭十月五日由港开往毛埠之得基堡邮船，诸亲友往毛埠者幸祈留意为祷。

通讯处：凌风东路王仁记内

[《中山日报》（梅县版），1947 年 9 月 20 日第 1 版]

147. 《吧城水客张海如往吧启事》

鄙人决定本旧历八月十六日往吧，诸亲友叔侄如有事务委托者，请于十六日以前交来凌风东路张谦和来店，当妥为办理不误，此启。

[《中山日报》（梅县版），1947 年 9 月 27 日第 1 版]

148. 《缅甸水客刘启曾启事》

本人于短期内带客往缅甸，诸君如有委托同往者，请到凌风西路刘万华内接洽为荷。

[《中山日报》（梅县版），1947 年 11 月 4 日第 1 版]

149.《仰光水客蕉岭黄文炜启事》

鄙人于十一月五日平安由仰抵蕉，不日将亲来梅分发信件，拟于夏历十月半起程往缅，各亲友如有言语、信件、物品委托，或有意同往缅甸者，统希预早前来接洽为荷，兹将赐教处列下：

梅县：中南药房源丰金店　蕉岭：十字街黄增记

[《中山日报》（梅县版），1947 年 11 月 8 日第 1 版]

150.《荷属水客侯潘凤启事》

鄙人于本夏历九月廿六日抵梅，兹拟于夏历十月中旬复前往吧城，各亲友如有信件委托带交者，请交中华路侯泉通米店，特此通知。

[《中山日报》（梅县版），1947 年 11 月 10 日第 1 版]

151.《侨胞福音：仰光水客梁耀杰乘机经港抵梅》

鄙人于上月十八日由缅乘英国 BOAC 号水上飞机返国，在空中航行九司钟已抵达香港，略事逗留。已于上月廿九日抵达梅县，携返诸亲友大批信款并附言等等。如诸亲友有关怀海外亲属者，敬希早日前来问讯，现缅政府独立在即，鄙人急迫返缅，恐迟延发生困难进口之叹。现已铁定本月廿四日即农历十一月十三日取道昆明返缅，诸亲友有意同伴往仰者，请速前来面商，届时方好同伴前往也，此启。

通讯处：梅县中山路陈富源内水南乡沙塘坝家中

[《中山日报》（梅县版），1947 年 12 月 3 日第 4 版]

152.《往暹行不得，水客联合呼吁》

汕头。□□南京国民政府，行政院，外交部，侨务委员会钧鉴：往暹旅汕侨胞众多，因暹内变，奉令停往，背井离乡，滞留汕岛，进退维谷，惨状堪怜，迫得电请放行，以免流落，而解倒悬，临电不胜迫切待命之至。

汕头南洋水客联合总会叩　江叩

[《中山日报》（梅县版），1947 年 12 月 12 日第 3 版]

153.《订婚启事》

长男昭淦、小女松香蒙温集祥、蓝淦两先生介绍，谨定于本日（十二月十三日）假新亚酒楼举行订婚特此敬告诸亲友。

曾志青、朱伟民同启

[《中山日报》（梅县版），1947年12月13日第1版]

154.《南斐洲、毛里寺水客叶国启事》

启者：

鄙人接得荷兰公司消息，罗斯号轮船行将抵港，余准定搭该轮前往南斐、毛里寺等埠，如有亲朋付托信件，或新客同伴，当负责料理一切手续，特此预告。

通讯处：梅县凌风东路保和堂　长沙墟保寿堂

[《中山日报》（梅县版），1948年1月17日第1版]

155.《安南水客叶宝光启事》

鄙人为便利华侨家属起见，决于本腊月底复往越南上下六省。凡有托带信件物品等，无不竭诚服务，并可代新客料理出入口一切手续。如有欲往越南者，请移玉至梅县凌风东路保和堂内宝昌公司面洽可也，凡有未领之信款，请作速前来上列住址向领。

[《中山日报》（梅县版），1948年1月18日第1版]

156.《南洋一封信　请阅特交黄泉舜水客带回五十万元向购西藏特产》

超然大药厂类平先生台鉴：

前由蕉岭赖炳飞水客带出贵厂（西藏特产胃痛除根圣药）各友购服，效验万分，皆感激，今交黄泉舜水客带回五十万元请付廿打，马上交邮，保家寄来。余需多少，函知即汇，万不致误，贵药非特根除长苦胃痛，更且使人愈后饭量大进，身体日健，治胃特效，世无其匹，专此鸣谢。

并候　台安
马来亚芙蓉洛士街五号黄铭珍拜启

西藏特产　超然胃痛　除根圣药
总发行：梅县百花洲超然厂
总代理：梅县中南　汕头南生　香港康宁
梅城：老码头保和堂　梅江桥天愈堂　中山路大安堂　圣兰坪回安堂

[《中山日报》（梅县版），1948年1月20日第1版]

157. 《荷属水客陈双柱启事》

本人于去岁腊月由吧返梅，蒙各亲友委托事件业已理楚。兹定于本正月十四日前往吧城各埠，各侨属如有要事委托或同往吧者，请速于期前到来接洽，此启。

通讯处：梅县凌凤西路利华号

[《中山日报》（梅县版），1948 年 2 月 19 日第 1 版]

158. 《川走荷属吧城万隆水客启事》

曾君庆准蕉岭同福乡人，拟于最近时间南行，各同乡亲友如有信件委托事项，恳请早日驾临接洽，弟当竭诚办理，借答盛情为荷。

通讯处：蕉岭南街松盛兴　新铺墟头上曾永和

梅县中山街张晋盛　松口财神街曾庆尧

[《中山日报》（梅县版），1948 年 2 月 19 日第 2 版]

159. 《缅甸水客黄寿泰启事》

本人于去岁腊月由仰光返梅，蒙各亲友委托事件业已理楚。兹定于短期内复往缅甸，诸亲友如有要事委托或同往者，请速前来接洽，竭诚负责办理，此启。

通讯处：梅县东湖路兄弟面包公司

[《中山日报》（梅县版），1948 年 2 月 20 日第 2 版]

160. 《毛里寺、布旺埠、南斐洲水客温镇祥第三期启事》

鄙人由旺飞返毛埠，乘渣华公司罗斯邮船返国，日昨抵梅。兹决定下月复出，凡有亲朋眷属前往上列各埠，既得居留政府准字外，面付托者，祈预早筹备行装以便同行，然未得该埠政府准字者亦可前来通讯处接洽（时间上午八时至十一时）可也。

通讯处：西门路温清利内利侨庄

[《中山日报》（梅县版），1948 年 2 月 22 日第 1 版]

161.《毛里寺水客王渊盛启事》

启者：

本人由毛乘渣华公司罗斯船日昨抵梅，准定下月起程往毛，凡亲朋眷属欲往毛埠者，请至凌风东路王仁记号接洽为荷。

[《中山日报》（梅县版），1948 年 2 月 22 日第 1 版]

162.《竞存堂，喉疯散行》

风行海外各埠水客均有代售，总行珠条街上段

各大水客注意：益己救人　侨胞受惠

凡居在南洋侨胞冬食辛辣，患胃痛者比比皆是，不得良药根治，因此丧失生命不知凡几，本厂得自西藏特产，胃痛除根圣药，无论任何胃痛反逆吐酸辛苦万状，一经服食，立断根株。现大批已到，如蒙订购，特别从优，益己救人，善莫大焉。

总发行：梅县百花洲超然厂

总代理：梅县中南　汕头南生　香港康宁

梅城：老码头保和堂　梅江桥天愈堂　中山路大安堂　圣兰坪回安堂

[《中山日报》（梅县版），1948 年 2 月 22 日第 1 版]

163.《吒埠水客黄锦延抵梅》

本水客经于日前抵梅，携有各方委托带客信件甚多，并可代办一切出国手续。本人现寓梅城西门路永丰庄及丙村荫源两处，各方亲友如欲往毛埠者，希作速向本人接洽，勿延为盼，此启。

[《中山日报》（梅县版），1948 年 4 月 2 日第 1 版]

164.《缅甸水客黄衡度招客启事》

本人拟于短期内取道滇缅路赴缅，拟带客三十名，每名收旅费一千五百万元。如有意前往者，请至本城西南通大旅店接洽，倘各亲友有委托携带信件，亦当竭诚服务，此启。

[《中山日报》（梅县版），1948 年 4 月 7 日第 1 版]

165.《银行公司力斯美轮船往毛哩寺南斐洲船期告白》

启者：

本公司轮船力斯美号经入坞修理，从新装配，航行快捷，招呼周到，并加聘客家厨师供应伙食，定期六月下旬由港开往毛哩寺南斐洲各埠，兹派本公司职员陈懋均君来梅协助各水客办理出国手续，如有未明了处，请径向本公司梅县代理处洽商，定当竭诚奉告搭客诸君，请于船未开行前一十天到港办理护照手续，幸祈留意为盼。

梅县代理处：凌风东路门牌一八零号荣丰汇兑庄

丙村通讯处：顺兴泰

香港银行公司华人经理胡锦钊启

[《中山日报》（梅县版），1948 年 5 月 14 日第 1 版]

166.《荷属西婆罗洲、爪哇岛水客张天绍出洋启事》

鄙人准于六月二日动程往荷属大小各埠，如蒙各亲友嘱托函件或眷属往洋者，请到下列代理地址接洽为荷。

一、梅县温清利

二、新铺聚和祥

三、西洋黄泰来

四、丙村陈瑞兴

五、悦来广兴堂

六、松口松江旅店

张天绍谨启

[《中山日报》（梅县版），1948 年 5 月 19 日第 1 版]

167.《吒埠水客邓英龙行期预告》

鄙人准于国历六月十五日（即夏历五月初九日）由梅动程乘荷轮"得基堡"邮船前往吒哩欲往吒埠，各亲友请速来接洽办理手续，以免迟误为盼，此启。

通讯处：梅县凌风东路门牌二八〇号二楼荣丰汇兑庄

[《中山日报》（梅县版），1948 年 5 月 20 日第 2 版]

168. 《吒埠水客邓锦舞，黎连芳行期预告》

鄙人顷接渣华总公司电邀，铁定国历六月五日（即夏历四月廿八日）离梅往香港，搭得基堡邮船前往毛里寺各埠，如有往埠各亲友速来接洽办理手续，以免迟误为盼。

梅县通讯处：凌风东路集安祥二楼荣丰汇兑庄

[《中山日报》（梅县版），1948 年 5 月 22 日第 2 版]

169. 《吒埠水客邓英龙行期预告》

鄙人准于国历六月五日（即夏历四月廿八日）由梅动程乘荷轮"得基堡"邮船前往吒哩时，欲往吒埠者各亲友请速来接洽办理手续，以免迟误为盼，此启。

通讯处：梅县凌风东路门牌二八〇号二楼荣丰汇兑庄

[《中山日报》（梅县版），1948 年 5 月 22 日第 2 版]

170. 《陈启帆：读者之声，吁请水客速发信款》

梅县米粮不敷特甚，尤于荒月待哺更殷，一线希望在于沟通侨汇之水客。但据各方面报告，有些水客为借侨眷之款而自图利润。故虽抵汕抵梅，亦不发信不发款，希延迟一天，□多获利一天。如斯水客，为己谋固周，然其思赤贫侨眷有如鲋鱼困涸泽，渴望西江水乎！且当兹来米价日昂，又兼端节来临，侨眷之心如焚，自不待言。所望水客们速即解放侨眷汇款，俾嗷嗷者得以苏苏，是亦胜造七级浮屠也。

[《中山日报》（梅县版），1948 年 6 月 8 日第 2 版]

171. 《毛埠水客王渊盛启事》

鄙人上月由毛乘德基堡号邮船返港，于昨日抵梅。兹决定于本月二十号复出（罗斯号邮船准于阳历八月十二号由港开行前往毛埠）。亲朋入（如）欲前往毛埠已得外面居留政府准字外，面付托者，祈预早筹备行装，以便一同前往。

接洽处：凌风东路王仁记

[《中山日报》（梅县版），1948 年 7 月 9 日第 3 版]

172.《温集祥为体育馆出洋募捐回梅　晋谒张县长报告经过》

（本城讯）梅县体育馆建筑委员会前推派强民体育会理事长温集祥出洋筹募建筑经费，温奉命后，曾往吧城泗水进行募捐，□回捐款国币六亿六千余万元外，抵港后复与丘陶佐荣昆仲会商，寄回国币廿亿元进行建筑（按首次美金□票七千八百九十余元，以五九□价兑港币四万六千五百余元暂存香港荣南兴，陆续□回建筑之用），并与丘往穗购定五羊士敏一千余包，旋温由穗飞返汕市，又订购铁料一批，温于前日返抵梅城即晋谒张县长及廖主任委员等报告一切。温返梅后连日巡视体育馆建筑情形，以各项工程着着进行，建筑材料亦异常牢固，咸感各部领导得人，当将各情分别转达侨胞，借以激励侨胞踊跃捐认，以期早日完成美举云。

[《中山日报》（梅县版），1948 年 7 月 11 日第 3 版]

173.《毛里寺、布旺埠、南菲洲水客温镇祥启事》

鄙人乘渣华公司罗斯邮船返港抵梅。兹拟定搭该公司宝树云邮船前往（时间约在夏历八月□旬）由梅赴港。如有各亲友欲往上列各埠者，幸祈早日筹备以便同行。如未得准字者亦可前来通讯社接洽办理可也。

通讯处：仲元路温清利栈　会客时间：上午八时至十二时

[《中山日报》（梅县版），1948 年 8 月 20 日第 2 版]

174.《仰光水客梁耀杰第二次乘机经港抵梅启事》

鄙人去年同伴男女四十余人，取道东江昆明而入缅甸。沿途与及进口虽万分困难，结果亦安全抵达目的地。为此敬告诸亲友解释悬念。鄙人最近由缅再度乘空中霸王机返港，因事在港、汕逗留数天。于本月廿三日安抵海城，携返侨批及其他物件颇多，敬望诸亲友早日前来领取。短期内决重返缅甸，倘诸亲友有意同伴往仰者希早日前来面商，届时方好同伴前往也。

通讯处：梅县中山路陈富源内　水南乡沙塘坝本宅

[《中山日报》（梅县版），1948 年 8 月 31 日第 2 版]

175.《缅甸水客黄寿泰第四期出缅启事》

鄙人于中秋节出仰光返抵梅城，蒙各亲友委托带交银信及物件等已照办理妥当。当兹决定于夏历初八日复往缅甸，如各亲友有委托事件及同往者，希于一星

191

期内前来敝寓接洽可也。此启。

　　通讯处：梅县东湖路兄弟面包公司

　　　　　　下市东桥黄步强鞋店

　　　　　　仰光广东大街六三五环球汇兑庄

[《中山日报》（梅县版），1948 年 10 月 3 日第 1 版]

176.《简讯》

缅甸水客黄寿泰前次带客三十余人往缅，虽入境手续繁多，卒能全部安然抵缅。现黄又已由缅抵梅，定于夏历本月初旬带客重往缅甸云。

[《中山日报》（梅县版），1948 年 10 月 3 日第 3 版]

177.《安南水客叶宝光启事》

鄙人已于本日抵梅，发信地点现迁移中山路通天济宝昌公司内。凡各侨家属如有银信者请速来上列处址领取。兹并决定于本月底复往。各亲朋如有委托信件暨欲同往越南者，并希早日前来接洽，以便代办出国手续。此启。

[《中山日报》（梅县版），1948 年 10 月 17 日第 1 版]

178.《吧城水客张洪云、黄廷锷抵梅启事》

同人乘芝巴德号轮廿九日抵汕，已于本日安抵梅城，各亲友希早日前来回信领款，并决于本月底重行南渡，特此通告。

　　赐教处：梅县中山路永发公司　凌风东路黄捷兴

[《中山日报》（梅县版），1948 年 12 月 5 日第 4 版]

179.《吒埠水客王渊盛日昨返抵梅城》

（本报讯）吒哩寺水客王渊盛于上月由毛趁德基保轮返港，经于日昨由港返抵梅城。王氏此次携回侨胞信款及托带衣料用品等极多，侨眷如需问讯及领取信款物件者，可至凌风东路王仁记号探领，王氏在梅有短期勾留，约下月始行返毛云。

[《中山日报》（梅县版），1948 年 12 月 17 日第 2 版]

180.《吒埠水客邓英龙启事》

鄙人原定于十二月廿五日动程，顷接渣华轮船公司电告得基保轮展期于一月廿五日开往毛埠。余决改期于一月二号（即夏历十二月初四日）由梅前往，特再通知诸亲友。

通讯处下市：凌风东路邓安泰五金锅鼎行内

[《中山日报》（梅县版），1948年12月18日第1版]

181.《梅县南洋各埠水客联合会整理委员通告》

查梅县南洋各埠水客联合会前因抗战军兴与内地及南洋各埠交通断绝，会员生散，以致会务无形停顿。现交通复原，应着会务整理以复旧观，而维同业福□，幼新等业经会议议决整理，并呈梅县县政府卅七年三月六日镜字第四一二号批开准予备案，仍仰遵章成立，造具章程、名册一份，呈候核办。此批等因在案，奉此经择梅县凌风东路寿世堂为会址，并经派陈炳华向各会员重新发给会员证外及登记定卅八年夏历正月初九日为改选理监事日期，特此通告。

整理委员会：谢举秀　张幼新　熊伯文　陈全安　黄如三　陈绍东　陈富舜　李镜梅　谢炳凤同启

[《中山日报》（梅县版），1948年12月23日第1版]

182.《水客何姗姗归迟？华侨汇的是金，侨眷兑的是炭！汇时是心坎血，兑时是盈眶泪！》

韩江流域得天独薄，山多田少，地瘠民贫；因而居民生活困顿颠沛，不得不和环境奋斗，于是胸怀远大和斗志强劲的壮男便赤手空拳，筹寥寥旅费，远涉汹涌重洋，跨过南洋地带的处女群岛，以血和汗去做不歇的工作。在艰苦工作中挨饥忍饿；及稍有微蓄，便汇返家园，予正在饥饿线上挣扎的父母妻儿作衣食住行与教育之费。所以侨眷之能经百拾年、不惟不致为独薄的自然环境所淘汰，而且能日益蓄（繁）衍进步以迄今日，这无疑义是归功于艰苦工作的华侨。

假如没有华侨底卓越精神，我们一般侨眷早已同于涸辙之鱼了。试看抗战期中侨汇断绝后，侨眷的饥寒辗转，现在真怕回忆。抗战胜利后才复更苏，但检讨沟通侨汇的功绩，是不能不归于水客和汇兑行庄。

水客和汇兑行庄，确是南洋和家乡沟疏经济的桥梁，该两行业之应时而兴，其初亦不过为己营利；代人尽了义务，需要享其应得权利，这是法律上所应许，公理上所必然。可是，自世界日益演变的进程中，而人心世道亦日形变幻，甚至只以自己私欲和私利为出发点，而不是以服务社会，互助互利为依归，因之造成该行业发横财的机会。

换言之就是把华侨的灿烂黄金收来后，自己更尽量去提炼，把炼成至纯的金落自己的腰包，将余烬下的些微炭末碎屑便交侨眷。

处于现刻币值日益贬值的浪潮中便是该行业等财星拱照的前奏。他们在华侨的跟前，邀请提早汇款，但启程及在归途，则故事滞延，一方期待汇率之高，一方希冀币值之贬，或则以华侨的血汗钱来套港币，或购货买物，在中途消遥，坐待时机。至于侨眷的望眼欲穿和啼饥号寒，则置若罔闻！这样吮吸以自肥的人，我不知他的良心安在？昨据友人云：他于昨日下午接获南洋来函，据云："于去年（阳历）十二月初，由××行电汇金圆一千圆，又由××水客手托寄金圆二百圆，收到后，望即购米粮，以备明年荒月一家八口之用，有余则以之度旧历新年。为期日久，未见复信，告知是何缘故。"

事实上，该款确未收到：往何处去了呢？是海水已枯，船搁浅滩了呢？还是酝酿未来世界大战，节约电流，所以迟不发电，真令人索解和叹惋！

现在果如他们的财星高照，如愿以偿了，为了米物又涨价，金圆又贬值了！月前的米价币值和今天相较，那忍言之，为了言之，心痛发紧！

同时，日子也帮凶，日益疾快地接近急景凋年。有钱的欢喜锣鼓喧天，无钱的怕听儿呼女号。这是什么世界？这是怎样场面？悲喜剧的合演，啼笑曲的交奏，但谁个是导演者呢？战争的魔鬼固其一，而汇兑行业和水客也未缺席。

救救侨眷吧！美其名曰沟通侨汇生命线的先生们；救人一命，胜造七级浮屠。何苦只愿自己的钱包满，不恤他人的饥肠断？稍动慈悲，则人命立救；要知晓：华侨汇的是金，侨眷兑的是炭，而你们私自吸的是纯金。

汇兑庄与水客群中，固然有不少惠实服务，对于华侨与侨眷，在交收汇款上，实行互助互利，而不敢昧着良心去取别人血汗好人。笔者希望水客与汇兑庄的人们，都是这样的好人，而自动清除那些害群之马！

[《中山日报》（梅县版），1949 年 1 月 16 日第 3 版]

183.《读者之声，吁请水客救救侨眷》

编辑先生：

梅县经济素赖南洋，吧城自印尼民族独立运动之战事发生后，华侨因受战祸之影响，生活多甚困苦，但为了接济在家之父母妻儿，不惜在千辛万苦中筹款寄回（由汇庄、银行汇回或水客带回）。现年关将至，各水客纷纷返国，侨眷们咸望水客快些回来，取款购买年料。不料竟有水客贪图汇水，在港逗留（有些在梅县、汕头逗留，将款放利），置千万侨眷于水火之中，近来物价日涨，侨眷损失日巨，莫不叫苦。

素仰贵报为侨民喉舌，敢请借篇幅之一角，为在难苦之中侨眷请命，并希将此函代为披露，即请撰安！

吧城侨眷黄义芝敬上

[《中山日报》（梅县版），1949 年 1 月 18 日第 2 版]

184. 《咋里峙水客王渊盛启事》

启者：

本人准于国历二月四日（即旧历正月初七日）在梅启程往港赴二月廿三日开行之罗斯轮前往毛埠，如有亲朋同伴者，请早预备，以便同往为荷。

通讯址：梅县下市梅江桥底王仁记号内

[《中山日报》（梅县版），1949 年 1 月 25 日第 2 版]

185. 《印度水客侯万荣匿交低折侨汇，一般侨属正谋设法应付》

（本城讯）据悉：印度水客侯万荣到梅日久，对所带侨汇颇多匿交，或言明港币而低折金元，一般侨属，正谋设法应付。

[《中山日报》（梅县版），1949 年 2 月 23 日第 2 版]

186. 《来函照登》

敬启者：

顷阅贵报本（二十三）日新闻栏登载，调本人有匿交及低折侨汇一则，殊非事实。查此次本人所带侨款，如系大额港纸即照交港纸。如遇无十元者，亦依照市面行情伸算，并得领款人之同意，显系有奸人蓄意中伤，除一面侦究外，事关本人名誉，请予更正为感。

此致

编辑先生

侯万荣启
二月二十三号

[《中山日报》（梅县版），1949 年 2 月 24 日第 2 版]

187. 《荷属归侨联合会热烈欢送梁子敏，改选徐利宏任理事长》

（本城讯）南洋荷属归侨联合会，自成立以来，对于协助政府，办理华侨复员遣送工作，及调解会员纠纷，莫不悉力以赴，以尽职责。兹悉：该会理事长梁子敏急以事他往，特召集全体理监事会议，决议改推徐利宏君接任理事长；至经费方面，由到会全体理监事个别认捐食米，借资维特。会毕，随在梅风酒店，公饯梁君，觥筹交错，情况极为热烈。并闻梁君经于七日动程赴汕，该会新任理事长徐利宏，暨理监事张继谋、梁腾熹、梁德麟、□金元，萧镇南等，均于是晨亲至江于握别，并燃放爆竹欢送云。

[《中山日报》（梅县版），1949 年 3 月 8 日第 2 版]

188. 《毛里寺、布旺埠、南斐洲水客温镇祥抵梅启事》

鄙人由毛乘渣华公司宝树云邮船途经槟郎寺、日里、星洲、吧城、斐律宾返港，已于日昨抵梅。兹决定于国历六月初旬乘该公司得基保船复出，仍经上列各埠。如蒙诸亲朋委托携带眷属前往该埠者，仰祈预早前来接洽为盼。

会客时间：上午八时至十二时

通讯处：温清利家私店

[《中山日报》（梅县版），1949 年 4 月 26 日第 1 版]

189. 《有良心的水客》

编辑先生：

记得去年冬贵报曾登载水客林兆炬因金圆券贬值，侨胞寄款一律加五成发给新闻一节，当时本人殊觉惊奇，因本人家属数人侨居南洋，历次由水客手寄款，大部分水客均迟延时日，在潮汕等处放息后始行发给，近来各华侨为避免金券贬值之影响，改寄港币，而各水客则以无小额港币为词，照市价低一二成折交，更有水客强要照渠抵达香港时之市价折交者，为何林君则适得其反，而加五成发给。

查家兄本帮由林兆炬兄手寄金圆券一万元，他交三万元，闻渠本帮寄金圆券者一律加二倍交付，寄港币者则全部照额交付港币。虽然此次寄金圆券者，渠照额加二倍发给，仍可获利不少，但较之其他故意滞延时日，或低折交付者，则有天渊之别矣。林君良心道德实可钦可敬。贵报为人民喉舌，为顾全侨眷利益，请对还有良心有道德之水客，予以颂扬，对那良心焦黑一再剥夺侨眷利益之水客，予以警惕为祷。

你的读者　钟嘉源上

四月廿二日

[《中山日报》（梅县版），1949 年 4 月 26 日第 2 版]

五　东南亚侨报有关水客报道

（一）《南洋商报》

1. 《同安小船被劫详记，行至五里亭，海盗三十余刺伤水客，损失约万五千金》

海盗本极猖獗，当此年关迫近，遂益为纵横，尤以同安港内为甚，往来帆渡之被劫者，不知凡几，至昨日遂发现巨劫案，其损失之数实已骇人听闻，兹将记者探得之详细情形，分段志之如下：

被窃之情形　川走同厦之同安小轮，于昨满载搭客扬轮赴同、当经琼头入崎头宫时候，海面极为平静，未见海盗踪迹。旋因潮水不接，不能鼓轮再进，于是乃由小船搬载，经石浔口至五里亭时，见海盗三十余猛，面部皆抹乌烟，作狰狞之色，手挟刀械，将所有小船悉数载（截）住，以四盗携长枪，站两岸间，以防客船抗拒及逃走，遂大肆搜掠，有某水客略与抗拒，被盗以竹叶刀刺伤腰部，晕绝于地，其他诸客吓得噤若寒蝉一任其搜掠毫不抵抗，遂将各客现款，及贵重物件，捆作十余担，呼啸而去。

损失之调查　搭客被劫后，某分理南洋客信的水客某甲，遂星夜雇小船来厦报告，云损失总数，达一万五千余元，以各南洋信局的款为最多。海后邮政局所装寄内地客信甚多，亦被海盗劫去，诸客被伤者，舍某水客被盗以竹叶刀刺伤外，而本埠某行收账员某乙，奉其东家命赴同安收账，身上所着洋服及呢衣裳等物，亦为脱去，全数搭客统计百余人，无一幸免者，海盗猖獗如此，实臻极点云。

事后之追究　本埠各商行，及南洋信局之受损失者，多有派人前往调查，唯盗已杳然无踪，欲向海军控诉。而该处又属张毅范围乃请由该邑某绅转向该邑商会陈情，一面请其悬赏缉盗，一面请其于返厦时，派兵分驻崎头宫及五里亭等处，闻张已照准，特饬第一旅某营军队于同厦大小船艘抵步（埠）时，分往崎头宫及五里亭等处保护，唯行劫海盗，究为何乡何姓之人，则迄今尚无从查悉云。

（《南洋商报》，1925 年 1 月 10 日第 7 页）

2. 《未领准照私带邮件往来案，一般专收信件来往之水客与信局注意》

当地邮局定章：凡信局代人接收信件，汇成大包付寄，或水客汇合大包代带来往，均须先向邮局总办，请领准照，方克为此项之营业，否则视为有违犯邮政定章，可以逮捕控究，科以罚款。此固向例如是也。兹有粤籍水客黄锦波，今晨被邮局巡查员拘控于初级法庭。据控黄昨附某轮船返港，于其行箧中，搜出有未贴邮票之信件一百四十八封，且查未先期向邮局领有准照，实已显犯邮局例章，故拘请究治等语。官据供后，即以质诸被告，据答："现以在叻失业，意图回港另谋生计，但以川资无着，故效水客之所为，收接些信件，借为回港舟费。然以未谙邮政规章，因而误犯，尚求宽恕"等语。官谓："按法每私带一函，可以科罚至五十元，今尔携带至百余件之多，法当科罚七千四百元。但姑念系初犯，且属无知，因从轻发落，判罚一百元云。"

（《南洋商报》，1925 年 3 月 5 日第 15 页）

3.《失信案移详地审厅》

客籍人何某，向来往叻港及内地各乡镇作水客，近被其同籍人梁辅泉，请得逮捕票，交差将何逮控于案。据称："当五月时，曾交何叻银五百五十元，托汇回唐，分交各处店铺或亲友。讵何到港将银领出后，竟不依约而行。嗣叠据唐山亲友来函，均云未曾有款收到，似此显系意存不轨，类于失信云云。"今晨案在警二庭审讯，官命移详地审厅核夺。

（《南洋商报》，1927 年 9 月 3 日第 3 页）

4.《本坡限制移民之港客谈闻，由六月一日起减少来额四分三》

昨有香港水客某氏来叻，为言香港客栈中人，近忽有一种极盛的传说：谓得自港地公署中人传出消息，叻政府近以鉴于由潮汕海陆丰各处避难南来之人日多，值近月来，南洋各埠又以树胶落价之影响、工人失业已众。而此间一带各埠，已无法为此种失业游民安置。然内地来者今尚源源不绝，因恐将来埠上或致发生种种恐慌与障碍，由是对于华人移民，特定本年六月一日起，暂行减少四分之三。即如向日各轮船、注册客额为一千名者，今只许载客二百五十名，如注册定额为两千名或三千名者，亦有此限额伸进，设查悉船上来客所载逾额，当绳该船之船行或船长以法律，至由叻返港之客，则绝不加以限制，该水客又云，最近由港来叻之统舱船费，每客大约十五六元或十七八元不等，设此例果行，将来船费难免有两倍或三倍之高涨，是南来谋生者，将益觉不易，故港中人得此消息后，莫不引为最关怀之事。而客栈中人，以利害切身，故对此益加注意，缘香港现有之客栈，合各籍人士所开设者统计，大约有五十余家之多，若南渡客额，骤减四分之三。留此四分一之二百五十名，每一家客栈，尚恐难占五名之客额云云。该水客所言如此，第事之是否确实，现尚未见港叻政府之正式公布，但六月一日，距今为期不远，兹姑据客言志诸报上，以观其后，至事属如何，仍俟续查再录。

（《南洋商报》，1928 年 5 月 14 日第 3 页）

5. 《水客被殴》

日前有某私会之人某甲，由厦乘某轮来叻，船上水客何某不知其为私会之人，在船上曾因小事与之口角。甲以为何某有意侮辱，怀恨在心及至船抵埠后，甲即至其私会详述被何侮辱之事，邀集十余人候何于路头而殴之，何因众寡不敌，被诸人围打，拳足交加，后警差闻报赶至，诸人已早扬长而去。惟何某僵卧地上，气息甚微，警乃将何某车至医院就医，闻何伤势甚重，恐有生命之虞云。

（《南洋商报》，1928 年 7 月 19 日第 4 页）

6. 《一对小虎待售》

大马路华生客栈，昨有粤籍水客某甲，由占碑带到小虎两头，每头重三四斤左右，嗣有英人某氏闻声赶至，愿以叻银二百元购之以去，但甲适已外出，无从订价，该英人遂留下住址，谓如允以此价售让，当可笼虎前往领款，第未审甲对此价格，已允割爱否耳。

（《南洋商报》，1928 年 11 月 28 日第 3 页）

7. 《荷报记者与前任爪哇银行长之谈话，称赞中国水客之诚实，规模银行终有实现》

（巴讯）前任爪哇银行长西粦雅氏离开荷属五年之后，近日又重游巴城，下榻于摩连弗之印第旅馆。荷文爪哇公报记者以西氏为经济界中人，对于近世经济状况必大有发挥，遂行造访。兹特将该记者与西粦雅氏谈话中之关于华人与银行业者之谈话节录如下：记者问昔日有人邀请阁下经理华人在中国设立之一银行，为何此事不能实现？西粦雅氏答称："为所问者，全属子虚，不过有吾之华籍友人多名，当欲组织银行时，曾征求吾之意见，吾教之一切计划，后因中国发生内争，遂不能实现。虽然如此，吾始终认到东亚大局不问其如何，南洋终必有华人资本雄厚之银行设立，盖中国人本有银行家性质，此则在中上古之历史可以考证，当其时银行业之工作，已为人重视，而其根本乃系中国人之诚实，迄今仍犹不改。吾仅将常川往来中国内地之国外，为亲戚朋友带送银信之华人水客对君言之，吾从来未闻有一水客将人所信托带送之款项挟之潜逃。故中国人之有资格为银行家，已有良好之根底。不过虽然如此，惟倡办之始，在数年之中，必须得西人之领导，以后则可自行经理。其稳固及发达，当能与西人最大银行并驾齐驱。惟关于中国之大局现尚如此，此种银行在何时能以实现，刻下未敢断言，但据吾之观察，此种银行必有实现之一日。中国将来之发展，必能步日本之后尘。

此则吾认到南洋亦必大受影响，盖因南洋，砂糖输出，必即行增加，故吾深信渣华轮船公司日后必因此而大发展云。"

（《南洋商报》，1929 年 3 月 22 日第 19 页）

8.《汕头反对外轮加价潮之激烈》

（汕头二月二十五日函）汕头外国轮船公司联盟，对于南洋新嘉坡、暹罗、仰光、槟榔屿客货运价，共加价三次，每票售至三十六元，上月又借汇水涨价再增加十元，同时往仰光客票涨至八十元，往槟榔屿者增至五十八元，汕头旅业群起反对，要求减价，不达目的，则不代落客货。市政府社会科长胡涂，曾召集双方调解。因彼此争持不决，影响出洋旅客及汕头商务甚大，外轮公司方面，坚持不肯退让。各界愈愤激，三月十七日在汕市党部礼堂，召开各界代表大会，坚持抵制到底，誓达目的，当经成立各界反对外轮增价委员会，并电国府向外使交涉，各情已见前报。现议决派出调查队十五人，工支会派出武装纠察队，各客栈各派出一人为调查员，编二十八人为一队，队员有蓝布白字襟章，每队有白布大旗一面，上书汕头各界反对外轮增价委员会调查队字样，并派出电轮小艇十余艘，行驶崎碌至潮揭码头海面，不许奸人破坏，如有私运客货者，每人罚款五十元，并请市府取销该客栈营业牌照。十五日有某轮开暹罗，某轮开新加坡转槟榔屿，旅业公会及联安工会即紧急处置。客栈伙伴，自动离店，由旅业公会设法收容任用，一面请市府取销该客栈等营业执照，调查队由本日起，工作更形紧张，市府本日召双方开会调停解决云。

（《南洋商报》，1931 年 4 月 2 日第 8 页）

9.《汕轮加价风潮解决，星槟逻轮照常落客》

（以下香港本日午前九时四十三分发）汕头四家外国轮船公司联盟，对于往南洋各岛客货运价，一律加增，且借故加价三次，每票售至三十六元，二月间曾借汇水低落为辞，再增加十元，同时往仰光客票涨至八十元，往槟榔屿者增至五十八元。汕头旅业群起反对，要求恢复原有价格，如不达目的，则不代落客货。市政当局恐此风潮扩大，影响出洋客商及汕头商务，爰召集双方代表会商。结果外轮坚持不让，致激起各界愤怒，当即成立各界反对外轮增价委员会，以示抵制。同时成立调查队以防奸商破坏，并定章如有私为外轮运客货者，每人罚款五十元，并请于市政局取缔客栈营业执照。月余来汕头抵制情形严重，外轮方面颇蒙相当损失，最近经市府再度召集双方会商。该四家外轮公司态度软化，允对旅业公会之要求让步，恢复原有往新加坡及槟城等客货票价，现下风潮已解决，旅业照常为外轮起落客货，三日已有数轮开往暹罗，四日安东号轮船由汕载搭客二百名往新加坡云。

（《南洋商报》，1931 年 4 月 6 日第 4 页）

10. 《汕头外轮加价与反对之双方阵容，洋行方面折半票价征求客栈赞成自动落客，旅会暨七团体决严厉制止，市府三次作仲裁》

（汕头三月廿四日通讯）汕头旅业暨各华侨团体，反对外轮加价，双方旗鼓相当，均不相让，大势所趋，最后缓冲人必为市政府，经过各情，业志前报。昨天情形，又再紧张，盖此次抵制，最初本只新加坡与庇能两处，迨后风潮扩大，反对加价委员会方面，遂表决：凡加价公司行驶各港轮船，均一律抵制，并定本月廿日起实行。于是暹罗、仰光两处，亦遂牵入漩涡（西贡方面，因只有华商之元利轮一艘而已，此次因无加入同盟，故未遭波及），明天夏利士张家口行将赴暹，反对加价委员会今晨已发出紧急通告，请各侨胞暂勿来汕，俟政府解决后再行通知。洋行方面，则于昨天下午，宣布将每张廿六元之船票，减为十三元，并联同各有关系之二盘客栈，得合兴南□等号四出要齐同业盖章，赞成自动落客，所提理由，则为不应波及暹罗，盖暹罗轮此次并无加人加价之集团。遂各二盘客栈，因局部利害关系，盖章赞成者已有十余家，旅业同业公会，遂以得合兴等号，破坏集团，亦即开会议决，函请旅业公会，通告各客栈，于今天起每家派出伙伴一人，协同旅业公会体育队，分赴海乾一带巡逻，严厉制止。海乾一带，并揭贴请各界自动抵制标语多种，今晨且派出多人分赴各县制止暹客来汕。反对加价委员会亦于昨晚召集紧急会议，议决由该会负责之七团体，即（民训会、工友会、华侨联合会、旅业同业会、旅业公会、岭东华侨互助社、南洋水客联合会）各派出调查队十五名，并函工支会再加派体育队协同巡查，紧鼓密锣，预料明天暹轮开行以前，双方当有一番恶斗也。市府于此，遂不能不再作第三度之仲裁矣。仲裁通告，昨晚已发出，时间在今天下午一时，届时如赶得及报告，记者当尽力传递，期读者得以先睹也。

（《南洋商报》，1931 年 4 月 7 日第 15 页）

11. 《汕头市长谈注意出洋华侨原因　慎发护照　防范假冒　具缴相片　俾便查缉妇女出洋须携丈夫原信》

（汕头七月九日讯）本市为潮梅出入门户，举凡内地放洋侨胞，咸须道经汕头后，始得出发。自黄子信长市政以来，对于华侨出洋问题，突形注意，经于日前规定一切妇孺放洋，当在问话处时，须具缴相片，至领护照者原则须于五日以前先行请领两法，即日公布施行。其对华侨南进之重视，可以概见，惟法令初行，一切手续，难免过繁。岭东华侨互助社昨派吴嗣海、黄顾波二人，前赴市府谒见市长黄子信会商。可否设法改善，使华侨放洋时，免生手续过繁之感，黄市长对于上述两项办法，解释甚详，大略对于慎重发给护照部分，系为防范奸徒假冒请领出洋，贻羞国际，妇孺须缴相片，系为便查缉毒妇孺被匪拐逃与私逃耳，统上两法，纯有关于人道与团体，至所属办事人员倘如有发生留难情弊，市府亦决尽法以惩。

（另讯）黄市长就职后，恐有歹徒，拐贩妇儿出洋，特发出布告，凡出洋妇女，均须呈缴二寸半身相片，缴相费四毫，连日均在出洋问话处摄影经费。黄市长为严密防范起见，昨特条谕侨务股，凡有请领护照出洋之妇女，均须由社会科长黄耀邦亲自审问，如丈夫在南洋嘱妻与水客南渡者，必须携带其丈夫嘱出洋原信为凭。

（《南洋商报》，1931 年 7 月 29 日第 15 页）

12.《经汕出南洋谋生之手续》

（汕头七月廿八日函）汕头来往南洋群岛谋生者，每年平均约二十万人，有许多外省及潮梅乡下人，不明了个中情形，屡屡吃亏，耽延时日，损失钱财，惟有自叹晦气，鄙人居汕十余年，颇明此种情形，特将各项手续介绍如下：

往暹罗者　往暹罗之入客，到汕后应向市府出洋问话处报明出洋原因、职业，问话处问明原委，无可疑之点，即缴摄影费四毫（按影像权归问话处，自影者无效），如系十六岁以上之男子，缴相片费后，凭单缴出洋种痘费二角，中暹未通商无发护照，暹罗船定期星期三星期六开行，大舱位洋行卖出每张十六元，客栈卖出二十八九元不等，因洋行常将票预售于各客栈，散客难直接购得，二等舱房洋行售价五十五元，到暹罗网角登岸，每名需缴入口税十三铢（每铢大洋约一元四角），六岁以上者，即须征收，暹罗出生子免纳，此项入口税，在汕由客栈代收，本年八月一日起，暹政府加抽北榄坡赈灾税，每人十二铢，华人登岸后，每年应纳身税六铢，新客初到埠者，可通融两个月后缴纳。

往星加坡者　往新加坡之入客，问话、摄影、种痘等手续与往暹同，搭大舱之客可不领护照。坐一二等舱位者，须向市府领出洋护照，此项护照托水客联合会代领，较为直捷，手续亦简，四五天便可办竣，否则问话揖（缉）查，长在旅馆延候，则费时失时矣，护照费据市府侨务股言每人洋毫九元四角，而各客栈则言非十余元莫办，旅客各宜斟酌自己情形做去。大舱票价每张大洋三十六元，洋行定价低廉，有人假借某栈关名义，代友人定购或十张或五张，船票因受英政府制限，不能多发，市面因求过于供，每客栈有十余人候船，仅能分得一张，各栈暗抬票价，常高至六十余元，栈关中之代人购者，一转手开可获百十元之数，可称最善投机者也。如系女客到新加坡，须到华民政务司问话，系提防拐带为娼。问无嫌疑，方准客栈保领去，担保费约英洋二元。

往西贡者 汕头往安南西贡，仅有至平路元亨洋行之元利轮一艘，洋行卖票大舱客十五元，客栈售出十八元或十五元不等，问话、照像，种痘手续以上相同，搭客俟轮入口后，由水客或帮长担保登岸，行李安顿好，然后纳入口字入身税，每人约十三元。搭客如要到惠安新洲者，须向汕头法领事，先领入口纸，每张大洋四元五角，有效期间一个月，因事未能往者，过期无效，如要往爪哇、仰光、印度等处者，在汕时须向市府领护照。

（《南洋商报》，1931 年 8 月 12 日第 15 页）

13.《老翁娶妻托水客作媒，"准少年"一张像片，少女受欺，当面一视，终身伴侣原是行将入木人，闹翻了：少女幸得救 骗人者入狱》

（槟城八月十八日巴城讯）此间华侨，其来自祖国而未有家室者，每为节者糜费起见，或因自己生意不能脱身关系，而又不愿取此间之侨生妇或马来婆，所以为从权计，常有托水客用相片娶妻之怪剧。其实此被付托者，果能据实报告，不作花言巧语，以引诱邻间可怜无知之妇女，则此经济办法，在万不得已时，尚属可行。惟此一部分由水客而一变为媒人者，常缺乏良心道德，只要有钱到手，不管付托者为五六十岁之老翁，或跛脚瘸手之废物，一抵家乡，既用其媒人式之口吻，以欺邻间之妇女，而邻间妇女多属无知，又以出洋热甚炽，故多为所惑，及抵巴时，始知此水客之言多不可靠。其能力薄弱者，只有饮泣吞声，自嗟命苦，其比较强悍者，则当场反婚，乞援亲属，以谋离异。凡此种种怪剧，实吾人所习见者。半月前，此间即发生此种诱婚事件，该诱婚娶之主角，闻已下狱。兹将经过情形，详述于后。

有叶姓女，年约二十岁左右，为祖国广东梅县松口人，幼时即嫁于同县古姓为童养媳，其姑为寡妇，仅一子，对此一对小儿媳，极为爱惜。惟子长成后，对此女表示不满，向每请求与女离异，母因爱子，允之。适有由巴返梅之半径水客杨某，因受万隆丘某（闻其托水客议婚时，改为孙姓）之托，用相片在家娶妻，（另一说是丘某寄相片给其母娶者，面托水客携之来巴）丘因近年不惑，然授水客之相片则在二十余岁时所摄影者。女见此相片，因近青年，又以姑命难违，许之。汽笛一声，此女乃遂随水客而南来矣。待巴登岸时，女一见其所谓终生伴侣者，异像人中，不惟年事已高，而且衣饰类似苦力，愤甚。惟以初到此间，人地生疏，亦惟有暂时容忍，以候机会，设受非礼，则以一死了之。意志已决，乃随丘入某旅馆，翌日赴大公司中央旅馆，访其同婚伴侣谈话，无意中遇其前夫亲属古某于该旅馆，相见之下，各自诧异。古乃询女，何以忽抵此间，女乃饮泣，将被骗经过述之于古，谓此后蒙受压迫，必以一死了之。言毕泪如雨下，古闻言悯之，乃曰："汝已改嫁，吾恐难出头为汝助，惟此间有亲属否？"女曰："有，但吾初抵此地，何能往询？"古复扣其亲属之店号姓名，女尽所知以告，古遂用电话一一通知，请其救女。叶族问女询明底蕴后，乃与该丘某商议离婚办法，各款均已讨论就绪，而正待签押时，而丘某之亲属某妇，忽呼女出，相约外出游玩，女不疑从之，后该妇乃将女交另一男子坐汽车赴车站，即乘火车赴万隆。女此时始知受骗，乃询该男子曰："你将我送至何地耶？"该男子曰："即将抵达目的，请勿虑。"女见车行历两小时，尚未达到，乃抗声对该男子曰："汝将载我至丘某之家中耶？吾誓死不从，如汝强迫我，我跳出窗外自杀。"该男子一见女不可欺，乃婉言劝之，谓彼将送之返巴，及抵隆后，女力执该男子衣，迫之返送，该男子恐闹出乱事，同时又得某妇由巴打来长途电话，请其速交出叶某女也，即送女返吧，盖其妇亦被叶族所迫，现该女返巴，住于迳摩嘴其亲属店中，而水客杨某，闻已被控入狱云。

（《南洋商报》，1931 年 8 月 22 日第 9 页）

14.《爪马两岛九月来输入统计》

据查，自本年一月至九月止，爪马二岛输入之货额，及其货值如左。

海口别	货额（千吨）	货值（百万盾）
丹容不禄	三三一,七	九五,五
泗水	三七七,一	一〇〇,七
三宝垄	一九三,九	五七,六
井里汶	八五,六	一九,九
芝拉札	三二,一	三,三
北加浪岸	一七,二	一,九
直葛	二三,〇	二,七
严望	五,二	〇,八
庞越	九,七	一,一
巴那落干	八,五	一,二

| 外南梦 | 〇，九 | 〇，一 |
| 总共 | 一〇八四，六 | 二八四，八 |

至叶英晖逃走情形，言人人殊。惟阅昨早约七时，有邻店某仍见其到德泰拍门，状极仓皇，但未入店及去。又有谓其来巴不及一年，言语尚不通彻，地方情形亦不熟悉。此次出走，系用重金由其友刘君护送往叻，或抄最近出走之萧君蓝本，取道下洲府而去。昨日原有船开往勿里洞廖内等处，故有人预料其必乘此船他往，右某汇款人曾电勿里洞，托人于该船到时，上船探找。惟今午接到复电，谓无叶某真人在船云。又闻叶英晖曾以叶志伟名义存款一万三千余盾在某银行，于本邦二先经取出，庄内簿上仍存款二千六七百盾，无人知其内容。然据该庄伙伴推测，二千余盾中有各银行票及纸币，谅被叶领出带去，而实存柜内者，或仅为银币二百盾左右云。

该庄股东初为叶林等二三人，但以后一面扩设分庄，一面加招股本，至十六年下半年，已有邦加之陈君，孟加锡之陈君，星洲某旅店之古君，加入共集足五万余元，以梅县为总庄，各庄司理，非林则叶，数年相安无事，闻取息亦达十万以上。然林、叶均不免自私滥用，故自去年以来，梅港巴各庄，遂时常短压汇款，用人亦往往不当，遂有今日之结果。吾国银庄林立，政府日欲取缔，而未能实行，致时有倒闭吞款，扰乱金融之事。据近来自梅属之水客言，梅汕德泰，一经倒闭，被累者恐不少人，因年来乡间不安，外洋寄款回家者，多不敢携回，仍存原银庄，以备每月家用之需等语。诚如某水客所言，则德泰之歇业，实影响于人民生活非浅，且为后来计，凡被倒款者，宜亟呈请当地商会，转各县政府严办以儆效尤。

15.《一个青年女子之不幸，既受拆白之蹂躏，复尝地狱之痛苦》

粤妇梁带好，为半老之徐娘，住于那律门牌廿号。上月廿七日，华护司佛兰宁氏，得接线人报告，按址前往搜查，在该妇屋中，搜出妓女潘亚妹、陈四妹、黄亚苏及被告梁带好四人，拘回华民署分别讯问后，遂将梁带好入控犯买良为娼，及私设妓馆，借私娼谋生，又入控陈四妹犯帮助办理私娼事务之罪。该案昨在第三警庭提讯，主审官威敦氏，主控则系华护司佛兰宁氏，先提审梁带好，惟带好否认其罪，并聘请张舜琴女律师出庭代辩，由佛兰宁氏将拘捕被告等分别讯问情形，对法官报告。

次传证人潘亚妹出庭讯问，据称："年廿七岁，前在香港油麻地，与一拆白党之少年结识，因而失身。前年该拆白之人，与一水客相议，令带她到星，她遂随此水客而来，曾入华署报名，亦曾往吉隆坡。后再回星，水客乃将她卖与被告，身价银四百二十元，两人之交易，她曾亲见之，被告令她为娼三年，然后恢复其自由。同居者，有一妓女名黄亚苏，被告与陈四妹系该屋之包租人，有时亦以色相事人，她在该屋每次接客，则扣除三十巴仙为佣金，其余皆由被告梁带好收去，她所得享其利权者，只属恩客之偿金而已，且卖淫之地方，常往各客栈等处。在她所知陈四妹与被告为开设此卖淫窝者，她实不欲作此无耻之事，曾有一次欲从良，以二百金赎身，奈不能如愿以偿，故至今为华护司所破获"等语。继由律师向潘亚妹多方质问，但彼皆指认被告确有其事也。次由一粤人名潘久出庭指证，称系小坡三兴号之伙伴，而证人潘亚妹，系其妍识，常到其家，故得见被告等之面，且闻被告系潘亚妹之鸨母。又云在三兴每月之工资，只有十元而已，法官审讯之后，见此案待讯之人尚有数名，乃令展期再讯云。

（《南洋商报》，1932 年 4 月 9 日第 6 页）

16.《轮船内藏私烟，被缉私差搜出》

当地政府，对于各种烟草红烟等，均须科以一定之入口税，并设专利局，以办理其事，但与星洲附近之荷属各地，对于烟草之征税，较星洲为低。故一般玩法之徒，及贪图厚利之水客，恒将荷属之烟草及红烟，私自暗运入本坡混售，以便获得厚利，此事在前时，即为专利局探长所闻。故非常注意，对于由附近各地之轮船入口，搭客及船员登岸之时，在各码头上，搜查甚严，累有破获，但仍有人异想新花样，因知专利局在码头上搜查之严，故将私运之烟类，暂藏于船中。候时机而起卸。故常能逃缉者之耳目，但最近专利局探长，经已发觉此种情形。特令另各缉私差。凡各地轮船入口之时，即须上轮船搜查，以免私运者之乘机卸脱，故日昨当新益利轮船，由附近荷属三务等处来本坡，当该轮泊碇之时，即有缉私差多人，到该轮搜查，而该轮中之私运者以为从前并未有上船搜查之举，故有数十大包私运红烟，不及收藏遂为缉私所破获，但无人敢承认为货主，故缉者仅将该宗私烟带回专利局报告云。

（《南洋商报》，1932 年 9 月 3 日第 6 版）

17.《厦门汕头民信业会一致力争!! 彻底反对增加南洋邮费，述侨民困苦! 请缓期执行》

（厦门二月十八日发）自上海邮政总局拟增加马来群岛民局邮资，原每封五占，现拟增加至一角二占半后，厦市信业公会特于前晚召集执委紧急会，到会者执委十余人，主席杨显甫，纪律陈穷，其议决案如下：（一）关于上海华侨联合代电称，邮政总局拟于最近增加马来群岛民局邮费每封一角二分半，请一致向政府力争，应如何办理案，议决，面复该会表示同情，并电交通部上海邮政总局，顾念马来群岛不景气侨胞劳动界失业减薪之痛苦，援期举行，一面电达马来群岛各中华商会，一致向政府请愿。（二）对于南洋汇到支票，已贴有该埠印花，厦门思明印花税局又欲强令照银数实贴，应如何设法应付案，议决查南洋汇到支票，照旧例于支领时，每张仅贴二分，现欲额外加增，应函上海市商会暨汕头华侨批业同业公会查询参考，然后解决。（余略）（汕头方面水客亦有所表示，详见另条——国府对南洋群岛邮资加价与水客……篇中）

（《南洋商报》，1933 年 3 月 1 日第 9 版）

18.《国府对南洋群岛邮资加价与水客及侨民家属的生活之影响》

（汕头二月十七日发）南洋华侨汇银回家，多从民信业之批馆汇回。各批局在南洋各地华侨银信，直接送达侨胞家中，同时取得其回信，转给寄银人。其性质，信局称为回批。在汕头厦门两埠，批局极发达。即汕头一埠，亦有一百四十余家，已向邮局挂号者每年代汇款项，约多者达数千万元，近两年，亦逾千万。其所寄之银款至琐屑，有少至三五元者，而百元以上者居多，故回国亦多，此项以前用一包封，照秤重量，贴邮票寄回南洋。民（国）十九年，邮政部局决定加价，要每封贴一角二分半，经中央侨委会及各华侨总商会之反对而中止，乃改为各封贴足五分，仍以总包寄递，变更制度以来，贫侨在外寄恨（银）回家者已比前多费邮资。本年邮政当局，复以金价涨之故，将旧事重提，每封要贴一角二分，向侨委员商议进行，经侨委会提出反对，上海华侨联合会特函汕头华侨团体征询意见。十四日汕市批业公会等在汕市商召开会议，主席余智舟，讨论结果：金以侨批加资，于侨胞生活关系甚重，决即电侨委会力争，照旧办理。又潮梅与南洋经济上之关系，除批业之外，水客亦甚有关系，汕头有水客联合会之设。凡为水客者，第一要与南洋某一部分华侨，有坚固之联络，以个人信用，代侨胞带银信，按汇水先汇银回香港或汕头之外国银行，信则总包交批局代寄。其信面即写信外银若干元，烦交家父或母亲某氏收，某某拜托。水客回到香港或汕头，即向银行兑出现银，领得信包，回到潮梅各属，照信投送各乡之华侨家中，取回收条，此收条再带回南洋，交各寄银人。凡做水客者：（一）必有亲戚或同乡人在南洋开正式商店，为其临时驻在所；（二）水客须具有商业常识，带家乡之土产食物，或有效良药，及远近驰名之货物，到南洋亦去贩卖；（三）做水客者，必在香港、汕头，有良好信用，由客栈代认货账和船票，如带有妇孺或新客出洋，客栈代其借出之款，回国时必找清；（四）水客必须勤劳和蔼，以信用情感，收吸华侨现银，虽带些小物件，亦不辞劳苦，且利用现银作商品之买卖，以投华侨之所好，而博利钱。自南洋不景气后，水客大受打击，因华侨寄银者少，各埠又增高华侨入境税，船票价值又比前高三倍（如往新加坡者，原日每人二十元，现每人要一百元，犹受票价之限制，不易购得），故水客自动停业者极多。据记者调查：大埔、梅县、兴宁、蕉岭、平远籍人，每年往荷属水客三百八十二名，往英属者三百十五人，往暹者五十四名，往安南者十一。自本年起，水客停业者达一百一十二名，批信涨价，水客受打击更大矣。

（《南洋商报》，1933 年 3 月 1 日第 9 版）

19.《南洋水客受不景之袭击失业者多》

（汕头二月廿日发）粤省人民，多赴南洋谋生，此辈初次远行，因经济关系，大都跟从水客前往。而水客之任务，除携带出客外，返国时即带银信返籍，每年总数达百万元。故广东水客之多，冠于全国。据记者昨日调查：即大埔、梅县、兴宁、平远而论，前赴荷属者三百八十二名，英属三百一十五名，暹罗五十四名，安南十一名，合共七百十五名。自马来亚政府今年正月一日起颁布征收入口登岸费后，因之停业者一百十二名，直接影响水客本身，间接固影响侨银进口也。

（《南洋商报》，1933 年 3 月 2 日第 9 版）

20.《旅京华侨大会反对交通部增加南洋民信邮资宣言》

国府交通当局增加邮资事，业经我侨各团体通电反对民信，经过情形，经本报刊载，兹觅得旅京华侨大会对于斯事发表之宣言，刊登于后，以见国内外同胞对于交通部增加南洋民信邮资之态度。

总理有言：华侨为革命之母。良以华侨对革命事业，极为努力，稽勋酬庸，当居上赏，即退一步言之，华侨自由移植，旅居海外，增加生产，发扬国光，其直接间接有益于祖国者亦殊远大，依现代移民趋势及经济恐慌情形，亦当在保护救济之列，故中央会议决以移植保育为侨务范围，是可知国家政令，固亦重视华侨也。

乃交通部所悬目的，则在取华侨之金钱，而不恤华侨之痛苦，当民国十九年，既由邮政总局函请南洋英属邮政当局，取缔民信局，停给牌照，增加邮资（当时系由新嘉坡中华总商会会长李伟南等面谒坡督请愿，而邮政总监亲对各代

209

表表示此案系贵国主张，并出我国邮政总局原函以示各代表，因此舆论大哗）。结果，国外寄回之民信，每封由三分而增至六分，国内寄出者，每封由不满一分而增五分（当时国内民信每一总包约四十封贴邮票二角八分）。我华侨已不胜担负矣，兹复变本加厉，拟再由每封五分而增至一角二分半，我海内外侨民团体文电呼吁，举不足以动交通部之听，大有华侨可以不要，而邮资费不能不加之势，我旅京华侨迫不得已，开会讨论，决议将本案事实，宣告国人，兹先述民信局之关系，而后驳交通部处理之失常。

当数十年前，南洋与国内交通不便，华侨寄付银信，极感困难。所以设有水客，代为送达，水客之川资等项，一面由寄信人津贴，一面由慈善家集款补助，是固含有慈善性质者，自交通稍便，水客之制度，乃一变为民信局。其便利厥有数端：（一）寄付银信，不限时间，不拘多少；（二）民信局能将所寄银信，派人送交其家，虽穷乡僻壤，亦通达无阻；（三）送信之人，必随带信封信纸，有时且代其不识字之家属立写回信；（四）负责于二个月内，将回信给还本人，如若过期，则将原银退还，设所派送银信人中途被劫，亦由民信局负责赔偿，不损及寄款人，此皆民信局之特点，为邮局所办不到之事，亦无法以代替之者，而在旅居海外之华侨，则倚为与家属通信之唯一机关，不可须臾离。

交通部此次根据邮政总局呈请，主张增加民信邮资，第一个理由谓金价高涨，我国以银本位收取国际邮件之邮资，受亏甚巨，乃借此弥补。夫金价之涨落无定，而邮资一加，则永远不变，况此时之金价，亦不高于民国十九年，乃十六年既由一分而增至五分此时之金价，亦不高于民国十九年，乃十六年既由一分而增至五分，此时又欲由五分而增至一角二分半，是比较十九年，乃增至十余倍矣。（未完）

（《南洋商报》，1933 年 7 月 8 日第 8 版）

21. 《潮海关制定旅客行李填报单有实行讯，手续繁难苛细，欲求免扰归侨，请待事实以证》

（汕头八日通讯）潮海关前拟制发一种旅客行李填报单，事未实行，即为南洋各华侨团体闻悉，群起反对，呈请西南政务委员会等机关，予以制止，情形略见各报。前经政委会令饬该关监督查照呈核，萧公子随即迭函该关税务司，将拟办情形详复，旋接复函略谓："此事系仿照江海关办法办理，不但减少查验手续，并可杜绝水客走私。至于填写此报单极为简易，纵使完税亦不过正附税各一道而已，在旅客则无匿税嫌疑，在海关则可取缔走漏，此事正在计划，尚未定行"等语。经萧监督据情分呈核夺，现该署已奉到政委会令复，略谓："案经饬据广东财政特派员公署，拟复此项行李报告单。既系仿照江海关办法办理，若不准行，则海关对于行李检查时，定必更加严重，而海关有检查货之权，不能禁其不检查行李。所带货物，填入报单，应先完税者充其量不过完税而止。比较无填报单，带其货物被查出以之充公者，其为损失更大，是欲免其扰反而加甚，不如准其试办等语，应予照办云云。"监督署奉此，已转函税务司查照矣。

（《南洋商报》，1934 年 4 月 17 日第 11 版）

22.《马来亚船票减价成僵局之里因：各船公司均以须函总公司请示为搪塞》

（本报驻汕特约通讯五月十二日）马来亚自遭树胶跌价，市情衰败之后，英殖民地政府即施行限制华工入口条例。顾自限制华工入口条例后，汕市太古、渣华、和通三洋行公司，则以航行此线之轮船损失过巨，乃将票价提高，盖欲借此以弥补损失，加以汕市各客栈操纵船票，是以每张船票由二十余元而增至一百余元。当时虽曾一度反对，然亦终归无效，且在限制华工入口期间，非有职业者自不能南渡，故百余元之票价得以继续发行至今。但自马来亚树胶价格稍涨，市面顿呈活跃之象，遂成华工不足供用之势。马来亚政府乃于本月一日起，实行增加华工入口。查在未增加华工入口之时，每月汕头只得三百余客，现每月既增加华工入口一千名，是汕头每月已得有七百余客出口，比前增加一倍。于此马来亚华工入口声中，该太古、渣华、和通三洋行公司，虽将客票减低廿元，然每张票尚须九十余元始能购得，于理未免不公。于是岭东华侨互助社，联同南洋水客联合会，特于上月联函各该公司交涉，并呈汕市府为维护公道而制裁之。距函发至今，各该公司既无切实答复，只以须函总公司请示办法为搪塞，而汕市府亦无若何意见发表。最近乃拟恢复反对外轮加价委员会，俾待增加力量，以收交涉之宏效。查反对外轮加价委员会，系由联安工会，旅业公会，华侨联合会，岭东华侨互助社，南洋水客联合会等邀请各公会大会所组成，声势颇大，各该洋行公司本有所顾忌，闻此风声，乃于前日各派出代表一人，分向水客会解释不能再减苦衷，其结果如何，虽未能悉。然据记者调查所得，自汕市水客会，互助社树起反对票价之旗帜后，各洋行公司恐酿巨大风潮，故均抱镇静之态度，以观时变，迨至情势稍形紧张，于是各洋行公司乃向旅业公会秘密进行疏通，许旅业公会以一成利益，利之所在，旅业公会遂趋于消沉之途。而所谓恢复反对外轮加价委员会即因之而未见诸实现。势成僵局，汕市各报叠载紧张之消息，盖纯系空气作用，将来船票减价问题之局面，能否展开，要视夫各公会反对之努力与否为断云。

（《南洋商报》，1934 年 5 月 23 日第 8 版）

23.《汕市各洋轮公司联席会议席上决定星槟票价低减后，华侨互助社认为不足，希望发出快邮代电，附七月份华侨出国之调查》

（本报汕头特约通讯行空七月卅日）自马来亚政府于五月份起每月开放华工一千名入口以来，汕市各轮船公司虽要联合其有关系之客栈操纵票价，但在各方反对之下，亦不得不稍顾舆情，将由一百余元之票价叠次低价。查在记者前次通讯时，该各洋轮船公司司理人，对记者声明已得洋东明令，规定新客减为六十元，老客减为四十元，并谓由此种规定，以后不受任何方面之责难与请求。当时华侨互助社以各洋轮公司所规定之票价，不能减至限制前之额数，仍然不能减轻为生活所困而出国谋生之侨胞负担，极力反对，并呈请市政府予以严厉之制裁，但华侨互助社虽抱不屈之精神，独力反对到底，然而终未能使各洋轮公司悔悟。市政府方面亦无若何表示，虽有皇皇之布告，要亦官样文章，非有实效。当此空气沉寂情形之下，南洋水客联合会虽尝一度在报章上发出与互助社表同情之呼声，无如此呼声甚微，一瞥即逝，亦无若何影响，局面又趋于沉闷之中。不久，忽而有马来政府定于八月一日起，再准增加华工一千名入口，消息传来，咸望票价必得以减至限制前之程度。盖以八月一日起，增加华工一千名入口，连前合计四千名，照汕头、厦门、海口三港分配，汕市月可占得一千四百名左右，在消息传来之后，汕市各洋轮公司亦以客头既增，前所抱不受任何方面之责难与请求之强硬态度，亦不得不稍为软化，乃将情先后向各该总行请示，各该行乃批复着按地方情形办理。于是汕市太古、渣华、波宁、和通、道胜、华商六洋轮公司，遂于前日（二十八）下午二时召开联席会议，借以讨论应如何减低票价问题。开会时，各公司司理人均出席，直讨论至六时始散会。记者于其会议完毕后，走访太古南记之经理询以决议各案，诅讳莫如深，只云再度减低星槟票价，已获通过，由八月一日起，计各减少五元，即往叻新客票为五十五元（原六十元），老客票为四十元，往槟新客票为六十五元（原七十元），老客为五十元。此种消息传出后，华侨互助社以各该公司言行不符，只顾向华侨剥削，不恤出国侨胞之困难，为保护侨胞利益计，特发出快邮代电，向海内外各华侨团体呼吁，文请同侨一致力争，其文曰："万急。海内外各华侨团体、各埠中华总商会、各公所各报馆暨全体侨胞公鉴：吾国农村破产，已达极点，易子拆骸，啖草喫茎，嗷嗷无告，朝难保夕，怵目惊心，诚空前未睹之奇灾，究其原因，故由于'匪共'之蹂躏焚掠，其夺由于年来同胞失业被逐，与南进无门有以促成之，为此水深火热之下，各口岸之轮船公司经理人，竟丧心病狂，甘愿勾结外商，操纵票价，阻塞南进出路，强扼侨胞死命，是何以语正义而讲人道，设正义可贵，则正义之敌应排，人道已讲，则人道之仇难恕。本市行驶星槟之太古南记、渣华、波宁、和通、道胜、华商等轮船公司，均为各轮经理机关，在昔未限制客头时代，星槟客票价格，每名仅廿余元，及后一加再加，而为卅余元，旋再增至五十余元，虽经敝社迭次反对，竟置若罔闻，嗣因客位有限，彼遂实行操纵，竟由五十余元突增九十元不等，我侨胞因迫于生活，不得不忍痛受剥，听其宰割。迨本年五月，星洲当局，以胶锡涨价，缺乏工人，准增加华工进口一千名，连前总共二千名，前后比较，已增加二倍之巨。依理当将客票价格减去一半，方为公允。经敝社派出代表向各轮船公司磋商，仅将客票价格减少二十元。查此项票价，原为五十余元，因各公司之私自抬高至九十元，减少后尚为七十元，较之前案，尚超过二十余元，是有减少之名，而无减少之实，绝对未得其平，几经交涉，而各轮船公司，不恤侨情，借词权属东洋，置之不理。七月星洲再增华工进口一千名，佳音传播，同侨莫不翘企，渴望各该公司，能本正义，相当降低，然经敝社再次提出质问，各轮船公司，又借口当限制客头六千名时代，每票尚售三十六元，照现有之数三千名，当未臻原有之数额，仅将价格减低为六十元，老客减为四十元，此案正在交涉中。忽闻八月份复有增加华工进口一千名之讯，连前总共四千名，经证实之后，而骇人听闻之消息急于焉传来，一正在交涉未得其平，而一更不平之事又至。阅本市各报刊载各洋轮公司竟于前天召开联席会议，决议新老客票价各减五元，计往叻新客票为五十五元，老客票四十元，往槟榔屿新客票为六十五元，老客票为五十元等议。基此则足见该公司等之毫无心肝，初次（即五月份）增加一千名，每客票价格减少二十元，再次（七月份）又增加一千名，每客票价格减少十元，三次（八月份）又增加一千名，何以仅得减少区区五元之数，揆诸情理，岂得为平。彼之种种谬议，每乃自暴□，其牟利不恤侨情之野心，即退一步言，照该公司等借口维持其限制六千名三十六元时代之价额，其总数亦不过廿一万六千元，比对现在四千名之五十五元票价，其总额已超过六千名之数。至于老客妇女之被收三十五元者，该公司等又将何以语人？在理应将票价减为二十余元或三十余元，方为适合，最可惜者，借词操纵之人，并非外人，乃我同种同族，当此内地农村破产，求生无门之秋，星洲增加华工进口，原为侨胞死径之一线生机，同为人类，应如何为之扶持，使其早越火坑，登于有生之域，不为饥馑之民，方不悖谬，乃利令智昏，勾结外商，自堕人格，高昂票价，故封出路，其存心之枭险，行检之卑污，当为国人所共弃，为侨胞之公敌。是而不讨，正义何存，亟望海内外侨胞，予以制裁，务达票价降低至平允之目的，事关切肤，万无反顾，临电迫切待命之至。汕头南洋华侨互助社叩。"

出国人数

潮梅自经灾患以来，前日之繁荣景象，日就衰落，于今尤甚。断以一般贫苦大众，求生无路，厥状奇惨，迨最近马来亚缺乏工人，乃开放华工入口，一般失业无以为生者，咸欣欣然有喜色，束装出国，借或生存。每值行驶南洋轮船开行时，男妇老幼，结伴成群，向市府办理一切南渡手续者，触目皆是。但其中则以往马来亚者为多数，若安南、暹罗二地，则因市情尚在不景，则无若何增加。兹将七月份由汕出口华侨人数，调查统计如下：

星洲：二日男七十二人，女十五人，老三人，孩十九人；六日男四十八人，女一百三十四人，老五十三人，孩十五人；十一日男三百六十三人，女二百六十七人，鲞一百七十六人，孩七十八人；十七日男九十八人，女五十人，鲞廿八，孩十人；二十日男一百九十一人，女一百四十二人，鲞四十五人，孩十三人；廿四日男一百十三人，女八十四人，鲞六十二人，孩廿五人；廿五日男二百五十九人，女一百五十四人，鲞一百十七人，孩廿四人；男女鲞孩合共二千六百五十八人。

暹罗：四日男一百八十七人，女四十九人，鲞三十五人，孩三十一人；七日男五十四人，女十六人，鲞六人，孩十二人；十一日男一百七十一人，女六十四人，鲞三十七人，孩廿八人；十八日男一百四十人，女一百十三人，鲞三十三人，孩廿四人；廿五日男一百四十二人，女三十七人，鲞十八人，孩十五人；廿八日男五十一人，女十七人，鲞十人，孩十六人；男女鲞孩合共一千三百零六人。

安南：十七日男二百○五人，女一百十一人，鲞七十三人，孩廿五人；男女鲞孩合共四百一十四人。以上三处，计共四千三百七十八人，比较六月份增加八百五十五人云。

（《南洋商报》，1934年8月9日第13版）

24.《星槟客票价三减后，洋行及客栈依旧互相勾结操纵，每票终售百元，以上侨胞月被剥削达十余万元，市政府虽召集各机关讨论办法终筹不出善策》

召集会议

船公司与其有关系之客栈既如此勾结，华侨互助社除发出快邮代电之外，复以出洋侨胞，被剥削奇重，非再向市府请求取缔，实无以解侨胞之倒悬，特函市府。市长翟宗心准该函后，乃于日前召集本市各机关团体暨各船务公司负责人，于市政府讨论船票减价问题。是日到会者有翟市长、方侨务股长、市党部代表方思温、参议会代表刘振声、市商会代表蔡梓松、华侨互助社代表黄颜波、旅业公会代表王宝光、南洋水客互助社暨各船务公司代表等十余人。

市长谈话

开会时，首由翟市长宣布召集谈话会理由，略云："总理曾说：华侨为革命之母。可知华侨对于革命之功绩是何等伟大，而永不能磨灭。吾人对于华侨，应该如何爱护，本人长市政府以来，自问对于侨务方面，无多大成绩，抚心自问，实属不安，然此后当本能力所及，决积极做去，以符政府保护华侨之至意。今者各船公司以及客栈此种操纵票价，显系剥削华侨，须知华侨出国，为一种自动移殖方策，表现中国民族之光荣，同时公司方面，亦得到无穷之利益，希望各公司能各本天良，持平票价，并防止客栈任意加叠云云。"

八项办法

次由方股长略述华侨之概况与票价太高之不公平，再由华侨互助社代表黄颜波提出限制公司客栈操纵票价八项办法：（一）组成星槟客票评价委员会；（二）各公司议定票价后，应送评委会评议；（三）每轮客票额数，各公司应向评价委员会报告，以便分配；（四）当限制六千名客额时代，每客票售三十六元，总共二十一万六千元，老客每名二十余元，现在每客票售五十五元，共二十二万元，而老客则售至四十元，显失公平，应行降低；（五）凡出洋侨胞，应缴具半身像片二张，赴评价委员会办理登记，依照号数发给证书购票；（六）凡人客如发现像片与本人不符者，将船票收回，交由原公司或原客栈给回价银，并予以相当惩戒；（七）各客栈售卖客票，只得附加一成，不能任意加叠，重剥华侨；（八）各客栈如有抬高客票价格，证据确凿者，则分别予以处罚，或呈请政府停止其营业。此八项提出后，经旅业公会、市党部、市参议会等代表，均极同情，认为有设立评价委员会之必要，于是翟市长乃征求各船公司代表意见，该代表等则答俟向各公司负责人磋商后，方能答复，至此遂宣布散会，并定十七日再行召开会议。

（《南洋商报》，1934 年 9 月 3 日第 9 版）

25. 《华人到巴未缴登陆税者被遣回中有中年妇少女各一人》

（巴城七日讯）前月廿七日芝锦鹏轮抵巴时，有华人八人因未在船上缴纳登陆税，被拒绝登陆。闻水客及亲属方面，以华人自备旅费，远来荷印，若内缴纳登陆税之地点问题，不准登岸，未免吃亏，会商请准予通融。无如荷印移民条例，早有明文之规定，商请卒无结果。昨日下午芝巴德轮开返香港，八名华人，由警察押送上轮，遣回原境。查此帮被遣回国者，计十余八，闻中有一中年妇未有原夫担领，一少女在移民厅答话，不对者，同轮返国。

查惯例：被遣回国之船食，渣华公司每向香港或厦门客栈取偿；如由水客带来者，客栈则惟水客是问，结果由被遣回国者偿还水客。或谓今后希望荷印政府将缴纳登陆税之办法，予以通融，则到来者不致已受金钱的损失，复尝旅途之痛苦，而各方面亦省得诸多牵累云。

（《南洋商报》，1934 年 12 月 12 日第 10 版）

26.《水客沈桂春私带无贴邮票信数十封　昨日官判罚款六十元》

昨日上午十时许，本坡警三庭提讯一闽籍沈桂春，被控其有收藏无贴邮票五十八封罪，主审法官勿兰打氏，主控官为西人探长。提讯时，西籍探长向法官称：本坡邮政总局发觉有人私收藏无贴邮票信件在案，彼得线人报告，谓被告常带无贴邮票信件，于是加员侦察被告行踪，前日竟在被告之皮匣搜获有贴邮票信两封，无贴邮票者则有五十八封，乃捕归究办云。法官问被告，汝知有罪乎，答知之，并谓彼系士典那轮船水客云。法官聆毕，判处罚款六十元以示儆戒。

（《南洋商报》，1934 年 12 月 15 日第 7 版）

27.《汕头出入口华侨之催命符，船公司与客栈操纵客票，海关检查归侨苛扰无已》

（汕头通讯）年来世界不景气恶风骇浪所袭击结果，影响所及，造成东江一带之农村经济急速崩溃，各业益形凋敝。汕埠一隅各家银行之倒闭，已成惊波迭起，金融之紊乱，已入僵局状态，满目荒凉，尽令人怵目心惊。忆自去年星洲树胶锡米略稍涨价，对南洋之繁荣恢复，实使岭东工商各界如望甘霖。自马来亚当局增加华工进口之消息传来后，闽粤侨胞闻讯，争先恐后前往谋生。潮梅各属人民，亦因年来商业之不景，谋生艰难，遂使南渡甚形踊跃。但因客额所限，有来汕候轮兼旬，而不得获票赴叻者，大不乏人。本市各船务公司及各家客栈，咸视为获利发财之绝好时机，不顾侨胞之艰辛茹苦，嗾使其走街及有关系之客栈，狼狈为奸，互相勾结，操纵客票，按每一新客客票，已由九十六元递减至五十五元。而去夏以来，常售一百元左右，迭经华侨互助社各民众团体函请市府取缔在案，乃若辈因利之所在，不但未肯照办，反设法假电伪造空气，谓星洲政府又欲缩减客籍人口，以蒙蔽侨胞，俾得从中垄断客票。迩因盗匪滋生，地方多故，南渡者较前益多，各船务公司及客栈等竟昧尽天良，操纵益甚。据调查所得，三月十九日南记公司所代理之安徽轮，凡往叻者每一新客票客栈竟售至一百一十元或一百元不等，其无力购买者唯有望洋兴叹而已。近竟变本加厉，再造作谣言谓苟欲得一客票，须有妇女或老人六名为条件，否则非百元以上难以购得云云。又年来海关进口税率，对于侨胞往来行李，骚扰备至，虽属亲友馈送之细致零星礼物，亦难幸免，且动辄充公处罚，以致归侨怨声载道。记者曾访海关某要员，询以海关对于归侨行李之检查，有无改善待遇。承谓自增加税率以来，一般私运者，因利权倍厚，日见日多；海关不严予检查，以裕税收，乃若辈因海关检查森严，花样时新，每于轮中，勾搭侨胞，迨抵本市，将所带私货，附入各旅客行李，以备海关搜缉。种种弊端，迭经调查属实，故凡有归侨抵汕，视其行李较多，而杂有他货者，即认为私运，全数充公云。但本市华侨互助社，以海关如此

216

苛扰，无异剥削侨胞血汗，拟函请南洋各属华侨团体，转知归国侨胞，勿为水客利用带货，使海关得以借口云。

28.《旅星华侨陈如海被客头诈欺案，陈刘氏再请依法究追，南记被控强扣手续费》

（汕头通讯）本市仁兴客栈串同客头陈花姐，用香船票伪称叻船票，诈欺叻侨陈如海一案，迭志前报。现闻有陈花姐之弟由叻来汕，船次适遇一福建人，即押杨金狮赴叻之客头，备述杨金狮呷内除该仁兴号所列等件外，尚有各贵重银物，此案前经客头陈花姐以先发制人手段，向汕头地方法院捏控陈如海诬告罪，陈如海之妻陈刘氏，亦向法院告诉。双方虽经法院下不起诉处分，惟法院尚未能着仁兴客栈暨陈花姐将全部票价偿还，且其供词有谓"南记公司要手续费二十元，只肯退还五十五元"等供。现陈刘氏以此种手续费为不正当之剥削，经再投词华侨互助社转请市政府究追并将呷毕提府保管，以免越权侵占，而儆奸究，其投词云为勾串诈勒，罪证确凿，吁请转呈市府严予究追法办事：

窃氏夫陈如海被水客陈花姐串同仁兴客栈诈勒吞没一案，业经将经过详情，源呈钧社，请予转呈汕头市政府究追偿还在案，迄今日久，案悬未决。查陈花姐及仁兴客栈司理周衍耀等，先后在法院检察处供称，夫氏之赴力[①]船票，确系仁兴客栈代向太古南记购买，要扣抵手续费二十元，只肯退还五十五元等语（有法院检察处分书为据），伏查赴力船票，除规定票价外，不得私勒索，违者严究。业经市政府布告严禁有案，乃该花姐竟敢串同周衍耀与南记公司，朋比为奸，公然勒索手续费，以致氏夫所购船票至八十五元之多，似此剥削弱侨，罪证确凿，无可隐讳。又该杨金狮既非仁兴之住客，试问有何权限，代其保管失物，矧该呷毕内所贮，多系贵重货物，该客栈虽有登报招领，语极含糊，并无声明系杨金狮失物，又不按址径函催领，其居心如何，不言而喻，万一有失，杨岂甘心，事关勾串诈勒弱侨，万难任其享渔利，遥遥法外，迫得再渎钧社察核，伏乞准予转呈市政府严传陈花姐及仁兴客栈南记公司等到案严办，以勾串勒索弱侨坐收票价之罪，并偿还船票已原款给领，追出该杨金狮之呷毕等物暂交市府保管，再行登报招领，以儆奸究，而恤弱侨云云。

---

① "力"应为"叻"，下文同。

29. 《南洋归侨视潮汕为畏途，海关职员骚扰厘捐，稽查面目狰狞，挑夫艇子蛮横，土豪劣绅交相鱼肉》

（汕头通讯）萧佛成回粤，对广东侨委会及华侨回国代表甚为关心，侨委会特函问汕头南洋华侨互助社，询问潮汕归侨状况，互助社即将南洋归国华侨在潮汕途中及居乡所受之惨苦状况，据实报告（上略）：

一、海关职员之骚扰。查海关职员之违章滥扰归侨，由来久矣，自经汕头华侨互助社迭次呈控后，撤换职员多次，其恶渐杀，然日久玩生，仍时有违法苛扰事件发生。本社迭据归侨呈诉，月有数起。

二、各种厘捐稽查之骚扰。海关之外，尚有各种厘捐税局稽查，满布汕头沿岸，三五成群，以千百计，及海面轮船抵岸，此辈蜂拥而上，或拦阻去路翻箱倒筐，任意剥夺，一罐之微，一衣之细，均被取去。由船至岸经过十余种稽查，海关认为免税者，各税局稽查，必认为走私而没收之，甚至没收后，再拘押处罚，归侨如带有零星物件，无一幸免，且为犯罪之媒介。现汕华侨互助社，专租小电轮两只以接待华侨，而代为交涉，一面呈请广东侨委会取缔。

三、挑夫艇仔之横蛮。归侨自上岸而至内地，至少经过二重以上之挑夫艇仔霸勒，虽失业贫侨，亦难幸免，此事自经互助社迭呈政府取缔后，在汕头方面已组织挑运工会，颇能遵章革弊，然内地各埠，犹横行如昔。

四、客栈店伙及水客串骗，客栈劣伙与一般水客，以华侨久居外方，未熟国情，乘机欺诈勒索，受害者每以十年血汗，一担拆骗至净尽，甚有至自杀者。此种现象，非由钧会切实调查，加以保护不可。

五、土豪、劣绅、地痞、讼棍、土匪交相鱼肉。华侨久居外国，初归梓里，不明新颁之政治法令违禁及应负新义务捐抽种种，政治常识，既未习见，势力自亦薄弱。由是地方上，土劣、地痞、讼棍及土匪等，遂得交相鱼肉，恣所欲为。凡岭东归国华侨，无一能幸免此种痛苦，至被害者，轻则破财人安，重则财破人危，卒至侨胞相顾不敢归国，情愿老死异帮，宁不痛心。

以上为汕头南洋华侨互助社之报告，足见岭梅今日政治之一斑矣。

（《南洋商报》，1935 年 12 月 11 日第 12 版）

30. 《荷属限制入口货后，星洲中西商会代表举行联席会议，考虑向政府提出应付办法，俾政府与荷属政府交涉》

荷属政府，于数月前曾宣布限制金器类物入口，并定有每年准许入口之数量，华侨认此限令对华人打击甚大，后乃请星洲中华总商会设法。星洲中华总商会乃召集特别会议，议决派代表与星洲西商会代表，举行联合会议，目的在获取一致之行动，然后派代表谒见政府，约在二月前，两商会乃举行联席会议，惟会中发生之困难点，即事实上，明知星洲与荷属之贸易，经荷属之限令后，将大受损失，惜然未有证明此种事实之统计。

但此事之解答，甚为简单，即在平时，一般水客之带货，初在星洲购货，认为私人之行旅，其享受优待之载费，至荷属时，卖之商人，通过此种货物占船上货物之三十巴仙，但实行上述限令，水客有带货，须有入口证，否则不准上述之带货。

据闻实行此限令后，因入口执照之关系，受益者为荷人或在荷属有总店或支店之欧人商人，华人商店，则未受其益，因之星洲华商，凡以货物运至荷属商店者，受打击甚大，其营业之数，计减少一半。

闻荷属华店商，从前购货可得赊欠，现在则多不能。

是荷属限令后，星洲所受之贸易损失甚大，虽未有统计之数，然其事实，确乃如此。

闻中华总商会代表与西商人之代表，现复举行联席会议，考虑以何种办法而提交政府采纳等问题，闻有人提议，海峡殖民地政府与荷属政府谈判，对荷属限制海峡殖民地运至荷属之货物，分定其准入口之数量，其量书明于全年准入口之执照上，海峡殖民地政府得此标准入口之量后，分给与海峡殖民地之上述货物出口商，然此议此种种之困难，此议是否行之妥善，又属疑问云。

（《南洋商报》，1935年12月15日第6版）

31.《侨民不可不知之常识，马六甲邮电机关概况，全甲有电话机三百九十二号，邮局收发信件规定准确时间，邮筒十三按时投寄比较快捷》

本报驻甲记者双环（十二月廿三日）　华人侨居马六甲远在三百年以前，在昔科学尚未昌明时代，交通阻梗，离乡别井者，片帆飘洋，死生未卜，幸而无恙，安抵目的地。但去国万里，云海渺茫，不要说一年一度，或三年一度，回乡省亲探友，就是家书来往，以通情愫而慰离怀，也很困难，所借以沟通些少消息者专靠水客。所谓水客者，专门为华侨带信寄款之人也，一年来往一次或两次不定，寄信者至少应托寄数元（水客要赚些汇水，譬如叻币一元，回乡后交大洋一元，可以赚得数角，现在经改变办法），在咖啡店内，面托一切，有的要另外送顺风银一两元。总计寄一封家信，至少要费两三块钱，妥当不妥当，还是另一个问题，迨水客重来时，争先恐后的询问家况乡情，家书值万金，接到一封长不满两寸阔仅一寸略而不详的家信，便得了无限的安慰，至于水客所说的话，多是空洞而不切实的，因为水客受了多数人的委托，交款后，讨了回信，便算完事，那能一一询问其详细，即一一询问其详细，也记不了许多，多数口头上的话是：家内大小平安，望你要时时寄批回去。这样的隔膜，这样的不方便。际兹交通快捷的时代，回忆起来，真不胜有今昔之感。现在水上有轮船，陆上有车辆，空中有飞机，电报可通全世界，邮信交通万国，电话可以通全马来亚，以至南洋各地，银行信局汇寄款项，百无一失，寄信回闽粤两省者，来回至多仅需一月，电报则朝发夕到，何等快捷，何等利便。但邮局的章程怎样，通电的代价若干，吾人不可不明了。记者写这篇马六甲邮电机关概况，便是欲使同侨之阅报者，明了其组织、邮程、电费、收发信件时间等等。虽然邮电章程，马来亚各地均系一样，但吾侨知之者甚寡，至于马六甲邮政局之组织状况，收发信件之时间，各重要政府机关之电话号码等等，明了一切者更少，因此，记者不惮麻烦，经数日调查访问的时间，草成此篇通讯，在通讯里面分为邮信、电报、电话三项而详述之。

兹先述邮信：马六甲邮政总局在大钟楼附近，开创至今，约有六十年的历史。局内设有正副监督两位（现在正监督系英人，副监督系亚洲籍人），在监督隶属下分汇兑、储蓄、包裹、挂号信、邮信、会计等六部。汇兑部职员两位，储蓄部职员也是两位，两部合设一主任。挂号信部职员两位，邮信部职员七位，包裹部职员两位，三部合设一主任。会计部主任职员各一位，邮信部内七位职员，三位系中国人，两位系印度人，葡萄牙人与马来亚人各一位，其工作系检阅信件而分配之，华文、英文、马来文、吉宁文等，均能辨别而妥递，倘有不识的文字如德文、俄文等，则寄往星洲总局翻译之。邮差十五名（内有六名系送电报者），三名系中国人，九名系马来人，三名系吉宁人，送电报的邮差六名，各备有自由车，九名马来邮差中有五名驾自由车者，三名吉宁邮差中有一名驾自由车者，专司送信至距市区较远的地方（两英里内），其余邮差均系步行。职工月薪分为特别至多二百六十元，一等至多二百一十元，二等至多一百六十元，三等至多九十五元。正监督月薪由四百四十元至九百四十元，副监督月薪至多四百四十元。信件分配员月薪五十元，一等邮差月薪三十元，二等邮差月薪廿七元，三等邮差月薪廿二元。办公时间，早晨八时至下午六时止（电报局办公时间与邮局同），每逢星期日，信件只有收入，而无发出，分寄各地信件的时间在下午三时半至四时半。甲属归申亚律牙也两区，设有分局，其他各地或设有分局，或设信箱，市区两英里内共有邮箱十三个，启箱收信时间，规定早晨七点一十五分钟，中午十二点四十五分钟，下午五点。火车站的邮箱则早晨一次提早十五分钟（准七点），下午多启一次，时间两点。每逢公共假期，上午八时至七时（原文如此）为收发信件时间，下午有发无收（电报则下午四时至五时为收发时间）。耶稣圣诞日，除收发英京的邮信外，其他各地的邮信，完全停止收发。平时各地邮信收集后，由分配员分配与邮差，邮差每天出发送信两次，上午八时三十分，下午二时。市区以外各地比较慢些，设有信箱者，则比较早三四十分钟，早上七点半，下午一时四十五分钟，便可收到邮信，而且下午六时三十分，可以多收到吉隆坡方面寄发的邮信一次。据最近调查，总局每日收入寄往各地的信件约五千余封，各地寄来的信件约七千余封，耶稣圣诞节及新年前后几天，因邮寄礼束，信件比较增多。

邮资规定：举凡三州府、四州府、柔佛、吉礁、吉宁丹、丁加奴、北慕娘、沙拉越、巫罗乃等处，封口信件每封未超过一英两者，贴邮票五分，加一英两则增加一占，波士卡丹面的两占，复片的四占。在本坡出版的报纸及印刷品，每件未超过五英两者，贴邮票两占，过量则加两占。广告样本，未超过十英两者，每件贴邮票一角二占，过量则每两英两加两占。包裹未超过三磅者，贴邮票三角，三磅至七磅，则贴邮票五角，七磅至十一磅，则贴邮票七角，十一磅至廿一磅，贴邮票一元一角，廿一磅以上，过量不收。寄往属外的普通信，每封贴邮票一角二占，挂号信每封比普通信加一角五占。邮程多数由火车运寄，寄往属外信件，运出星洲分配之。寄往柔佛属麻坡及属内野申等处信件，则由汽车配寄。汽车每年投票一次，以最低的运费由出税车的车夫运载之。寄往星洲及槟城两处的信件，倘准定时间付邮，越宿即到，寄吉隆坡属内各地信件，则朝发夕到，投寄快捷，邮费轻微，比之昔时，所谓地北南天，鱼沉雁杳者，不可同日而语矣。

其次，说到电报。马六甲之有电报，约在一千八百八十三年间，距今已有五十余年的历史，电报局设在邮政局的楼上，受邮政局总监督之直辖，内部的组织，有总机师一位，系英人任之，有高级练习生五人，二位系华人，三位系吉宁人，有下级练习生四人，均系马来亚人。分派电讯者六名，工人分为两种，一种系固定的，约有十名，一种系临时募雇的，额数无限定。盖苟遇狂风大雨，电杆毁断，于短促时间内，欲恢复交通原状，非加雇工人，实难敏捷竣事也。电费规定，拍发电报者，至低以十字起码计算（虽仅拍三字五字，亦以十字计算），快电每字八占，十字八角，每加一字则加八占。普通电每字四占，十字四角，每加一字则加四占，字数无量，电费照计。此亦吾人不可不知之常识也。

第三，说到电话。电话总枢纽，也设在邮政局楼上，有接线生十二名，四名系男子，八名系女子。日间由女子任之，夜间由男子任之。周年日夜无间断，可以与全马来亚及荷属各地通电。欲安设电话机，应缴按柜金十元，上期金三十元（与外坡通话者加十元），订约时贴十单二角五占，每月缴常费十元，可以自由与市区内各设有电话的商户通话，惟与属市区之外六英里各地通话者，每次三分钟收费一角，晚上七时起至六时止，每次通话得延长时间三分钟。与属外各地通话者，星洲每次三分钟收费一元，吉隆坡每次三分钟收费一角（其余从略），晚上七时起至九时，减收半费，九时至黎明六时，收费三分之一。超过三分钟之时间者，按时涨价，新加坡吉隆坡与本坡等大都市，尚沿用旧式电话机，惟蔴属双勾马底小小市镇，竟改设有新式的自动机，亦奇矣。

（《南洋商报》，1935 年 12 月 27 日第 9 版）

32.《大可注意之水客行业专引诱年青妇女南来，然后追索川资迫良为娼，一大家婢女因此卖身三年，张亚玉闻水客言卖田离乡，应亟谋设法制止，不然将来不堪设想》

我国人民，侨居南洋，多至数百万，我移民历史，其详尽不可考，然不外乎于明末为最。因当时人民不愿降清，相率逃亡海外，南洋群岛距离我国较近，于是渡海南来，散布各处。在昔黄金时代，来者多能衣锦还乡，满载而归，遂令南来日多，经之营之，占不少之势力。大商贾、大矿商、银行家及实业家等，我国均有一席位。降及近年，世界不景，南洋一带，亦难免遭打击。在英属之当地政府，为避免失业严重计，特命令限制外侨入境，仅限男性，女性却不在此限。盖女性向来入境须经华民政务司之问话，稍有可疑，除可以盘问之外，尚须有相当之人担保或承认，方得释放。及至近顷，人数之来，因地方上种种情形，遂渐恢复。限制男子亦较前为宽，由三个月一千人增至四千人。近查由中国来者，女者多于男，如择船由中国通商口岸抵吻，搭客之中，（大舱客）有之七十系女性，男子仅占三十，其原因颇为复什，且其中不少黑幕。记者特将其内容，详细调查，志之如下，俾各界得明如揖（缉）拿，将来可设法制止此种轨外行动。记者之所以调查此事，系由日前在警三庭被控有拐诱妇女南来当娼之陈亚好一案。该案之原告暴露一般七十岛之计划，回国物色年青之女子，伪称：南洋尚在黄金时代，觅寻职业，异常容易，入息既丰，不久即可满载。及抵吻后，即迫之操神女生涯，迫良为娼，确属可恨。至于若辈之肯大批远涉南来，实由我国连年惨遭兵灾人祸，民不聊生，农村破产几无立锥之地，于是一般丧尽天良之水客，乘机进以花言巧语，谓南洋各处不景气早已恢复黄金时代，既在家乡难以栖身，盍往南洋一行，如竞得保姆之职，每月薪水二十余元，平常佣妇，亦可得二十元左右，倘寄家乡，每月总有三十余元。修身在家乡，亦难得有此种之入息，不及数年，便可回乡，安享余年，可谓一劳永逸。如斯甜蜜言词，焉有不足打动无智识之乡间妇女？然虽信其言，苦无盘费，于是将所有之业产，典屋卖田，随水客南来。既至，下榻于破舍，手续清楚后，水客开出代支之款，被诱来者，除尽与所有，尚不敷若干，水客恐吓迫之，若辈举目无亲，彷徨无策，只得任水客为所欲为遭侮辱或被买入内地（即小埠），迫至操迎送惨剧。

跨国金融与侨乡变迁：民国时期华南地区水客史料汇编

堕入火坑，欲说离此惨景，已属难乎其难。月间有一年青妇人，被水客（女性）带来南洋，称抵步（埠）之后，便为代觅职业。讵知抵叻之后，不但职业无着，且向伊追迫船票等费叻银一百二十元，当在旅社，被种种辱骂，为居邻母女二人（鸨母之流）所闻，问起缘由，记忆一百二十元与水客，却要该青年妇帮其三年（即卖身为娼三年，期满方得随时从良），该妇出于无奈，从之。未几同赴吉隆坡，实行接客。据云该妇，现年仅二十岁左右，素色极佳，原为羊城某大家之婢女，俗称系大家妹仔，因与人私，被主人所逐，巧逢该水客，乃至遭如上述之苦境云。又有一宗更令人闻之酸鼻。事缘前月三日（废历初十日）美中美轮船抵叻，其中有一女搭客，系粤之××县××乡人，姓张名亚玉，年廿八岁，其夫黄姓，生有三子，长子黄欢，年七岁，次子黄炳，年五岁，三子黄康，方一岁。此外尚有老母一位，年已七十。家道中落，不幸去岁黄一病不起，竟至永逝。自是益为困难，张遂有意赴广州觅职业，以养家姑及三子。适乡间有一女水客，探得其情形，前往说之，谓南洋之保姆薪水甚高（因张氏尚有奶），每月最低限度，亦有二十余元，汇水又高，盍前往一行，每月勤俭，寄汇家乡，虽不能丰衣足食，无论如何环境，自能较有希望，死守家乡，总非善后云。张氏为斯言打动，即典家中之薄田，留三子与家姑在乡，只身与水客南渡。抵叻后，住于××旅店数天，然后迁至住家，职业觅不得，水客又迫索欠款（据称系代还南来费用），知已上当，曾往××会馆数次，求见总理，体念同乡之情，予以一助，无奈总理不常到会，只得空回。复闻本坡某慈善家，乐善好施，即至其店跪拜哀求，亦不可得。嗣后曾至某旅店，有怜之者发起捐助，得四十余元，原订本月八日乘吉生轮船返国，款则寄在买办处，不审如何，事前数日张氏与一老妪至旅店称不欲返矣，如无职业，静待一年半载亦不打紧。语毕，遍谢允捐助者而去，自是不复见矣，……在记者所探悉，已有上述二起，其他更不知若干。似此风一长，使人母子分离，夫妇西东，谁无夫妇，谁无子女，社会前途风俗人心，将不知伊于胡底。此实值得我侨注意之严重问题，凡我侨团，其有以筹思补救云。

（《南洋商报》，1936 年 4 月 11 日第 5 版）

33. 《星洲东安会馆严密调查，救得两苦命少妇，特派朱广明护送返乡，该会呈请县政府设法取缔》

本报于今年四月十一日曾刊载大可注意之水客行业，专为引诱年青妇女南来迫之当娼，因年来国内农村破产，乡间妇女觅食维艰，狡者遂乘此弱点，诱之甘言，说曾出洋寻求生活，职业之寻求如何之易如反掌，入息如何之多，若辈且允代垫水脚（川资）俟觅得工作后，陆续付还。讵一抵埠，即迫其清还，且施以威吓手段，否则勒令作神女生涯，无知之妇女堕其阱中者，不知凡几。其中有一东莞县人之张亚玉，在家乡卖身离乡，事为抱不平者发起捐助，岂知受水客之再吓，竟不知去向。又有另一小家壁（碧）玉被拐南来，被迫至卖身三年为娼以偿还川资，自此消息发表后，各会馆即着手调查。东安会馆为其中之一，结果从火坑救出李黄二口，事因若辈醒觉尚早，奔赴该邑（东莞）人所设之东安会馆求援，已由该会馆派员朱康明护送回籍，同时函请该县政府，晓喻各区乡劝导各妇女，免为所愚，朱氏抵香港后，即求东莞商会予以指导，其致东莞县长之函如下：

呈为呈请取缔妇女出口严办区中水客，以顺邑誉而维风化事：

窃查我国自农村破产，生活程度增高，我邑妇女为谋生计，遂纷纷向海外谋生，因而复遭水客之蒙蔽，致陷入火坑者，不知凡几。复遇当地政府宣布限制华人入口，一般水客利用时机，为谋私囊饱满，致不惜我邑妇女之露丑，大肆其巧言，骗携妇女出口，致贻笑外人，诚堪痛心者也。考水客之出此，厥有因焉，缘在香港购买票，每一水客购女票四张，即可购一男票。得此男票，遂高价出售值港币一百多元，而船行发售男票价二十余元，水客以百元多售诸男客，每票可获六七十元，倘得多数女票，则其荷包肿涨，不想可知。具此缘由，遂凭三寸之舌，大放其词，声言该埠为黄金之国，一经抵此，不患不发巨财。以无知妇女，宁不受其所愚耶，讵知甫抵埠头，即中其毒计，无法可以摆脱耳。彼等水客，旋串谋抹煞良心之鸨母，出其灵活之手段，迫其为娼。水客方面则大发其财，这种妇女遂操神女生涯，永陷火坑矣。现查我邑妇女因中其计出而为娼者，经有千余。以时届黄昏，街头巷尾，一种揽客之声，闻之发指，言之痛心。假我掌持县政府者，闻之不知发生若何感想，我等屡欲呈请贵府维持，苦无实证。兹幸有我邑妇女李娇、黄福两女士，因受水客愚弄，被迫为娼，彼等不甘，亲到敝会："声请援助，使其返乡，得与家人团聚"等语。据此报告已得确实证据，即表决以助其返乡一切用费，并特派不惜金钱维护邑侨之朱君康明，携同李、黄两女士，亲诣贵府将经过情形，详细呈告。其他应办事情，亦请朱君面陈，维希系念下情，顾全该邑，设法制止，以免丑声远播，不独邑侨之幸，亦即掌持邑政之荣。果任其所为，不以从严惩办，难免来者众，将何以维风化，以平邑侨之愤事。

　　谨呈
东莞县长邓

星加坡东安会馆临时整理委员会常务员谢应森云

（《南洋商报》，1936年6月8日第7版）

34.《此风胡可长：可恶的水客！又来一套好把戏，拐诱中山县李氏妇南来，同侨应起曲突徙薪》

迩来关于拐骗之事，叠有所闻。而尤以水客拐骗无知妇女南来黑幕，自经本报揭露后，社会哗然，国内外华侨，均极注意。而我国尤其是华南各县，已对此特别注意，并尽在可能范围内，设法取缔，注意社会情形者，当不能否认者。昨记者又探悉一中山县籍妙龄少妇亦遭水客骗来，说至南洋寻食，易如反掌，入息之多，有意想不到者。然该少妇在家乡亦遭遇不佳，遂使该水客易于入手，兹将所探悉志于下：该少妇李氏姑隐其名，年二十岁左右，家乡系中山县，附近顺德，故有顺德县不落家（不落家，乃顺德县独有之陋俗，嫁夫之后，不住夫家，其久由四五年，以至十年八年不等）之风。少妇李氏本小家璧玉故得受教育六七年，据云已达中等程度，数年前失怙，家道中落。寡母将伊嫁于乡下农夫，因农村生活不惯，坚不肯落家，痛哭者几不知若干次，其母亦无如之何。该李氏以谓彩凤随鸦毫无人生乐趣，当日前佯称有事赴广州省亲，其母许之，讵知抵羊城后，便遭水客引诱赴港，由港来叻。约十日前抵叻，因问话维难，暂住于某客栈，住下五天，至前数日方由妥当者担保出栈，该担保者称，系所谓其兄□，以代其工作数月为条件。李氏在此歧途，只得应允，呜呼水客之害人，使无知者遭离乡别井，夫妇不能团圆，其心可谓恶极。然曲突徙薪，为最妙之法，勿以焦头烂额者，乃尊为上宾，同侨视此，为国家之尊严计，为社会之安宁计，为氏族之存在计，应为杜绝此风，不可任使漫长，应起而防患未然，达到万全之计。民族之体面，有所赖也。

（《南洋商报》，1936 年 6 月 22 日第 7 版）

35.《广东江门侨务处为利便归国华侨特发表华侨须知，搭船须填报关单登岸须防受骗，该处每日派员赴码头招待指导》

归国华侨，因国内之情形时有变迁，对于携归之物品，或遭关卡人员所留难，同时亦有出国日久，人地生疏，往往受冒认亲属之歹徒所骗，致归不得，广东侨务委员会江门侨务处，为此特发表华侨须知，祈归国或将归国之华侨注意及之，以免吃亏，兹录之如下：

广东侨务委员会之组织，系为保护归国华侨、教育华侨、救济归侨等事而设，并以五邑人民，旅外较多，故特设立江门侨务处，就近办理侨务事项，借收指臂之效，兹将归国华侨应注意数点，列举于下，希为留意焉：（一）凡属归国华侨，如在港或在轮，遇有水客巡马，或船上带客，请求代认物件，以图瞒税者，切不可代为承认，免受牵累；（二）凡属归侨，如在港搭轮回乡，必须将随带衣箱行李物件，及从何埠回国，填明报关单内，以备关员检查时，将单呈报；（三）凡属归侨，如携带品物过多，必须纳税者，但缴税之后，应将税单收据收藏，切勿遗失，以备经过别处关卡时，以作完税之明证；（四）凡属归侨于船泊岸时，在于码头，倘遇有素不相识之人，或有冒认亲属到来船者，切不可与其交谈，以免受骗；（五）本处每日必有职员派赴码头，招待华侨，如归国华（侨），有不明白之事情，可向本处职员词问当必予以指导。

（《南洋商报》，1936 年 7 月 2 日第 7 版）

36.《星洲当局严厉取缔水客：拐骗少妇南来声中，复发现乡妇被骗，先则破坏其贞操继拟鬻之为娼，幸妇醒悟逃出虎穴眠睡大地上，被控于警庭时才向法官哭诉如上述》

粤籍少女林二银（东莞籍人），年方十八岁，但形容憔悴，弱不禁风。于昨日突遭本坡华探一四〇号押到本坡警三庭入控，指控其于本月十五日晚八时半，在本坡哥鲁民街骑楼下，以大自然之地面，作为床位以睡觉，实有违当地警律。过堂时被告直认其罪，并向法官苦诉，谓彼系一无知乡女，年方十八岁，在日前于国内被水客甘言蜜语，诱拐来星洲，于废历五月初九日（去月二十六日）抵叻，寓于本坡近郊地方，曾被水客逼污其身，破其贞操，更复天良泯灭，拟卖彼为娼，彼实不甘。现该水客早已逃匿别处，伊于千艰万难之下，从由所寄寓之山巴逃出，但以人地生疏，人海茫茫之下，俨若无家可归之身，甚而亦不识归途云云。法官亚力山打沃氏聆毕，以案中情形，诸多蹊跷，实有追究之必要，乃谕将案移交本坡华民政务司署调查，或遣送该少女返还中国原籍，故结果法官乃将案展期今日续讯云。

（《南洋商报》，1936 年 7 月 17 日第 8 版）

37.《峇株巴辖一粤妇南来，被水客拐卖为妓，花丛之中，夫妻庆相遇，其夫悲愤填胸，已请当局缉拿匪徒，鸨母已闻风畏罪远飏》

（本报驻峇记者甫十月四日）日昨峇株巴辖发生一宗光怪陆离而值得行会注意之拐卖案。缘有粤人李某之妻，乃一贤慧之妇女，因与夫离别甚久，近乃南来寻夫。在船中结识一水客，该妇以为该水客系一善良之人，船次曾将其南来动机对该水客说及。该水客自认系其夫之好友，自告奋勇谓抵新嘉坡后愿带之往寻其夫，该妇遂奉之若圣人。及抵新嘉坡，该水客遂带妇至一旅店居住，问话手续妥当后，遂带一男性大汉抵旅店对该妇曰："此君即你夫之好朋友，彼明日将带你往峇株巴辖找寻你夫。"妇不以为意，岂料此来即被该大汉以二百五十元之代价售于一鸨母，在此间伊士马寅街一日人旅店强迫其操神女生涯，妇自投罗网后悲痛欲绝。事有凑巧，某日李某晚膳后行经伊士马寅街瞥见该妇于旅店中，观其面貌举止皆像其妻，心遂闷闷不安，但因离别十多年，恐人有相似，物有相同，且为名誉关系，故不敢上前问其究竟。随后乃改装易服，假扮嫖客，抵该旅店登楼开房谈心，始该妇不敢以真名道出，竟改名换姓为姓余名胜，李以其所说之姓名与其妻之姓名不同，惟听其说话声音，则常有一些其乡间之声音，乃进一步与之认为乡亲，并叩询其乡间情形，彼能对答如流。至是李某乃知其余姓名胜乃是假名，随将其真姓名说出，并询问该妇曰："你还认得我否？"妇曰："认得一些。"说至此即放声大哭。其夫以己妻遭此蹂躏不禁悲愤填胸，带妇归家询明其被诱经过，随即往报警局，请求设法缉拿主动人。以巨款买来欲作摇钱树之鸨母，经已畏罪远飏。此事传出后，记者曾亲往访晤事主，询问经过情形如上述。至该妇之被诱经过，记者今日将访问该妇人叩询一切。另详载于本报，借以揭穿一般可恶之水客，诱带良家妇女南来变卖之伎俩也云。

（《南洋商报》，1936 年 10 月 5 日第 12 版）

38.《我侨领取"归侨行李证明书"者：须提前呈交照片　庶免局促稽延致误行，我国驻星总领事馆之通告》

我国驻星总领事馆奉侨委会令代发"归侨行李证明书"，至今，业既二三阅月，在过去期间，向该总领事馆领取该项证明书者，每周仅二三起，及至最近，向领者日众，该驻星总领事馆特于昨日，发出通告：通令向领行李证明书者，须于事先一二日，携一半身相片，提前向领，庶免耽误云云。查按照令行领取行李证明书手续，为（一）于一二日先，携一半身照片向领；（二）向领时须向总领事馆索取"华侨归国行李证明书请求书"格式纸，该纸索到后，即依该项格式，一一填写；（三）将该填好格式纸向总领事馆请发行李证明书。

兹录领馆通告如下：

领馆通告

为通告事：案本馆奉侨务委员会训令代发海外华侨归国携带行李物品证明书，不收费用，以谋华侨利益，前经布告在案。迩来来馆请领该项证明者日见众多，若于临行时来馆领取，诚恐人多拥挤，不及缮发，为此特行通告，嗣后凡本馆辖境即本坡及柔佛、丁加奴、吉宁丹、马六甲地方侨众归国拟领是项证明者，务须先一二日携带相片一张来馆领取，以免致误为要，此布。

驻新嘉坡总领事馆

中华民国二十五年十一、三日

附"华侨归国行李证明书"请求书填写格式如下：

（华侨归国行李证明请求书）

侨民×××准于×年×月×日乘×××公司××轮由××登岸，回国兹填记行李件数于下，即请发给证明书，俾沿途关卡得以便利为荷。

中华民国×年×月×日

姓名

性别

年岁

籍贯

职业

眷属

迁居地

侨居年数

行李 件数 内藏新物品名称 件数

…… …… …………………… ……

…… …… …………………… ……

…… …… …………………… ……

合计

又录归侨行李证明书摘要说明如下：（归侨行李证明书摘要说明）

一，此证明书限用一次，抵达国境，经海关查验后，由海关涂销之。

二，归侨携带行李物品，只限自用及家用，不得代水客或别人附带货物，致（至）于税率（律），如不遵关章，匿藏违禁物品者，查出依法究办。

三，此证书填发后，有效期三月，过期无效。

四，此证明书归国后用毕，经海关涂销后，由该归侨将此证书巡寄南京侨委会缴销。

我国海关对归侨行李免税办法：归侨由外国入境，所带自用及家用物品，如衣服桌布、家具、瓷器缝纫机、打字机等，如系用过一年以上，在外国时，即为本人所有，其品量与价值均确与其身份相当，且将继续自用并非卖品及代人携带者，经海关审查认可准予免税，但汽车、摩托单车、脚踏车、摩托游船、钢琴、无线电机及牙医生之器具等，虽系自用，亦须照章纳税。

（《南洋商报》，1936年11月4日第5版）

39.《国内生活苦，传说南洋好景来，潮梅汀龙人士争出国，汕头客多无票行不得，客栈乘机抬高票价至一百二十元》

（汕讯）欧洲各国积极备战，南洋出产之胶锡涨价后，各埠华侨商业入口有蓬勃转机之气象。查民国廿五年度，各华侨由各埠汇回潮梅安家之款，突增至六千万元以上。因为粤省统一，大局安定，地方秩序日佳，颇能撩起华侨内向之心，颇多汇款回乡买田置业，或以经济力协助故乡作种种建设新事业，大有其人焉。同时或托水客到原乡招工出洋，或亲自回乡，携带子弟眷属往洋者，亦与日俱增，船票价格，求过于供为之大涨。英属马来亚，为锡矿树胶出产之区，各矿场胶园主人，多系潮梅人士。以前因物产落价而停工，直至去岁，各园厂大多数恢复旧观，所需男女职工至多，男工在矿区做工，每日可得工值一元二角至一元八角之巨，女工每日亦可获四角至八角。自前星币汇水高涨，每元值大洋一元八角左右，故去春迄今，从汕头往星洲做工者，异常拥挤。

客多票少票价昂

星洲政府颁有限制新客入境名额，每月只许华工五千名入境，老客（有居留纸者）及妇童，则不在限制之列。此时新客出洋者既多，合海口香港汕头厦门四埠每月只有五千票额，各轮公司，照额分配给各客栈。客栈遂利用时机，高抬新客票价，原价每位四十五元者（大舱位）被提高至一百二十元，各客犹不易获得。议定每一位新客，如欲购票者，必须偕同有老客或妇孺等四人，始能向客栈分润得一张票。故去岁汕头曾发生过大批偷渡出洋案，及伪造老客居留纸的案件，即此足见潮梅人民，渴望南渡之一斑矣。去年经汕出洋人士，达十二万人，若非各国有种种限制提高入境税，及旅费船票高贵，则出洋谋生者，当倍于此数。今冬，各县来汕候轮者日增，各客栈大有人满之患，有候数星期，仍不得船票者，厦门、诏安、闽南及东江赣边各县，来汕候轮者，常在五千人以上。客栈同安公会，已分函厦门各处，在旧历年关内，勿再配运新客来汕，各帮客栈议决划一客票价目，免一般无力贫侨，在汕头旅途中栖迟，望洋兴叹。其所议定价格，新客船票每张六十四元，老客四十五元，妇女小童四十七元，同业中如有增跌，每名处罚大洋一十元，七成赏线人，三成归同业会。预料今年出洋人士，必比去年更为挤拥，侨务处因潮梅方面每年出洋人士至多，特颁出国许可证，防工人在海外失业苦病。

领取出国许可证

广东侨务处发给工人出国许可证暂行手续，颁发如下：（一）领证人应携带随最近正面半身四寸软胶纸相片二张，报到发证处接洽问话，并填写请领工人出国许可证事项表，以凭核办；（二）领证人须由本市华侨团体或商店出具保证书；（三）领证人所具之保证书，由本处派员调查，如属殷实，并无障碍者，方得发证；（四）妇女及二十岁以下或十六岁以上之男子请求发证，除照第二项办理外，另须由领证人之原籍地方团体具出保证明（该证明书须附有领证人最近正面半身四寸软胶纸相片加骑缝印，证明书内应填明姓名、籍贯、年岁、出国工作事由及所赴地点），以防诱拐及其他情弊。

（《南洋商报》，1937 年 1 月 16 日第 11 版）

40.《本坡潮州八邑会馆复函汕市长条陈护侨意见：检验费应取消，规定一律票价，馈赠物品应免税，取缔各员警勒索》

日前，汕头市长来文本坡潮州八邑会馆，征求护侨意见，兹该会馆业于昨日复文，条陈各事，合为转录如后，借见一斑：

径启者：

案准贵府去年十一月公函开："本府负有办理侨务一部分责任，对于侨胞出国一切手续，如何予以充分便利及帮助办理实业，自应妥筹办法，以期毋负侨胞关怀祖国之至意，兹为集思广益起见，用将应予设法改善数项，分函海内外各华侨团体，共同研究，参酌施行事由。"准此，尤见贵府对于侨胞，具极关怀，殊深景佩，兹依所列应予改善数项，略刍愚见，撮要如下：

出国签发旧照及检疫与查验放行单，有无苛扰，如何改善，检疫所征收之检验费，自实行以来，海内外侨团，即群起反对，增重华侨负担，为华侨所不满，已可概见。查检验费原规定征收一元，然据由国内来星之侨胞谈，汕头客栈征收检验费有至一元二角五分者，任意加收，有如落井投石，举一足以例百。至于查验放行单，用意虽善，惟难免涉于叠床架屋之烦，尽难执有该单，仍须经潮海关之查验故也。

改善办法

（一）检验费应□予取消，否则亦须减至最低数额；既有经过潮海关之检查，可无须多一方填写行李之繁复手续。

（二）星槟新客船票价，每为客栈抬高，以偿旧客票价，每一新客船票，兑至一百余元，较之旧客票价，超出一倍有奇，显系汕头客栈，故抬高价，借取厚利。兹当地政府，自本年二月份起，每月增放华工入口一千名，合前额为五千名，对于新客票价之降低，更属需要，办法应由贵府规定一律票价，再奖励告发客栈违法抬高票价，一经查获即将该违法客栈，停止营业，并查办负责人员，如能严厉执行出国华侨，庶可稍轻负担。

（三）华侨回国行李检查，应如何改善及防止走私。馈赠品物应一律免税，华侨出国有年，一旦言旋，海外亲友馈赠及购备自用品物，即所必有，此等物品，既非牟利之商品，自应一律免税，不得任意充公。改善办法，应托由海外各地正当团体，发给回国华侨明片或行李证，凡携有该证之华侨，关员应勿苛查，华侨回国而走私者，可谓绝无仅有，至水客走私目的，既在求利，货品自属繁多，不难辨别，如查获确系贸易品，即科以重罚，或予以没收，彼辈无利可图，则不防戢矣。

（四）华侨回国，应如何保护，并带助其兴办工商实业，鼓励华侨回国兴办工商业之明文，数见不鲜。而华侨仍迟迟不前者，盖事实适得其反，不敢轻于投资，故保护华侨及帮助华侨兴办工商实业，务求实际，不尚空谈，方克有济。

严禁勒索

（一）对待归侨，应废除旧衙门式之派头，并严厉取缔各机关员警之苛索，给予种种便利，则不自来矣；（二）设华侨咨询处以备归侨之询问，如遇归侨有事件请问时，应立即详为解答；（三）归侨所兴办之工商实业，应永远为之保护，不可朝立夕变，遭受损失，而使其呈灰心；（四）遇有贫侨返国时，应资送其回归梓里，再则华侨寄居外人法治之居留地日久，对于苛细情事，皆足使其望而生畏，故凡繁复之秕政，应尽量废除，借坚华侨内向之心。

以上所列各条，随手握拾，庞察无序，聊贡刍荛，以资参考尔，嗣后贵府对于侨务如何设施，尚希时惠消息，俾得转告同侨，至所企盼。

此致

汕头市市长黄

新嘉坡潮州八邑会馆

廿六，一，十二

（《南洋商报》，1937 年 1 月 20 日第 6 版）

---

41. 《由汕往暹千余搭客在汕反对检疫所缴验像片，风潮发生后秩序大乱，官警亦无法维持，该所偕英医官下轮种痘，数十人被扣留》

（三日汕讯）夏利南、贵阳等轮依期回应于三月二日离汕，开往暹罗，乃临时以检查手续尚未完竣，直至三日始能出口。此中经过，曲折殊多，兹请一为我侨胞告。自海港检疫所成立以来，凡有措施，多遭此间侨团之反对，而经其检验给证至暹之华侨，被暹政府认为有目瘢病，连帮均有配回一事，尤予地方人士以该所虚设之感。三月一日该所实行侨民出国须缴本人像片二张后，侨团反对益力，酝酿复酝酿，至二日潮风乃告勃发。查二日开暹轮帮为夏利南与贵阳，人数多至千余，应缴相片之例既始于三月一日，侨民多不之知，客栈因未同情此举，亦故意不予□料。检疫所对未缴像片者，一律不予种痘，因之跑（呴）哮凌乱，秩序至为不安。华侨互助社、旅业公会，乃派定代表至所请求撤销□相，该所未允。一部份搭客，以船将开行，多不愿听旅业客栈之指示，自行登轮。华侨社等代表请求无效后，乃分赴市府公安局、侨务局请予维持，以事属卫生行政，且非直属机关，请求结果亦未见佳，仅由侨务局将缴验相片加重侨民负担情形，电京报告马局长，请就近向上峰请求令饬制止而已。一部分侨民既未经履行完毕手续。

自行登轮　检疫所乃协同英领派出之医官下轮严密检查，除未种痘者逐一补种外，尚发觉有男人五名，女人十五名，小男童七名，手续未能完备，不准其出口。据此间今天报纸所登，则当医生种痘时，故意将刀乱割，以为报复之计，致多肉破血流，呼痛之声，惨不忍闻。惟依检疫所所言，则医人道德绝无如此，当以立场不同，而见解或有□异，读者折衷后当得一中论可也，惟因此故，二日之行乃不果。华侨社等以请求无效，忿激万分，为谋善后，乃于二日下午假座旅业公会一楼，召集两会联席会议，讨论对付办法，当经议决：关于案据各会员到会报称："汕头海港检疫所，此次举行征收出洋侨民检验费于缴费时，并须付缴本人二吋半身影片一案，各侨认为检疫所，此种措施，万分留难及苛剥，请转请公会，向该所交涉取销，以便侨旅，而恤下情。"迭经由会合同华侨互助社，径向该所交涉取销，均无效果，应如何办理案。表决：据情呈请国民政府、卫生署、第五区行政督察专员、第十五五师部、汕头市政府察核，准予令饬该检疫所，将检验费及影片取销，以慰侨情，而恤艰困云。情形严重，一至于此，记者今晨特走访检疫所，提出疑点，数则请教：

问：自贵所开办，业逾数月，何以前此未闻证明书须粘贴像片，三月一日以后必须粘贴原因为何？

答：粘贴像相，原应早办，惟初因徇旅业之请，故暂缓举，近则一方奉令严催，一方发觉客栈常有串通水客，在外收集相证，发现新客使用情事，因该证有效期间为一年，苟无像片证明，则持证人随时可以谓前带轮赶不及，持用过之证充冒，为求严密，且维□际信用，不能不即实行。

问：过去收费系托洋行代收，三月一日以后改由检疫所自办，原因何在？

答：因洋行感到麻烦，不愿代表。

问：□费照所规定，每张系收汕币一元，而旅业附加于船票，则收国币，侨民每张须加重二角余之负担，贵所何以未加纠正？

答：此举检疫所初未之知，惟最近洋行不肯代收，某会曾要求本所给□承包，经本所拒绝，或因此而得罪于人，波涛淘涌，基因于此，亦未可知云云。

嗟夫，使该所之言而非虚者，痛心极矣。

（《南洋商报》，1937 年 3 月 13 日第 8 版）

42.《一粤籍水客被控运少女拟卖为娼，昨提审被告否认有罪，责保一千元候审》

昨日粤籍水客温锦松，受本坡管理妇女部主任欧籍探长葛氏，拘控于本坡警三庭，指控其曾于去年间，带两名粤籍少女到殖民地，拟卖与人为娼之罪。过堂时，被告否认，法官以案须调查，遂谕案展期本月二十二日续讯，并责以一千元具保出外候审云。

（《南洋商报》，1937 年 3 月 16 日第 8 版）

43.《骗羊城女南来为娼事一再发现，一水客虽证据不足判明无罪但被探局拘去，特押解出境》

粤之东莞人温德者，年约四十岁，水客为业，昨日被控于本坡警三庭，指控其六年六月间，拐带一粤籍少女李亚好，进殖民地为罪。被告否认有罪，其聘有巫籍律师泉□非立氏□□，主审官里氏，主控官法庭长鲁□文氏。曾据证人李亚好供称："余曾在粤省羊城为织篾女工，因生活艰难，□相识五姑，介绍与被告相识。被告向余谓狮□机工颇盛，谋生极易，并愿借余船票及费用，乃由叶文带余住香港。被告由香港偕余搭轮来星，抵步时旅居琉球旅店，继由被告偕余住大坡，直落亚逸街某号。数日后，被告来探，并未为余偿船票及费用，余无款交出，被告□□主□□英出街，□与雇主婆之夫登楼，向余谓有人以三百金买余为娼，余乃与被告争论，被告乃辞而去。隔数日，余独人下楼逃出，适遇证人李龙金，原来曾相认，带余往彼住宅居住。月后余愿给被告五十元，但被告不接纳，并遣数歹徒登门恐吓。证人嘱余往探局报告，乃将被告拘逮云云。"继据证人李龙金，谭龙英等，次第出庭供举，法官以控方证据欠充足，判被告无罪释放。但被告出法庭时，□被探员复拘归探局问话，闻不日遣回原籍云。

（《南洋商报》，1937 年 3 月 24 日第 8 版）

44.《汕头口岸对出进之同侨诸多留难，船票价高复有检疫等苛扰，潮联侨会答复汕市政府注意改善四事：船夫配臂章，客栈伙计穿制服，以资识别，撤销检疫，通融检查行李》

星潮八邑会主张请市政定出国标准票价　本坡潮州八邑会馆，昨接马潮联会马六甲办事处来函，征求对该联会呈复汕头市府意见书之意见，兹录马潮联会一函及本坡潮州八邑会馆复函如后。

马潮联会原函

径启者：

前接汕头市政府来函，征求改善华侨出入国手续意见，本联会兹拟贡献下列四点：

四项意见

（一）海港检疫所征收出洋检验费，迹近苛抽，于侨民百害而无一利，亟应取消。

（二）华侨回国所带行李，多系家用零碎之物，但抵国门，常被海关课以重税，或充公，实属苛待。名由政府规定某种在若干以内可以免课税，以优待华侨，或有香港水客有冒充华侨，借以取巧谋利，则可规定华侨归国时须有该地正式机关证明书，方准优待，似此可杜冒充者。

（三）轮船靠岸常有不良份子，冒充客栈人员，下船窃取华侨行李，应请政府着客栈嗣后派人接客时，下船须备制服徽章，借资识别，无徽章制服者，不准下船。

（四）船夫落船，臂上须备记号或号码，以资识别，每客船价及行李，每件若干钱，应由政府规定，以杜勒索者恶习。

以上所列四点，拟函汕市府采择施行，贵会馆是否同意，请于信到五天内赐复，俾利进行是荷。

此致

××会馆

马来亚潮州公会联合会主席黄仕元

四月八日

复　函

径启者：

接奉本月八日公函，征求所拟函请汕头市政府改善华侨出入国手续意见四点，备悉关于第一、三、四各点，敝会馆完全同意。

三项补充：第二点除所拟原有意见外，应请汕府注意：（一）检查行李人员有无苛扰；（二）如有苛扰情事，应如何严厉究办；（三）检查时应给予便利迅速。

（《南洋商报》，1937 年 4 月 14 日第 6 版）

45. 《拐骗妇女南来当娼案层发无穷，两名粤姑娘与一水客被拘，女供自费南来找寻亲眷谋生活，水客伴称与女不相识，手扎中赫然现女名案，由港请星方侦查，暂发交保良局待讯》

三月十三日本坡妇女部主任兀氏，曾偕同警探人员多名，往本坡大坡大马路前祺生栈，搜查由唐南来之搭客，当即搜到妇女两名及水客一名。昨于警三庭提出控告，水客名黄金祥，以拐卖妇女人口，触犯刑律保护妇女条例第五节（一）入控，被告矢口否认。

港政府行文注意其行动

开堂时，由兀氏报告案由毕，乃召华民政务司妇女部职员约论佐清烈支氏登堂供证，据称："三月十三日以前曾由丰庆号轮船船长交到香港华民政务司公文一纸，上书二妇女姓名，谓请注意此二人身世，及其到达星加坡后情形，是否具有亲戚，有无被人骗卖"等情。彼据此即正式通知妇女部主任兀氏，请其办理云。次传印籍□探一四九号上堂供证，据供称："谓于三月十三日偕同主任兀氏前往祺生栈，搜查该楼房间，乃将被告黄金祥拘获。下楼时，见被告从袋中取出文件一叠，交与在栈旁坐之一职员，当时被瞥见后即趋前攫取，现呈堂者便是云。"

祺生栈职员供称，则谓："被告去年九月间即来与其栈内主人告称，谓彼为□客，并带有女客六名到栈，今年三月十一日，彼又□三女客人入栈，其一欠租钱一元二角，已他去，其余二人，则仍欠每人一元八角，仍未□栈，则'大人'来传云云。"

垂鬟留髫之一对乡姑娘到堂作证之少妇二人，年龄均在二十左右，垂鬟留髫，婉然一对乡村大姑娘，其一种天真活泼之姿态，令人一见生怜，其一名冯斑，一名郭凤群，皆先后上堂供证。冯斑为广东番禺赤沙人，此次南来寻生活，船资各费皆为其父母供给，船单港纸三十五元，星洲有姑姐一人，可望其代为觅工，其姑姐于其到步（埠）之第一日，有来寻彼，惟以后则不见其来也，其地址何处，本人不知云。

郭凤群则供称："素未与被告相识，此次南来，一切纯由其个人办理，并无何人为其骑客云。"

被告支吾其词谕展期提审

推事陈春立君聆至此，乃以证据不足，未免不能判被告之罪，乃商之妇女部主任兀氏，乃传被告审讯口供，据供称："并非水客，乃执业于吉隆坡，为一矿务公司工头之助手，去年九月曾从唐南来一次，并非带有女客。至云做骑客一事，更属荒谬，虽然彼曾一度由祺生栈提出，征求其同意，欲使其事为骑客，惟因手续未曾办妥，故已终止来星，与女客同船是真，女客非其所带者也。"

兀氏反复推问，被告言多支吾，且从其身搜出之小册子，上记有账目，赫赫然仍有三女客之名在，讯其何以为此，则无言可答，故推事首欲将其释放者，至此乃事有嫌疑，遂谕命展期明日再讯，被告不准扣保，两女证则发交保良局暂留。

（《南洋商报》，1937 年 4 月 24 日第 5 版）

46. 《回国归侨携带用物、旧衣车，经海关认可得免税》

海口侨务局函知琼联会转达侨众：带备行李证者可免骚扰。

本坡南洋英属琼州会馆联合会办事处日昨曾接到海口侨务局来函：对于过去海外侨胞归国时，所携带之行李物品因未明了我国关规例，且无向当地领事馆或商会领出行李物品征，致踬及国门时，诸多纷扰，且屡与关员产生纠纷，因此特函达该会馆联合会，转告各处侨民知悉。并附证明书扼要说明及海关订定旅客自用家用物品，进出口免税办法。兹特探录如次：

径启者：

查琼属华侨归国携带行李物品，对于关章既未明一，又不遵向当地领事馆或商会请愿，侨委会制发海外华侨归国携带行李物品证明书，致抵海口时，诸多纷扰，本局负护侨之责，每于轮船入口时，派员上轮照料一切，多以未带行李物品证明书时有发生纠纷情事，兹照录该证明书摘要说明，及海关订定旅客自用及家用物品进出口免征税项办法一纸，应请贵联会迅于通告琼属华侨，一体知悉。

证明书摘要

（一）此证明书由侨务委员会制交驻外使领馆代发，如未设有使领馆地方，则交该地侨民国体，如中华商会、中华会馆或中国国民党总支分部代发之。

（二）归侨携带行李物品，只限自用及家用，不得代水客或别人附带货物，致（至）于税律，如有不遵关章，匿藏违禁物品者，一经查出，当依法究办。

（三）此证书填发后，其有效期间为三个月，过期无效。

（四）此证再如无地方机关，及经办人签署盖印，不生效力。

（五）此证明书归国后毕，经海关涂填后，由该归侨将证书径寄南京侨务委员会撤销。

（《南洋商报》，1937 年 5 月 18 日第 6 版）

47.《我地方官厅不明南洋侨情若此，称限制华工进口为新令，广州慎发出口护照，据称用意在防止国人被骗出国，其实客栈水客反可操纵其票价》

国际风云，迩来日益险恶，各国为自身利益计，莫不汲汲于扩充军备，一时影响所及，军用原料，价格突飞猛涨，胶锡两□，亦连带涨价。得此良好影响，商业前途，已有一线生机，各□家纷纷罗致工人，从事工作。国人聆讯，买舟南渡谋生者月□万人，来星轮船，莫不载至满□满谷。而一般水客之流，以有利可图，不惜千方百计，包办华工出国。国人以谋生心切，罔顾利害，每□□其彀中，流落失所者，不知凡几。现据来客称，广州警察当局，对于登船出国护照，异常审慎，免国人为彼□所愚，流离国外。

重设机关　发给护照

广州警察当局外籍部第一课长黎维坚，对奸人包运工人出国黑幕情形，曾发谈话称："粤省为华南唯一通商口岸，国人年中出外谋生者，为数不少。当局为办理发给护照事，特专设机关以资专责办理，计此种发照机关，除广州外，汕头方面，亦有设立。"近年来，南洋胶锡价涨，需用华工甚多，国人外出者，日见其众。此种现象，不过系一时刺激，究其实际，原非世界不景已完全消减，商业复兴所使。故星州当局，亦顾虑及此，恐华工到埠一多，影响原有工人生活，特颁布条例，限制华工入口。

不惮长途跋涉领取

华工南渡者如是其多，而星洲商业市场，又非恢复景气，究难容纳大量工人，即有小数寻得工作，但僧多粥少，不敷分配，失业者比比皆是。而水客之包运出国者，仍源源不绝，手段层出不穷，就星洲现在情形，及已南渡之华工入口，则十人之中，其获得工作者，不过一二。警察当局有鉴于此，为免国人流落外地，□为流民计，对于发给护照，异常慎重。汕头方面，福潮人上之经此出国者，数亦不少。其初对于发□手续，颇为较易，故除福潮人士外，即广州居民，亦有不惮长途跋涉，□汕领照者，但正式□人，为数极少，大多数均为奸人所勾连。

驻外使领电告惨状

我国驻外使领，目睹华工在外失业，颠沛流离，为□极惨。故一面将失业同胞，□送回国，一面将此中实况致电外交部报告，请求限制国人出国，对于发给护照事，须妥为办理。外交部据报，特分电各通商口岸，着将包运侨民出国之奸人严办，同时指定如广州人士之出国者，则须赴广州警察局外籍部领照。在汕头方面者，则归汕头办理，俾得就近调查。苟非依照指定手续办理者，则概不发给，□查出有勾运情弊者，则□予扣留严办，以儆效尤。故汕头方面，最近亦不轻易发给护照。

规定出国华工年龄

同时侨务委员会，关于此事，颇为注意。最近亦致□来者，查询一切，并规定办法，如属正式商人，始准发给护照，华工出国者，必须经过侨委会登记，及省会警察局准许，方能领取。现省方对于发照事，已严厉执行，凡由广州出国华工，须在省领照，如发现有外省人士冒领者，必严行查办，故包运者大告敛迹，其为当局查悉扣留者，为数不少。就本目份而言，已有百余人之众，至准许领照者，亦须有四日期限，始有照发出，盖在此□期内，警方得以派员分赴客栈旅店，向出国者调查，以视有无包运图利出国情弊。又出国华工年龄，最低限度，亦须超过二十岁，始准领取证明书。如年龄太高或未满二十岁者，不准单独出国，以防为人诓骗。自经过种种严密办法办理后，国人之流失外地者，已大为减少云。

（《南洋商报》，1937 年 6 月 1 日第 6 版）

48.《渡星船票涨价原因　客栈行的解释：票价高低权操于水客之手，客栈要票反需向水客求购，贴相片办法该行并未反对》

（香港六月十九日讯）年前不景气弥漫，南洋各属锡胶跌价，当地华工，多告失业，相继返国。同时当地政府，亦限制华工入口，限额最初为每月三千名，近以景况渐佳，增为四千名，至最近再增至六千名。于是南渡谋生者，又告活跃。此数千之限额，遂至求过于供。各轮船公司亦乘机增高票价，往日赴叻男女票价各约十余元，今已加至女票三十五元，男票五十五元，较原价增加数倍。而投机商人复从中操纵，将票价抬高，竟至百数十元。汕头市政府，有见及此，最近下令严禁，并函本港华商总会及轮船公司等，联合设法禁止。华商总会乃转函客栈行广联商会查询，经该会将票价高涨原因，及非关客栈操纵抬价之实情陈复，商会亦认为与事实相符，已照复汕头市政府。去月廿五日南泰公司、岑伯来公司、万山公司、永茂生公司、和通公司、谦利公司，致函客栈行商会，转告各行商：由六月一日起，凡往石叻庇能乘客，务须将相片二张，汇交各该船公司，贴于船票上，以杜投机者取巧。该会以所拟办法，亦属可行，且可洗脱，非各客栈操纵之嫌疑，表示赞同，但对于实行日期及手续，则提出意见。记者昨往客栈商会探询，据该会负责人称：赞同贴相片办法。该会对于船公司代理人，所提贴相办法，并不反对。不过因其定于六月一日起施行，而各船公司代理人于五月二十六日始派一传单式之通函与本会及各旅店，函内只言奉命执行，并无解释其理由及详细手续，其下款则刊有六家代理公司之名义，不特无负责人签名，即普通之书柬图章，亦无一颗盖上。该函能否发生效力，尚属疑问，但敝会以此举原属防止操纵之善法，故于六月一日，邀集各船务代理到会面商，指明其不合手续之处。各代理亦自知草率，敝会乃将日期太促，不及通知内地各客，恐受指责之困难，向其解释。且彼等交易，凡有变更手续，无论如何妥善，亦应预有时间，俾对方考虑，方为合理。各代理允转商其总公司，展期十五天，此贴相购票展期之真相也。然敝会经一度会议之后，亦以此办法为可行，故于六月十五日即再约各代理到会当面答允，并即通饬全行遵行。可见敝行并非反对贴相，而希图把持操纵也。

票价高涨原因

至关于票价高涨之原因，昨报载消息，谓为客栈与水客合作所致，未免忽略真相。要之，票价高涨之真因，不外求过于供，出洋者不惜互出高价，以求达目的，此其一。各船务代理，因新男客限额无多规定，凡购一新客票，须带购女客票五张，谓之（带额）。故各水客为罗致女客之故，常有贬价以为招徕，所亏之价，又须在新客票取偿，此其二。各船务代理为拉拢水客起见，将每新客票多数定于水客，致有在客栈全月不得一张，反须向水客求购，以应门市。而票价之高低，遂权在水客，新客与旧客及女客各票之票价差率，完全因此而起。且因船务代理人联络水客，事事与以利便，而致各客栈反处于无权地位，虽有必须客栈出册之例，亦徒成例行手续。譬如某一水客，已向某船务代理定得新男票若干，带购女票若干，直接订妥之后（间有由船务代理直接赊账与水客者），则通知某客栈，嘱代盖章出册。每票纳回佣金二元或一元，甚或五毫与客栈。而票价上落盈亏，全为水客自理。倘非船务代理之扶助水客，宁至于此。是则与水客合作云云，果为客栈商乎？

带额无期后补

抑尤有进者，如是年夏历正二三月时之（带额无期后补），则各水客亦在船务代理掌握中矣。盖所谓（带额）既如上述，而所谓后补者，则该期船之新男客额已满，须俟下期船方始补给，故谓之后补。往日搭客未甚挤拥，后补之额，均系订定下一期或下二期之船而已。今年春间，叻客拥塞，各代理更将后补之额，须下一二期船，亦不允给与，且延宕无期。而近日票价跌落，则将各水客以前带下之额，全数发给，是以各水客亦受亏不少。又如近日开行之鸭家船，虽预早十余天订一张新男客票，亦不可得。实不知该期船之新男客票，向何处销售，则客栈何从而操纵之乎？且昔年，往叻男女票价均为十余元。讵船公司见近来生意畅旺，去年迭次起价，竟加至女票三十五元，新男票五十五元，较之昔日原价，起至数倍。惟例许敝行客票取利五元一节，则敝行从未有能取足者，遑敢云操纵，以图获利乎云。

（《南洋商报》，1937年6月28日第14版）

49.《香港来星槟大舱客，男客票价高低权操水客，客栈赞同贴相片，客栈所需之票有时问水客求购》

（港讯）年前不景气弥漫，南洋各属锡胶跌价，当地华工，多告失业，相率返国。同时当地政府，亦限制华工入口，限额最初为每月二千名，近以景况渐佳，增为四千名，至最近再增至六千名。于是南渡谋生者，又告活跃。此数千之限额，遂至求过于供。各轮船公司，亦乘机增高票价，往日赴叻男女票价各约十余元，今已加至女票三十五元，男票五十五元，较原价增加数倍。而投机商人复从中操纵，将票价抬高，竟至百数十元。汕头市政府，有见及此，最近下令严禁，并函香港华商总会及轮船公司等，联合设法禁止。华商总会乃转函客栈行广联商会查询，经该会将票价高涨原因，及非关客栈操纵抬价之实情陈复，商会亦认为与事实相符，已照复汕头市政府。去月廿五日南泰公司、岑伯铭公司、万山公司、永茂生公司、和通公司、谦利公司，致函客栈行商会，转告各行商：由六月一日起，凡往石叻庇能乘客，务须将相片二张，汇交各该船公司，贴于船票上，以杜投机者取巧。该会以所拟办法，亦属可行，且可洗脱，非各客栈操纵之嫌疑，表示赞同，但对于实行日期及手续，则提出意见。记者昨往客栈商会探询，据该会负责人称：赞同贴相片办法。该会对于船公司代理人，所提贴相办法，并不反对。不过因其定于六月一日起施行，而各船公司代理人于五月二十六日始派一传单式之通函与本会及各旅店，函内只言奉命执行，并无解释，其理由及详细手续，其下款则刊有六家代理公司之名义，不特无负责人签名，即普通之书柬图章，亦无一颗盖上。该函能否发生效力，尚属疑问，但敝会以此举原属防止操纵之善法，故于六月一日，邀集各船务代理到会面商，指明其不合手续之处。各代理亦自知草率，敝会乃将日期太促，不及通知内地各客，恐受指责之困难，向其解释。且彼等交易，凡有变更手续，无论如何妥善，亦应预有时间，俾对方考虑，方为合理。各代理允转商其总公司，展期十五天，此贴相购票展期之真相也。然敝会经一度会议之后，亦以此办法为可行，故于六月十五日即再约各代理到会当面答允，并即通饬全行遵行。可见敝行并非反对贴相，而希图把持操纵也。

票价高涨原因

至关于票价高涨之原因，昨报载消息，谓为客栈与水客合作所致，未免忽略真相。要之，票价高涨之真因，不外求过于供，出洋者不惜互出高价，以求达目的，此其一。各船务代理，因新男客限额无多规定，凡购一新客票，须带购女客票五张，谓之（带额）。故各水客为罗致女客之故，常有贬价以为招徕，所亏之价，又须在新客票取偿，此其二。各船务代理为拉拢水客起见，将每新客票多数定于水客，致有等客栈全月不得一张，反须向水客求购，以应门市。而票价之高低，遂权在水客，新客与旧客及女客各票之票价差率，完全因此而起。且因船务代理人联络水客，事事与以利便，而致各客栈反处于无权地位，虽有必须客栈出册之例，亦徒成例行手续。譬如某一水客，已向某船务代理定得新男票若干，带购女票若干，直接订妥之后，（间有由船务代理直接赊账与水客者）则通知某客栈，嘱代盖章出册。每票纳回佣金二元或一元，甚或五毫与客栈。而票价上落盈亏，全为水客自理。倘非船务代理之扶助水客，宁至于此。是则与水客合作云云，果为客栈商乎？

带额无期后补

抑尤有进者，如是年夏历正二三月时之（带额无期后补），则各水客亦在船务代理掌握中矣。盖所谓（带额）既如上述，而所谓后补者，则该期船之新男客额已满，而凡购女票带得之新男客额，须俟下期船方始补给，故谓之后补。往日搭客未甚挤拥，后补之额，均系订定下一期或下二期之船而已。今年春间，叻客拥塞，各代理更将后补之额，须下一二期船，亦不允给与，且延宕无期。近日票价跌落，则将各水客以前带下之额，全数发给，是以各水客亦受亏不少。又如最近开行之鸭家船，虽预早十余天订一张新男客票，亦不可得，实不知该期船之新男客票，向何处销售，则客栈又何从而操纵之乎？且昔年，往叻男女票价，收十余元，讵船公司见近来生意畅旺，去年迭次起价，竟加至女票三十五元，新男票五十五元，较之昔日原价，起至数倍。惟例许敝行每票取利五元一节，则敝行从未有能取足者，遑敢云操纵，以图获利乎云。

（《南洋商报》，1937 年 6 月 29 日第 7 版）

---

50. 《151 封信未贴邮票，水客被罚百五十元》

本坡警四庭法官吴两全氏，前日提审一宗将一百五十一封未贴邮票之信私带入殖民地案，结果法官判被告有罪，罚款一百五十元，无力缴交即入苦监二个月。主控人麦嘉氏，于提审开始时称："被告雷聚芬（译音）附搭轮船于七月六日由中国抵叻，其行李在码头货仓内检验站受检验，结果发现其行李中有枕头一件，内中隐藏未贴邮票之信件，百五十一封，嗣后全数信件，曾转送往邮件检察员之处察视，内中却无不合者存在。"麦嘉氏又称："当局格外在意欲阻止这种规避贴邮票之举，因其信□说不定系忧乱治安或包含不法文件者。"被告之言则谓："我乃一水客，营业为携带搭客从中国来马来亚，并将讯息交给邮政尚未伸到之中国乡村中之人家眷属。"□法官最后另调令将该信件送与本坡邮政当局请其代为处置。

（《南洋商报》，1937 年 7 月 16 日第 6 版）

51.《由港至星船票，香港取缔一男五女制，男客船票低跌几半，女客票则增至二十元之谱》

马来亚之胶锡价格之高低，足以左右金融，繁荣亦有赖，于是前数年世界不景，胶锡价格狂跌，于是华工纷纷返国。近年则因景气复临，百业有欣欣向荣之象，遂又纷纷南渡。但当地政府，即以经济情形未尽复原，不能容纳如许之华工，乃严予限制。轮船客票因而求过于供，客栈及水客乃乘此机会，抬高票价至百五六十元。最近迭各方呼吁取缔，乃稍为平低。同时香港轮船公司，为避免操纵，订定贴相办法，但客栈行方面，则以票价抬高，其咎不在客，而在水客。同时认定轮船公司限制每一男客随带五女客，间接鼓励水客高抬票价，互相指谪，各情已见报载。顷悉香港轮船公司方面，迩来已将此项男客船票办法取消，水客及客栈行商，均感便利，因此最近各轮船男客船票价格大为低跌，前所售价百五十元左右，女客船票反为提高，照原价约增二十元云。

（《南洋商报》，1937 年 7 月 20 日第 8 版）

52.《南洋＝黄金地，水客蜜语信不得，粤省妇女每被诱骗南来抵星后方知受骗，后悔已迟，星宁阳会馆呈文台山县长请设法取缔》

新嘉坡宁阳会馆，近鉴于家乡妇女常被水客诱骗南来，致流离失所，间有被迫至惨不可言者，故为杜绝此种情形陆续发生，于前星期一举行董事会议席上，提出□□□之办法，结果表决呈文台山县县长注意此事，□详述报告被□□□可怜妇女之情□外，要求设法取缔，该呈文由吴□石君起草，□□草就，由李兆汉、梁子钧两君参阅，昨经□呈文寄去，原文如下：

早为昧良水客，诱惑妇女南来，□□私□，恳请迅饬所属各乡村，严为取缔，以安闾里事：窃查新嘉坡政府，年来以不景气轮罩群岛，故有限制华工入口之举，但对于妇女南来，则仍旧可自行登岸，不受限制。香港各客栈以男新客南来，既受限制，则其每期所定之船位，当然求过于供，遂联合将其票价抬高，更定凡购一男新客船票，必须兼购女客船票一张，方允照准，并怂恿各水客回乡诱骗妇女，便增多其新客票额，凡水客带女客一名入栈，可获巨量之介绍费。各水客以大利当前，不计人家之利害，于是乃回乡，大事鼓吹，煽惑妇女南来，谓："南洋为黄金地□百业兴旺，到埠即可有工，每日工资可有若干，汇水又高，卅余元汇归可得一百。"似此甜言诱惑查今日农村破产时期之妇女。□有间之不学然而来也，于是不顾一切，赍资前来，意以为发财一径，即在眼前，讵知抵埠之时，所谓为黄金地者，已成过去之陈□□□，满腔热情，□□□，到此时期，始知受骗，然已晚矣。查南洋女工，可分为家庭之壬、树乳工、泥水工及各杂工等，每日所得之代价，亦极细微。在往昔繁盛之时，如家庭之工，上者每月可得十余元，□者亦得八九元，今者已减至每月四五元，且人浮于事。欲得一枝之栖，有如登天之难，以上所述，其为自备资斧而来者，尚未觉得过于甚惨，若与水客借资而来，则其所受种种，真是惨不忍言矣。盖水客对妇女出洋用资，素喜相借。因其以妇女可欺。凡借之款，必订高利，且可任意将其□中各费加重，到埠时，则迫其向亲友□还，若遇挪借无门，则以惯用之手段威迫为娼。或转卖入埠（外埠）其中惨状，实□不胜书，呜呼，此辈水客昧尽天良，是诚可诛，职会深信邑中诸姑姊妹无知，被诱南来，欲救此弊，非从□内严为取缔不为功，用是迫得据情，呈请钧座，准予迅饬所属各区乡，对于妇女南来，如无亲故照料者，应严为取缔，俾昧良之徒无以宣，无知妇女，得以护，实至德便。

　　谨呈

台山县县长□钧鉴

新加坡宁阳会馆总理林文田

民国二十六年八月十三日

（《南洋商报》，1937 年 8 月 14 日第 5 版）

53. 《粤省妇女被水客哄骗南来后之生活状况调查，女佣工作难觅只得暂作小贩，不流为乞为娼乃已属万幸事，星洲宁阳会馆会呈台山县设法取缔》

　　本月十四日本报曾载宁阳会馆文呈台山县长请设法取缔水客诱骗粤妇南来一文，略谓："新加坡政府年来以不景气笼罩群岛，故有限制华工入口之举。但对于妇女南来，则仍旧可自由登岸，不受限制。内地各客栈以男新客南来，既受限制，则其向期所定之船位，当然求过于供，遂联合将其票价抬高，更定凡购一男新客船票，必须兼购女客船票三张，方允照准。并怂恿各水客回乡，诱骗妇女以便增多其新客票额，凡水客带女客一名入栈，可获巨量之介绍费。各水客以大利当前，不计人家之利害于是乃回乡，大事鼓吹，煽惑妇女南来，谓：'南洋为黄金地□百业兴旺，到埠即可有工，每日工资有若干，汇水又高，卅余元汇归可得一百等语，以诱骗妇女。'"该文乃本坡宁阳会馆致其县长之呈文，乃为一属之事。记者以此种受骗妇人之事情，当不止宁阳一属，粤省其他各属当亦不能例外。是故记者复暗中调查，虽难获得详细之消息，然调查所得，究可使关心此事之读者所注意。查颇多粤籍妇人，手携食物背扛小担，随街叫卖，记者曾向彼等作简略之询问，有谓："近年因我国农村破产不易在乡谋生，但时有水客落乡向□愚宣传：'谓南洋现今已恢复昔观，乃黄金之地，如妇人前往该邦，实在不怕无人雇用。且近日南邦已转好景，所以前者气不时在南洋之女工或女佣已多数返国，所以目对女佣及女工之聘请（聘到无人聘），且南洋银水又高。'有此好处，是故虽典当按产亦愿南来。岂料南来之后，以前之甜言蜜语只成泡影，当地女工女佣失业者不可胜数，到如今才大梦方醒，其所说（聘到无人聘）者，亦即无人聘之事实。但已到南邦，难工作无望，不能饿弊，只好街头作小贩希得昔日之愿，吾等尚好，在星有亲朋能有此助者。或流为乞丐或流为私娼，则更为凄惨。"此等妇女属于台山者为多数，其他顺德、三水，东□者亦不在少数。又闻最近香港已往购一男客票者须□购女客票三张之办法，现已取消，此种不良现象或亟减少也。

（《南洋商报》，1937 年 9 月 4 日第 13 版）

54.《水客骗拐妇女南来，台山县政府决严办，星宁阳会馆呈请之结果》

本坡宁阳会馆，□鉴于南来妇女，多受水客诱拐，致流落异乡，间曾尝种种痛苦，甚至因进退维谷致操神女生涯，其痛苦诚非笔墨所能形容，特于前（八）月间呈文台山县政府，要求加以取缔妇女南来，并严办专骗拐妇女南来，以图渔利之水客，各情经详志前报。兹由台探悉县政府对于此种恶行，已准严加取缔，原文如下："据此，已应照办，除与令外，合行另仰尊照，自后对于属内妇女前往新加坡，如外无亲故照料者，应即严加取缔，以免被水客惑至操灵肉，唯照此令。"

（《南洋商报》，1937 年 10 月 20 日第 5 版）

55.《国内客栈行操纵船票，南渡侨胞莫不叫苦连天，船票由六十元抬至一百七十，船公司虽行贴相办法仍无效，留港不能南渡同胞约达万余人》

（香港航讯）年前南洋各地，因树胶锡米价格低跌，工商各业，大呈不景，失业工人遍地皆是。各殖民地政府，遂相继限制华工人口。在海峡殖民地方面，其初额定不过三千名，后以景气重临，当地政府遂将客额增加，今已增至每月六千名矣。

南渡同胞与日俱增

我粤各地向乡，前因失业返国者已多南渡谋活，其居乡事业，或因环境恶劣谋生不遂者，亦纷纷离乡，南□谋生。据记者调查所得，各行走港星吡线之轮船，每次南开，均告客满，且因额满而不能起行，迫得留港者，为数极众。据客栈行约计，本年截至十月份止，南赴吡能及星架坡方面同胞，已达五六万人，其他各地尚不在内，按去年由港赴星吡船共七千一百余艘，载去华工共四万七千八百余人，发觉偷渡同胞之增加，概可见矣。

卖女鬻子以购船票

各南渡同胞，既源源而来，而每月入口数额只次数千，故时感僧多粥少。在此求过于供之情势下客栈行与骑客辈，遂利用时机，操纵船票价格。据目下调查所得，每一新客南渡船票只港币六十元，现已抬高至百六十元，且有高至百七十元者。各由乡来港候轮而渡之同胞，其不知情者，多到港后因票价太昂，能力不及，迫留港或□乡者，为数极众，约有万人之多。且其中有因此而回家卖女鬻子，再图南渡者，因得成行，但已涕泪交流，叫苦连天矣。

贴一办法，于事无济

客栈行操纵船票价格。港汕厦均目一情状，目前本港华民政务司曾□此问题，与轮船商定防止办法：即凡购三等船票者，须善备搭客相片两张，一张贴于船票上面，一张存于轮船公司，使无搭客者不能□□，而无客栈行操纵之弊。查此办法，虽已实行，但效□与零等，盖客栈之代搭客购票，事前已经收款百六七十元，收足后，始代向轮船公司购买，故搭客若欲南渡者，必先付此款项，始有船票，而后方有船搭，盖三等搭客，均不能直接向轮船公司购票也。

客栈行商计谋百出

三等搭客所以不能直接购票者，实缘香港当局为防范无智华工，被歹徒诱解南渡计，特颁布条例：凡华工之欲往南洋各地者，照例要填具志愿书，由客栈图章保证，始准向轮船公司购票。故客栈与水客，因据重要之地位，遂任意操纵搭客价格，轮船公司为营业前途计，亦莫奈伊何也。港当局对于此种客栈，虽施以严厉之处罚，但极难查出此种情弊，盖有等客栈奇谋百出，对于客票虽取价百六七十元，但发回搭客之收条，则只书六十元耳。若当局查问时，则此收条为证，故当局亦莫奈伊何也。各搭客虽已出资百六七十元，始购得一船票，但再当局查问时，亦只敢谓六十元耳。盖（一）须靠客栈行之保证，始能购票南渡；（二）在乡失业，为求生计，无论如何亦成须行，故因此种种原故，亦只吞声下咽，敢怒不敢言耳。

（《南洋商报》，1937 年 11 月 22 日第 10 版）

56.《南渡船票继续飞涨，男性购票极困难，因须女客九名始得一男客票，狡猾水客乘机广诱无知妇女相率南渡》

自一九三二年此间政府当局实施移民条例及限制华工进口之后，星港船票受其影响，日益飞涨不已，因而南来旅客负担极重，殊感痛苦万分也。至于外间则传言纷纷，咸以国内各栈行及各轮务代理处有意操纵，乘机苛取，以饱私囊。此外又有人以船票之飞涨，乃南渡人数之众多，而酿成争购船票之所致也。关于此事之详情，南洋商报已载之甚详矣。迨至去年当地政府复由将限制入口华工减少至三千名，是以出国华侨益感困难，而船票之涨价问题，复益加昂贵，此乃意中事也。记者以此事议论颇久，虽经国内社团及政府多方设法取缔，欲杜是种病弊，然至今仍未能解除，盖其必有原故也，记者为使各方获悉一切起见，由各关系方面探询各情，志之如下：

轮船损失

按马来亚当局施行限制华工入口条例后，轮船公司行走港星线者，经会商后，遂将准许入口人数，按拥有船只之多寡，照比例数公平支配。计行走此线之公司凡六间，但准许入口限额，并非全数由此六项支配。因汕头或厦门各地，又须占额若干，故大概由此六家公司总共占得之名额多约为全数二份一，例如现在每月限额三千名，香港则占一千五百名，假如以一千五百名照平均数分摊六公司则每家每月所载南洋客，不及三百人。查当此移民条例未施行时，每家轮船公司行走港星线之船只，多者六七艘，少亦二三艘。现时因有此条例施行，船只自减少，但姑以每家一轮计算，若每月行走仅得搭客二百或三百，必至亏本无疑，故船公司实不能不有所取偿，以资弥补也。船公司取补办法，乃从增加女搭客方面着想，躲移民限制。

仅限男性

女客一律例外，例如每家每月仅能载男客三百人，而女搭客可载至一千一万甚至数百万，亦无与法例有所抵触，因此在无形中轮公司遂有华客赴星办法之规定。据日前报载："谓以前每一男客赴星，须带六女客之例，今者增至九女客。"由此计算，例如每家轮船公司每月限载男客得三百名者，若照每男客须带女客六名之例，则该公司每月所载男女搭客，至少有二千一百人；若照每男客须带女客九人之例，则至少有三千人，搭客增加，收入自必增加，则因受移民条例限制所致之损失，将得补偿或减少。

引诱妇女

因轮公司有此搭客办法之故，客票价格之奇昂，遂不能禁止，其因某种原因而狂涨，按船公司所售船票，均交由代理人如客栈旅店等发售，原定票价，以大舱计算，男客七十元（去年底仍为五十元），女客三十元，但价既经船公司规定，任何方面，原本不能加以抬高者，但以一男客而须附有九个女搭客，事实上殊属难事矣，据记者从旅业界获悉，间有不肖之水客，以女客实际南渡者，并不如以一男客以九人之多，因此遂四处招雇女客前往南洋，更不惜诸般甜言蜜语，谓南洋如何恢复黄金时代。

如何繁荣

又故将原定票价降至二十元左右，以使女客弃家南渡者，但女客票既降低，势不能不取偿于男客票价，故此原定男客票价每张七十元者，不能不增高以补女客票价之亏蚀，例如女客票降价每张二十元，较原价减十元，九张则九十元，此九十元则为男客票价所增加之数，加以额外之渔利，故每一男票售价二百元以外者，实不为奇也。

来星之客票所受操纵，既成为惯例。而关于水客引诱妇女南来者，外间尚未洞悉内情，盖此辈水客以利欲熏心，不惜在国内招引大批妇女赴港，然后乘轮南来。关于是辈村姑之女性，类皆愚昧无知之妇女，略受水客之甘言引诱：以南洋市景好转，树胶起价，业务激增，男女工人大为缺乏也。是以一般良家妇女，往往坠其彀中，然究竟谁为为之，孰令改之，明眼人当能了然也。

本坡旅业界对记者表示："以船票高涨问题，欲爻平此不幸事件，其责任非在于客栈行及旅店，盖此不良之现象，必有其根本之原因也，或不久之将来，当有所转变，亦未尝非不可能也云云。"

（《南洋商报》，1938 年 1 月 24 日第 8 版）

57.《丰和轮船》

潘经通经手，丰和轮船船员及水客七七一日捐：潘经通船主十五元，张忠均、刘克备、杜德折各一十元；张庆亨、张德意、李业明、卢修弼、林少远、许淡水、吴振成、史坤生、俞武孙各交五元，许增营四元；陈柱生三元；张春诗、陈开东、谭学圣各交二元，冯集思、李居勤、何清、卢鸿卿、卢鸿书、卢家祥、陈家林、陈振春、许世光、李巽源、王朝深、宋居清、许烈昌、许就遂、方喜有、林亚宋、庄顺记、□顺好各一圆，以上计一百二十一圆。

（《南洋商报》，1938 年 7 月 20 日晚版第 7 版）

58.《荷印移民厅颁布新例，注意吾侨妇孺进口，今后妇孺进口须有充分证据，领出后须受警察监视三个月》

（巴讯）本埠自人贩案揭发后，政府方而为杜绝流弊，及预防人贩贩卖人口计，司法部乃协同移民厅，对于中国妇孺之进口，施行严厉之条例，此种条例，固属对付人贩者，惟良家妇孺之南来者，因而感受相当困难，但政府为杜绝人贩计，又不能不执行此种步骤。

严受监视

五月二十三日由香港开抵丹□不□之渣华轮船公司芝巴德号轮，共载有华人搭客五百名，其中有二百名妇女，经移民厅当局严行审问。甚有在移民厅拘留所拘留三四日者，以候详查证书，此大批妇女中，有一名年约十五岁之幼女，查究最久，至本月七日始查完毕，该少女虽有大港唇某资本家担保，及有种种证书证明该少女为万隆某华人之女，但移民厅当局依然怀疑，后传该女之生父及兄弟姐妹到厅，经移民厅长官详细告问后，至前星期五才得领出。

幼女受嫌

除该十五岁之少女外，其他约二百名之妇女，因须经过详细问话，及检查各种证书，故在拘留所等候赦免者，亦大不乏人。惟此大批妇女虽得保领登岸，但根据现今新颁之条例，彼等仍需受警察监视三个月，表面上固是已经领出得与亲属共住，实际上则在此三个月内，仍须受警察监视，换言之，即虽得离开移民厅，惟未脱离警察之监视也。

注意水客

水客可称为渣华轮船公司半个义务之职员。盖彼等无替渣华公司代招搭客，每次来往，皆偕有大批搭客，往来船费，该公司亦给以折扣，并给以水客证书，处处加以优待。水客所负责任，专为携带银信及贩卖货物，兼代荷印居住华人与国内华人互相传达消息外，又专为代带新老客及妇孺来荷印。此种水客，数达二三百名，每年来往荷印中国三四次，彼等所操之职业如此，故封于人贩案件，被当局疑为不无关系。前月二十三日到吧之芝巴德号轮船，中有水客约三十人，彼等所带之妇女儿童已不能如遇去之简易保领，虽然证据充足，保释出后，三个月内，仍需受警察监视云。

（《南洋商报》，1939年6月7日第15版）

59. 《汕头陷落之前夕，全汕市已成孤岛，郊外交通破坏极为彻底，敌纵得占汕亦全无所获》

（汕头通信）六月初旬，敌舰云集岭海，警备司令华振中，决心焦土抗战，将市郊外一切水陆交通，澈（彻）底破坏，连地形亦自改变，汕市等于孤岛。自五日至七日，敌派武装电艇多艘，向澄海沿岸，马巕口正面，试放多次，均不得逞。又派出一机低飞侦察市郊多次，见我方六千民工正在努力破坏汕头至庵埠澄海之交通，地有随时陆沉之可能，人有必死之决心，工商各业皆停息，纵占汕市亦一无所获，且非付出巨大代价不可。至敌之武装渔艇皆作威作福，在海外虚张声势，时场内部一时似□□□。惟我方戒备，草本稍懈，夜间十时起，武装戒备，断绝水路交通，所有内河船艇，集中管理，不许移动，由水上警察，负责编配带领，以便临时征用，下午五时之后，各船间指定地点停泊，夜间不得点灯，免光线反映水面。汕市通令疏散□□之男女，五月底已经离市。据户口调查，只有三千人睿智□市郊，现在交通已破坏，此三千人亦非散不可。十日起强迫押运□□，留居汕市之工商一律编成团队，养号带等，粤军赞同负守土之责，每战队有区指挥调动之，倘有应疏散时不疏散，编队之后，又借口请假归队者，则以逃兵或擅行移动依军法惩治之，各团队非经警备部核准，经督战队指导之下，不得由甲区移过乙区。至于粮食及交通问题，由军政商三界派出人员主持，编组储存，以备战时之周，公平分配。由法币价格变动，南洋水客经港抵汕者，单身携带大量法币，多者数达十万，少者亦万八千，彼等抵汕之后，因交通断绝，进入内地大成问题，破坏得如此澈（彻）底，竟出乎一般归侨意料所不到。警备部为补救交通起见，急组潮汕水陆联运处，十二日各团体讨论，如何恢复各县交通。许多地方被水所淹，不能步行，又不通舟楫，只能利用木筏浮桥者。该联运章程已草定，由警备部委一人为正处长，各团体两人为副处长，另设总务、陆运、船舶三股，各江河行驶之帆船，□□□日编制，编两大队，另编电船一队，民船一队，每大队分三中队，每中队分三小队。编队时即分配各水道，发联运之标识，凡外来客商货物，须运往某地，在汕不再停留，立即转船往潮阳、庵埠、揭阳，另有远程之水运队，可以驶往潮安以上者。例如汕樟公路破坏之后，汕澄人士，特组织浅水电船队，往鸥澄汀、澄城、东陇、樟林，每日午前五时至五时卅分开行两次，十三日可开行，潮阳、揭阳内地航线，改于下午五时之后开出。现在汕市仍在戒严，老弱妇童只许离汕，不准进入，各地交通，乃是便利外埠过汕之商旅。煤油一项，汕市完全无货，洋商尽将旧存售于内地，又无新货运入，各大商行，对时局存观望态度，不敢复业云。（十四日发）

（《南洋商报》，1939 年 6 月 27 日第 26 版）

60. 《潮汕邮政通行，侨胞汇款由银行转驳，邮件不能由汕头入口而改由惠州陆运，省行及中行在详议汇款转驳办法中》

（香港通信）潮汕战事发生，迄记者写此通讯时已达半月。我正面军退出潮安后，堵敌于意溪南北山地——竹蒿山一带，敌已力疲不能再进。日来敌向揭阳方面窥犯，一路由枫溪玉窖市西犯，一路沿揭阳江内犯，至炮台发生剧战。现敌我对峙于揭江东西岸，达濠与庵埠方面，我自卫团配合出击部队，多次冲破敌阵地，达濠顽敌已不复蠢动，汕伪组织已筹设中。据日报载傀偏首领陈觉民，伪商会长是一沿街卖药者。据军事家意见：揭阳城非我军必守之地。由汕头至潮安揭阳，水陆交通称便，虽间有高陵土阜，但非险要，敌人可运用水陆空夹击的故技，使我军受损失；反之，我军自由选择有利地位，可达到消耗疲困敌人之目的。二日香港大公报载韶关一谋（指打通沿海陆上交通），不能漠视，并谓通讯，有谓：敌对潮汕企图作相当深入，谋打通广州粤东迄闽南之联系，敌增兵石龙，有窥惠州意。又得自敌方传出消息，有谓：敌攻占汕头后，将再攻占惠阳中山，完成其孤立香港与大陆隔断，又二日大公……敌军此举政治意味，将重于军事。敌或利用海军，以攻绵延长岭东沿海，做打通的工作，而同时避开山岳区的作战。近来向石龙增兵，有东窥惠博的模样，正堪与此互相引证。敌之政治作用，或许为汪精卫到平无结果后，敌阀许他做华南占领区傀偏。

查敌人于去月二十一犯潮汕之始，国内一般报章评连，对敌人侵汕之政治作用，亦多作如是观察。至敌人之军事动作自汕头登陆后连日后门、马鬃、汕尾、埭田、遮浪、甲子、金廂、碣石一带滨海敌舰，大小十余艘，及航空母舰一艘，另汽艇装甲渔船之类，往来游弋，为势披猖，似有窥扰企图。惟据另一方可靠之消息，则谓：石龙一带敌便衣队三百，武装约四百余，莞城之敌较石龙略少，而增城罗浮方面，连日遭十二集团军压迫，敌已喘喘不遑，故此惠博一带或不致大战。惟敌此种企图，已使香港方面感到不安，周来在九龙租借地（俗称新界）军事部署颇忙前周并在港方获日人男女两名，疑是侦探，后□人自称为日本驻港领事馆职员，乃交保候讯，……汕战发生后，各商号及汇庄全数内移，对外联络忽告中断，旅外侨胞与家乡消息亦暂不通寄，现查政府已分别紧急处理办法，邮件不往汕头入口，而改由惠州陆运。又汇款一项，闻省行、中行等正详定驳汇办法，各钱庄亦照常接收汇款，目前有嘉属水客数人，带有银信十余万元，一时无法内汇。乃改道来港设法，后得省行赞助，由省行将款驳汇，汇票交水客亲带至梅县省分办支取。查国办及省办银行，在梅县兴宁等地多有分行，将来汇款，或由香港或星□，□各地前项之国办银行，负责驳汇，盖电报灵通，邮政畅行，不致发生困难也。

香港与东江各地交通，汕变后，已全改由惠州前往，兹就调查所得所经路线如下：香港乘车至大埔（车费港币三角五分），再由大埔乘大口电船到宝安区属沙鱼涌船费港币八毫，由沙鱼涌可乘人力轿到淡水，夫力毫券八元至九元，在淡水度宿一宵；翌日晨可乘船或轿到惠阳，费用约毫券卅元，时间约廿四小时；复由惠阳乘民船到河源，费用毫券约十二元；由河源到龙川，乘船费毫券十五元再由龙川乘车到梅县，费用甚廉；由香港至梅县需时二日半，便可到达。又惠阳河源均有东路通韶关及赣南，更可由韶关搭火车入湘、入桂、入赣。

（《南洋商报》，1939 年 7 月 17 日第 26 版）

61. 《南洋侨胞返潮梅之路线，由香港取道东江梅县等处，费时十二日沿途均甚安谧，梅县往港证书政府发商民》

（岭东通信）由香港取道东江返梅县消息，首志本报。现由港返梅者，均能平安到达，沿途且有军警护送，尚称平安。除由九龙大埔站至沙鱼涌一线，尚可取道深圳乘脚车而直达惠阳，似更较便利矣。现梅县县府已制备商民往港证明书，以利侨胞之往来，兹将各情录之如下：

自敌人于上月二十一日侵占汕头以后，马舆口入口外轮，多被扣留，不许人货登岸，即邮件包裹，已完全阻滞不通。而所有南洋归国侨胞，在中途——香港——滞留者，更属不少。昨五日有一批南洋侨胞，由港绕道惠州抵梅县者，不下百余人，中有星洲侨商陈顺芳者，为记者十年前之旧友，亦于是日安抵乡邦。记者闻讯，特往访，据云：彼等一行十余人，于廿日由星抵港后，翌日汕埠即告陷落，风曾所播，日益紧张，欲进不能，欲退不可，旋探询各客行，另寻返梅途径。当介绍由东江口梅路程，尚可通行，不遇舟车转运及须步行，口费时日而已。各侨胞因归心似箭，随于上月二十口日，由港动程，乘电船到深圳；由深圳步行经横江、龙岗、晋隆，陆行一百六十里，而至惠阳；准在此陆途中仍有单车可搭（在深圳方面，有脚踏车单车专雇人替步者，每车一人，收费国币六元），再由惠阳搭电轮而至河源，票价仅四元五角；由河源步行五日至灯塔，由灯塔再乘汽车，直达梅县；计由港到梅，费时十二日，沿途尚称安谧，当由惠阳至河源时，各侨胞以人地生疏，诚恐中途发生意外，特联袂往谒池专员中宽承其派队护送到灯塔云云。似此情形，则由梅赴港，可循此路线取道东江而往，或由惠州取道淡水沙鱼涌而达香港，亦称利便。惟查梅县各部水客照常。端节后几日，即口挡行装，业已陆续放洋。但各水客截至现在，虽能取道东江，仍多观望，未克成行。询其原因，盖取道东江，不特不能带客，即行李货件，亦不能带（仅能携一皮箧），且沿途敌机亦常空袭，及匪徒之滋扰，因种种危险，致有戒心云。

（又讯）自潮汕抗战序幕揭开以后，汕头海口已被敌人封锁，举凡外轮装载之货物邮件，概被拒绝入口，尤其往来旅客，更感困难。梁县长于数日前由韶受调事毕，返抵梅城后，为着解决商贾向外探购货物，及侨胞与水客往洋途径，国外汇兑等等问题，曾一度召集水客谈话，指示由梅至港之安全路线，取道东江，极为利便，各情曾志前报。兹悉梁县长以东江路线，沿途均有军警保护，为使梅民利于行程，免于中途检查起见，特制定商民港往证明书，以便缴验，而免沿途留难阻滞。查其领该项证明书之手续，须先领取申请书，然后备具担保，注明自己姓名籍贯，商号住址，并缴交纸张费叁角，径向县府办理出洋证书处，即可照领，业经县府于昨公布开始发给矣。

（《南洋商报》，1939 年 8 月 10 日第 26 版）

62. 《梅属水客纷纷出国，深感梁县长沿途维护，特制以红绸匾额赠送》

（梅县通信）汕头海口，为吾梅出入门户，乃自遭敌人封锁以后，行旅之往还，货物之流通，经济之周转，均受相当阻梗，尤其是梅属按时往返之水客侨胞，更形困顿。本县梁县长，鉴于上项各种情形，极力设法救济：将潮汕之门户，转移至东江之惠淡往返，业经迭次召开水客会议，除指导路程外，并负责维持沿途治安，派队护送，以免发生行不得之叹。查日来雇车至老隆，多（包雇车辆）取道惠淡，出国之侨胞，极为拥挤，沿途亦觉毫无阻碍。但因车辆缺乏，现仍有大量水客与侨胞，正在候车而往者，一俟车辆雇妥，即行离梅，惟此次各水客侨胞，蒙梁县长极力设法，保护周到，感激之余，特制以红绸金字匾额一张，上书爱护侨胞四字，经于本日（廿七）赠送梁县长，以留纪念。而梁县长乘此次大批水客往洋之便，特印就捐册多本，托各水客向海外侨胞请捐赠办理赈济本县义民药品及款项，闻经发出之捐册，已有五十余本云。

（《南洋商报》，1939 年 8 月 29 日第 26 版）

63. 《两宗义款，交由本报代转，经如数缴星华筹赈会》

丰通轮船职员概水客同人特将双十节献金国币三百元，及认月捐八九十三个月三百元，折合叻币一百八十元，交本报代转星华筹赈会。

又砂朥越木胶崇文学校学生，平日节省零食费所得赈款计第一教室一十六元八角七占，第二教室一十三元五角六占，第三教室一十三元一角四占，第四教师一十四元零五占；又教职员九月份月捐九元五角，合共越币六十七元一角二占，

252

亦请本报代转。该两条义捐，本报经已转交星华筹赈大会矣。

（《南洋商报》，1939 年 10 月 10 日第 8 版）

64.《由琼逃出两难妇，来星寻夫在港遇骗子，水客丧尽天良骗获巨款后图鬻妇为娼，被一琼人发觉报警将其拘捕送局究办》

据此间琼侨香港同乡来函，痛述某接水客丧尽天良，诬骗难妇巨款，复图卖妇为娼，原函照录如下：琼崖沦敌后，毗近沦陷区五里内之琼崖民众，因慑于暴敌屠杀淫威，不堪兽兵骚扰抢掠，均冒万险，涉重洋，纷纷向其以为安全地带之海外逃难，其中尤以年少无知妇女为最众。盖若辈皆足不越户之农村妇女，不知人心浇漓，且又缺乏出洋应有种种常识与经验，所以水客中之狡猾者流，乃目若辈为摇钱树，乘机渔利，多方敲诈，甚至奸污其身，复骗其财，使被奸被骗妇女在港坐旅店狱者，亦层见叠出，其居心狠毒实不堪耳闻。近有符姓水客者，既诬骗妇女巨款，复图拐诱妇女赴沪鬻卖之大骗案，竟被发觉，并经港政府拘获下狱，此天网恢恢，作恶者难逃天谴耶？兹将该案经过之始未录后，以为琼崖一般逃难妇女指路之南针：缘符××者，一仆仆广州湾香港间之水客也，年已逾而立，为人极狡猾，且嗜嫖赌如命，琼籍逃难妇女由湾来港而被其奸污敲诈者，已屡见不仅一见。十一月十三日上午十时太平洋轮船由湾抵港，符与焉，同其皆来者，有年届而立，颇具风姿之琼东县妇女二，该二妇女乃来港转轮赴叻寻夫者，故共有港币五百一十元，国币四百廿元，光洋二十元及大洋券一十元。抵港时，初入琼籍一旅店，符某侦悉一妇拥有巨款，存心诈骗，故甘言巧语，百般献其殷勤，一面借定购赴叻船票、私存巨款恐有遗失为由，劝二妇将该款交其代存，以防不测；另一面又以赴叻须由其他旅店落船为名，命二妇迁入干诺道中之广东旅居，二妇不知此乃骗局，均唯命是从，遂将款全数与之。而于翌日上午十时许迁入旅店，该符某以其骗计已售，更丧尽天良与一不知姓名之水客密谋，拐诱二妇赴沪，鬻人勾栏，以图厚利，讵事机泄露，被一琼人邢某所发觉，当即唤警将其拘捕，送局究辨。几经审讯后，符某乃直认不讳，此诚苍天有目，二逃难琼妇，始得化险为夷也。

（《南洋商报》，1939 年 12 月 6 日第 8 版）

65.《闽粤与香港水客来往频繁，英勇地冲破敌机轰炸网，在政府鼓励资金内流下汇款入内地，反有贴水》

我东江军事，正有加紧调整中，反攻似尚有待，而敌军攻势已疲，更无能力深入我内地，尽管扬言进犯惠州，总是空雷不雨。迩来敌人因为不得志于各战场愤无可泄乃以空军轰炸为能事，城市民房，目标较显，当然不免受其摧残，而吾人出入之东江交通线，亦为其投炸鹄的，舟车往来，颇受威胁，而旅客之困难，亦无法避免，此无庸讳言者。然而敌人欲破坏我交通，交通依然畅通；欲破坏我舟车，不知舟车藏在何处；欲毁我防御工事及军用品，亦无目标可寻，欲消灭我民众抗战意识，而民众抗战决心，反益坚定；敌人徒然消耗炸弹电油而已。吾人不入东江则已，入东江，则无处不可遇水客。此种水客，非南洋水客可比，南洋水客来南洋与家乡间，一年三四次，专替侨胞携带银信及南洋通用之货品，吾人已闻之熟矣，今所谓水客者，系指香港水客而言，单走香港与内地，带货为主，不带银信，举凡有利可图者，均可附带，出则土产，入则洋货，几无往而不利。最初获利之厚，比店铺生意有过之而无不及，盖店铺生意，无论如何旺相，必须开支店租伙食及店员工业，剩余获利，至多不过一二十巴仙而已。若水客仅支一笔往来川资，用费省俭用得多，而其获利当达数十巴仙，然而利之所在，人争趋之。因为水客好做，一般薄有资产苦无地盘之商人，遂纷纷改业水客，于是香港水客盛极一时，东江道上，络绎不绝。虽日在敌机威胁之下，亦无顾忌，约计之，香港水客有国币五千元以下之资本者，梅属约占二百余名，兴宁水客尚不在内，且以相识水客为限，至不相识者，及五千元以上之资本，并有商店为背景者，则无从统计，为数当亦不少，但水客增多后，货物充斥，供过于求，所蚀息钱，亦渐见微薄，以致又有水客难做之叹矣。因为水客办货日多，运输公司，乃应运而生，其办事处大多设在香港海旁干诺道上，约有十余家，沿途重要城市，亦设有分站，以资联络，专替商民包运货物，有包至淡水者，有包至老隆者，一切起落运载，均由其包办，报关纳税，亦可托其代办，但遇敌机轰炸损坏货物，则不负赔偿责任。其运货由主客双方商妥，即可付载，到指定地点交货鲜有失误。如纱一大件作重约四百斤，除沙渔涌至淡水一段路线要分十七八担，雇苦力担运外，一路都用船运，包至老隆为止，需费国币八十五元；老隆以上，因为车辆缺失，电油甚贵，则不肯包运，须自己负责。此间纱价在欧战未发时，每件不过港币二百元左右，今已涨至二百四十元，但内地纱价则未能如此间自由提高，销路最贵之兴宁，现仍值国币一千一百余元，由港运兴之纱，依照三三汇率计算，成本需千余元，获利已微乎其微矣。自抗战军兴后，政府为防止资金外流，以巩固金融基础，特宣布统制外汇，并限制携带纸币出口，每人不得超过国币二百元，金饰亦同受限制。若携带纸币入口，原无限制之必要，但在四邑似有特殊情形恐被入口纸币乱扰市场金融，或设法掉换逃避，不能不予以限制，在东江则严限制出口，入口则不禁。一般办货水客，以来港办货须用现款，外汇手续太繁，需时又久，如由银行汇出，汇水之高，令人骇怕，如国币百元，贴水廿元至五十元之多，如由商营钱庄汇驳，则用转账方法，可不受限制。汇水亦较低廉，每百元贴水数元至多十元，若由香港汇返内地，则毫无困难，可以平汇，无须贴水。最近且有反贴水与汇款八者，如汇国币千元，多则交九百七十八元，少则交九百四十元（零星汇款，不在此限），其原因系以氏收得汇水太高，尽可只对此间反贴水之额者，兼之代内地商人办货，支出款额不少，非吸还现金以充实资本不可也。

（《南洋商报》，1939 年 12 月 18 日第 19 版）

66. 《梅县政府停发出港证，老客妇孺仍照发》

（梅县通信）梅县府以查国民兵役证实施办法，限期三月底领证完毕，壮丁如有移动，应向所属乡镇公所取具路单，携同兵役证前往所在地乡镇公所登记以资查考。惟本府前据县属商学各界人士出外或往港向本府请发通行证，查明与兵役法无碍者，准予给证，以利通行。现定四月一日全国实行兵役证检查。自应遵照此项办法，切实办理，本府前发通行证办法，系属重复，亟应停止，以利推行。至未去兵役年龄之男子与妇女，在本国境内可自由通行，毋须发给通行证，又出洋证一项，除壮丁外（老客及水客例外）对于妇孺登岸，仍须领□取回码头税者，仍照准发出洋证，以利侨民，县府特通令各区乡镇知照云。

（《南洋商报》，1940 年 4 月 26 日第 19 版）

67. 《荷印实施外汇统制后，水客营业大困难，一部分华侨家属生活将受影响，水客联会函总领馆及商会代请当局通融》

（吧城航讯）自荷印当局实施外汇统制条例后，经营南洋水客业者，影响至巨。设当局不予以通融办法者，则水客势将停止营业。惟水客如果停止营业，则其影响其个人生活者小，影响华侨故乡家属之生活者大。盖数百年来闽粤人民，多仰给海外华侨信款之接济，而沟通祖国及南洋间消息及替侨胞携带银信者，则为水客。自汇兑庄成立后，水客之责任虽相当减轻，然海外华侨，散布之区域，至为广袤。所寄之数目无多，而有汇兑庄之设者，不外数个重大之商埠，故各地华侨之寄信款，仍以水客为便利。即在传音讯言，水客每年来往数次，其替华侨家属传达消息，当较亲切，回至原乡后，凡有来询问南洋亲属情况者，可尽情以告，迨彼南来时，华侨欲知原乡家属情况者，彼亦可缕述无遗。盖走水者其伙团有一定，其所携带之信款，非其同宗，则为其邻里者，故其维系南洋与祖国间之关系，至为重要也。惟自实施外汇统制条例后，其留居于爪哇之水客尚有百余人，且已收有各埠华侨之信款。而此时闽粤各地，正米荒严重，华侨家属之待南洋信款之接济者，为数之众，故为自身营业及家乡嗷嗷待哺之华侨家属计，特联名具函请求中国驻吧总领事馆葛总领事及吧城中华商会丘会长代向外汇统制局，据情接洽，恳予通融汇寄。同时渣华轮船公司，亦代为据情呈达外汇统制局，间总领事馆已允协同中华商会，代向统制局接洽云。兹将旅吧水客联合会致葛总领事及中华商会丘会长公函录下：

致总领函：

呈为国救国内贫民维持生活事：溯吾侨界旅居南岛，有数百年历史，吃苦耐劳，博得蝇头微利，接济家乡父母妻子，俾得于生活，不拘穷乡僻壤无不有吾侨之足迹。为适应侨胞环境利便接济家乡计，遂有水客之产生也。同人等经营此业常川往来国内南岛间，每年有三帮，沟通中外消息，侨胞咸称利便。盖此间侨胞散居各地，而家乡亦多居山僻之区，此种任务，非水客实难免隔膜也。兹者世界大局多故，荷政府亦受波及，政府在此非常时期紧急措置，迫得下令统制外汇，昔日吾侨之利便亦致受莫大影响。同人等为念国内贫苦同胞，悲惨生活，以及生命堪虞起见，曾极力设法奔走，以冀政府垂怜，予以通融。奈呼吁无门致归期一再迁延，长此以往，国内贫苦同胞难免为饿殍矣。故特具呈详告伏维钧座，体念国内灾黎，而予与援手，想政府慈善为怀，或能许可例外通融，与同人等过去每帮汇款额份，不独同人等之占感，即国内贫苦同胞亦受赐不浅矣。为此谨呈葛总领事钧鉴：（一）付呈渣华轮船公司统制局函件副稿；（二）付呈爪哇银行复悉原函；（三）付呈中华总商会副信稿；（四）付呈各水客平均每帮信款额详单。

旅吧城水客联合会会员黎若云等同敬呈

致商会函：

中华总商会丘会长暨执行委员列位先生大鉴：

敬启者，此次大局突遭变故。荷政府为应付紧急措置起见，下令统制外汇影响同人等所带家乡贫苦同胞救饿信款难以汇回也。窃思侨界散居南岛，各地寄信维艰，即家乡亦多居山僻之区，交款困难，设非水客常川往来于南岛间，吾侨界对于寄款家乡，或因困难而疏忽，影响原乡贫苦同胞生活费，诚非浅鲜。悯念及此，不禁恻然，责是之故，同人等曾极力奔走，冀能得政府特别通融。无如呼吁无门，徒唤奈何，维念会长暨列位先生，素以慈善为怀，且深明家乡老幼嗷嗷待哺之苦况，故特修草此函前来，望为鼎力设法俾同人等从来每帮信款额份，由政府明令准许汇回，不独同人等，深感大德，而家乡贫苦同胞，亦受赐不浅矣。临颖神驰，盼切之至，顺颂财祺。

旅吧城水客联合会会员黎若云等鞠躬

（六月三日）

（《南洋商报》，1940 年 6 月 6 日第 15 版）

68. 《荷印统制外汇对我侨无大影响，赈灾义款可照常汇寄，个人汇款月准一百盾》

日昨有英轮自吧城来星，记者晤该轮华人买办苏君于轮次，近以外间所传，荷印政府为充实战时财力，实施统制外汇，限禁汇款出口，包括侨汇在内。记者以此事关系巨甚，苏君新自吧城来，谅必知情，特以此为询。据苏君语称：关于此项消息，确属实情，荷印政府，曾严令禁止外汇出口，并禁止水客携带现款离荷。当时情形，颇为严重，嗣经我驻巴葛总领事，与荷印当局商定办法，关于赈灾义款，因属慈善性质，仍可照常汇寄。至华侨个人汇款，亦准予每人每月寄返荷银一百盾，约国币七百四十元；如为返国携带者，每人可携现银五百盾出口，约合国币三千八百元；至于水客携带现款离荷，经当局证明确属接济侨汇者，亦准予携带出口；故荷印虽实施统制外汇，对华侨国内眷属之赡养家费，寄汇尚感便利云。

（《南洋商报》，1940 年 7 月 1 日第 6 版）

69. 《水客杨承芳私带银信被罚款五十元》

大埔水客杨承芳携带汇款回单七十五张，因单背写有侨式文句，入港口时被警搜获，控之于案等情，经志前报。现该案经于本日下午三时正式提讯，法官谓带过额之民信，各无信牌者，即属有罪，因判罚五十元以儆云。

巴生记者

（《南洋商报》，1940 年 7 月 23 日晚版第 4 版）

70. 《我敌对粤侨汇争夺战，敌伪阴谋将侨汇集中日银行之手，我广东省行创立侨汇网并酌采水客汇送之方法，省行以优厚利息吸收信托存款达四百万元》

（韶关通讯）广东滨海，与外人通商最早，人民富有航海冒险精神，具刻苦耐劳品性，远在西人东来时即纷纷远渡重洋，从事建设，因是，今日之南洋，遂蔚成为广东人口之尾闾。每年侨汇数字达二万万元，抵销我国国际贸易入超数额，至可宝贵。自海口被封锁后，日人肆其经济之夺取，企图夺取我侨汇，其进行经过约如下：

一、伪侨务局

台湾拓殖社社长吉野近藏，近活动在汕头组织伪"侨务局"，专调查南洋华侨家属状况，且派妻登喜子到汕，领导"妇女团体"落乡"访问"华侨家属，施行"怀柔"政策。

二、"侨批公会"

汕头市原有专营华侨银信之批局银庄四十余家。潮汕沦陷后，日方台湾银行汕头分行，采用严密监督方式，强迫各批银庄发送银信，美其名曰接济华侨家属。因而有小部份银庄被迫复业，并在日方操纵之下组织"侨批公会"。去年十、十一两月经各被迫复业之商号汇入批款合计的七十五万元。各批局从外埠寄入之批信，原包取出时须逐一经日方登记盖章，始得向各银庄领款，因此旅外华侨住址，多被日方填入表册内。日方为吸收侨汇起见，并新定两种办法：（甲）各批局向邮局领取批信，如总额为两万元，即须缴出两万元国币向台湾银行换取日军用票，发给各侨胞家属；（乙）各批局在外埠联号当收得华侨银信后，如交送外埠之日本银行汇寄时，可由汕头台湾银行照额交国币与批局，发给华侨家属，阴谋将侨汇集中于日银行之手。

三、伪华侨银行

近台拓社社长吉野近藏，又派该社干员杉山三郎至潮汕，劝诱潮安商会会长许某等邀集各批局银庄组织伪华侨银行，资本中日各半，由台湾人暗中主持，从事金融捣乱阴谋，并以华人任董事之美名诱骗华侨银信局投资。广东省政府鉴于侨汇为粤省经济命脉，而日人谋我日亟，特由经办广东侨汇之广东省银行速为周密之应付，其所采行对策可以公告者，约有下列四点：

一、创立侨汇网

（一）省内方面：潮汕沦陷后，广东省银行旋即指定香港分行为今后侨汇经收机关，然后以梅县支行为经付总枢，辅以兴宁、大埔、丙村、松口、蕉岭、丰顺、老隆、河源、惠阳、饶平、揭阳、翁源、平远、潮阳、五华、普宁、陆丰等办事处；中山四邑侨汇，则以澳门支行为经付总枢；琼崖方面，亦设有琼崖办事处负责办理；其余未设行处县份，则规定凡以前经已设立之专设金库，改组为汇兑所，借以缜密联系侨汇，并期输送迅速。

（二）国外方面：谋直接接汇侨款，避免外人操纵，该行初与星加坡中国、华侨、万兴利三银行实行通汇；旋复于二十八年创立星加坡分行，作为经收南洋侨汇之总枢；并普遍特约国外代理处，业经订约者计有伦敦之中国银行、美兰银行、纽约之中国银行、大通银行及美国运通银行、三藩市之广东银行等，近并拟在侨胞众多之暹罗、荷印等地，普设行处，以吸收侨汇。

二、减免汇费、利便手续

省银行本为侨胞服务精神，除饬所属行处对于侨汇极力减低汇费外，并特别指定香港、澳门、广州湾等行处免费接做侨汇。在支付侨汇方面，除创立侨汇网外，并由侨汇众多行处在各乡市镇委托商店代付汇款，汇驳力求迅速，手续务达简单；且举办"航电联汇"，以航空信与电报联络，期收迅速接汇侨款之效。又由总行充分供给侨汇众多地区，潮汕、四邑各行处头寸，以便利侨胞汇款之支付并仿照原日潮汕批局习惯，举办水客登记，酌采水客送汇方法，使侨汇能送至乡间直接交与收款人。此外四邑方面侨汇多系"仄纸"，收款人如欲汇现，必须赴香港或付高额贴水委托当地银号代办，省行特饬台山支行尽量代收代办，酌收小额手续费。

三、维护侨眷

此外于华侨众多的行处增设华侨服务部份，举办侨胞家属登记，凡经登记之侨胞及其内地之家属，得享受下列各种便利：（一）委托该行调查侨民在海外或其家属在内地住址；（二）委托该行调查侨民在海外或其家属在内地之状况；（三）要求该行供给旅行上之一切知识；（四）委托该行汇款汇费特别低廉；（五）如将所汇之款存于该行，利息特别优厚；（六）代写书信；（七）代寄汇款回条。此外该行并办理侨眷小额放款，俾侨胞家属于特殊情形一时断绝接济时仍无冻馁之虞。国外方面，则在星加坡分行设立服务股，专资为侨胞服务。

四、代办投资

省行对于侨汇存款，一律优给利息，借此吸收侨汇游资，并定有信托代办投资办法，以优厚利息丰富红利吸收信托存款，此种存款额近激增达四百余万元。盖是项代办投资方式，其可靠程度胜于侨胞自行经营也。

上述各种工作开展后，广东省银行经办侨汇数字，由二十七年之二三，九六一，零零零，零零元增至廿八年之二零，五二二，七七八，三七元，而本年一月至四月之四个月数字达三四，六二五，六九二，零零元，超过去年全年数字，敌人狡计毒谋至此已粉碎无遗矣。

（《南洋商报》，1940 年 9 月 9 日第 23 版）

71. 《巨港海关解释，外货入口证明书，新加坡货品输入荷印，须有海关或荷领证明》

关于十月一日起外货入口须附出产地证明书，商人颇多尚不知其确实办法者。现查巨港海关已有解释，略谓：新嘉坡货品输入荷印，须有该地海关、国产税总办、进出口登记员、荷关领事馆（证明荷货）、英人商会（证明英货）各机关之一所发证明书，香港、上海、厦门、汕头等品，须有渣华轮船公司经理人证明书。邮包入口而需外汇者，亦应附有证明书，方合手续，水客带货进口免用证明书，惟须填报廿三号表格云。

（《南洋商报》，1940年10月1日第15版）

72.《坤星水客林阿礼，带款逾额被扣留，现正在坤甸审讯中》

上月廿四日星坤定期轮由坤出门，有星坤水客林阿礼，附该轮往星。林君除带已请准许证之现款一千盾外，当渠要落船时，适有同侨某某二顾主，共还他三百盾，林君随手置入衣袋中。因匆匆登轮，忘记向海关报告。旅客出口依例须检查行李及搜身，关员旋在林君身上搜出一千三百余盾，林君连人带款即遭扣留。嗣林君得人担保释出在外候讯，款则被扣留，现正审讯中。闻林君以此次携逾额现款出口，系无心触犯条例，拟请政府予以原宥云。

驻坤甸记者

（《南洋商报》，1940年10月8日第14版）

73.《广东当局注意侨汇，举办航电联汇，梅县中行为经收总枢，并酌采水客送汇方法》

（梅县通信）粤当局鉴于侨汇为粤省经济命脉，顷特创立全粤侨汇网，极力减低侨汇费，并特别指定香港及澳门等行处免费接递侨汇，兹并举办"航电联汇"，利用航空信及电报之迅速传递办法，互相联络，期收迅速接汇侨款之效。同时，并仿照原日潮汕信局习惯，举办水客登记，酌采水客送汇方法，使侨汇能送至乡间，直接交与收款人。至于侨汇属于"支票"者，收款人如欲兑现，须在内地赴香港或付高额贴本委托当地代办，该银行特饬令台山支行等，尽量代收代办，或酌量收小额手续费，然后转交香港省行办理。关于侨汇网组成，除香港之分行，已被指定为侨汇之经收机关外，但仍以梅县支行为经收总枢，辅以兴宁、大埔、丙村、松口、蕉岭、丰顺、老隆、河婆、惠阳、饶平、揭阳、平远、潮阳、五华、普宁、陆丰等办事处；中山四邑侨区，则以澳门支行为经付总枢；琼崖方面，亦设有琼崖办事处，负责办理；其余未设行处地方，则规定凡以前经已设立之专设金库，改其为汇兑所，借以缜密联系侨汇，并期轮送迅速。至于为谋国外方面之直接汇递侨款，除以借加坡分行为经收南洋侨汇之总枢外，并普遍特约国外代理处，如伦敦之中国银行、美国银行，纽约之中国银行、大通银行及美国运通银行、三藩市之广东银行等。现据关系方面统计，由本年一月迄八月止，华侨汇数已达六四，零零零，零零零，零零元，仅此八个月，已较去年全年增加两倍有奇矣。广东省银行，兹并拟于香港分行为其他华侨众多之行处，增设华侨服务部。该华侨服务部，办理侨务，计划有下列各种：（一）华侨能委托该行调查侨民在海外，或其家属在内地之住址；（二）能委托该行调查华侨在海外或其家属在内地之情况；（三）可要求该行供给旅行上之一切知识；（四）委托该行汇款，汇费特别低廉；（五）如即汇之款，存贮该行，利息特别优厚；（六）代写书信，代寄汇款回乡。此外该行并联同举办，一种侨眷小额放款，俾侨胞家属遇特殊情形，一时断绝接济时，仍无冻馁之虞。盖此服务部，计划完成，在国内各省银行分行，当即举办侨胞家属登记。凡经登记之侨胞，及其内地家属，由该行发给登记证，俾办理时易着手。又据该行港分行职员君谈："省行对于侨汇存款，一律优给利息，借以吸收侨汇游资，并定有信托代办投资办法，以优厚利息，丰富红利，吸收信托存款，已激增达四百余万元，因此项代办投资方式，其可靠程度胜于侨胞自行经营也。"（完）

（《南洋商报》，1940 年 10 月 29 日第 23 版）

74.《水客》

□上。在有银行之地方，货物由水客输入，则此种输入得依无银行地方对海峡殖民地商业条例办理之。

（《南洋商报》，1940 年 12 月 18 日第 6 版）

75.《坤甸侨团决演剧助赈，联合各水客四月间举行》

自祖国全面抗战发动后，坤甸同侨除捐输特别捐，及认缴常月捐外，各侨团工商各行同人，更先后分别联合成立醵金演剧助赈团。由慈善会编定每月公演两次，每次收入成绩均相当可观，四十余个月来，未尝中辍。兹探悉其演期已编至今年四月云，顷获悉本坡来往祖国、星洲、吧城、卡江暨沿海各埠之吾侨水客，亦当仁不让，由热心者发起大联合成立醵金演剧助赈团，惟各水客以留埠时间极暂，经而请华侨励志社代为主持进行事宜云。

驻坤甸记者

[《南洋商报》，1941 年 1 月 8 日第 4 张（十三）]

76.《广东省银行订有利便侨汇办法》

查自暴敌发动侵华战争以来，其国内经济竭泽而渔，早达山穷水尽之境。为谋挹兹注彼计，敌特在沦陷区阴谋攘夺侨汇，套取外汇，种种奸计，迭经本报揭载，并促侨胞汇寄家款，应交由国家银行寄汇，以免资敌。关于对敌谋套取侨汇之对付办法，言其大要：（一）应将汇款交由国营银行或其委托之银行（如华侨银行）汇寄；（二）改购当地外币汇票或本票邮寄香港中国银行或交通银行按址转解；（三）批业局（民信局）应将沦陷区内而与其有往来之批局设法迁出，或设立分号于邻县，以免受敌伪控制。关于此层财政部与广东省政府已议定严厉处罚办法，各情亦志上年七月本报。兹复据关系方面消息，广东省政府近以抗战进入第二阶段经济与军事同其重要，吸集及保护侨汇，即所以增厚抗战资源，与敌人争取经济上之胜利，自应加紧推进，以期达到此目的，广东省银行爰经于新嘉坡及香港等地先后成立分行，以资办理，并订有利便侨汇办法，以资统筹，兹将该项利便侨汇办法，抄载于后：

一，在东江繁盛区域增设华侨服务机构。

二，联络批局、水客一致推动服务侨胞工作。

三，潮梅各属间内地汇款应减低运送费及手续费，合计以不超过百分之一为原则，其汇额不加限制。

四，对批局、水客记汇款项交收，务求迅速，并酌予优待。

五，关于批局水客收取汇款手续务求简单，并予以便利。

六，凡以侨汇拨存本行者，一律酌增利息，以资鼓励。

七，推行侨胞家属信用借款并增加借额。

八，请各批局通知各联号径向新加坡及香港粤省行汇入内地，由省行力予便利，以期敏捷。

[《南洋商报》，1941 年 2 月 26 日晚版（三）]

77.《输入荷印货品包装禁止印有卐字花边，当局指该卐字系纳粹党标志，星洲一水客带进烟纸被没收》

新嘉坡水客吴君，前星期在星采办马来亚土制之烟纸一百匣输入巨港，缴纳入口税领出售与市上，并无异故发生。七月廿一日由星到巨，该水客再办进烟纸一百匣，忽被海关扣留，不许领出，旋巨港警察向各大小商店搜封前期输入之烟纸，该水客莫知究竟，深为骇异。嗣后由商会以电话向海关查问原因，方知烟纸包皮有黑地白字之卐（万）字花边，或与荷印政府颁布禁用德国纳粹党万字符号之法令有所抵触之故，此事将来必交法庭审判。但德国纳粹之万字系黑色，该烟纸所印者为白色，以多个万字缀成花边，乃图案书之所常有。该水客系向星洲市面买得，既非自制，又无存心，于情于理可望无罪，并当斯世，随时随地均有触犯法律可能，何其不幸耶。

驻巨港记者

[《南洋商报》，1941 年 7 月 25 日第 3 张（九）]

78. 《南洋归国侨胞，敌伪肆意敲诈，现滞厦者尚二千余人》

（本报驻泉州通讯员七月七日航讯）南洋各埠华侨，自太平洋风云日，亟咸感不安，束装返国者日众，因此引起厦门敌伪之垂涎。近查归国侨胞停滞厦岛，未得转入内地者，计达二千余人，此等归侨，被敌伪无故留难，肆意敲诈，几无以为生云。

（本报驻漳州通讯员七月十二日航讯）近来滞居内地水客侨胞，因亟待出国，多有间道冒险汕头沦陷区，乘船赴港者。其中情形，已志各报。记者前晤及由汕折回之某君谈称："闽粤各地确有往汕出国者，然抵汕后始知上当。缘英国轮船每月仅三只航行汕港间，每次只许搭客三十人，而其船只全由各店业分配，约平均每间只有一张，且票价昂贵，由汕往港每人即须国币三百元，登船前且须经敌伪施打毒针，始准放行，因此多数均失望而回。入汕市时，敌伪兵检查颇严，偶应对不慎，即遭凌辱，汕市市面甚为冷谈，入夜八时，路无行人。劫掠奸淫之事，已成司空见惯。"

（《南洋商报》，1941 年 8 月 21 日综合第 1 张第 4 版）

79. 《荷印华侨申请侨汇，首期须在一月四日以前办理》

（巴城通讯）据中行消息：关于侨汇之登记，现已改为申请，其手续将简化，自即日起侨胞需要款接济家属者，可带居留字亲到中行申请，一次办完。自外汇统制局批准发还后，即交与各申请人存执，第一期申请系为明年元月至三月份之额，最迟申请期为元月四日以前，越期须俟四月一日方能申请第二期者，凡在本月九、十两日向中行登记者，应回该行补签字以完手续。又关信局及水客之申请手续将大为简化，暂时无须报告一九三九及一九四零年之收汇情形，详情可询该行，现因格式不敷分配赶印中，不日可分发信局及水客暨各地中华总商会应用。

（《南洋商报》，1946 年 12 月 31 日第 7 版）

80.《荷印当局经规定荷币对外汇率　民信局及水客之汇款均须直接向银行申请》

（棉兰通讯）关于开放侨汇消息，已迭志本报。前日，本报复从棉市有关方面探得确实消息，据称：开放侨汇之事，在原则上当可于日内实现。东印度之荷方辖地各银行，已可正式通知其雇客，倘欲汇款以赡养其在国内之家眷者，可办理申请手续，每一次可申请三个月之汇额。第一期之申请书，必须于明年元月四日以前，寄抵巴城；倘请汇者之申请书，逾期始行申请者，则该申请移归第二期（四月一日以后）办理，经外汇统制局核定后，始得汇寄。接理民信之民间汇兑局，及操水客而兼办汇兑者，均须向银行申请。其所得汇额，俟政府决定后，由银行通知，及通知其应汇取之银币（例如兑换美金或叻币）云。

据有关方面消息：侨胞汇款数目当照战前办法，则每人每月可汇荷币五十盾。惟据另一有关方面消息：即谓每人每月仅能汇出战前规定之五十盾之半数（即廿五盾）。此两项消息究属如何？谅日内当有正式公布也。

又据有关方面消息：荷币对外汇率，官方经规定如下：荷币六十七盾六十二仙半可兑换香港币一百元，一百廿六盾卅七仙半可换叻币一百元。汇付上海者，以美金计算，官定汇价为荷币二盾六十六仙换取美金一元。

（又讯）本棉元盛行及吉兴两汇兑部，以侨汇开放在即，同侨之欲汇寄款项赡养家眷者，或未明须办之申请手续。为便利侨胞之汇款起见，特本为同侨服务之旨，而开始替侨胞办理申请手续；同侨欲免额满见遗而预作未雨绸缪者，可持本人之居留证向该号登记。俟荷方当局公布申请格式后，则已登记者即可获优先权而依序汇款云。

（据巴城讯）荷方外汇统制局通告各银行：累积款项之转寄办法，适用于在日人投降后曾经参加复兴工作之人而其人业已永久离开印尼者。该关系人必须提出其充分证据以便声（申）请准字，外汇统制局在原则上决定。准许华侨、印度侨民及阿拉伯侨民汇寄家庭生活费，各关系人可向各银行申请云。

又据巴城中行消息：关于侨汇登记现已改为申请，其手续将简化。自十一日起侨胞需要汇款接济家属者，可带居留字亲到中行申请，一次办完。俟外汇统制局批准发还后，即交与各申请人存执。第一期申请系为明年元月至三月份之额，最迟申请期为元月四日以前。越期须俟四月一日方能申请第二期者。凡在本月九、十两日向中行登记者，应向该行补办签字以完手续。又关于信局及水客之申请手续将大为简化，暂时无须报告一九三九及一九四零年之收汇情形。详情可询问该行云。

（《南洋商报》，1947年1月10日第5版）

81.《归国侨胞，勿为水客欺骗，携违禁品漏税》

驻星总领事馆昨接侨务委员会江门侨务局二月十五日代电称：查本局自复员此间办公，瞬经年余，对于召开新恩赤鹤及西江南路各县侨民侨眷法益，均秉承中央爱侨护侨德意，竭诚保障及维护。抗战以前，本局辖区内各县归国侨胞，道经江门北街，因鉴海关检查，每多非法留难，侨胞苦之，自经本局商恰改良，现已日趋简化。且每日港船抵达，本局必派有职员到码头招待指导，绝无留难情事。惟间有等侨胞，每因利欲心重，以为己身系属华侨，携带大量货物，政府亦可优待，免查免税。或有被水客巡城马欺骗，搭带货物及违禁品在行李内，希图瞒税谋利，此种差解及利重观念，若不预为知喻，一旦被海关查获，影响侨胞声誉甚大，相应电达查照，务请转知归国侨胞：若非礼物及自用必需行李，切勿冒险尝试携带，尤须注意水客及巡城马之利用，以免海关扣留行李。

(《南洋商报》，1947 年 3 月 15 日第 6 版)

82.《生活苦压黄金时代已过，棉华侨纷请免费返国，回国机工则流离颠沛于上海欲归不得，发起人重申当日约法决函请领事设法》

（四月七日本报棉兰特讯）棉兰地区自受封锁以还商业非常衰落，颇多工业亦趋停顿。自荷方公布每位返国华侨可领外汇二百五十盾后，一班的水客因着外汇关系，经营一种特殊生意，免费优送华侨返国。受生活苦压之华侨，则利用这种机会，纷纷要求免费返家。记者于是日曾走访大埔水客罗孟兴氏，当记者抵达其办事处时罗水客因事外出，由其办事员李君招待，依李君云：前来登记之华侨将达三百名，回国手续已办理完竣者，亦将近二百，手续已经办理妥当者，可能于本期高福士轮经星返国云。

自苏岛回国服务团团长黄炳光，来函报告该团回国服务九年之经过，胜利后在沪生活状况，对复员之南返经费请求我国驻棉领事及全体华侨之协助。此事引起苏华机工服务团发起人之特别注意，于是日假座中华仁善会客厅，举行商讨会，讨论如何协助该团机工南返问题。到席者计有陈庆山、伍宝才、黄锡歆、黄瑞禅、杨成发、陈佳传、陈光回、黄鸣鸿等。首由主席钟山富君报告该团产生之经过及回国服务之情景，依称：该团未返国前，曾与政府南来之代表，商妥回国服务办法。依该法则之规定：服务期为二年，服务期满，官费遣送南返，如服务未满二年而欲南返，则南返之经费，应由该团自行负责。

该团启程返国后，未居贰年，而太平洋战事爆发，该团机工遂一致服务迄今。去年十二月间接到黄团长之函报告该团服务经过以及胜利后调沪消息，自调沪后，月入甚微，望协助南返。依钟君宣称：“我自接获此信后，即函领馆，请求转呈政府，改善该团待遇。此事办理完竣后，黄团长于三月十九日发来一信，谓已得外部复函，表示关心该团团员生活情况；同时说明渠等恐短期内不克南返，如能得海外华侨按月之援助，渠等愿意继续为祖国服务。"钟君报告毕，即由到席者发表各种意见，嗣决定函领馆，转呈政府，请调查苏岛留驻祖国之机工人员数目，并请求协助，如政府认为需要该批机工服务，则来日请设法遣送南返，否则即设法筹募川资协助南返，此后如何处置，俟政府函复后，始行决定。同时函黄团长，请列表报告团员人数及其家属，以便筹划协助，此会讨论至七时始告散会云。

(《南洋商报》，1947 年 4 月 11 日第 8 版)

83. 《水客代携唐山妇女旅途之中设计诱奸，被乃夫发觉后赔偿五百元》

（马六甲廿八日讯）近日此间传闻发生一宗水客诱奸妇女怪闻，其中情节殊属荒唐之极。兹特探志于下：

本坡华侨林某，因其子年已大，欲为其解决终身大事，乃托水客何某，代由唐山携带一女子南来，为其完婚。讵料何某乃一色中饿鬼，在旅途中竟将该女子蓝某设计诱奸，并私下订约，如到林某家中不愿与其子结婚时，彼可赔偿林某所费之一切损失。嗣何某将蓝氏送到林家后，即离甲他往，而蓝氏果然拒绝与林某之子成婚。林某无法，乃认伊为干女，后又凭媒许嫁某药店伙计，成婚之日，新郎乃倾其积蓄，大宴宾客，一场热闹。待至新郎归洞房后，新娘竟硬不上床，引起新郎不胜惊奇，再三质问，蓝氏始将前事和盘托出，新郎怒愤填胸，乃找媒人与林某理论。林某闻悉，即四出追寻何某，卒获得并拉其来甲解决纠纷。事经谈判，结果由何某赔偿五百元与新郎了事云。

(《南洋商报》，1947 年 12 月 4 日第 7 版)

84. 《来函照登水客与唐山女事》

本报本月四日，关于水客代携少女消息，兹据该少女本身来馆声称，并无被水客何君诱奸之事，所谓五百元赔偿费乃该女向何君所借作为赎身者。现该女暂寄居何君寓云，兹将该少女来函照登如下：

南洋商报编辑部

执事先生公鉴：前阅贵报于十二月四日第七版马六甲通讯一则，对于所刊事实与本人此次所发生婚姻问题之过程中有所不符同，并有碍水客何君之职业。本人恻隐之心确不忍睹，为正义起见，特为辟谣。况本人受新教育之潮流，对于父

266

母之命、媒约（妁）之言盲目婚姻，本人极端反对，所谓私下订约前事和盘托出此等语，全系不确。对于本人此次婚姻问题发生波折，因一时受恶环境所包围，再由水客蓝某作媒与何君绝无关系，亦无受他人之诱奸等情，沿途并蒙何君忠诚照顾，毫无苟且，本人铭感五中。兹因身入虎穴，举目无亲之际，迫不得已恳求何君惠借叻币五百元，为赎身用费。据贵报所刊系何君赔偿损失了事，与事实完全不符，特函贵报更正，以明真象，借诉冤情，此颂编安。

中华民国三十六年十二月气日

小妹蓝羡谨

（《南洋商报》，1947 年 12 月 10 日第 7 版）

85.《潮汕侨汇不停，厦门侨汇停止乃系地方性质》

本坡闽侨汇兑公会，前日接获厦门市银信商业同业公会来电称，遵奉侨管会所属侨汇，由十一月一日起，侨信暂停收寄，业由该会议决遵照办理，通告同业，即日暂停收汇外，并去电详询一切。诸情已载于昨报。

昨午后记者往访此间潮侨汇兑途商，询及最近有关该属国内外侨汇动态，承告详情如下。

本坡闽侨汇业公会，前准厦市银信公会，转奉侨管会令，已照暂收侨汇至本月底。惟潮侨汇至兹为止，除前奉侨汇须经政府指定银行外，其他则未闻接到汕头当局及同业间转达，有如上述等讯息。厦门暂停侨汇一事，或系该地方性质，亟待促进金管事宜所致云。

对于最近潮侨民信汇业情形，本月以来，因国内有数商港巨埠，通汇金圆，多数转趋黑市，贬值如水银泻地，几达三分之二。汕头方面，则多仍按官定汇价，但据传此间只有极少数潮侨汇商或水客以穷通应变手法，转由某金管较松地区，以黑市金圆汇率套进。现在星市正常汇业萧寂，低落八十巴仙，盖侨界既感海外环境不景，谋生艰难，苦乏丰资汇返祖国，或难顾念梓里物价腾贵，亟待赡养，惟受金圆黑市汇率看落，虽有意汇寄，徒见食亏而越趄不前，乃造成进退艰难之汇业状况，诚和平后最黯淡时期也。

另近据本坡数民信汇业，接到汕头侨汇途商电信报道，略谓：汕头有关侨信当局，本秋来重申严厉管理，汕头民信业条例：凡汕市自民国卅六年秋开始经营侨汇民信之商号，及以前侨汇商旧执照上，并无登记所代理之南洋客号名称者，概将实行取缔，不准按照前订优待"侨信封包"办法。

按新加坡近年侨汇发达，股实汇商向汕头自创民信汇局数所，此外因自由转

267

换汕头收汇代理处尤多，闻讯至为惶惑。查各民信汇兑商在南洋各地区，皆获当局所承认并予以爱护。惟我闽粤邮政当局则诸多发生严厉对付我侨汇情事，今者汕头邮局，复将不予优待汇业侨信封包，殊使侨民不便云。

（《南洋商报》，1948 年 10 月 29 日第 6 版）

86.《市情不景只得转移生活目标，琼侨返国日多，转业为水客者数见不鲜》

本坡琼侨因南洋市情不景，经商就业，均属不易，或因家口众多，食指浩繁，以勤劳所得，不足以维持生计，不得不转移生活目标，纷纷回国，另谋发展者大有人在。据记者所知，最近返回琼崖各重要市镇，经营商业者，日见增加，尤其是转业为水客者，为数特多，计有劳工、小商人、教员等。

闻一般水客由南洋购办货品，运往海口，获利甚厚，而购运出口之货物，以日用品为最多，如衣料、罐头、食品、火水、咖啡豆、自由车、汽车胶轮之类。

查我国战后，统制外汇，舶来商品不能自由进口，海口一地亦不能例外。货价奇昂，一般客商，乘此机会，分批运入，得利倍蓰，据海口来客称：目前海口一地，舶来商品，价格虽贵，惟形形色色，应有尽有，只要有钱，一出门口，即可买到。

据熟悉内情者称：水客带货，返回海口，虽易获利，惟微利难图，甚至蚀本者，亦数见不鲜。闻目前海口市，价钱最好之货品，为咖啡豆、火水、自由车、树胶鞋等，倘能运入获利至三四倍之多，而羊毛衣料以及绒线等，市价尤佳，因时值多季，祖国严寒，琼崖地处温带，虽无积雪天气亦凉，御寒被服，宁不购置。

一般客商最感难以应付者，为海口市商家，闻海口商人，每逢客轮抵步（埠），必将物价降低，以便贱价收买，囤积居奇，常使一般水客，有为谁辛苦为谁忙之感。

海口琼海关当局，对于归侨时有留难，所携行李，必须严格检查，且有宪兵部及督察处派员登轮监视。遇有货品，必课重税，时使归侨难堪。闻海关当局，除极少数量者外，均须课税，价值在美金五百元以内，课以普通关税，超出美金五百元之商品，则予以扣留，课以重税，并予严重处罚，如遇此种情形，纵使货物，得以领回，但货值已超出一般市价，势必亏本，故一般客商多将所携商品，分成小批，以避免海关征税云。

据悉一般客商，为使所带货物顺利过关有大走其内线者，亦时有所闻，如事前与关员联系，一俟货品到达，略一检查，即予放行，而客商此时，必须将所有商品，迅速移去，否则再遇关员到查，则够麻烦矣。

更有神通广大之客商，事前与军政要员联络，指定一部份货物相馈赠，约期登轮提领，把该客商所办货物，尽行提去，倘若为关员或宪兵所见，亦不敢干涉云。

（《南洋商报》，1949 年 1 月 13 日第 5 版）

87. 《荷印华侨水客获有自备外汇，惟只限于携带物品由港输入，老水客仅得享受每人三千盾》

（巴城航讯）水客沟通侨汇厥功不可埋没，战前每名水客得外汇一万零三元港币，战后各商时有外汇，惟水客独付缺如，迭经水客公会交涉，亦无效果。近闻公会接得当局通知：凡属战前水客，享有外汇权益者，准许每人自备外汇，港币四千五百元，约值荷币三千盾，惟该外汇只许采办两种货品：（一）食品：如石膏、尤（鱿）鱼。（二）丹膏丸散（表列后），新水客不能享受，至于输出方面，亦无下文。

水客公会以新水客亦属会员之一，且历史权益经已取消，拟呈文当局一律待遇，并请求在输出方面予以通融。另有水客，每帮携带洋参或少许高丽参（供自用或亲友委托）。惟海关当局对此物输入，迄无明文规定，间有水客被认为违例，罚款达千盾或数百不等，闻水客公会现亦正准备向海关接洽，以资划一云。

至于当局准许输入之药品如下：抱龙丸、苏合丸、宁坤丸、乌金丸、益母丸、牛黄丸、白凤丸、六味丸、八味丸、疳积丸、痢疾散、如意油、普救丸、万灵丸、保济丸、惊风丸、保婴丸、甘和茶、十灵丹、回春丹、去风散、盐蛇散、利中丸、气痛散、保心丸、调经丸、惊风散、除风散、八卦丹、万金油、清快水、头痛粉。

当局准许输入之物资如下：菜燕丝、乌米醋、莲藕、荸荠、针菜、咸菜、冬菜、四色菜、罐头水笋、桶装大坛装咸菜、冬粉豆腐皮、鱼味、罐装鲍鱼、尤（鱿）鱼、浙皮淡菜、罐装什锦、地甫（脯）、罐装谷鱼、味精粉、豆腐干类、红乌枣龙眼荔枝干果、咸梅咸榄咸果类、甜榄甜果类、菜甫（脯）、麻油、石膏（做豆腐用）枧水、莲子罐头。

按以上各物，只限于巴城输入，他埠海关概不办理。各物输入，必须打载，并取得载纸。

（《南洋商报》，1949 年 4 月 15 日第 4 版）

88.《闽粤边区全国券不流通，买卖均用米作标准》（节选）

恶水客被清算

闽粤边区是许多南洋华侨的故乡，这一地区的经济，抽出了侨汇是不可思议的。但外币回国转化为国币后，恶性通货膨胀的毒素，立刻使侨汇收款人蒙受致命的打击。跟着金圆券被此地驱逐出境，华侨寄款也径汇港币了。惟同时，跟着金圆券戏法被民众戳穿，从往年寄汇法币的尘封记忆中，直至最近一帮寄的金圆，华侨家属屈指一算，过去被黑心水客利用时间因素，抢夺了偌大币值的黑幕，便一宗宗、一件件回味过来了。解放军优待华侨条例中，虽有保护民信局与水客条文，然系指正常的水客而言；若系超经济剥削，致损伤侨眷，终被民众控诉之恶水客，则不在此列。

吮吸我侨血液的黑心水客，时间真是黄金。他们越在汕头、厦门多狂嫖浪赌一天，其所应交给侨眷的金圆券便越贬值一天，连年我侨以法币金圆形式寄汇的钱，被一拖再拖，致实收不足叻币原值百分之一者，已经不算"新闻"。住在山僻边区的，家中没有识字男人的华侨在乡眷属，还有"日本时代"寄汇的钱，迄今未清的呢！此外又还有经手公款的，利用乡下人向来不知内幕，且亦不愿因公益而结私怨的弱点，把若干年前足以建造百十间店房的百十万元私吞了。如今拿出三几角金圆券就足够缴数清手续；何况公款的捐款人又是千百散处海外的华侨，更无人出头究问了。如此间×乡李族，抗战前在爪哇同族中捐足一座小学校的建筑费，及其后全体学生免费的基金，共计十余万元，尽被经手该款之乡长"化公为私"，仅存计划书、蓝图、缘簿各一份。直至乡人密告，解放军清查，乡长逃跑，大家才知道如此这般。

群众的诉苦大会，个别受害侨眷的控告，作恶的侨蠹，便可能被清算出来。最近此间已有越南水客某，被其本乡百姓向解放军控告：说他将远在对日战争时从越南捐来筑桥的公款，"依银行息"借用了去，私放高利贷，致使桥建不成，款已化为乌有云云。解放军已将此水客拘留，要让他听候民众公审。惟事亦有幸有不幸，另外还有更长久拖延侨汇，乃至干脆吞没公款的，倒平安无事。惟法币金圆戏法既已被拆穿西洋镜，解放军复又愿意为受害者申泄不平，则黑良心水客之必将被群众及华侨所联合清算，是势所必至的，惩办了那些害群之马，正当水客在奖励与保护之下，便必然展开其正常业务。

（《南洋商报》，1949 年 5 月 20 日第 3 版）

（二）《星洲日报》

1.《荷报记者与前任爪哇银行长之谈话——称赞中国水客之诚实　大规模银行终有实现》

（吧城讯）前任爪哇银行行长西粦雅氏离开荷属五年后，近日又重游吧城，下榻于摩连弗士印第旅馆。荷文爪哇公报记者西氏为经济界中人，对于近世经济状况必大有发挥，遂行造访。兹特将该记者与西粦雅氏谈话中之关于华人与银行界之谈话节录如下。记者问："昔日有人邀请阁下经理华人在中国设立之银行，为何此事不能实现？"西粦雅氏答称："君所问者全属子虚，不过有吾之华籍友人多名当欲组织银行时，曾征求吾之意见，吾教之一切计划。后因中国发生内争，遂不能实现。虽然如此，吾始终□到东亚大局不问其如何，南洋终必有华人资本雄厚之银行设立。盖中国人本有银行家性质。此则在中国上古之历史可以考证。当其时银行业之工作已为人重视。而其根本乃系中国人之诚实，迄今乃犹不改。吾仅将常用往来中国内地及国外，为亲戚朋友带送银信之华人水客对君言之，吾从来未闻有一水客将人所信托带送之款项挟之潜逃。故中国人之有资格为银行家已有良好之根底。不过虽然如此，惟倡办之始，在数年之中必须得西人之领导，以后即可自行经理，其稳固及发达，当能与西人最大银行并驾齐驱。惟关于中国之大局现尚如此。此种银行在何时能以实现，刻下未敢断言。但据吾之观察，此种银行必有实现之一日。中国将来之发展，必能步日本之后尘。此则吾认到南洋亦必大受影响，盖因南洋砂糖输出必即行增加，故吾深信渣华轮船公司日后必因此而大发展云。"

（《星洲日报》，1929 年 3 月 21 日第 4 张第 15 版）

2.《水客娶妇乘兴南游——安抵吧城后少妇被人拐逃　报警缉捕在盾埠双双获拘》

（茂勿通讯）水客陈某在国内新娶一妇，挈之南渡。日前到达吧城，寓居超然旅社。适同寓有黄某者，固登徒子之流亚，乘间蛊惑陈妇，乃于月之十九日午后二时诱妇潜逃，匿居于冬墟某宅，双双共宿一宵，翌晨即携妇同往苏甲巫眉。迨陈某发觉黄之诱拐行为后，立即报警。陈固认识黄某，知黄在茂勿属之芝克勤德开设商店，遂由吧警移交茂勿警署协捕。经茂勿警官派员值缉。于本月二十一日在苏甲勿眉双双弋获，解来茂勿。由茂勿警官会同雷珍兰、曾森海君一度豫审。陈妇正在妙龄，羞羞涩涩吞吞吐吐叙述伊之被拐经过情形。据供在于冬墟

271

时曾□黄某共拐，到苏甲巫眉时则与二妇同□，警官□□□□□中□审。妇已羞得满面通红。曾森海君为顾全陈妇颜面起见，雅不愿澈（彻）底穷究。豫审于是暂告结束，黄某则下狱羁押。此案发生地点在吧城，大约将移交吧城警署发落云。

（《星洲日报》，1930 年 7 月 1 日第 18 版）

3.《水客彭桂发被控私藏人子及诱嫁人妇案——怡保初级法庭已审决判彭苦监十五月》

（怡保通讯）昨本坡第一初级法庭提讯一宗诱卖妇女案，被告为彭桂发，张凤又名高老婆，何三又名斯甘婆，黄亚桃，钟共，雷学冰六名，主控者为华民护司，此案审问几费整日之时间，各人证被告之口供极为繁长，惟所供一切情形，与本报去年十二月十九日早版马来亚栏所载，无甚出入，记者为节省篇幅起见（特从略）。

官于各证供完毕后，判第一被告彭桂发十五月苦监，高老婆、斯甘婆警诫后释放，黄阿桃①聘有律师辩护，亦无罪省释，钟共同彭桂发关禁妇女罚款一百五十元或四月苦监，雷学冰姑念其已耗去百元从轻处判罚款卅元（十日）。

（《星洲日报》，1936 年 1 月 14 日第 3 张第 11 版）

4.《高抬出洋票价，汕市府严定罚则——多收五十元以上者罚银千元　受罚二次以上吊销营业牌照》

（汕头通讯）本市海外华侨公会，为票商任意抬高出洋票价，居奇苛索事，曾发生（力争船票加价宣言书），及呈请侨务委员会通函闽粤两省政府，令饬严加取缔，昨该会经接侨委会列福管字第五十五号指令一件，略谓："案查前据该会呈请，为票商垄断票价，旅栈欺骗新客，呈请准予通函粤闽两省政府，令饬严加取缔拘办"等情。当经据情转函福建、广东两省政府饬属详查事实，按律究办，以免出国人民多受痛苦，并批复书照在案，兹准广东省政府民字第一五九〇号公函略开："案查前据民政厅呈请核示关于汕头市政府，拟具取缔抬高星槟船票价罚则一案，当经饬由秘书号函送设计委员会审查去后，旋据签复，以准该会将罚则修正送还核陈核示前来，复经照原函所请，及系正罚则办理，令行民政厅转饬汕头市政府遵照暨分行广东委员会赴照在案，兹准前由，相应检同设计委员

---

① 与上文黄亚桃为同一人，原文如此。

会修正罚则，函请查照"等由，准此，各行录案并抄发修正罚则一纸令仰知照，附录修正市政府取缔抬高星槟票价罚则如下：

第一条　凡在本市营业各种旅店，客栈，水客等均适用本规则。

第二条　凡代出洋人民购往新嘉坡槟城船票，每张价格应依照船务公司规定价目征收，不得多索，违者分别予以处罚，其处罚办理分为五项：甲，星槟船票价，每张多收至一十元以上者，罚银二百元；乙，多收至二十元以上者，罚银四百元；丙，多收至三十元以上者，罚银六百元；丁，多收四十元以上者，罚银八百元；戊，多收至五十元以上者，罚银一千元。

第三条　如有收星槟票价，受处罚二次以上，倘敢再犯，除依照多收数目，分别处罚外，如属客店，并将营业牌照吊销，以儆效尤，而维侨旅。

第四条　旅店、客栈、水客为旅客代购船票时，巧立别种名目多收费用者，概以多收票价论，依照第二、第三两条处办。

第五条　旅店、客栈、水客如有上项行为，经本市府调查发觉或经被害人呈控有据者，即依本罚则处办。

第六条　本罚则俟奉广东省政府核准后公布施行。

（《星洲日报》，1936 年 7 月 25 日第 4 张第 15 版）

5.《荷印海关规例，如水客携带货物，属于限制品者仍被扣罚》

据渣华轮船公司华人客位消息，日前四月十二日由芝沙力船抵吧之水客所带货物，尚有三十余件，皆属受输入限制之货品，迄今仍在海关扣留中。现闻海关当局，决定各水客未能领输入准字，则可通融办理，准其运回香港，但每件货物须科罚款一盾半至一盾六分之谱，然后准将货物运回芝字轮船中，俟开行后，乃能向船上伙长交回。该帮之水客，凡有货物被留者，可即亲到海口渣华轮船公司询问详情，并向海关缴纳罚款，以备办理运回香港云。

（《星洲日报》，1939 年 6 月 12 日早版第 23 页）

6.《客属同侨注意，由梅县出国，七天即可抵港》

沿途需费共国币三十元，到处有招待所行旅称便，潮安大埔出国侨胞皆走此路。

自从六·二一汕头失陷，韩江流域各县侨胞出洋的路线，即被封锁，但爱国侨胞，并不因此影响而中止其行程，水客、侨胞马上就开辟了新的路线：由东江赴港出国，必要时可展延到广州湾，敌人定无法断绝我们华侨来往的路线，反

273

3

之，我们华侨汇回的钱，更来得庞大。据关系方面统计，自汕头失陷到现在，单梅县华侨的汇款已有一千万余元之多，这巨量的汇款，不独增强外汇基金，而且使内地金融，更为活动。

昨据梅县真干社通讯称：出国侨胞，不论新客老客，各人都要执一纸证明书，这证明书是呈请县政府发给的，事前到县政府办理出洋证书处去，免费领取一张申请书，照式填好之后，加盖上担保店号的图章，亲自送回证书处去，不必周折求人，以免剥削，明日便可办好。依照梅县府规定：新客所领的证书，叫做出洋证明书，收手续费毫券一元，另附印花四角，粘于证书上；老客则领往香港证书，申请手续如前，收费仅需国币一角。侨胞们有了这张证书，就等于有了黄色通过证，各地检查机关，准会给予许多便利。

近来有许多揭阳、潮安、饶平、大埔、丰顺、蕉岭、平远各县出国的侨胞，都经过梅县，他们因为不明白这种情形，对于证书一项，多数没有具备，因此沿途白受了许多不必受的苦，华侨互助社算是尽了一点力，曾给他们解除这些困难。

梅县南洋华侨互助社，月来对侨胞服务，算是进（尽）了一点力，随时策划侨胞出国的路线和联络到方的消息。

各洋的水客侨胞，事前名东湖路华侨互助社报名登记，等待凑集了二三十个名字的时候，就代客备定一辆汽车，预知你到该社门前集中出发，车费每人约十一元，搭客的行李，不另收费，但由侨胞自己另备专车亦可。

旅港嘉属赈济会，为了解决侨胞在旅途中的种种困难，特地派人在沙鱼涌的乡公所、淡水的商会、惠州的煜厦、老隆的义孚行、兴宁的五全楼旅店、梅县的大同旅店，成立交通站、华侨招待所，尽量解决往洋，或返国华侨旅途上的困难，一律义务招待，名义虽是嘉属，但不限于招待嘉属的侨胞，即如潮属各县侨胞和其他各地侨胞的往来，也是一样竭诚招待，无分彼此的。

从梅县动程或经过梅县取道东江出国的侨胞们，可先到华侨招待所梅县站（大同旅店）去领取一点证据，然后到了各地华侨招待所的时侯，就可以得到许多便宜：住旅店、客行，都可以减价收费，如有什么疑问，也可以详细的替你答复，到惠州的招待所歇宿，还可以不用给钱。

现在该告诉你旅途上的情形了，汽车由梅城开行，时间大约是在下午三四点钟左右，当晚十一时左右便到老隆，翌晨坐小船顺流而下。这条河的船只，真是狭小得可怜，船身长不过三丈，阔不过一丈，每船仅可容十人。然而船只的数目却相当多，由老隆开行，天半就到河源，船费每人国币一元五角；到了河源，不用登岸，随即转驳较大的民船，给电轮拖着，继续进发，船费国币二元；再过一日一夜，便到惠州。这里有华侨招待所，免费招待侨胞歇宿。一座小小洋房，倒很精致，翌晨来船，逆流至淡水墟，船票每人国币三元。再过二天才到淡水，在船上的粮食，都是由搭客自备饭菜，交付船夫代办，不会有什么困难。

由淡水到沙鱼涌，这一段六十里的路程，大家都准备赶路了，虽然有轿子可雇，但是价钱太贵了，每人要国币二十元；至于行李，这里有一个转运公司代办，每担行李运到沙鱼涌收国币五元；由凌晨三时起程午后一时左右便可到达，跟着坐小轮船，约三小时到大埔窖，转搭广九路火车，再过四十分钟即到九龙，随即乘渡抵达香港，总计由梅到港，需时七天，每人约需旅费国币三十元。然后，各自有各的目的地，要到什么地方，英属、法属还是荷属，客行都会给你代办。

（《星洲日报》，1939 年 11 月 29 日早版第 9 页）

7.《平和巨匪沈良昆被捕，水客罗藩泰遭劫》

（永定通讯）巨匪沈良昆，向活动于永定、平和、大埔边境一带，手下徒党颇众，到处围乡洗劫，邑人受祸非浅。上月某日沈匪偕伙七八人至大埔，在德和客栈开房歇宿，别有企图，当日沈等出外，购物，在街上为前曾被其绑架之埔中学生认识，该学生立即向警局报告，当将沈匪等全数拿获，并搜得短枪六七支，现警方正拟设法搜捕余党云。

又永定水客罗藩泰君，由乡南来，行至三河坝遭匪拦劫，损失数千元云。

（《星洲日报》，1941 年 1 月 24 日早版第 24 版）

8.《东江各属水客被困香港，找新路线入内地》

（港讯）自日军侵入淡水、沙鱼涌等地后，内地民众被困于香港不能返乡者极众，尤以东江各属水客为最多，对于找寻新路线入内地，极为注意。据查某外轮十五日由港开行至三门关附近，遇见日武装渔船一艘，惟见该轮悬有外国旗，始不敢理会而去，该轮因在途中避风，延至十七日上午十一时始抵汕尾。惟时该处乡民因恐为日舰注意，竟不准该轮货客登陆，几经船上职员向该管海丰县第五区长钟某交涉，请求派警保护之后，始能上客卸货。据搭该轮返港之货客称：海陆丰汕尾等地，近因大闹米荒，乡民请求各轮船附载米石前往云。汕尾港外前（十三）日发现日舰三艘停泊，旋即向东驶去，外传日舰发炮轰击汕尾口岸不确，刻下该方沿海一带并无日舰停泊，情形甚好。

（《星洲日报》，1941 年 3 月 7 日早版第 19 页）

9. 《东江交通中断后，补水高涨，水客廿人已返梅》

（港讯）自沙鱼涌交通口岸阻塞后，港梅交通，端赖电报及空邮，平信几完全断绝，有时内地寄出信件，汕头可以漏出，但为数极微，港梅汇兑，始终不受影响，且相反的比以前更为兴旺。前此汇款回梅，贴水已降至加零三四，每千元仅得三四十元。近因侨汇激增，兼之各汇庄竞争生意，不惜提高贴水，每千元竟高至九十五元。上月廿六日乘芝尼加拿船返国之水客廿余名，于三月七日抵港，适逢贴水高涨，皆喜出望外，获利不少，所有款项均由此间驳回梅县，人则陆续经汕尾回乡矣。

（《星洲日报》，1941 年 4 月 11 日早版第 19 页）

10. 《潮梅来客谈，敌在汕夺取侨汇——侨胞寄款应十分慎重　一面加紧封锁归侨出洋之路》

兹据潮梅来客谈：汕头市原有岭东华侨互助社，汕头陷落，暂移梅县办公。汕市南洋水客联合会、客栈同安公会、客栈工人联安工会等，皆由潮汕迁往梅县，招牌铃记会员名册，一概带上梅县。

台湾拓殖会社、台湾银行、华南贸易商业公司、华南银行，在汕头发展经济，垄断各项事业，集中注意力于华侨身上。希望潮梅十五县华侨汇款，透过日元系统，以国币或军用票支付支用，套取外汇，先准许潮汕各银庄、批信业公会，重新复业，以合作方式，诱致海外进款，经过汕头批业之手，转送内地。据日方调查：自前年（民国廿八年）十月份，每月逐渐增加，至本年（民国三十年）三月份起，每月平均有七百万之巨额，落在汕头四十家批业银庄手中，此数目有四份之三，系经过汕头转入澄潮揭普丰自由区乡村者，只有四份之一落在沦陷区。增厚人民之购买力，批局送款，仍以国币为本位，日方自己提高军用票（每二元换一元军票）。乡村人民信仰国币，拒收军票，汇票虽经过汕头，日方所挣取的利益不多，又无人肯投资办各种工商业。去年，南洋风云日紧，土产胶锡涨价，华侨预谋将资产内移，纷纷汇款归国，每元荷盾或星币，可汇回国币九元，暹铢可汇回六七元，潮梅农村骤得巨额侨汇。闻有六亿元之巨，游资充积，刺激地皮高涨十倍，物价空前飞升，日方垂涎欲滴，亟思设法染指，加紧封锁粤东沿岸出海之口，目的在使六百万海外华侨与故乡隔绝，转而投入沦陷区广州、汕头，受其控制。伪市府所设之侨务局，对于凡经汕头、厦门（有南洋居留证的）出入之华侨，格外甜言蜜语招呼，声言给他们便利，劝彼等不必冒险乘帆船，或绕道韶关搭飞机。但是有一条件，必要遵守：即加入岭东华侨协会为会员到南洋去，拥护汪逆和平主张，到内地则勿与抗战团体发生关系，既为会员，须贴本人相片，在海内外设立分会或小组，时时互通声气，在外洋遇有苦难，则共荣圈、东亚新秩序有符□保佑，内地家属如有不幸，岭东华侨协会可以保护之，即子弟不被抽壮丁征工役，不派苛捐勒索华侨家族。该华侨协会系前年成立者，内部为台人主持，表面冒充华人，五月一日，在台拓社领导之下，开第八次筹备大会，所谓华侨代表的棍徒，有五六十人到会，地点在伪市府前桂林园，首由陈卓（台人）宣布开会理由，劈头一句便说要扫"敲诈压迫华侨的虐政"，即席推举日本人木村悟索为顾问（此人为台拓社南洋特派员），余功业、游亮兆为起草专员，即交出席伪代表举手一致通过，不得有异议，并推定下列诸奸为委员，计：开姚辉、朱卓元、林梅、杜焕秋、陈希益、游亮兆、吴幼山、吴慵卿、王祥、黄少烈、蔡乘臣、张光合、余功业、陈卓等，合伪委负责往各区成立分会。带章程簿册，出外征求会员，倘系会员，出入可以利便，买米亦可占先一着，会证之效力，与良民证同样通用。每人须缴半身像片四张，入会费五元。客栈工人多入该会，是为本业务利便起见，据将推广到越泰，然后普及荷印，使该处华侨入会之后，可搭日轮回汕头入内地，华侨与汕头的关系日深，自然会将汇款批信寄到汕头转入内地，每年吸收三五亿元不算难事云。

（《星洲日报》，1941 年 5 月 30 日早版第 10 页）

索引

随着相关史料的整理与研究进入尾声，《跨国金融与侨乡变迁：民国时期华南地区水客史料汇编》的编写工作也即将画上句号，但其中的故事余韵无穷。正如书中一个个"小人物"所串起的波澜壮阔的大历史，我个人关于这一主题的研究也承载着家庭、学校乃至社会的变迁。

我与水客的缘分，最早可以追溯到 2015 年。当时，我刚考入中山大学历史学系，在业师袁丁教授的指导下，开始攻读博士学位。在学习前辈学者有关华侨史的著作时，才知道在中国近现代历史上，在华南地区侨乡、港澳、东南亚及美洲等地，曾活跃着这样一群"小人物"。他们替海外侨胞带钱、带物、带人，并负责传达信息、交流情感。虽然关于他们的官方记载少得可怜，但就其历史作用而言，他们为平衡我国国际收支、支持国内的革命和建设乃至赢取抗战胜利以及巩固新中国政权等方面，作出了不容忽视的贡献。然而长期以来，他们都是乏人问津的。而既有这方面的研究，囿于一手史料的欠缺，难以深入开展。基于此，最大限度穷尽这方面的史料的想法，就一直萦绕在我脑海，挥之不去。

得益于家父的谆谆教导，我上小学时就接触到史学方面的经典著作。尽管历史学基础一直不错，可在读博之前，我从未考虑过把历史学作为未来学习的专业乃至事业追求。机缘巧合促使我最终走进了郑州大学考古学专业。随着阅历的增长，我才蓦然意识到本科阶段能在中国考古学重镇系统学习考古学知识，实乃人生之一大幸事。应该说，这种学术训练不仅塑造了我严谨求实、注重调研的学风，而且让我深切体认到"二重证据法"的魅力，各位师长及同窗在考古学领域所取得的成就也令我十分敬佩。2004 年本科毕业后，我选择南下读研，由此开启了在花城长达二十余年的学习、工作和生活。中山大学东南亚研究所在东南亚史、华侨华人史等领域蜚声海内外，其深厚的学术积淀、丰硕的研究成果，泽被后学。值得一提的是，我后来之所以能较快进入华侨华人史这一研究领域，离不开业师袁丁教授的大力支持和悉心指导。

扎实而丰富的一手史料是推进相关研究的源头活水。史料是客观存在的，你重视它也好，忽视它也好，它就在那里，静静地躺在某个角落，等待着有缘人前来相会，可要想将这些历史文献找到并予以挖掘，却并非易事。

梅州素有"华侨之乡""文化之乡""足球之乡"的美誉，2016年暑期我有幸参加了嘉应学院客家研究院组织的客家文化夏令营。为期一周的侨乡调研让我大开眼界，也进一步坚定了长期致力于华侨华人史研究的决心。其后，在一位学识渊博、令人尊敬的学兄带领下，我一头扎进了广东省档案馆史料的"海洋"。时至今日，我依然记得那是一个艳阳高照的上午，当时大约九点，他匆匆忙忙从单位赶过来，与我会合后即手把手教我翻目录、找史料。"师傅领进门，修行在个人"，"师傅"学识渊博，可我这个"徒弟"一开始却并不合格。为贪图方便，我一股脑地把"广州中国银行""广东省银行""侨汇"等关键词输入目录大厅里的电脑上，可令人失望的是，大大的屏幕上满打满算只有一百多条史料。别说博士学位论文，就是一篇小论文也支撑不起。看到这样的结果，我一时懊恼极了。这时又想到身边的同学一个个顺利开题，又不免惆怅起来。过了一会，冷静下来，转念一想，导师袁丁教授及其他同门的研究成果大量使用了广东省档案馆藏一手侨汇档案，为什么我找到的只有这点史料？不服输的劲头又上来了，我决定从零开始，从卷宗中的 Number One 开始看起，我坚信别人能找到的我同样能找到。两个月后的一天下午，松口广东省银行和总行的来往电文中有关水客的内容突然涌入眼帘，真是踏破铁鞋无觅处。尽管这样的史料数量不多，但着实让我兴奋了好久。看来，只要坚持到底，必定有所收获。随着积累的史料越来越多，我大胆设想能否以学界较少关注的水客作为我的博士学位论文选题。其后在梅州市侨批博物馆的考察更加坚定了我这一想法。在侨批博物馆兼住所里，魏金华馆长带着我爬上爬下，他欣喜地指着每一件藏品，仔细诉说其来龙去脉。临别之际，魏馆长还特意交代我："如有可能，你可将水客作为未来的一个研究方向，毕竟这是一块学术研究的空白。"并专门送我两本他主编的书籍，一本是《梅州侨批档案选编》，另外一本是《梅州侨批　世界记忆——魏金华收藏侨批档案汇编》。如今，这两本书一直珍藏在我的书架上，时不时就会翻阅一下。魏馆长的提议和我的设想可谓不谋而合。然而，这个设想能否行得通呢？我决定去探探导师的口气。导师听完我的选题介绍和了解我手头所掌握的史料后断然否决，并一连串问了我好几个尖锐的问题，我顿时招架不住，汗流浃背，十分狼狈。前途渺茫，路在何方？过了一会，导师语气缓了下来，建议我扬长避短，以广东省银行的侨汇经营作为我的博士学位论文选题，并鼓励我继续蹲守广东省档案馆查阅史料。粗略估计，我前前后后在广东省档案馆查阅史料的时间将近三年，翻阅了广东省政府及财政厅、广东省银行、广州中国银行、邮政机构等相关卷宗不下上万卷，而与侨汇直接相关的就有 2 000 多卷。综合考量之下，我最终选择广东省银行的海外侨汇经营作为博士学位论文选题。在撰写有关章节时，虽也涉及了水客方面的研究，然意犹未尽，一直谋划着继续推进水客史料的整理与研究。"史料你看不到就想不到"，本着穷尽史料的原则，我将搜集的范围进一步扩展到广东各地侨乡、港澳台地区以及新加坡等地。随着史料搜集范围的扩展，有关水客的内容也越来越多。先是意外获悉广东省立中山图书馆（下文简称"省图"）收藏有难得的广东省银行的内部出版物，而且该馆还收藏有大量的侨报侨刊，目前这些资料大都已数字化，并在官网首页开通了缩微文献全文数据库供读者查阅。但由于我之后一直忙于博士学位论文撰写，水客资料的搜集工作暂告一段落。

2021 年 7 月我博士毕业后，顺利入职国内华侨最高学府——暨南大学。非常感谢校方、院方给我提供的良好学术平台和科研氛围，使我心无旁骛地继续华侨史方面的研究。2022 年 2 月 1 日，我决定趁着假期去水客的大本营梅州碰碰运气。当我兴冲冲"杀"到梅州市剑英图书馆（下文简称"剑英馆"）时，看到了一则通知：因临近年关，按照惯例，剑英馆开始进入整理内务阶段，暂不对外开放。史料近在咫尺，可苦于没法进门。后在嘉应学院副校长陈建存的大力帮助下，通过该校图书馆馆长杨建军联系上了剑英馆副馆长邹泗梅，当我诚惶诚恐说明来意后，没想到邹馆长一口答应下来。在宽敞明亮的特藏室，我从故纸堆中找到了饱经沧桑、已经泛黄的《汕报》（梅县版）、《中山日报》（梅县版）等报纸。我之所以笃定这些报纸中有水客的相关内容，源于之前我在省图缩微文献全文数据库里查阅的有关史料。但海量的侨报侨刊，究竟有多少内容是和水客相关的，不得而知。之后在华东师范大学博士研究生段博的帮助下，得知蒙启宙老师所撰写的《近代海外移民中的金融行商——以抗战时期粤东水客为中心》一文大量使用了省图缩微文献全文数据库里的史料。因当时我正在澳门参加国际学术会议，故拜托段博将蒙老师的文章一页一页拍照好，然后通过微信发过来。我认真拜读了蒙老师的大作，确信梅州必定有不少水客方面的史料。在剑英馆挖掘史料的过程中，一则又一则水客史料跃然纸上，它们小到夹缝中几个字，大到近半个版面。于是集腋成裘，先将一则又一则史料保存下来，晚上再和省图缩微文献全文数据库里的内容进行比对。就这样，不知不觉在剑英馆居然找到了十几万字的水客史料。虽然这些史料在省图缩微文献全文数据库里都能找到，但我还是坚持原始文献第一的原则。就史料价值来说，政府档案的重要性不言而喻。其后我又将目光转向了梅县区档案馆。说来也巧，早在2016年暑期我就与该馆建立了良好的工作关系。在以后的日子里，我多次往返于广州和梅州，在梅县区档案馆查阅、核对相关水客史料。在梅县区档案馆搜集的水客史料文献价值和研究价值极高，这也是本书的特色和亮点之一。

水客史料搜集的过程无疑大海捞针，从海量的文献中查找水客资料犹如披沙拣金。水客史料搜集完毕后，如何加以科学整理、准确分类、进行研究？入职暨南大学以来，我一直思索如何更好地传道、授业、解惑。机会终于来了，那就是水客史料的整理和研究。记得我只身一人去各地查阅史料时，往往一站就是一天，到了晚上，腰酸背疼。令人欣慰的是，这项工作由于青年学子的加盟而变得富有特别的意义。说到这里，就不得不提一下可爱的同学们。第一位是珠海校区2021级国际商务专业本科生苗玉龙同学。那会我刚入职暨南大学不久，根据学院安排去珠海校区授课。首次上课就在前往教学楼的途中碰到了他，那时的他刚打完篮球回来，而我还在犹豫着从哪里进入教学楼。是小苗同学热情而有礼貌地把我带入教室。后来，只要他有时间，都会过来旁听我讲授的"中国近现代史纲要"课程。第二学期恰好他又选了我的史纲课程，在实践教学环节，不知是受我影响还是兴趣使然，他们组选择将近代华侨对祖国的贡献作为报告的主题。在珠海校区大半年的教学工作中，我和珠海校区的同学们建立了良好的关系。由于当时熟识的同学不多，因此在2023年1月开始系统整理水客史料时，当我只是抱着试试看的态度征询小苗能否参与这一项目时，他不假思索就答应下来。可以想象得到，在隆冬寒月，在甘肃陇南的一个小山村，一个小伙子，冒着刺骨的寒风和数据库随时掉线的风险，一字一字地敲打着键盘。当他将摘录的第一份史料传回给我时，只有为数不多的几个错误。于是，我白天忙于核对水客史料，他忙于摘录史料。史料就这样一来一回地传递着、整理着、校对着、研究着。随着水客史料类型的多样化，更多的同学加入了团队。这些同学，虽来自不同的校区、不同的专业，但他们学习能力强、悟性好，富于协作、敢打硬仗。苗玉龙的责任心、奉献精神，马懿桢的沉着、冷静，曹文静的自信干练，曾宝怡的灵动、活泼，皮文睿、柴永昌、侯犀"三剑客"的循序渐进，梁颖晖的聪慧明快，吴心迪的坚韧果敢，任丁丁、卓泽萍、陈峥等同学的认真踏实，均给我留下了深刻的印象。在此过程中，他们所展现出来的求真精神和科研潜质，也让我甚为欣慰。

在常人看来，史料搜集、整理工作是个苦差事：其一，资料极为分散；其二，辨认史料难度大。史料整理不仅要会句读，而且还要辨认繁体字，更要命的是，由于时间久远，部分字迹已经模糊不清，全然无法辨别。可同学们不叫苦、不喊累，愣是克服了一个又一个困难。在史料整理过程中，针对出现的问题，我会认真加以修改，争取不放过每一个细微处。针对同学们的知识盲点，我也会认真讲解，并列出相应的参考书供大家学习。随着整理工作的推进，在收尾阶段，我发现能改动的地方越来越少。值得一提的是，当 ChatGPT 大行其道之时，苗玉龙、马懿桢联袂将史料搜集的范围扩展到东南亚，并从《南洋商报》《星岛日报》中摘录了前辈学者甚少注意到的新史料。同学们也有不少心得，兹录于下。

【苗玉龙　暨南大学国际商学院国际商务专业 2021 级本科生】

我同秦老师偶然的相识，促使我生命里蠢蠢欲动的人文研究的种子冒出了嫩芽。作为旧高考时代落幕前的最后一届文科生，我上大学之后就再也难有机会接触到人文社科类的知识。上完秦老师主讲的"中国近现代史纲要"这一课程后，我仿佛又重新置身在充满人文气息的高中校园。在那之后，秦老师给了我一个近距离参与学术研究的机会。

怀抱着憧憬与期待，又略微带着些不自信，我开始参与水客史料汇编的项目。万事开头难，刚入门是最考验人的时候。看着秦老师发来的几百张图片，我能想象出来一个两鬓已有些许斑白的、戴着厚重镜片眼镜的老学究，一页一页地翻看着将近一百年前的报纸，从斑驳的字迹中捕捉关于那个年代、那群人的信息，带着敏锐犀利的眼神，就像盘旋在高空捕捉兔子的老鹰一般，发现目标立马迅速按下快门，就这样一张张、一页页的关于水客的资料，汇集在一起，慢慢地汇成了历史长河中的一条涓涓细流，那些早已被遗忘的身影，也随着这样的挖掘和整理，重新浮出了水面。从一开始摘录短短几十个字都要不停地翻看字典对比字形，或者不停地询问秦老师，到后来通读完一整篇几百字的报道，都能流畅到无须停顿，其中从晦涩到熟练的转变，的确需要不少努力。

然而在搜集水客资料的过程中，直接可以用于实践的研究方法或许还不是令我受益最多的，在这段经历中，给我留下最深刻印象的，还是秦老师做学术研究的本心以及他对学生的厚爱。秦老师经常讲起，华侨对我国各个时期尤其是抗日战争时期所做出的贡献，而水客作为华侨群体中的一种特殊角色，其地位和贡献也是特殊的。然而这样一个庞大的群体，近来却很少被学界所重点提及，因此挖掘关于他们的史料，不仅仅能给后人留下宝贵的文化财富，也使他们这群为国家做过重大贡献的普通人能够被后世人们所铭记。此外秦老师身上严谨治学的精神，以及他对我们耐心宽容的指导，也使我感受到了他学术的专业性和人性的光辉。

艰难困苦，玉汝于成。水客资料汇编已经暂告一段落，我将带着这段宝贵的人生经历和刻苦钻研的学术精神，大胆迈步继续向前。

【马懿桢　暨南大学经济学院经济学专业 2022 级本科生】

在参与水客史料汇编的项目中，我承担了将原始史料的竖版繁体中文翻译成简体中文的部分任务。这个过程对我来说是一次非常有价值的挑战，因为繁体字识别对我来说是一个需要不断学习和练习的知识领域。但是，通过不断的努力和锻炼，我不仅提高了自己的繁体字识别能力，还培养出了耐心和细心的工作态度。

在这个项目中，我不仅接触到了大量史料，还深入了解了南洋水客的历史和文化背景。通过阅读和分析这些史料，我不仅开阔了视野，还对南洋水客有了更加深入的认识和理解。这些水客们通过从海外筹集资金，为当时祖国的经济发展提供了重要的资金支持，他们不仅为基础设施建设和工业发展投资，还积极参与到金融领域中，为保障国家金融安全和稳定作出了重要的贡献。这些水客们的努力和贡献值得我们铭记和肯定。

通过这次实践经历，我深刻地理解了史料研究的意义和价值。这次经历不仅让我学会了如何承担责任和面对挑战，还让我认识到学习和研究历史的重要性。历史是我们了解过去、认识现在和预测未来的重要途径，通过研究历史，我们可以更好地理解人类社会的发展和变化，从而更好地面对当下的挑战和问题。

在这个过程中，我不仅提升了自我专业技能，还深入体验了团队合作的魅力。与项目团队成员的交流中，我学到了许多宝贵的经验，这让我更加明白团队合作的重要性。每个人在团队中都有其特殊的角色和职责，而只有大家齐心协力，才能让项目顺利进行并取得成功。这种团队协作精神是我未来学习和工作中需要不断追求的品质。

这次经历是我大学生活中最宝贵的财富之一，它让我更加明确了自己的方向和目标。我将继续保持对历史的热情和决心，在未来的学习和工作中追求更高的成就。感谢这个项目给予我的机会和挑战，让我不断成长和进步。

【曹文静　暨南大学外国语学院英语语言文学专业 2022 级本科生】

通过参与水客史料汇编这个项目，我不断感受到自己在进步。从最初辨认大部分繁体字都需要查找资料、询问，到如今在字迹清晰的情况下几乎能够流畅地进行繁简转换，这个过程让我充满了成就感。

摘录资料的过程往往并非一帆风顺。有时候要花费很长的时间去辨认一个字，但是我们努力去解读每一个字的辛苦最终都会转化为成功后的成就感。这个过程也拓宽了我的知识面，让我了解到很多华侨聚居的地区，比如梅州、南洋等地。同时，我也深入了解了水客在海内外传递侨汇、传递书信、沟通海外侨胞与祖国等方面的重要作用。

在这次经历中，我结识了很多一起努力的好朋友，也了解到很多搜集史料的网站，这些都为我的学习和研究提供了宝贵的资源与支持。

【侯羿　暨南大学管理学院财务管理专业 2022 级本科生】

在本项目中，我承担了水客史料汇编的一部分工作，将民国时期关于水客报道的报纸记录提取成可读性更高的现代汉语。事实上，阅读竖版繁体字文献是有很大困难的，而在老师的指导下，我循序渐进地学习处理史料的知识和技巧，并在项目工作中不断锻炼自己，提高水平。从一无所知，到能勉强开展工作，这个过程给予我的不仅是阅读繁体字的能力，更是不畏困难，挑战自我的能力和信心。

在参与项目的过程中，我接触到大量与水客相关的一手资料，再加上老师的指点，逐渐建立起对水客这一中国近代特殊群体的系统性认识。比如，在经济制度落后、秩序混乱的民国时期，水客曾成为中国内地金融贸易对外交流的重要桥梁。而在日本侵华时期，水客也曾联手海外华侨投身抗日救国的运动。

除了对水客的直接了解外，阅读民国时期的报纸文献也极大拓宽了我的历史视野。历史不再只是史书上一行行冰冷的记录，透过报纸，一个个鲜活的生命跃然纸上，带来关于那个危难与机遇共舞、沉沦与探索并存的时代的痕迹。我仿佛真切地看到，一位背井离乡的水客满载货物归境，换得妻儿糊口的钱财，抑或在关口被官员百般刁难，甚至遭遇战争，埋骨他乡。"以史为鉴，可以知兴替。"看见历史，感悟历史，才能指导现在，预测未来。

通过本项目，我不仅深刻认识到了史料的价值，学习了处理史料的技术和方法，在老师的带领下，我还对社会科学的学术性研究工作有了初步的认识，包括从选题的寻觅，到资料的挖掘，再到论述的整理，最终见证学术著作的诞生，这对我未来的学习有无与伦比的意义。

毋庸置疑，这将是我在大学期间积累的最宝贵的财富之一。它是我学术生涯的启迪，为我打开了学术研究的崭新世界，成为我未来成长的阶梯。感谢老师提供的机会，感谢项目组其他成员的包容和合作，我对项目的贡献可谓微不足道，但它却对我意义重大，影响深远。

【皮文睿　暨南大学国际学院国际经济与贸易专业 2022 级本科生】

很荣幸能够参加秦老师水客史料汇编的项目，我在其中负责了《南洋商报》中部分内容的摘录。这使我不仅有机会接触到《南洋商报》中难得的各种史料，而且对于近现代侨胞、水客的形象有了更加全面而完整的认识。最重要的是，能够揭下一段历史神秘的面纱，将其汇入书中，令其飞入寻常百姓家，这使我感到自己的工作有着深远的意义。

不论是从笔走龙蛇的原稿中摘录前人的思想，还是从漫漶不清的文字中补全历史的罅隙。在参与项目的过程中，我收获了许多，对于这一段近现代华侨华人历史的认识也渐渐从单薄变得丰满。我第一次知道，原来南洋水客在鱼雁传书、联系两岸同袍的光辉伟岸形象之外，也有着"南洋黄金地，水客蜜语信不得"的灰暗报道。在这样不断接收新的史实与观念的学习中，我慢慢感受到了历史的鲜活，它不同于应试教育陈词滥调的直白，也不是"论甘而忌辛，好丹而非素"的非黑即白，是藏在零零碎碎文献资料中的内敛与含蓄，是"横看成岭侧成峰"的多元与丰满。就像深山里含苞待放的花朵，等待着后人的发掘与言说；这就是我在这个项目中最大的收获。

最后，感谢秦老师对我们的悉心教导，极大地拓宽了我们的视野，增长了我们的知识；感谢团队成员的互帮互助，让我提升了沟通、交流能力；也感谢有这样的平台能够让我学习和进步。这段历程必将是我大学生活中浓墨重彩的一笔。

【柴永昌　暨南大学国际学院国际经济与贸易专业 2022 级本科生】

水客的文献采编让我有幸接触到了关于近代水客的文献史料如《南洋商报》、政府文件等。通过文献，百余年前的文字穿越时空与我相遇，迸发出历史的火花；这些文献史料让我了解到了水客的知识，填补了我这方面的知识空白。水客在中外之间游走，筹集资金，促进了中外的贸易往来，也促进了中外的物质交流，进而促进了人文交流。

水客在近代曾起到过重要作用，其中令我印象最深刻的是侨胞在日本侵华时积极救国，提供了大量资金支持，帮助赢得了抗日战争的胜利，这让我深刻地认识到了"全民族抗战"的含义，加深了对"抗日民族统一战线"的认识。

与此同时，文献的采编也为我打开了研究历史的新视角——我们要充分利用当时的报刊史料，这让我们能够更好地了解当时的历史，便于我们更好地挖掘历史。

研究历史就是要研究史料，在今后的学习中，我将更加重视史料，会以更加严谨、客观的态度对待史料，从史料中发掘历史，从历史中汲取智慧，不断前进。

文献采编是我十分难忘的一段经历，感谢秦老师提供的机会与悉心指导，在今后的日子里，我会继续保持对历史的热爱，以更加严谨踏实的态度去学习历史。

【卓泽萍　暨南大学国际事务与国际关系专业 2022 级本科生】

从参与学术研究的经历中，我深刻领悟到了扎实、耐心和细心的重要性。在这个过程中，积累知识是潜移默化的，即使我目前的认识仍然有限，但相关知识已经在我的脑海中留下了印象，逐渐形成了一定的轮廓。

通过这段经历，我对学术研究有了更加真实的认识和体会。我还学习到了更多的繁体字和相关词汇文法，同时对于华侨华人及南洋地区有了更深入的了解。在这个过程中，我逐步锻炼了获取资料以及从资料中获取、整合有效信息的能力，这些都是我作为一个研究者需要具备的重要技能。

【任丁丁　暨南大学国际事务与国际关系专业 2022 级本科生】

因为长期使用简体字，我对繁体字几乎一无所知。然而，在摘录资料的过程中，我逐渐认识了许多繁体字，同时学会了根据上下文意思推断字义的技巧。这让我感受到了巨大的进步，并且在这个过程中，我学会了耐心和专注，努力沉下心去完成任务。

通过这个项目，我不仅认识了很多繁体字，还感觉自己掌握了一个新的技能。我也了解了学术史料摘抄的基本要求，拓展了自己的知识眼界。对南洋和东南亚的华侨有了更深入的了解，甚至通过书籍进一步了解了东南亚国家的基本情况。

【曾宝怡　暨南大学国际学院全英会计学专业 2022 级本科生】

我在项目中主要负责摘录有关水客和华侨的史料，需要将民国时期的资料由繁体字转为简体字。在摘录过程中，我学习到的不仅仅是水客和海外华侨的相关知识，而且还是科研的方法，这为我的个人科研学习带来了极大的帮助。

在阅读资料以及挑选摘录华侨相关内容的过程中，我对当时的整体局势也有了更详细的了解，能从一个客观的视角去看他们当时所做的事情对大局的影响。从事历史研究为我提供了一个更为宽广的视野去看待事物。

项目进行过程中，秦老师分享了许多有关水客和华侨的史料，在我们摘录完毕之后会为我们介绍摘录资料的背景。我有幸接触到科研的第一手资料，其中让我印象深刻的是《南洋华侨与经济之现势》这本书，在摘录的时候我一直感觉作者对中南半岛很熟悉，在老师的科普之下才知道作者有实地走访的经历。在从事历史研究中，最重要的是掌握原始资料。秦老师在这次研究中，为了获取第一手史料走访各地。在阅读史料的过程中，虽然一开始会有阅读困难的问题，但其让我感到历史不再是冰冷的文字记录，时间沉淀下的文字还原了当时的实际情况，客观冷静的文字给后来人绘制了一个最真实的历史场景，这正是科研中最需要的。

【陈峥　广州南方学院网络与新媒体专业 2022 级本科生】

在参与将部分水客史料由繁转简的这个有重要意义的过程中，我识别繁体字的能力得到了锻炼和提高，让我沉浸在摘录水客史料的研究里，激起了我对研究水客史料浓厚的兴趣。

整理这些水客史料让我深刻地体会到了民国时期中国华侨在南洋的产业和贸易活动对当地经济的发展起到的积极推动作用，以及促进了中国和南洋地区的经济联系与交流。让我深入地了解到在当时的时代背景下侨汇的主要运作模式以及对近现代发展的影响。这个难得的史料研究经历，极大地拓宽了我对历史的认知面，也让我深刻意识到做研究必不可少的耐心的重要性。

回望之际，感恩良师，感谢遇见了很多优秀的同学，这将是我大学时期一段宝贵且美好的篇章。

【梁颖晖　暨南大学文学院历史学专业 2023 级本科生】

在参与项目的过程中，我发现尽管以前曾经接触过港澳电视台的节目，对繁体字有一定的了解，但在实际操作中还是经常遇到很多我不认识的字需要查阅，特别是手写文献中存在许多异体字，让我辨识起来更加困难。

另外，我深刻认识到进行学术研究需要阅读大量的资料，并且需要保持耐心和专注。在整理资料的过程中，我学会了很多之前不熟悉的繁体字和一些文言文的词汇用法，同时也锻炼了自己阅读文献的能力，以及通过上下文猜测词义的能力，这都是作为一个研究者必备的基本技能。通过民间报纸的阅读，我对当时的中国经济和社会有了更加深入的了解，深刻感受到了研究的氛围和重要性。整个过程让我受益匪浅，也激发了我对于研究的兴趣和热情。

【张婕　暨南大学文学院历史学专业 2023 级本科生】

非常感谢秦老师能够给我机会，让我接触到水客史料汇编中的一小部分工作，也让我有了近距离与《南洋商报》《星洲日报》等珍贵史料接触的机会。

作为一个土生土长的潮汕人，"水客"这个概念于我而言并不陌生。这个经常能在老一辈人嘴里听到的词语真切地向我走来。这段历史，不再仅仅存在于老人们会唱的"过番歌"里，它还奇迹般地出现在我的大学生活中，并且成了我学术生涯的启迪。在参与资料汇编的过程中，我逐渐形成了对水客群体多样性的认识，了解到他们在民族事业中的杰出贡献，也客观看待他们给人们带来的苦难——一幅与"水客"有关的学术画轴就这般徐徐展开了。站在后人的角度，我听到了时代的悲歌，看见了在无可奈何之下勇毅的闪烁。

除了项目本身让我收获颇丰外，秦老师的学术思想与研究态度也给予了我特别多的启发。对于刚刚迈入历史学门槛的大一新生来说，学术研究的确是一件遥远而又充满困难的事情。秦老师在向我们教授课本知识的同时，也和我们分享他博士学位论文选题的经历和他在银行翻阅卷宗的过程，他的倾情分享让我真切感受到一个学者对于研究的无限热忱和庄重。秦老师在研究过程中对史料的处理以及架构的搭建，也让我学到了课本上学不到的知识。

最后，再次感谢秦老师提供的机会，使我受益匪浅。在今后的学习过程中，我将怀揣从这段经历中获得的宝贵经验，在历史研究的道路上勇敢迎接新的挑战。

【曾仲　华南师范大学马克思主义理论专业 2022 级本科生】

作为一名土生土长的潮汕人，我总希望能对家乡历史文化的保护贡献自己的一分力量。经同学介绍，有幸认识了暨南大学研究华侨史的秦老师。

当秦老师问我是否有空帮他去汕头图书馆查询水客相关的资料时，作为一名潮汕人，我方才发现自己对家乡历史的认知原来也如此欠缺，竟不知水客为何物。秦老师用心地发来了关于水客的资料，让我深深地感受到他对自己所研究领域的热情和对学生的关怀。为对水客有更多的了解，在和我爸爸的聊天中更是发现原来我们自己家族的历史也与"水客""侨批"息息相关：曾祖父是负责帮水客分发侨批的批员、潮汕地区下南洋的风潮中也有许多亲戚的身影……曾经看似遥不可及的被锁在书本里的历史，原来也如此深刻地影响着自己家族的发展。为什么侨批、水客等一系列华侨史研究如此重要？在我之前的认知中，是因为其是文化的重要载体，彰显了拼搏精神、优良家风等。在和秦老师的交流中，他将其拉入经济史的维度之中，告诉我水客所带回的侨汇，也在我国抗战和现代化建设中发挥着极为重要的作用，令我耳目一新。同时，老师也鼓励我多了解自己家人的历史，尝试将身边的华侨纳入研究视野。

在查找和整理资料的过程中，虽然我的贡献不足挂齿，但是也感受到了历史学研究的费心费力。在海量的史料中寻找与华侨、水客相关的有价值的部分绝非易事，更何况用之前较少受到关注的水客视角去还原历史，这些感受无不让我对历史学感到更加敬畏。同时，作为一名潮汕人，期盼着秦老师关于水客的大作，能带领更多的人走近这段厚重的华侨史之中。

【吴心迪　暨南大学国际政治专业 2022 级本科生】

秦老师是我"中国近现代史纲要"课程的老师，我深深敬佩着他在课上所展现的深厚的学术造诣，因而当他询问有没有同学想要跟着他做一些历史研究时，我毫不犹豫地加入了。至今我仍十分感激有这样一个机会，让我得以学习到老师严谨的治学态度，接触到海量的原始史料，以及和各位优秀的同学一同学习。

我们的任务是从大量的原始史料中筛选出与华侨华人相关的内容。这一过程需要将繁体字转换为简体字，并对史料进行细致的分类整理。这项工作极具挑战性，因为史料多为手写文稿，电脑难以准确识别其中的文字，更何况其中还夹杂着一些与现今常用繁体字并不对应的通假字，这无疑增加了摘录的难度。但在秦老师的悉心指导和同组同学的共同努力下，我从一开始的生涩辨认，逐渐进步到了能够流畅阅读。

在这个过程中，我不仅掌握了大量的繁体字，更重要的是，拥有了一个直接接触原始史料的宝贵机会。当我阅读当时的书籍、信件时，我亲身感受到了当时的语言习惯、写作风格与现今存在很多的不同。这些史料所流露出的时代特质，是任何总结概括的历史书籍都无法替代的。只有通过阅读这些原件，我才能更真切地感受到历史的厚重与鲜活。

在研究中，我通过水客这一独特视角，深入了解了当时中国内地与海外的经济往来、文化交流等情况。正是这些看似平凡的小人物，像桥梁一样连接着海外侨胞与家乡。

作为潮汕人，我对家乡有着深厚的情感。通过这次参与，我发现了许多与潮汕相关的内容，比如在摘录暹罗的华侨史料时，我发现了关于潮州戏班的记载，这让我倍感亲切，也进一步激发了我对潮汕华侨史的兴趣。在 20 世纪潮汕地区有很多人下南洋谋生，他们不仅在外創造了成功的事業，也在功成名就後不忘回饋家鄉。我一直希望能為家鄉做些什麼，而這次的研究正好給了我一個機會。我意識到，歷史不僅是我們了解過去的鏡子，更是我們展望未來的窗口。在未來，我也希望能繼續參與華僑華人歷史的研究，為家鄉的發展貢獻一分力量。

不久前，我參觀了紅頭船公園，那座象徵著潮汕人遠渡重洋的巨型雕塑深深觸動了我。站在它面前，腦海中閱覽過的史料與眼前的紅頭船交匯，我仿佛看到了昔日遠航的先輩。雖然水客在歷史長河中並沒有留下濃墨重彩的一筆，他們大多數人的名字也不為人知，但他們為聯通海內外所做出的貢獻卻是不可磨滅的。希望秦老師的這本書，能讓更多的人了解他們的故事。

歷史研究需要長期坐冷板凳，為此，我要特別感謝愛人佳焰及小女曦曦，這些年之所以能心無旁騖從事學術研究，離不開她們的鼓勵和奉獻。由於水客的資料高度分散，搜集整理和推進研究的難度不言而喻。在此過程中，得到了暨南大學鑄牢中華民族共同體意識研究基地、中華民族凝聚力研究院、馬克思主義學院、中山大學歷史學系、廣東省檔案館、孫中山文獻館、廣東省博物館、新加坡國家圖書館、中山大學圖書館、梅州市劍英圖書館、汕頭市圖書館、梅州市梅縣區檔案館等單位領導及師友的大力支持。此外，還得到了魏金華、黃清海、林南中、陳林浩等師長的無私幫助。最後，我還要鄭重感謝暨南大學出版社馮琳編輯團隊，是他們精心策劃、出力和熱情支持，我才有機會將這批史料整理出版。

在多數人看來，我們這些普羅大眾都是微不足道的小人物。但在我看來，研究歷史既要關注帝王將相，也不能忽視販夫走卒。在波瀾壯闊的大歷史中，大人物固然熠熠生輝，而小人物的存在同樣有價值、有意義。正是由於他們的存在，我們的歷史才顯得更為豐富、生動、有趣，且富有溫度。為此，我們這樣的小人物願意以畢生的精力參與大歷史的書寫。

謹撰此書，以饗那些對本書有所貢獻的各位領導、師長、同事、朋友和對這段歷史充滿好奇與熱情的讀者。

秦雲周

2024 年 6 月